第12版

社会性动物

The Social Animal

Twelfth Edition

［美］艾略特·阿伦森（Elliot Aronson）
［美］乔舒亚·阿伦森（Joshua Aronson）著
邢占军 黄立清 译

华东师范大学出版社
上海

图书在版编目(CIP)数据

社会性动物:第12版/(美)艾略特·阿伦森,(美)乔舒亚·阿伦森著;邢占军,黄立清译.—上海:华东师范大学出版社,2020
 ISBN 978-7-5675-9970-3

Ⅰ.①社… Ⅱ.①艾…②乔…③邢…④黄… Ⅲ.①社会心理学—研究 Ⅳ.①C912.6

中国版本图书馆 CIP 数据核字(2020)第 028124 号

The Social Animal, 12th Edition
By Elliot Aronson, Joshua Aronson
First published in the United States by Worth Publishers
Copyright © 2018, 2012, 2008, 2004, 1999 by Worth Publishers
　　　　© 1995, 1992, 1988, 1984, 1980, 1976, 1972 by W. H. Freeman and Company
Simplified Chinese translation copyright © East China Normal University Press Ltd., 2020
All rights reserved.

本书英文原版由 Worth Publishers 在美国首次出版。
© 2018, 2012, 2008, 2004, 1999 by Worth Publishers
© 1995, 1992, 1988, 1984, 1980, 1976, 1972 by W. H. Freeman and Company
中文简体字版由华东师范大学出版社出版。
©华东师范大学出版社,2020
版权所有。
上海市版权局著作权合同登记 图字:09-2018-1001 号

社会性动物(第12版)

著　　者　[美]艾略特·阿伦森　[美]乔舒亚·阿伦森
译　　者　邢占军　黄立清
责任编辑　彭呈军
特约审读　单敏月
责任校对　王丽平　时东明
装帧设计　高　山

出版发行　华东师范大学出版社
社　　址　上海市中山北路 3663 号　邮编 200062
网　　址　www.ecnupress.com.cn
电　　话　021-60821666　行政传真 021-62572105
客服电话　021-62865537　门市(邮购)电话 021-62869887
地　　址　上海市中山北路 3663 号华东师范大学校内先锋路口
网　　店　http://hdsdcbs.tmall.com

印　刷　者　浙江临安曙光印务有限公司
开　　本　787毫米×1092毫米　1/16
印　　张　24.75
字　　数　440 千字
版　　次　2020 年 5 月第 12 版
印　　次　2025 年 4 月第 13 次
书　　号　ISBN 978-7-5675-9970-3
定　　价　79.00 元

出版人　王　焰

(如发现本版图书有印订质量问题,请寄回本社客服中心调换或电话 021-62865537 联系)

理所当然地献给维拉

目 录

本书的故事 / 1

致谢 / 5

1 什么是社会心理学 / 1
2 社会认知 / 11
3 自我辩护 / 47
4 从众 / 89
5 大众传播、宣传与说服 / 125
6 人类的攻击性 / 165
7 偏见 / 205
8 喜欢、爱与联系 / 245
9 作为一门科学的社会心理学 / 285

术语表 / 305

英文注释 / 309

英文人名索引 / 354

英文主题索引 / 360

本图来源于《纽约客》1965 年 5 月 29 日。
Saul Steinberg, *Untitled drawing*, ink on paper.
Originally published in *The New Yorker*, May 29, 1965.
© The Saul Steinberg Foundation/Artists Rights Society (ARS), New York.

本书的故事

1970年,身为一名德克萨斯大学较为年轻的教授,我得到了一个难以回绝的机会:受邀到一个美丽的地方呆上一年,享受着全职薪酬而几乎不需要做些什么——这是件不错的事情!

我的寓所位于斯坦福大学校园边的一个乡下小山丘上,那里与我最喜爱的城市旧金山仅有着不远的车距。坐落在那座美丽小山丘上的机构,是一个被称之为行为科学高等研究中心的智库。高等研究中心不仅给我提供了一年的薪酬,而且还为我安排了一间办公室,以及我所需要的文秘辅助。我可以使用那里不错的图书馆,可以享用免费午餐,只要愿意,随时有机会和那些杰出的学者们讨论问题。当然,有时我会去旧金山的剧院区闲逛,或者去高西斯拉山滑雪。如前所述,这一切没有任何附加条件。

在那里,整整一年时间我都可以随心所欲地做自己想做的事情,那么我做了点什么呢?我的选择是,将自己关在那座小山丘上的办公室里撰写这本书。为什么我会做出这样的选择?唯一的理由是,数月之前,在我的社会心理学入门课堂上,我亲口对600多名学生讲过,社会心理学是一门年轻的学科,其结果是这种似是而非的辩解使得我看起来更像一个懦夫。

请容我解释:我们社会心理学家喜欢讲社会心理学是一门年轻的学科,与大多数自然科学(例如,生理学、天文学)相比,这无疑是一种准确的说法。当然,至少从亚里士多德(Aristotle)时代开始,敏锐的观察者们已经针对社会现象提出了一些引人关注的断言和振奋人心的假说,但是直到进入20世纪,这些断言和假说才受到了严格的检验。据我所知,第一个系统的社会心理实验是1898年垂普勒特(Triplett)完成的,他测量了竞争对成绩的影响。然而真正意义上的实验社会心理学则诞生于20世纪30年代后期,主要是因为有了库尔特·勒温(Kurt Lewin)以及他的那些杰出学生们的推动。

然而,从深层次看,对我而言声称社会心理学是一门年轻的学科,则又会陷入因极力逃避而带来的自责之中——这无疑是在恳求我的学生们不要对我们抱太大的期望。尤其是在运用已有研究成果来解决现实世界的问题时,这样说可以使我们推脱应负的责任，回避潜在的风险。从这层意义上讲，声称社会心理学是一门年轻的学科，无异于坦陈我们还不能够讲出任何重要的、有用的或者与我学生们的生活有关的事情。

但是仔细推敲之后，我意识到这类说法不仅是怯懦的，而且是一种误导。事实上，我的确不赞成社会心理学与我们的生活无关的说法。上世纪70年代如此，至今我依然持同样的观点。因此，拥有了那样一个极好的休假机会，我便下决心突破此类说法。本书的目的曾经是(而且至今仍然是)，为了阐明社会心理学研究有可能帮助我们理解(甚至有可能开始帮助我们解决)困扰当代社会的一些最重要的问题。

本书的大部分材料建立在实验的基础之上，但大多数实例和例证却来源于当下所面临的社会问题。这些问题包括偏见、宣传、战争、精神错乱、攻击、骚乱以及政治动荡。这种两重性体现了我本人所持的两个偏见——也是我情有独钟的两个偏见。第一个偏见是，实验方法是我们理解复杂现象的最好方法。科学的自明之理在于，真正认识世界的唯一途径是重构：也就是说，为了真实地理解是一种事物导致了另一种事物，仅仅靠简单的观察是远远不够的，更为重要的是，我们有责任创设一种事物以便确定它的出现的确导致了另一事物的出现。我所持的第二个偏见是，要确定通过实验所发现的因果关系是有效的，唯一途径便是将这些发现从实验室拿到现实世界中去加以验证。因此，作为一名科学家，我愿意在实验室里工作；而作为一名普通百姓，我又希望获得一扇观察周围世界的窗户。当然，这扇窗户应当是双向的：我们也可以经常从日常生活中获得一些假设。我们可以在实验室"纯净"的条件下对这些假设进行最充分的检验；与此同时，为了尽可能防止我们的想法变得"纯净"，我们要尝试着将实验室里的发现通过这扇窗户带回到现实世界，以检验这些发现能否站得住脚。

于是，我便花费了一年的时间去做自己想做的事情：撰写这本书。从一开始，这本书便打上了我个人的烙印，因为它包含了许多我自己关于我们这个研究领域最重要问题的想法。由此而使我决定必须用第一人称单数的方式写出来，用一种置身其间的方式来描述我所发现的，以及我所理解的这门科学的状况。(与当时的任何一种教科书不同，在《社会性动物》中，"我"这个词反复出现。)让我感到非常高兴的是，我很快便发现学生们喜欢读这本书。他们特别喜欢这种个性化的写作方式，以及这本书的内容与他们个人生活的关联。《社会性动物》成为这一领域最为流行且久盛不衰的教科书之一。其结果是，我的工作一直不能停下，也不可能停下。为了追踪这一领域的研究，适应这个世界的急剧变化，我发现有必要每隔四年对本书进行修订和更新。

1970年当我第一次开始撰写本书时，才38岁左右，还是一个踌躇满志的年轻人。而今，在2017年的夏天，在给诸位讲述这个故事的时候，我已经变成了一位头发花白的老者(你可以计算一下我的年龄)。我现在必须承认我年事已高，已经不能亲自来修订这本书了。幸运的是，我找到了本书第12版的最佳合著者，他的名字叫乔舒亚·阿伦森(Joshua Aronson)——一位杰出的、经验丰富的社会心理学家。他在实验室研究和真实世界的现场研究中都取得了引人注目的成就。他也是我的儿子。毋庸讳言,乔舒亚也有着他个人对社会心理学的看法——这是完全可以理解的。他著述颇丰,为这一版增色不少;我的长期合作者卡罗尔·塔夫里斯(Carol Tavris)也作出了同样的贡献,她继续担任这一版的编辑,以她一贯到位的拿捏处理,将我和乔舒亚的工作完美地融合在一起。她也没有为赶工期而催逼我们。

那么,这一版与之前版本有什么不同呢?我和乔舒亚重新梳理了每一章,删除了一些几年前所谓的热点研究和理论,它们没有经受住时间和重复研究的考验。我们对每一章内容进行了重组和精简,以便在整合新材料时保持叙述的清晰性。最近的研究为我们理解当下发生的事件提供了信息——例如,互联网是如何导致我们的决策过程变得更好或更糟,信息泡沫的出现以及自我确认的媒体来源如何塑造这个国家两极化的信仰和行为,脸书(Facebook)上不断出现的社会对比负面情绪,以及伊拉克和大叙利亚伊斯兰国(ISIS)等恐怖组织的崛起。然而,我强烈地感受到,将一本书"更新"并不意味着要删掉美国政府在越南和伊拉克问题上的错误案例,以及琼斯镇、哥伦拜恩、天堂之门之类的悲剧。这些事件是很久以前发生的,但其中隐含的社会心理教训却没有被很好地吸取。我希望学生们能够理解,当时发生的这些事情同样适用于解释当下发生的事情。

艾略特·阿伦森

致谢

这已经是本书的第 12 版了。在第 1 版中,我曾经动情地致谢我的朋友和导师利昂·费斯汀格(Leon Festinger)。不需说,我仍然感激和爱戴着这位善良而伟大的人。如果说有什么不同的话,那就是这些感觉在以往的几年里变得更加强烈了。我喜欢做他的学生,我也想永远做他的学生。1989 年利昂的去世,标志着社会心理学一个重要时代的结束。不仅是我们这些与他相识并爱戴他的人,每一位被他的研究和理论所引导的人,包括每一位曾经学习过社会心理学的人,都非常怀念他。

随着本书的岁月已久以及我本人年龄的增长,我也越来越意识到自己从学生们身上获益匪浅。每隔四年,当我着手对本书进行修订时,我都会惊奇地发现这本书中已经不单单是我个人的思想了。的确,这些思想是我和我的学生们一起发展的。在过去的五十年里,我有幸招到了许多出色的学生,从我 1960 年最初的研究助手默瑞尔·卡尔史密斯(Merrill Carlsmith)、托尼·格林沃德(Tony Greenwald)和约翰·达利(John Darley),到我在加利福尼亚大学圣克鲁斯分校的学生们。从他们身上我学到了很多东西,我由衷地感谢他们的帮助。我也很愿意与一些极具天赋的同事们交流并吸取他们的思想。其中需要特别提到的两位是安东尼·普莱特肯尼斯(Anthony Pratkanis)和卡罗尔·塔夫里斯,他们为本书的不断完善作出了相当大的贡献。在此我对他们的无私支持表示衷心的感谢。

就这一版而言,我要特别感谢我们的执行编辑克里斯汀娜·卡顿(Christine Cardone),感谢她对本书所付出的热情、真诚和不懈的承诺,感谢她的耐心和高效。我还要感谢布拉德·布什曼(Brad Bushman)、多纳尔·卡斯顿(Donal Carlston)、伊莱·芬克尔(Eli Finkel)、杰克·多维迪奥(Jack Dovidio)和马修·麦格龙(Matthew McGlone),他们慷慨地对各章节进行了审读,并就如何修改完善相关章节提出了睿智的建议。

乔舒亚要感谢卡罗尔·塔夫里斯的专业编辑和不竭的灵感,感谢斯泰西(Stacey)、伊莉安娜(Eliana)和利奥·阿伦森(Leo Aronson)的爱、支持和耐心。我们也感谢杰夫(Jeff)和斯宾塞·特威迪(Spencer Tweedy)。向以下作出了宝贵贡献的学生和研究助理们致以衷心感谢：乔舒亚·阿德勒(Joshua Adler)、佩奇·阿莱尼克(Paige Alenick)、罗姆·布拉特(Rotem Blatt)、克里斯汀娜·克罗斯比(Christina Crosby)、雷纳·爱泼斯坦(Rayna Epstein)、麦迪逊·卡茨(Madison Katz)、杰西卡·马尔(Jessica Mar)、卡亚·门德尔松(Kaya Mendelsohn)、斯科特·孟格比尔(Scott Mengebier)、艾希礼·潘诺金(Ashley Panookin)、艾拉·昆兰(Ella Quinlan)、安吉拉·斯皮尔斯(Angela Spears)、扎卡里·威廉姆斯(Zachary Williams)和凯西·于(Kathy Yu)。

此外，我们要感谢威廉·德龙(William Dragon)在讲师资源方面所做的工作，还要感谢对第11版进行审读并为本次修订提供反馈的教授们：休斯顿大学市中心分校的克里斯汀·J·安德森(Kristin J. Anderson)、芝加哥洛约拉大学的弗雷德·布莱恩特(Fred Bryant)、俄亥俄州立大学和阿姆斯特丹自由大学的布拉德·J·布什曼、普渡大学的唐纳·E·卡尔斯顿(Donal E. Carlston)、耶鲁大学的约翰·F·多维迪奥(John F. Dovidio)、康奈尔大学的威廉·德龙、西北大学的伊莱·芬克尔(Eli Finkel)、佩珀代因大学的朱迪·霍(Judy Ho)、北达科他大学的艾莉森·E·凯利(Alison E. Kelly)、德克萨斯大学奥斯汀分校的马修·麦格龙(Matthew McGlone)、北亚利桑那大学的安杰里·米什拉(Anjali Mishra)、德克萨斯农工大学特克萨卡纳分校的布兰迪·摩尔(Brandy Moore)、马萨诸塞大学波士顿分校的马库斯·D·帕特森(Marcus D. Patterson)和鲍尔州立大学的迈克尔·泰格勒(Michael J. Tagler)。

社会性动物

从本质上讲,人是一种社会性动物;那些生来离群索居的个体,要么不值得我们关注,要么不是人类。社会从本质上看是先于个体而存在的。那些不能过公共生活,或者可以自给自足不需要过公共生活,因而不参与社会的,要么是兽类,要么是上帝。

亚里士多德

《政治学》,公元前328年

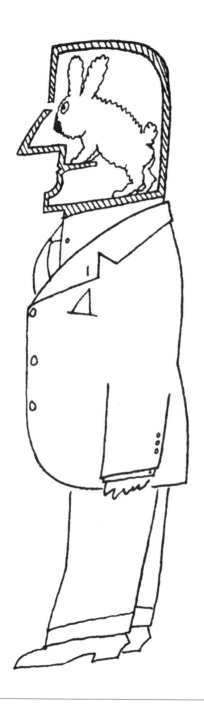

本图来源于《纽约客》1958年11月1日。
Saul Steinberg, *Untitled drawing*, ink on paper.
Originally published in *The New Yorker*, November 1, 1958.
© The Saul Steinberg Foundation/Artists Rights Society (ARS), New York

1
什么是社会心理学

据我所知,亚里士多德是第一位将我们这个物种称为"社会性动物"的重要思想家。他当然是对的,但这种说法意味着什么呢?从蚂蚁、蜜蜂到猴子、猿类,许多其他生物也具有"社会性"。作为社会性动物,人类与它们有何不同?研究人类这样一种令人困惑、富有创造性而又容易被激怒物种的社会心理学,又有哪些独特之处?

我的职业生涯,一直是一名社会心理学家。在我进入这个领域之前,甚至在我了解这个领域之前,我就是一名业余社会心理学家了,我渴望搞清楚人类行为的奥秘。20世纪40年代,我在马萨诸塞州里维尔的一个蓝领小镇长大,那时我还是个犹太男孩,我想知道为什么一些信奉天主教的孩子会用反犹太口号嘲弄我,偶尔还会粗暴地对待我。我的儿子乔舒亚,在20世纪60年代经历了艰难的小学生活,他想知道为什么有些孩子在课堂上能够很好成长,而另一些孩子则被竞争压力和教育体制所窒息。这些早期的经历给我们带来了巨大的痛苦,也把我们带到了本书你们将要学习到的令人兴奋的研究领域:这个研究领域提供了对人类社会生活的科学理解,更为重要的是,提供了改进人类社会的方法。

有很多关于社会心理学的定义,但在论及我所心仪的社会心理学定义之前,让我先提供一些人类作为社会性动物行动的具体事例:

一个叫萨姆(Sam)的大学生,正在与四个熟识的同学一起收看一位总统候选人的电视演讲。这位候选人给萨姆留下了很好的印象;他看起来很真诚,所以与他的对手相比,萨姆更喜欢这位候选人。演讲结束后,其中一位同学声称自己讨厌这位候选人,认为他是一个十足的骗子,所以她倾向于另一位候选人。其余几个人都随声附和。萨姆看起来很为难而且有点苦恼。最终,他对他的朋友们低声说道，"我想，他似乎不如我所期望的那样真诚"。

一个10岁的女孩每天早上都要喝下两大碗威提司麦片粥①，原因是奥运游泳冠军迈克尔·菲尔普斯(Michael Phelps)印在产品包装盒上。这位冠军暗示，他拥有非凡的运动能力一定程度上是因为食用了这种特殊品牌的麦片。

一位店主在蒙大拿州的一个小镇上生活了一辈子，他从来没有和任何一位穆斯林实际接触过，然而他仍然"知道"穆斯林不是美国人，不忠诚，而且很可能是恐怖分子。

查利(Charlie)是一位高年级的高中生，最近他搬到了一座新城市。以往他人缘很好，而今一切都改变了。尽管新学校的孩子们对他还算客气，但他们并不特别友好。他感到孤独、缺乏安全感、难以引人注意。一天，在午餐的时候，他恰好和同班的两位女生坐同一张餐桌。其中的一位热情、迷人、漂亮、活泼，几周来他一直对这位女生单相思，期盼有机会能和她交谈。而另外一位女生则远谈不上有什么吸引力。查利却对自己心仪的女生不加理睬，而开始与她的那位同伴真诚地交谈起来。

2016年12月4日，来自北卡罗莱纳州的28岁男子埃德加·韦尔奇(Edgar Welch)走进华盛顿特区一家非常有名的披萨店"彗星乒乓"，用步枪开了三枪。没有人受到伤害。韦尔奇告诉警方，他在网上了解到这家餐厅窝藏儿童性奴，他想亲眼看看他们是否在那里。在没有找到证明自己想法的证据后，他投降了。韦尔奇的想法源自总统选举期间疯传的一个假新闻。一个白人至上主义者的推特账户声称，纽约市警方发现了一个与民主党成员有关的恋童癖组织，好像"彗星乒乓"披萨店是他们的大本营。这个故事被虚假新闻网站广为传播。韦尔奇后来说，他对自己的所作所为感到后悔，但他仍然相信那个假新闻。

卡娅(Kaya)二年级时被要求说出她最喜欢的科目。"数学"，她在问卷上写道。一年后，她所在的三年级班级也被安排了类似的调查。这次的问卷问到："你最不喜欢的科目是什么？"她写道，"数学"。一年之内，卡娅从一个对数学感到兴奋、有信心的学生变成了一个惧怕数学的学生。

1999年4月20日，在科罗拉多州利特尔顿市哥伦拜恩中学的走廊和教室

---

① 美国通用磨坊公司1926年推出的一种麦片品牌，后来逐渐成为一种全球著名品牌，能够成为威提司麦片的代言人是许多体育明星梦寐以求的目标。——译者注

里,回荡着枪击声。两名持有杀伤性武器和爆炸装置的学生,在狂怒中杀死了一位教师和他们的几位同学。接着,他们将枪口对准了自己。硝烟过后,包括枪击者在内的15人当场毙命,另有23人被送往医院,其中多人重伤。在哥伦拜恩中学大屠杀发生后的近二十年里,数百名美国青春期男孩在校园里实施了同样可怕的大规模枪击。曾经不可思议的事情已经司空见惯。

史蒂夫(Steve)是一名大学四年级学生,他开车谨慎、甚至有点保守,独自一人驾车时,他可以成为安全驾驶宣传视频里的演员。然而,每当有两三个朋友和他一起在车上时,史蒂夫的行为就会变得危险起来:当看到半个街区外的灯开始变黄时,他经常会猛踩油门,希望能够在交通灯变红之前冲过十字路口。

1939年,贪婪的德国商人奥斯卡·辛德勒(Oskar Schindler)加入了纳粹党,并开始从野蛮的希特勒第三帝国统治时期犹太人的灾难中获利。在奥斯维辛集中营盘剥了犹太囚犯数年之后,辛德勒改变了主意,开始利用他的工厂来拯救一千多名犹太人。长篇小说和奥斯卡获奖影片《辛德勒的名单》里讲述了这样一个故事:辛德勒冒着生命危险,把所有的财富都用于拯救他人。看完这部影片,我的儿子乔舒亚从电影院走出来,恰好碰到一个乞丐向他讨要零钱。乔舒亚以往不去理会那些寻求救济的人,而且那时他还是一个经济拮据的学生。此时,他却把手伸进口袋,掏出所有的零钱,连数都不数地给了那个乞丐。

道格拉斯·麦凯恩(Douglas McCain)在明尼苏达州长大,高中时打篮球,想成为一名说唱歌手。他的朋友都认为他是个"头脑简单的人"、"善良的小伙子"、"好人"。因此,当听说33岁的麦凯恩加入了激进的恐怖组织ISIS与自己的国家开战并在中东战死时,他的朋友们感到震惊。数以千计的来自西方国家的普通青年男女离开了自己的家园,成为伊斯兰圣战分子,在叙利亚和伊拉克战斗乃至战死。

20世纪40年代,我还在上小学。我有一个很亲密的美国黑人朋友叫乔治·伍兹(George Woods)。当时,乔治把自己称为"有色人种男孩",并向我吐露,和当时的许多黑人孩子一样,他觉得自己不如白人朋友。[1] 有许多原因导致他持有这种感受,亲身感受到的来自白人主流社会的偏见,直接影响了他。但乔治的自卑感也来自于间接的影响,比如广播和电视中对非洲裔美国成年人的描述——懒惰、无知,甚至残忍——而他们还是天真的孩子,还相当可爱。如果影片中有黑人男性演员,他们只会被描绘成典型的"有色人种",通常是司机或粗鄙的工人,经常会被人取笑。想象一下乔治和他的白人朋友一起观看这类种族主义影片时的感受吧。然而,他却从没告诉过我他的感受。

而今,一切都已改变。乔治·伍兹的孙儿们成长在 21 世纪,生活在一个与他不同的世界里。他绝不会想到有这样一天:黑人演员会扮演庄重的角色并赢得奥斯卡奖;种族隔离和歧视成为非法;黑人能够从事所有职业,包括担任美国总统。然而,我们不应陶醉于这样一种信念,即变革是沿着线性的、人道主义的方向前进的。乔治·伍兹的孙儿们可能不会像他们的祖父那样受到同等程度的歧视,但种族偏见仍在继续。大多数非洲裔美国人都知道"黑人购物"经历,这意味着销售人员会对他们的信誉提出质疑,怀疑他们会偷东西,甚至拒绝为他们提供服务。尤其是年轻的黑人男性继续成为"黑人驾车"的受害者,因为微不足道的理由甚至没有任何理由被叫停。还有"黑人独行",就像 16 岁的特雷文·马丁(Trayvon Martin)被住在附近的一个叫乔治·齐默尔曼(George Zimmerman)的看守队长跟踪并杀死一样。[2] 齐默尔曼注意到一个穿着连帽衫的高大黑人少年,他以为这可能是一个持有武器的危险罪犯,而事实并非如此:特雷文不过是一个从便利店独行回家的普通高中生,手里拿着一杯冰茶和一袋快餐。

社会心理学的定义

上述事例展示的都是社会心理情境。尽管它们看起来各不相同,但其中都包含着一个共同的因素:社会影响。

萨姆的朋友对那位总统候选人品行的意见影响了萨姆的判断(或者至少他所做出的公开声明考虑到了这种判断)。那位奥运冠军对我们年轻的威提司麦片食用者的影响,则是在有意策划以激发她说服自己的父母去购买威提司麦片。那位蒙大拿州的店主并不是生来就对穆斯林有着根深蒂固的刻板印象,而是有人以某种方式灌输给他的。史蒂夫的冒险驾驶肯定是由于他的朋友在场而受到了影响,但这又是如何做到的呢?卡娅从数学爱好者转变为数学惧怕者并不罕见,特别是在美国,数学在传统上被认为是天赋异禀和"男孩的事情"。查利不理会他的梦中女孩,这与他对自己的感觉以及他对哪位女士不太可能拒绝自己的假定有关。被拒绝是人类最痛苦的经历之一，会导致各种各样的自我挫败和破坏行为，从暴饮暴食到暴力——就像哥伦拜恩校园枪击事件那样。他人在场或榜样的作用，无论是来自现实生活，还是来自类似《辛德勒的名单》的影片，都能激发出积极的情感和慷慨好施的举动，就像它能让我平时一贯节俭的儿子把他所有的现金都给了那个乞丐一样。

社会心理学也可以解决一些最令人不安的问题，这些问题困扰着社会，来自种族主义以及其他形式的偏见导致了像ISIS这样的恐怖组织成功招募到年轻人，而许多年轻人与伊斯兰教没有任何精神上或家庭方面的联系。是什么力量说服他们离开自己的家园和家庭，成为"自杀式炸弹"？答案包括年龄、人格动力、社会认同、说服策略，以及随着本书的展开你将会了解到的其他一些强有力的因素。你将会发现，ISIS利用了许多相同的影响策略，这些策略被那些出色的教练用来组建获胜的运动队，被那些成功的小学校长用来提高学生的成绩。洞察人们的社会动机，可以用来做好事，可以用来做坏事，可以用来赢得电视真人秀比赛，可以用来做任何与社会影响相关的事情——这几乎是所有事情。

因此，我们将**社会心理学**定义为：他人真实的、想象的或暗示的存在，对我们的思想、情感、信仰和行为的影响，以及我们如何影响他人的科学研究。

我们是如何受到影响的？为什么我们要接受信息，或者换句话说，信息对我们有什么好处？什么样的社会动机使我们容易受到他人的想法、言论和行为的影响？哪些因素会增加或减少社会信息的有效性？哪些因素增加或减少了社会影响力的持久性？适用于人们对某位参议员候选人看法的同样原则，是否同样适用于幼儿更喜欢的某门学习科目？一个人是怎样喜欢上另外一个人的？是否同样的心理过程导致我们选择了普通麦片而不是即食麦片？一个人如何对某个民族、某种宗教或种族群体产生偏见？偏见与喜欢类似？还是恰恰相反，涉及另一种完全不同的心理过程？

许多人会对诸如此类的问题感兴趣。因为我们都花费了大量的时间与其他人交流——受他人的影响；影响他人；高兴、开心、悲伤、厌恶、沮丧，或者被激怒——我们的天性就是对人们为什么做他们所做的事情提出假设。从这个意义上讲，我们每个人都是业余的社会心理学家。尽管大多数业余社会心理学家在与他人互动时会对这些假设进行检验，并达到他们自己满意的结果，但这类偶然的"检验"缺乏细致的科学研究所具有的严谨性和公正性。

可以肯定的是,有时科学研究的结果与大多数人已经了解的事实相吻合。这一点并不令人惊奇,传统智慧通常源自于经受住时间考验的敏锐观察。但有时传统智慧也会将人们引入歧途。事实上,当你读到本书中讨论的一些科学研究结果时,你或许偶尔会想,"这是显而易见的——为什么他们花时间和金钱去'发现'那样一个结果?我的祖母早已告诉过我"。可能你的祖母曾经告诉过你,但也可能是你的事后聪明偏见。所谓**事后聪明偏见**指的是,一旦我们知道某一事件的结果,我们往往高估自己的预测能力。这正是为什么我们很容易"周一早上担任枢纽四分卫"、为什么我们会作出"二十比二十"的"事后诸葛亮式"预测的原因。许多研究已经证明了这种偏见,从预测选举结果(我一直知道他会赢,即使民意测验没有这么预测),到预测一个特定的社会心理学实验会出现何种结果。(很明显被试会服从那些残忍的命令)。的确,社会心理学研究发现,与被要求预测将发生什么的大学生相比,那些被告知在研究中发生了什么的大学生会认为所发生的一切更为显而易见。[3] 一旦出现事后聪明偏见,一切都会变得显而易见。

社会心理学家之所以要进行科学研究,是因为我们意识到许多人们认为理所当然的事情,我们研究的结果却证明是错误的,或者与人们最初所认为的有所不同。例如,人们一般会认为:那些做了被禁止的、非法的、弄巧成拙的事情而受到惩罚威胁的人,最终可能会停止他们的行为;而且惩罚越严厉,他们服从的可能性越大。毕竟,他们会将这类行为与恐惧或痛苦联系起来。但付诸研究时,这个假设却被证明是完全错误的。当面对着轻微惩罚的威胁时,人们会讨厌被禁止的行为;而那些受到严重威胁的人,更可能受到被禁止的活动的吸引。同样,从自身的经验出发,我们大多数人会猜测,假如我们无意中(背后)听到某人在讲我们的好话,在其他条件都相同的情况下,我们会喜欢这个人。这一点已经被证明是正确的。但同样正确的是,假如我们无意中听到的不完全是好话,我们会更加喜欢这个人。在后面的章节中我们会对这一现象作进一步探讨。

在理解社会性动物方面,专业社会心理学家比大多数业余社会心理学家具有更多的有利条件。尽管像业余社会心理学家一样,我们也往往是从仔细观察开始的,但我们并不会就此止步。我们不必等待事情发生后去观察人们如何反应;我们可以让事情发生;我们可以进行实验,在实验中让许多人面对特定的事件(例如,严重的威胁或者轻微的威胁;无意中听到好话或者无意中既听到好话又听到令人不愉快的话)。不仅如此,除了所要研究的具体因素,我们可以在特定的情境下使一切保持不变。然后，我们可以比业余社会心理学家获得更为精确而丰富的材料，并在此基础上得出结论。而后者则只能依靠对随机发生事件的观察，并且不能排除许多同时发生的事情。

本书所呈现的所有材料几乎都有其实验依据。由于这个原因，以下两点特别重要：(1)读者需了解一项社会心理学实验的构成要素；(2)读者需了解与这种探索联系在一起的那些有利因素、不利因素、伦理难题、激动人心之处、棘手之处以及为之痛心之处。虽然了解实验方法是重要的，但它决不对理解我在本书中所呈现的大量材料起决定作用。为此，本书最后一章所安排的内容是"作为一门科学的社会心理学"。对读者来讲，可以在阅读其他章节之前先阅读该章（假如你愿意在钻研大量的材料之前先理解技术性问题的话），也可以在阅读本书的过程中，在任何感兴趣的地方随时阅读该章内容。

做出疯狂举动的人未必疯狂

社会心理学家研究影响人们行为的社会情境。有时，这些自然的情境会具有相当大的压力，迫使人们按照一种很容易被归类为变态的方式去行动。这里所讲的人们，指的是为数众多的人。在我看来，将这些人归类为精神病患者并不能增加我们对人类行为的理解。更为有益的做法是尽力去了解特定情境的性质，以及产生特定行为的过程。这就将我们引向了阿伦森第一定律：

做出疯狂举动的人未必疯狂。

让我们来举一个例子，那个手持步枪进入"彗星乒乓"披萨店的人，按他的说法，是打算"自行调查"那里是否有被绑架儿童。难道他疯了吗？如果他真的希望搞清真相，为什么不接受警察部门、联邦调查局以及其他可靠来源所提供的调查结果？这类调查会彻底查清是否存在那些指控。如果他是个疯子，那么其他成千上万的人也是如此，这些人相信这则假新闻，其中许多人对"彗星乒乓"披萨店和其他一些被认为与那个"组织"有关的餐馆进行了恶意威胁，对店主和顾客们进行了骚扰。"彗星乒乓"披萨店的店主告诉《纽约时报》："正是由于这个疯狂的、凭空捏造的假消息，我们不断受到攻击。那段日子里我几乎什么都做不下去，只是想努力把这件事情处理好，以免我的员工和朋友们受到恐吓。"[4] 是什么导致那些人相信这则"疯狂"的假消息？尽管有确凿的证据表明事实并非如此，为什么他们仍然会坚持这种看法？在本书后面的章节里，我们将考察这类态度如何产生以及为什么无论何种情况下人们都倾向于坚持。我们还会了解到如何来克服这类偏见。

　　社会心理学的一个重要发现是，人们倾向于通过赋予过错者某种性格特质来解释其令人厌恶的行为，比如"精神病"、"虐待狂"或"邪恶之人"。大多数人，特别是我们这些生活在西方文化背景下的人，会在无意之中自发地这样去做，通过这种方式对各类信息加以组织和分类，从而获得对事件的控制感。这种有关人类行为的人格倾向论基于以下假设：做出疯狂举动的人一定拥有某种疯狂的人格，做出愚蠢事情的人一定是愚蠢的，只有邪恶的人才会做出邪恶的事情，做好事的人一定是善良的，诸如此类。这样的思考方式颇能迎合人们的想法，因为这样可以帮助我们把那些做坏事的坏人和我们这些"好人"区分开来。当我们想到令人厌恶的行为时，这种想法给我们以安慰——因为，作为好人，我们绝不会那样去做。

　　然而，这种假设过于简单化，往往是错误的。正如您在第2章中将会看到的，我们会为此付出代价。人格倾向论会令我们自以为是，按照这种假设，我们在外部压力下是无懈可击的——而事实上外部压力往往会导致我们做出愚蠢、疯狂或残忍的举动。这种假设使得人们不再关注环境的改善，而是狭隘地去关注人格。例如，经理担心员工是否会偷窃？会让每个员工接受一项人格测验，试着判断将来谁会偷窃，而不去关注员工是否会因为工作强度过大、心生怨恨或者报酬太低而偷窃。有人担心学生是否会变得暴力？那就让每个学生接受一项人格测验，并试着预测哪个不快乐或受到了欺负的孩子可能会在某一天爆发，而不去关注这类孩子每天都在挣扎中度过的那个世界。

　　当然，我并不是说精神病就不存在。有些人格特质和心理疾病的确会影响人类的行为。我也不是说所有人都是一样的，会对同一种社会压力作出完全相同的反应。我想说的是，有些情景会引发我们这些"正常"成年人中令人惊奇的大部分人以一些意想不到的、让人倒胃口的，有时甚至是变态的方式去行动。至关重要的是要明白这些情景中的什么要素会导致令人不悦的、破坏性的行为。

　　或许我们可以通过一个案例很好地说明这一点。什么样的人会杀死自己的孩子呢？疯子？绝望之人？邪恶之徒？这类人一定存在心理上的问题。1977年，旧金山人民圣殿教的教主吉姆·琼斯（Jim Jones）牧师，说服他的追随者们搬迁到南美洲的圭亚那，在那里建设了一个人间天堂——一个不同种族背景的人可以和谐生活的乌托邦社区。1978年，当这个组织受到国会调查的威胁时，琼斯决定结束这场危机，要求组织成员采取"革命行动"：杀死自己的孩子，然后自杀。他们准备了几大桶毒药,在零星的抗议和反对声中,母亲和父亲们给这些婴儿和儿童喂服了这种致命的混合物,然后自己喝下去,躺下来等待死亡。

当某个人杀死自己的孩子时,我们有理由质疑他是否患有精神病。而当613对父母在某个地方一起杀死他们的孩子时,我们不能再局限于考察他们的精神状况和个性特征,而要考虑导致他们做出这种举动的情景特征。当然,我们可以说他们疯了,也可以为我们永远不会做出他们那样的举动而沾沾自喜。然而,在这些人搬迁到圭亚那之前,他们的邻居、朋友或者亲戚没有人不会将他们视为普通的、有理智的人,他们属于一个相互支持、紧密团结的教会团体。正如人们已经普遍意识到的,"琼斯城大屠杀"提醒我们,社会影响会决定人们的想法、感受和行为,这种影响往往是巨大而隐秘的。

帮助我们理解这种极为复杂的人类行为的情境性的观点——社会情境影响我们行为的许多方面——是社会心理学的重要贡献,我希望社会心理学的价值会在接下来的章节中显现出来。

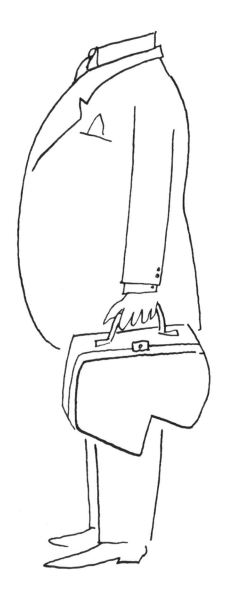

本图来源于《纽约客》1953 年 8 月 29 日。
Saul Steinberg, *Untitled drawing*, ink on paper.
Originally published in *The New Yorker*, August 29, 1953.
© The Saul Steinberg Foundation/Artists Rights Society (ARS), New York

2
社会认知

在中世纪的欧洲,行人沿街行走时经常会被人的排泄物击中。那时的市民有时会将便壶里的尿液和粪便从窗户倒向当街。污水会在那里滋生瘟疫和疾病,直到街道清洁工清理掉——通常它们被用作肥料。对现代人来说,这种处理方式看起来很愚蠢也很粗俗,尤其是当了解到一些早期文明——像希腊人、罗马人和玛雅人——已经拥有了更好的排污系统时,人们更难理解。这些早期文明已经有了室内管道,甚至有了可清洗的厕所。

为什么要用夜壶来取代室内管道呢?这是因为当时的人们相信了很多显而易见不真实的事情:赤身裸体是罪孽深重的,当一个人赤身裸体时会遭到恶魔的攻击,邪恶的灵魂会让人生病。[1] 罗马人会在他们漂亮的公共浴池里天天沐浴,这一做法被劝阻了,取而代之的是洗手、洗脸,以及清洗身体其他可以公开示人的部位。这种迷信导致了两个显而易见的后果。首先,几乎所有的东西和每个人闻起来都很糟糕。正如一位作家所描述的那样,"农民和牧师、学徒和他主人的妻子,都散发着臭气;整个贵族阶级都臭,甚至国王也散发出臭气,他臭得像头狮子,而王后臭得像一只老母山羊,夏天和冬天都是如此"。[2] 其次,室内浴场最终失修,管道维修技术在民间失传。于是,一段时间内,原始的下水道系统和夜壶便成了解决问题的最佳选择。经历了几百年的时间,"精神"导致疾病的理论才向科学屈服,微生物被确认为导致人类疾病的隐形祸端。

在这里,我无意探讨中世纪的那些想法形成的内在机理,也不想展示现代社会在卫生保健方面所取得的进步。相反,我讲述这个故事是为了引出一个更大的问题:我们现代人的行为,在多大程度上和几个世纪前的夜壶使用者是一致的?每一代人都可以回过头来审视他们祖先的愚蠢行为,找到很多理由来加以解释并自鸣得意。在维多利亚时代,那些医生们提到人们害怕洗澡和鬼魂便会加以嘲笑,但他们仍然会相信自己那个时代的荒谬之论。一些医学杂志警告，女性（而不是男性）在阅读小说时会存在引发疾病、不育甚至精神错乱的危险！[3]

我们人类喜欢把自己看作是理性的动物。（我们自以为是地称自己为智人，毕竟，人类是明智的。）但我们也会持有许多不明智的信念，并因此而吃尽苦头。数百万人仍然拒绝相信"人类正在造成全球变暖和大规模气候变化"的压倒性科学证据。有人会说，"这是有的国家制造的一个骗局"；也有人会说，"当然，地球正在变暖，但并非人类所为"。结果是，冰川不断融化，海平面不断上升，风暴更加频繁，昆虫传播的疾病激增，每年有数千人死于这些变化。在美国，成千上万的人仍然否认"儿童疫苗不会导致自闭症"的压倒性科学证据，许多父母拒绝给他们的孩子接种疫苗。结果是，在未接种疫苗的人群中，麻疹和百日咳的死亡率上升；在已经被人们认为根除的时候，这些致命的疾病却又会卷土重来。

社会认知是社会心理学的一个主要领域。这个研究领域关注的是：人们如何相信自己所做的事情；人们如何解释、记忆、预测、作出决定、评价自己和他人；以及为什么这些过程经常会产生错误。尽管人类可以正当地宣称自己是地球上最具适应性、最聪明、最成功的物种，但我们仍然很容易产生误解、冲突、错误，出现那些由来已久的种种偏见，以及今天对气候科学和疫苗所持的否定态度。

本章将讲述我们的"社会人脑"的故事。在进化的漫长历史中，"社会大脑"为人类生活带来了巨大的悖论和困境。进化赋予人类以大脑，使我们能够很好地适应小型狩猎采集的群体生活，为人们提供了有效的认知捷径和倾向性，使生活更容易且更安全，使人们倾向于合作和相互关心。然而，当我们对当今这个复杂的、相互联系的、多元文化的星球进行考察时，我们可能会发现这些机制往往会适得其反，导致我们作出错误的决定，固守着我们的偏见，并因偏见和仇恨而相互战斗。

假如你认为可以用我们的理性力量来确定真相的话，当你看到人们因与你的观点相异而对事实采取视而不见的态度时，你便会感到沮丧。在很多时候，我们采用理性、事实和批判性分析，不是为了形成我们的观点，而是为了确证我们已经看到、感觉到或者相信的东西。正如小说家阿娜伊斯·宁（Anais Nin）所言："我们看到的并非事物的本来面目；而是我们所看到的事物的本来面目。"[4] 在很大程度上，我们如何理解世界取决于我们的直觉、我们的个性、我们感知世界的方式，以及一系列基础性的社会动机。

进化与偏执的大脑

几个世纪以来，哲学家们一直认为人类的认知是完全理性的：所有人都试图尽其所能去做正确的事情，保持正确的信仰，在最大限度地减少痛苦的同时最大限度地享受快乐。

杰里米·边沁（Jeremy Bentham，1748－1832）是这一观点的重要支持者之一。他写道，人们会通过权衡事物给自己带来的幸福感，来确定事物的善恶与对错。[5] 人们通过幸福感计算来确定他们行为或选择的道德定位——好的或坏的、对的或错的。假定我想购买一部新车，在决定购买厂家和车型的过程中，我将会把每个品牌在款式设计、内部舒适程度、发动机功率等方面可能给我带来的快乐相加，然后减去我将来每月需要支付的费用、频繁加油所需的支出等因素可能给我带来的痛苦。这样，我就会选择能够给我带来最大快乐和最少痛苦的型号。在边沁看来，"追求最大多数人的最大幸福"是政府的职责，而且需要有经济制度来加以保证。另外一些人对此也持赞同的观点。边沁权衡幸福的思想，已经成为现代资本主义的基本假定。

普通人会这样去思考问题吗？当然，有时候的确如此。我们中的许多人会采纳本杰明·富兰克林（Benjamin Franklin）有关如何做出明智决定的建议——写下它们的利弊。然而，这种方法要求人们不仅要获取准确、有用的信息，而且还要具备理性思考的能力。但这些情况在日常生活中并不常见。这样讲主要有两个原因。

首先，没有人能够拥有观察世界的"上帝之眼"——可以全知而且无偏地进行观察。让我们以买车为例，我不可能了解这辆车的优缺点，因为我听说过一些有关汽车经销商以及他们的营销策略的糟糕故事。如果这种车是一种新的款式，便根本不可能有长期的维修资料。而且，我对这种车的意见也只局限于我个人的有限看法；我基本上是从广告人员那里听说这种车的，这些人有目的地夸大了车的正面特征。我对这种车的体验也十分有限，只是在经销商的监督之下试开了10分钟，没有在各种危险路况和复杂天气条件下的长期驾驶经历。如果类似买车这样普通的事情可能会有许多信息遗漏或误导的话，那么不妨设想一下，当我们需要做出一些重大决定（譬如，是结婚还是分手，或者选择哪种工作）时，我们将会面临何种困难。

其次，即便数据可用而且可靠，我也没有时间对遇到的每个问题进行全面分析。假如我继续下去，花 10 个小时来研究和权衡购买这辆车带来的幸福感。但与此同时，我还有许多其他的决定要做：享用午餐时我该做些什么？我该如何修改我的讲稿？哪个求职者最适合聘用？我女儿真的需要那种昂贵的牙齿矫正器吗？我不可能花很多时间列出一天里必须要作出每一个决定的利弊，这一点你也不可能做到。

这就是为什么我们大多数人都是**认知吝啬者**：我们总是寻求保存认知（心理）能量并将复杂事物简单化处理的方法。我们会利用经验法则去走捷径。我们会忽略一些信息以减少认知负担；我们会过度利用一些信息以避免去寻找更多的信息；或者我们只是按照最初的直觉，接受一个不够完美的选择，因为它已经足够好了。[6] 认知吝啬者的策略可能是有效的，有时我们的直觉可以帮助我们作出较好的决策。但是如果不加以限制，这些策略也会导致严重的偏误。

有关思考的思维是如何进化的　虽然心理学家的研究在过去的几十年里取得了巨大的进展，但是还没有人能够完全理解：大脑如何产生有意识的体验，为什么会产生有意识的体验，或者说大脑如何产生了自我意识。当描绘我们不完全理解的事物时，我们会使用隐喻；我们会将我们不理解的事物与我们已经理解的事物加以比较。隐喻对我们会有帮助，但是如果不加批判地接受，也可能带来误导。

当人们试图解释大脑如何工作时，他们总会使用基于当时科技的隐喻。柏拉图曾做过一个有名的比喻，将人类的精神比作一个驾驭着两匹马拉战车的车夫，一匹马代表理性，另一匹马代表欲望。在 19 世纪，大脑被比作电报，在 20 世纪被比作电话总机。随着计算机的出现，心理学家开始把大脑的功能说成可以与 Mac 或 PC 相媲美。就像计算机一样，人脑被认为可以存储和检索记忆；偏离理性思维的行为通常被描述为操作系统中的"错误"，或者我们"有限的处理能力"的结果，或者由于压力而导致"认知带宽"减少。[7]

计算机为描绘某些大脑功能和局限性提供了一个合适的词汇，但我们的大脑并不像计算机那样真正存储记忆或处理信息。此外，由于计算机不必担心未来，不必害怕死亡或被拒绝，不能体验快乐、悲伤、嫉妒或任何其他情绪，因此用计算机来隐喻大脑，对精神生活的描绘是不完整和不能令人满意的。

一个由来已久的隐喻被证明特别具有误导性：约翰·洛克（John Locke）在 16 世纪把思想描绘成一张白板。这个隐喻把我们的思想、性格和特点描绘成完全由学习和经验塑造的,就像在一张空白纸上作画一样。这个隐喻持续了几个世纪,在19世纪初被精神分析心理学和行为主义心理学热情地加以接受。假如你害羞,那是因为你和你父母的不愉快经历,以及你所受到的奖励和惩罚,使你感到害羞。行为主义心理学创始人约翰·华生(John Watson)声称,只要对环境有足够的控制,奖惩结合得当,他就可以把一个随机挑选的健康婴儿塑造成几乎任何一种人:医生、律师、乞丐或者小偷。[8]尽管华生确实训练了一个婴儿,使之见到一只兔子都会惊恐,但幸运的是,他再也没有尝试通过长期实验将婴儿变成乞丐或者小偷。

尽管诸如"你可以成为任何你想成为的人"的有关人类可塑性的极端观点在当今社会中依然存在,但是这种观点在心理学家中已经没有了市场,因为有科学证据表明存在遗传倾向。同卵双胞胎出生后分开抚养,在不同的家庭中长大,他们在行为举止、习惯、态度甚至政治观点上仍然存在显著的相似性;在同一个家庭长大的兄弟姐妹在性格上也不会变得更相似。[9]婴儿带着某种思想进入这个世界,这种思想已经存在大量的预先编程。他们拥有特定气质,拥有对语言和文化学习的某种准备,甚至拥有对物质世界和社会世界如何运作的与生俱来的期望。保罗·布鲁姆(Paul Bloom)和他的助手们发现,三个月大的婴儿如果观看一个简短的木偶表演,他们会在随后去触摸木偶,[10]因为木偶是有益无害的。这项令人惊奇的研究表明,我们在第一次玩游戏之前就已经有了道德直觉和作出道德区分的能力。

从隐喻的角度来说,我们的思想更像是草图,而不是白纸。经验并不是从零开始的;它对已经存在的东西加以细化,进行修正,并利用个人、文化和社会的影响来给它着色。与生俱来和后天培养相互作用,使我们成为自己。现在就让我们来看看大自然给了我们什么。

狩猎—采集者的思维和人类的普遍性 根据进化心理学,大脑是一个由进化塑造和编程的器官,适应了我们的生物狩猎—采集者祖先在数十万年的觅食生活方式中面临的挑战。[11]进化赋予人类一些重要的特征和倾向,包括智力、体力、性欲和冒险——这使得我们的祖先能够存活足够长的时间,把他们的基因传给他们的孩子。大多数社会心理学家现在都接受了这个观点,这为我们理解人类思维的方式提供了巨大的启示。

让我们来看一下人类学家罗宾·邓巴(Robin Dunbar)[12]在深入研究灵长类动物的梳妆习惯时所得到的惊人发现:动物群体的大小与动物大脑新皮层的大小有

着密切的关系。新皮质是哺乳动物大脑中最后进化的部分,包含了许多高级功能。对人类而言,它占到了大脑体积的四分之三以上,在它的许多折叠层中有负责高阶过程的区域,如自我意识、有意识的思考、解决问题、自我控制和语言。新皮质超大而且极为复杂,以及它所赋予早期人类的能力,使得我们能够形成比其他哺乳动物更大的合作群体,并通过文化来传播我们的知识。

邓巴发现,我们的大脑容量似乎可以容纳大约150人,我们可以与他们建立起稳定、有意义的关系;当人类群体的数量不超过150人时,他们的功能会达到最佳状态。集体生活提供了巨大的优势,比如食物共享和保护,但是也带来了认知挑战,比如学习和记住某个群体成员的重要信息——他们很容易偷走你的食物或夺走你的伴侣。它需要一个更大容量的大脑来容纳有关群体中其他成员的所有信息以及他们的各种行为方式。这就是为什么,当狩猎—采集部落的成员超过150人左右时,群体生活会变得困难和紧张,部落趋向于分裂成更小的部落。

现代生活改变了上述现实吗?我们可以合理地假设,通过媒体和技术,我们可以轻松地将我们的社交圈扩大到远远超出这一自然限制的范围,现在我们可以通过一个帖子或一条推特联系到成千上万的其他人。不过,问题是:在任何给定的时间点,你到底有多少在线朋友或追随者与你进行有意义的互动?事实证明,很少有人能与超过150人进行双向通信。即使在脸书和推特的时代,尽管我们确实从拥有成百上千的朋友或追随者中获得了一些自尊,但这一限制依然存在。[13]

了解150人限制的一个有用的含义是,当人类组织不再变得更大时,其功能会更好——他们可以像社区那样运作,而不会像行政机构那样运作。小型学校的暴力和旷课率较大型公立学校要低,人际关系会更好,学习质量会更高。[14] 注意到我们进化中狩猎—采集者思维的性质和局限,可以优化我们的生活和制度。

进化的漫长过程产生了其他的人类普遍性特征、行为倾向、动机和情感系统,不管来自何种文化,所有人类都会表现出来。在所有社会中(包括我们最接近的非人类动物黑猩猩),特定面部表情代表着恐惧、幸福、愤怒、悲伤、厌恶和惊讶等基本情绪。与远亲相比,人们更喜欢近亲,而不是陌生人。人们以家庭为单位生活,在家庭中男性年龄一般比他们的女性伴侣要大。一般而言,男性比女性更具身体攻击性,而且大多数活动都是按性别划分的,女性做更多的保育工作。所有社会都有某种形式的宗教、禁忌词清单和行为准则。在所有的社会里,人们为孩子们制作玩具,讲故事和神话,制作音乐,传播恶意的八卦消息,举行与年龄有关的仪式。这种普遍性的存在,指向维系我们物种生存的群体生活的中心。这些适应无处不在,因为它们促进了群体生活——群体生活对我们的生存至关重要。

人类思维进化论的影响不能被夸大。只是在过去的二十多年里,社会科学家才完全接受这样一种观点:我们的许多不合逻辑、不适应的倾向和动机——以及慷慨、富有同情心和感人的倾向和动机——都植根于我们生活在一小群狩猎—采集者时代的生存价值。但在当今复杂的多元文化世界中,同样的虚构、错误和对理性的背离,对我们以及狩猎—采集者都是有益的。游戏规则已经改变,但我们的进化倾向却没有改变。[15]

因为我们的生存一直需要其他人存在,所以我们进化成了非常社会化和群体化的人——像蜜蜂一样优秀的团队合作者,像黑猩猩一样优秀的竞争对手。我们与群体成员建立联系、合作、一致和协调关系,同时也通过竞争获得群体内部的资源和地位。我们天生就存在偏见和攻击性,对外界和那些我们认为是威胁的人保持警惕和敌对。我们的大脑发展了快速心理反应过程,以提醒我们注意危险,迅速决定谁是朋友或敌人,并准备好与我们所感知的敌人战斗或者逃离。这些倾向有助于我们迎接来自敌方的石头和棍棒,由此也导致几千年来,人类以部落、"我们与他们"作为基础来看待世界上的冲突、政治分裂、仇恨和战争。[16]

大脑固有的偏见　正如你所看到的,我们的许多心理怪癖和错误并非愚蠢或者随机错误,也并非我们大脑的自然设定。人类大脑被设计得可以有效地进行工作,但是在这个过程中仍然会出现一些怪癖和偏见。其中一种典型的偏见便是所谓**偏见盲点**,即认为我们自己比大多数人更客观、更少偏差。我们偏见性地认为自己不存在偏见!这类盲点产生于如下事实,即我们的许多信仰都是内隐的,隐藏在能够意识到的意识之下。当我们面对自己的行为时,我们可以知道这样做的背景,并且可以为之找出理由;毕竟,我们知道自己的感受。但是,当我们看待别人的行为,我们会忽略掉完整的背景。这就是为什么在别人身上很容易发现伪善,然而在我们自己身上却很难看到。那个忙于谴责某位政客有外遇的政客,可能在他的办公室里也在做着类似的事情。我们的偏见盲点让我们可以轻易地对我们所批评的行为作出合理的解释("他是个道德败坏的混蛋,但我是有权搞外遇的,因为我的压力太大")。[17]

更为糟糕的是,我们受制于绝对的现实主义。我们相信自己对现实的主观解释就是现实。我们所看到的是事物的本来面目,而那些人是存在偏见的。这种信念使我们更容易认为,任何不认同我们观点的人都是被误导的、无知的、自私的或邪恶的。历史经常会不幸地显示,如果人们确信自己是绝对正确的,而其他人是错误的,那么他们便很容易做出仇恨和残忍的行为。[18]

在所有的认知偏见中,**证实偏见**是最主要的。它关系到我们如何看待世界和处理信息。我们注意、记住、接受各类信息,这些信息证实了我们已经相信的事情,并且倾向于忽视、遗忘、拒绝那些与我们的观点相悖的信息。在马克·斯奈德(Mark Snyder)和威廉·斯万(William Swann)[19]进行的一项实验中,实验者告诉女大学生们,她们将要见到的那个人或者是一位外向者(好交往的、热情的、友好的),或者是一位内向者(含蓄的、冷静的、冷漠的)。接着,让她们准备一组要向这个人提出的问题,以便对他(她)进行了解。她们会准备什么类型的问题呢?那些认为自己会遇到外向者的学生更倾向于问一些能证实她们期望的问题,比如:"你做了些什么来让晚会活跃?""在什么情况下你最健谈?""你不喜欢嘈杂晚会中的哪些东西?"请注意,无论被访者回答什么问题,提问者关于这个人的假设都有可能得到证实。也就是说,一个不特别内向或外向的人在回答第一组问题时会显得外向,而在回答第二组问题时会显得内向。

证实偏见有助于解释为什么人们顽固地坚守那些牢不可破的信仰。他们会寻找一切可能的证据来支持他们所期待的是正确的,所以他们不必"改变主意"。在我们进化的历史中,这种偏见具有适应功能,这将导致我们的祖先持有一种"只要有效,就坚持下去"的策略。然而在当今世界,有时这种策略会将我们引入歧途。

自我中心偏见　人类是一种社会性种群,但我们也是以自我为中心的:我们倾向于把自己置于宇宙的中心。这就是为什么当人们能够将新信息应用到自己身上时,会比认为它只会影响到别人时更能记住新信息的原因。[20]当人们在生成信息的过程中发挥了积极的作用时,他们会较之被动地接收信息更好地对信息进行回忆。

如果你曾经绝对确信整个世界都看到了你脸上的痘痘,或者你正在谈论你今天糟糕的发型,你就能发现自己内心存有的**自我中心偏见**。许多青少年害怕上学,是因为一旦他们突然发现自己有某种缺陷,他们会认定"每个人都会注意到"。社会心理学家发现,这种担忧通常被无限夸大。人们感受到的社交聚光灯对自己的照射,比实际上要更为明亮。托马斯·季洛维奇(Thomas Gilovich)和他的同事们在一次实验中把**聚光灯效应**界定为偏见。[21]大学生们被要求穿一件引人注目的 T

恤衫，上面印着巴瑞·曼尼洛（Barry Manilow）①的大头照，然后走进了一间坐满学生的教室。之后让被试们想象有多少人注意到他们的衬衫，他们报告大约会有一半的同伴会注意到并对其做出消极的反应，但实际上只有大约20%的人注意到了这一点。

当我们想象别人是如何看待我们的时候，我们可能觉得自己处于聚光灯下，与此同时我们也会觉得我们注意和观察别人比他们注意和观察我们更多——这种自我中心主义，被称为隐形斗篷幻想。例如，在一场实验中，与某个陌生人坐在等候室里的学生后来错误地估计，他们对陌生人的关注比他们认为的要多得多。被试们一直在报告这种隐形的感觉——除非他们穿着实验者提供的T恤衫，他们会声称看到印在上面的一张巴勃罗·埃斯科瓦尔（Pablo Escobar）大头照。这个故事的寓意是，当我们估计别人如何看待事物时，我们很难超越自己对现实的感知。

自我中心偏见会导致我们不加批判地接受错误和谎言。伟大的表演者巴纳姆（P. T. Barnum）曾说过，"每分钟都有一个傻瓜出生"，他的名字现在适用于一种常见的心理现象。**巴纳姆效应**指的是，当人们被赋予可以适用于几乎所有人的模糊、万能的自我描述时，他们通常会说"难以置信！那就是我！"。这一效应有助于解释为什么会有那么多人错误地相信占星术、算命、乃至一些流行心理学的人格测试的准确性。[22] 假设我考察了你的星相图并告诉你："在不熟悉的社会环境中你会非常谨慎。你会以乐观和悲观交织在一起的方式看待生活。你的思想是开放的，但当形势需要的时候，你也可以采取坚定的立场。"你会认为我是一个能够读懂星相和你个性的特别有天赋的人吗？哪怕片刻的反思也会提醒你，这个描述几乎适合每个人。但是由于我们倾向于自我中心思考，我们大多数人会觉得这是对我们的完美描述。

为什么坏事比好事具有更大的威力 人类进化的一个奇怪的特点是它倾向于消极：我们倾向于关注潜在的威胁而不是祝福，这种倾向通常被称为**消极偏见**。我们在人群中找到愤怒的脸会比找到微笑的脸更快。办公室的负面互动比正面互动更重要，员工很可能会记住老板更多的负面言论和行为而不是正面的。消极反馈比积极反馈对情绪的影响更大。坏消息比好消息更容易、更经常地被分享。[23]

那些购买彩票中奖的人会体验到幸福的高峰，但最终会恢复到购买彩票前的

---

① 生于1943年，美国创作歌手、音乐家、编曲家、唱片制作人、指挥家。——译者注

幸福"基点"。[24] 同样的事情发生在失去金钱、考试不及格或其他负面事件之后：我们适应了新的环境，我们的感觉回到了基准线。但与进化理论一致的是，对彩票中奖者和事故受害者的访谈表明，在有过糟糕的经历之后，回到基准线要比在有过美好的经历之后平均花费更长的时间。罗伊·鲍迈斯特(Roy Baumeister)和他的同事发现，消极的事件通常比积极的事件更有力量。他们总结道，从进化的角度来说，这是一种适应性，因为坏事情比好事情影响力强，因为动物对危险、痛苦、失败的警觉程度更高，或者有过其他负面经历者更有可能在威胁中存活下来，从而更有可能遗传他们的基因。[25]

这种进化的消极偏见，是我们并不总像经济学家们所认为的理性动物那样的另外一个原因。例如，从经济角度来看，我对50美元损失的痛惜和50美元收益的欣喜同样有道理。毕竟，这是一样多的钱。然而实验一再表明，被试在失去金钱时所感受到的痛苦，往往比他们在被给予选择时所获得的同样多的金钱所带来的快乐更大。[26] 人们更倾向于避免损失，而不是试图获得收益，这种现象被称为**损失厌恶**。

通过对强调损失选择的设计，研究人员和决策者能够影响人们的行为和决策。[27] 在一项现场实验中，我和我的两个学生马克·卡斯坦佐(Mark Costanzo)、马蒂·冈萨雷斯(Marti Gonzales)[28] 用厌恶损失的心理让人们对他们的住房投资进行绝缘处理。在一种条件下，在对每家每户进行考察之后，能源专家为每位户主提供了一份每年他们可以在取暖费上节省钱数的详细具体的说明。在另一种条件下，提供了同样的信息，但却告诉那些户主们他们每天损失多少钱，就像每天从窗户往外扔钱一样。结果表明，"损失"条件下可能出钱为房屋绝缘的户主，是"节省"条件下的两倍。

理解消极偏见给我们指明了一条出路。虽然我们中的一些人赢得了喜怒无常的彩票，并被赋予了快乐的性格，但我们中的其他人也需要积极地寻找生活中的正向因素，让自己接触到他人的美丽、微小的快乐和善良。[29] 正因为这样做不是我们的必然倾向，所以我们可以学会专注于我们感激的事情，为他人做些好事，这些习惯通过产生满足感来抵消消极偏见的影响。[30]

人脑的两种思维系统 人类的思维系统是按照两种处理方式来划分的：自动的和受控的。**自动处理**指的是引导我们大部分行为的无意识（内隐的）和不自主的操作：我们的精神系统毫不费力地、毫无意识地进行学习的近乎完美的联想或程序。这种思维方式在动物大脑中已经存在了5亿年——对感官输入做出快速、有效的反应。我们可以同时执行许多自动操作,这就是为什么有经验的司机可以在开车时不自觉地注意到他们所做的无数调整和决策(检查后视镜,对发短信的其他司机保持警惕等)。当我们在纸上读到一些简单的文字,在朋友的声音中发现愤怒,完成"盐和_____"这个句子,或者按照一个人的种族、性别或年龄对他进行分类时,我们都是在进行自动处理。

相比之下,**受控处理**是我们在处理新问题时有意识的(明确的)努力,比如学习开车,解决复杂的数学问题,试图记住影片的名字,或者回答"你为什么爱你的男朋友?"。这种思维在进化上是最近的,它与语言的发展联系在一起。我们处理一个又一个想法,而不是并行地处理几个想法。诺贝尔奖得主、心理学家丹尼尔·卡尼曼(Daniel Kahneman)[31]在他颇具影响的著作《思考:慢与快》中描述了这两种系统,并阐述了它们对大量心理现象的影响。

大多数决策都是分两步进行的。我们的自动系统首先产生了对现实的快速而又有污染的评估——基于直觉和感受,一种不假思索的偏好。然后,假如我们具有某种动机,而且能够获得有效的信息,我们会使用更多的控制或深思熟虑来改变最初的印象。例如,当我们判断一个想法是否像我们直觉所认为的那样有用时,当我们确定某种情形是安全还是危险时,或者当我们确认邻居无意而为还是故意使坏时,我们一直都在这样做。

因为受控处理比自动思考需要更多的时间、注意力和精力,容易导致身体疲劳和分心,因此我们更喜欢走捷径。当这种情况发生时,我们的第一印象和冲动可能无法得到纠正。而且,与自动处理不同的是,受控处理不能同时做两件事。这就是为什么很多研究表明,尽管我们会自我中心式地相信自己的能力,但却不可能有效地同时执行多项任务。[32](当你尝试发短信和开车时,其中一项行动将会失败。)人类通常对我们的控制处理能力感到非常自豪,但乔纳森·海特(Jonathan Haidt)[33]估计,有意识的推理——"我们完全了解的词汇和图像流"——只占我们思维的1%左右。另外的99%是意识之外的,但他认为,这个百分比控制了我们大部分的行为。

通过理解进化是如何塑造我们认知能力的,我们可以用更深刻的理解来处理社会问题。现在我们就来谈谈我们大脑中一些特别关联的社会特征。

进化和社会大脑

我一直被别人的魅力所吸引。事实上,我们人人都是如此。没有人存在被诱导去沉迷于八卦的需要,有的八卦甚至是关于那些他们永远不会遇到的人。事实上,我们为此付出了代价:在美国拥有最多读者和广告收入的杂志是《人物》,这是一本分享名人生活细节的杂志。那些名人可能是我们感觉似乎相识的陌生人,但事实上与我们没有任何关系。即便每天上网250次去分享那些八卦新闻,人们仍要为《人物》付费。

我们的大脑与社会关联的另一个标志,是我们会轻易地用人类的术语来解释事物。人们经常在一些不太可能的地方看到人脸:在月球表面,在薯片上,在一片吐司上,或者为人们所熟知的在肉桂面包上显现的所谓特蕾莎(Teresa)①修女的脸。我们把随机刺激联系到有意义的模式中,这些模式在很大程度上涉及到某个人,很可能是因为这个人早已在我们的心目之中。[34]

在有关这种倾向的经典演示中,弗里茨·海德(Fritz Heider)和玛丽安娜·西梅尔(Marianne Simmel)[35]向大学生们展示了一部简短的动画影片,其中一些几何形状以随机确定的方式出现在屏幕上、在一个大长方形内和它的周围移动。学生们只是被要求观看影片,并"写下发生的事情"。其中一位观察者将影片描述为:"影片显示一个大的实心三角形进入一个矩形。它进入其中并从矩形中出来,每次矩形的某个边角和半个矩形都会形成一个开口。"只有一个人做了这样的陈述。其他所有人都比他看到了更多的东西,他们讲述了一个与人物有关的故事,如下所示:

> 一个男孩如约和一个女孩见面,这个女孩却同时邀请了另外一个男孩。第一个男孩让第二个男孩走开,第二个男孩却让第一个男孩滚蛋,他摇了摇头。然后,两个男孩打了一架,女孩走进房间又走了出来,她犹豫了一下,最后还是走了进去。她显然不想和第一个男孩待在一起。第一个男孩在身体已经相当虚弱的情况下,靠在房间外面的墙上,跟着她走进了房间。女孩开始担心,在房间的另一端不停地走来走去。

这便是人们在看完一部有关矩形和三角形影片后可能做出的反应。我们的头脑很少满足于原封不动地对所看到的世界作出报告。当被问到发生了什么事情

---

① 世界著名的天主教慈善工作者,主要替印度加尔各答的穷人服务。因其一生致力于解除贫困,于1979年获得诺贝尔和平奖。——译者注

时，我们倾向于自动地编故事。我们会超越了所获取的信息（即便是几何图形、无生命的物体，以及当今世界越来越多的机器人）赋予人类的意图、动机和个性。我们会将 R2-D2、Siri 和 Alexa 也视为人类。

对于我们社交大脑的另外一个窗口，不妨做如下设想：当你的大脑漫无目的徜徉的时候会在哪里？它会徜徉到哪里？当你"心不在焉"的时候，你会在想些什么？**默认模式网络**是一个交互作用的大脑区域，这个区域在不执行某个特定任务或不专注于外部世界时开始活跃。当我们明确地想到某个人的时候，这个网络也是活跃的。这就是为什么当我们走神的时候，通常会把注意力放在一些社会事务上：和朋友一起做计划，对爱人的回忆，和伴侣的冲突，对各色人等的性幻想，或者是另外一些由他人带来的问题。我们在每件事情中都能看到人类的故事，因为人类从未远离自己的思想。[36]

这里的一个教训是，如果你想推销某款产品，让孩子们对数学或历史感兴趣，或者激励你最好的朋友为酗酒问题寻求帮助，给他们讲一个关于某个人的故事——或者让他们讲一个这样的故事。在戴维·汉密尔顿（David Hamilton）主持的一项实验中，[37] 两组大学生都阅读了有关人类日常行为的陈述，但每组收到了不同的指令。一组被要求记住这些信息，接下来他们会进行记忆测试；另一组则被要求对做出这些行为的人形成一个整体印象。第二组没有被告知随后将进行考试。将会发生什么呢？印象形成组比那些在试图记住事实以应对回忆测试的人，记住了更多的事实。用"人性化术语"来思考可以提高记忆，因为当一个任务围绕着人来思考时，默认模式网络就会参与进来，这反而有助于存储记忆。

社会痛苦为什么如此强烈 "我的心都碎了"、"我的感情受伤了"，尽管心碎和骨折之间有明显的区别，但人类这种表达形式说明，社会痛苦（排斥、羞辱或侮辱带来的刺痛）如同肉体上的痛苦。想象一下你被拒绝或公开羞辱的时候，很有可能你在身体上有这种感觉，你的五脏六腑会产生一种扭曲的感觉，或者，可能你的脸颊上也会产生一种炽热的感觉。

如果不经历分手后的痛苦，你是很难相信这一点的，但对早期人类来说，感受社会痛苦的能力具有生存价值。[38] 我们的大脑需要脑袋来容纳，这意味着人类婴儿出生时一定是相对不成熟的——特别是当他们的头可以通过产道时。当他们的大脑和身体在子宫外发育的时候，他们无法自我生存。因此，他们必须与给自己提供食物和保护的人保持密切的联系，这种与他人的联系对于确保安全和资源获取至关重要。感情上的痛苦,有助于确保人们在社会关系破裂或处于危险之时能够安全挺过;没有经历过分离或排斥的人,不会走得太远。

娜欧蜜·艾森柏格(Naomi Eisenberger)和马修·利伯(Matthew Lieberman)[39]用功能性磁共振成像(fMRI)扫描了大学生的大脑,这是一个通过追踪血流来识别活跃大脑区域的程序,而每个学生都和另外两个玩家玩了一个三方网络球捕捉游戏。另外两名队员一度把被扫描的人排除在比赛之外,不再把球扔给她。fMRI揭示了被排除在外的学生大脑中的一种激活模式,这种模式与人们忍受针刺、电击或其他实验引起的身体疼痛的情况类似。

这一结果表明,与人类联系有关的心理系统,和生理疼痛信号有关的系统相关联。这就解释了为什么辱骂、躲避和骂人的严重程度不亚于身体伤害。在学校被拒绝或被取笑的儿童,可能已经遭受了严重和持久的影响;事实上,许多成年人对童年被拒绝的记忆要比体罚深刻得多。[40]

"我们—他们"的部落心态　　进化将我们的思想塑造成部落心态,巧妙地将所有人归类为我们的一部分或他们的一部分。我们一看到不熟悉的人,就立刻对他们进行归类:他危险吗?他有敌意吗?他有魅力吗?他能胜任吗?他是冷漠拒绝还是热情邀请?[41]最后,我们要问:他是我们中的一员还是他们中的一员?

卷入"我们—他们"心态并没有多难。我的儿子乔什喜欢讲这样一个故事:许多年前,当他和他的三个兄弟姐妹还是孩子的时候,他们经常会争夺我的妻子和我的注意力,或者为了最后一块披萨而相争,或者争论该轮到谁来清理洗碗机。在进行这一切时,四个孩子之间有着各自的诉求和方式。然而,当走出家门、在外度假或到了某个陌生的地方,他们便转化成了团队的一部分,一个由我们基于对世界的感觉而组成的家庭。有句古老的贝都因谚语说:"我与我的兄弟为敌,我和我的兄弟与表兄弟为敌,我们都与陌生人为敌。"这句谚语完美地抓住了我们的部落心态如何将世界划分成"我们"和"他们"。

在一项经典研究中,亨利·泰菲尔(Henri Tajfel)[42]考察了将物体和人们分成不同类别的效果。泰菲尔是一名波兰裔犹太人,曾经参加过法国军队与纳粹的作战,最后被关进了德国战俘营,他对社会认同产生了浓厚的兴趣;后来,在成为一名社会心理学家时,他提出了**社会认同理论**。该理论说明了我们在宗教、政治、地区、国家或职业团体中拥有最为重要的成员身份(例如,属于浸信会、穆斯林还是犹太教?德克萨斯人还是印第安纳人?消防员还是护士?),借此培养起归属感和自我价值感,塑造出人们对团体内部成员和外人的不同想法。

泰菲尔的研究揭示,一旦把人们分成了不同的类别,我们的头脑就会自动地夸大我们和他们之间的差异,而不是注意那些相似之处。我们倾向于把我们群体中的人"**群中人**"视为一个独特个体的集合,而倾向于把那些"**群外人**"看作更为相似的人——"他们都是一样的",人们经常说,或者"他们看起来都很像"。事实上,"他们"看起来的确很像。这是一个常见的感知缺陷:如果一组照片是亚洲人的或者黑人的脸,那么评价这组照片的白人要比他们是白人时要更难分辨。亚洲人在区分黑人和白人的面孔时也存在同样的困难。你可以想象这种偏见会如何影响对目击证人的准确辨认:白人目击证人更有可能错误地将一个黑人和另一个黑人混为一谈。[43]

我们对自己部落中成员的评判也比对"他们"的评判要宽容得多。我们不仅认为我们部落中的人更加多样化,而且我们认为我们部落更优秀、更值得。这种偏见带来了骄傲和尊重的感觉:我们扭曲了自己对世界的看法,这样我们的部落看起来比其他人更好,我们感觉会更好,因为我们是它的一部分。

支持我们自己的部落似乎是完全合理的,因为我们常常根据不同的品位、价值观、信仰和政治意识形态而选择加入特定的群体。然而,人类是如此自然地倾向于将世界划分为我们和他们,以至于即使在群体成员构成是基于微不足道甚至毫无意义差异的情况下,也会出现群体偏见。泰菲尔[44]将完全陌生的人随机分成一组,标记为"X组"或"W组",这些陌生人在研究过程中从未有过互动,他们的行为完全是匿名的。然而,他们表现得就像那些分享他们毫无意义的标签(X或W)的人是他们的好朋友或近亲一样。在一次又一次的学习中,仅仅根据小组的分配,参与者便会更加喜欢那些和他们有相同标签的人。他们认为这些人的性格更令人愉悦,比那些被分配到不同标签下的人更有可能更好地完成工作。他们甚至会把更多的金钱和奖励分配给自己的"团队"。

为什么我们倾向于基于如此细微的差别作出如此巨大的区分?原因在于我们的DNA。对于狩猎—采集者来说,他们需要对自己部落成员之间的差异保持警惕,这些成员可能是竞争者,而对于局外人,则可能是攻击者。当一个共同的目标对每个成员也都有利时自然会形成联盟,将个人组合成团队。我们自己的部落或团队之间的凝聚力是高度适应性的,因为我们共享资源,享受团队的保护以抵御来自外部持续不断的威胁。

不幸的是，我们经常会让自己的团体成员替我们思考。杰弗里·科恩（Geoffrey Cohen）和他的同事们[45]招募了大量具有明显自我认同倾向的自由派和保守派人士，要求他们对两个福利改革方案进行评估：一个是慷慨的方案，另一个是为福利领取者提供较少福利的更为严格的方案。正如所料，自由派倾向于慷慨的方案，保守派倾向于更严格的方案。接下来，由自由派和保守派组成的独立团体对同样的方案进行了研究，这些方案被贴上了由民主党或共和党人提出的标签。这一次，团体成员资格完全超越了方案的内容：自由派倾向于他们认为来自民主党的方案，而保守派则倾向于他们认为来自共和党的方案，而不管他们阅读的实际内容如何。客观的政策内容对作出决定没有任何影响。值得注意的是，这种"政党超越政策"的影响在那些了解福利问题的人和不了解福利问题的人中同样强烈。此外，与会者坚持认为，他们的态度的形成有着内在的逻辑，仅以政策为基础——尽管很明显，他们的取舍是由团体归属驱动的。

当我们打开新闻，听着政治专家们为自己政党的候选人或观点辩护的时候，你会发现这种现象反复出现。国会中的许多共和党人花了数年时间反对巴拉克·奥巴马（Barack Obama）完全可以负担得起的医疗法案——尽管该法案几乎完全基于共和党人米特·罗姆尼（Mitt Romney）在马萨诸塞州实施的一个成功方案。阅读那些带有政治倾向的新闻报道，你会发现同样的事情：我们会对任何来自这些新闻的想法进行贬低。

每当球队或团体有利益冲突时，这种偏见就会出现，就像在普林斯顿和达特茅斯之间足球比赛结束后对球迷之间党派关系的另一项经典研究所揭示的那样。这场比赛被认为是两个学校历史上最粗野和肮脏的比赛。比赛结束后，达特茅斯的阿尔伯特·哈斯托弗（Albert Hastorf）和哈德利·坎特里尔（Hadley Cantril）[46]考察了两所学校，并向学生放映了比赛的影片。学生们被要求在观看影片时要完全客观，并写下每一项违反规定的行为——它是如何开始的、谁有过错。就像科恩的政治支持者一样，两所大学的学生看待这场比赛的方式都有很大的不同：每一方都把自己的同学看成是受害者，而不是违规侵犯的实施者。普林斯顿的学生看到的达特茅斯球员的违规行为是达特茅斯学生看到的两倍。

认知科学家史蒂文·斯洛曼（Steven Sloman）和菲利普·费恩巴赫（Philip Fernbach）[47]认为，从字面上讲，我们是以群体而不是理性的个体来思考的，特别是在当今这个复杂的世界，我们几乎做任何事情都需要他人的专业知识。可能需要一个部落来抚养孩子,但也需要一个部落来治愈疾病、登上月球,或者设计一辆自动驾驶汽车。从进化的角度来看,依靠他人的知识对于人类来说是十分有效的——当然,除非是在人类不打算这样做的时候。

部落心态是一种天性,但它是不可避免的吗?不一定。我们的历史充满了各种植根于"我们—他们"区别的不断变化的联盟与态度。一个我们认为非常好的盟友来年便有可能成为敌人或竞争对手,反之亦然。正如丹尼尔·鲁德金(Daniel Rudkin)和杰伊·冯·巴维尔(Jay Van Bavel)所指出的,[48] 这样的转变给我们带来了希望,即我们不必对部落主义的未来听之任之。我们可以训练自己去纠正我们固有的自我冲动,即把我们当作朋友,把他们当作威胁。在实验中,如果让小组成员拥有时间和动机去运用理性和思考(去思考惩罚一个小组外的成员是否公平),他们就不那么容易歧视他人或者采取不公平的行动。[49]

核心的社会动机

人类有许多普遍的生理生存需要,但我们也有某些基本的社会动机,塑造着我们的思维、情感和关系。所有人都在不同程度地追求社会动机,这是由他们的文化、他们的个性以及具体的情境所决定的。当这些动机得到满足时,人们会感觉良好;当这些动机的满足遇到障碍,或者当情境使它们陷入冲突之中时,人们会感受到压力、痛苦,甚至自卑。作为社会认知研究的先驱之一,苏珊·费斯克(Susan Fiske)为我们确认了核心的社会动机。[50]

归属 在支配社会生活的所有动机中,最重要的是**归属**:我们渴望与他人建立稳定、有意义的联系。[51] 在与两个彼此看不见的陌生人玩网络球时,即使是轻微的排斥也会在我们的大脑中触发类似于身体疼痛的警报。那些回忆起被排除在外的事件,或者在实验室的一场短暂的游戏中被排除在外的大学生,后来评价自己比那些没有被排除在外的人更差。

这种基础性社会动机意味着:长时间的非自愿隔离不仅会令人感到不愉快,而且在心理上是有害的,会产生抑郁、焦虑和自我毁灭的冲动。被单独监禁囚犯的自杀率比非单独监禁囚犯的自杀率高出许多倍,这确实是最残酷的惩罚。[52] 克雷格·哈尼(Craig Haney)对一些被完全隔离关押多年的囚犯进行了研究,他观察到"他们不确定他们是否存在;如果他们存在,他们到底是谁"。[53]

在不那么极端的层面上,感觉与社会脱节会导致人们失去调节情绪和控制注意力、行为和冲动的能力。那些遭到拒绝的、孤立的学生在考试中的表现往往较差,他们会食用更多的垃圾食品,而且比那些觉得自己属于同一群体一部分的学生表现得更具有攻击性。[54] 他们更希望与别人交流,但对拒绝也更加谨慎,因此对他人的行为非常敏感。[55] 他们似乎会这样对自己说:"我真的很想被这个群体接受,但我会密切注意他们排斥我的迹象。"

归属的需要促进了一致性与和谐的关系,并形成了我们的许多习俗。让我们想象一下音乐。为什么每一种已知的文化都发展出了某种形式的歌曲、舞蹈、节奏或旋律?这是没有独特价值的进化的副产品吗?考虑到音乐的普遍性,这个答案是不可能的。相反,音乐之所以无处不在,是因为它有能力以一种其他任何事物都无法达成的方式,把一个人的情绪或意图的信息同时传递给许多人。想象一下部落战鼓或军队进行曲,它们使士兵恢复秩序并为战斗作好准备。想象一下大学里体育比赛中的拼搏歌曲是如何涌起的,把成千上万的观众聚集在一起。想象一下出席音乐会的人是如何与音乐同步摇摆的,我们所有人都可以被自己最喜欢的歌曲感动得流泪、欢笑或跳舞。音乐之所以重要,是因为它在情感上把我们自己与他人联系在一起。[56]

理解他人和准确预测 人类有强烈的动机来准确地感知和理解周围的人和情境,准确地把握人生的航向,并确保我们的人际关系得以优化。我们期盼能够预测将会发生什么,并对所发生的事情做出解释。当这种意义建构的动机受挫时,我们所感受到的不确定性便会令人不安;当情势稳定而可以把握时,我们就能有所准备、适应良好并继续前进。不确定性使我们陷入困境,无法为即将到来的事情做好准备。的确,我们确信有坏事发生,比怀疑有坏事发生要好。

在一项研究中,[57] 被试在连接着一个电击发生器和一个压力水平监视器的情况下,开始玩一个视频游戏。每当他们翻过一块数字岩石,发现下面有一条数字蛇时,他们的手就会受到轻微而痛苦的电击。对一些玩家而言,他们更擅长预测哪些岩石下藏着蛇,因此他们可以预测什么时候会受到惊吓;他们无法避免受到惊吓,但他们知道什么时候会受到惊吓。但对另一些玩家而言,找到一条蛇的概率一直在变化,所以这种电击仍然是不可预测的。那些确信自己会找到一条蛇的玩家,比那些不确定的玩家的压力水平要低得多。

控制 确定性甚至是不幸的确定性,满足了第三种强烈的社会动机:控制的需要。我们希望拥有指导我们行动的自主感和能力并确保事情成功。控制感会让我们体验到幸福,因为它让我们感到自己可以主动且有能力去完成事情。缺乏控制的感觉会令我们不愉快,从长远来看,也是不健康的。布鲁斯·麦克尤恩(Bruce McEwen)[58]发现,人类和其他处于社会等级较低的灵长类,对自己的生活控制相对较小,他们可以被一个更大的、更具支配地位的猴子或者老板所控制——结果是他们往往比地位较高的同龄人更容易患上与压力相关的疾病,而且死得会更早。

对许多人而言,控制感是幸福的核心。当他们不能进行控制的时候,他们的行为却在显示仿佛他们仍然具有控制的能力。例如,一旦他们选择了自己的号码,他们就更不愿意放弃彩票,而且他们相信在骰子游戏中大力摇掷骰子会导致更大的概率。

被重视需要 人类具有让自己感到有价值的强烈动机,希望自己在所在社区中有社会地位、有积极的声誉。他们希望自己的生活有意义——无论是对别人、对家人还是对周围的世界;费斯克将之称为"自我提升"的动机。事实上,我们对自己的钦佩与我们认为别人如何评价我们有直接的关系。[59]这种动机会在很多方面表现出来,从试图改善自己,到改善我们的社区,再到积极参与政治,表现出财富和地位的迹象,表现出善意的行为。反之,当人们觉得自己无关紧要的时候——当他们觉得社会不在乎他们是死是活,甚至能够给他们带来稳定和意义的工作都丢掉了——他们可能表现出绝望或者愤怒的抗议。这里仅举一个例子,"黑人生命重要运动"便始自美国黑人社区的呼声,目的是让大多数白人认识到黑人的生命和安全同白人一样重要。[60]

信任 作为社会性动物,我们不相信别人就无法生存。尽管进化赋予了我们消极的偏见,出现"坏事比好事更有威力"的效果,但我们有强烈的动力去相信世界是安全的、仁慈的和公平的。我们希望别人能够确保我们的安全,善待我们,并为我们提供资源。尽管由于信任而使自己处于弱势的风险,但我们通常确实期望其他人、特别是与我们类似的人不会伤害我们。和所有的社会动机一样,人们在信任他人和世界的程度上也存在差异,部分原因是他们的个人情绪,部分原因是他们童年的早期经历。但是,当别人愚弄或欺骗我们时,我们会感到惊讶、愤怒和伤心。信任别人会使互动更简单、更愉快;它让我们不用担心别人会来找我们麻烦;或者不用担心如果我们暴露了真实的自我,会招致他们的非议。维多利亚时代的小说家乔治·艾略特(George Eliot)写道:"难道孤独会比不信任更令人寂寞?"

正如我们对待其他社会动机一样,我们常常会歪曲我们对世界的看法,以满足我们对信任的渴望,并在一个仁慈的世界里保持我们的基本信念。假如你或者你所认识的人,遭到抢劫、强奸、袭击,或遭受其他创伤,你知道这种经历会令人感到多么迷茫——因为,除了震惊和痛苦的事件,它还会暂时性破坏我们有关世界是安全、公正和公平的假设。我们的信任已经破灭。[61]

有关社会动机的小结 在本书中,你会看到对这些社会动机的理解如何提供了一个用以观察社会认知和行为的角度。当我们觉得我们属于自己的时候,当我们能够对结果加以预测的时候,当我们可以自由地作出选择并控制自己的时候,当我们开始做那些让我们觉得有价值工作的时候,当我们信任我们所爱的人和同事的时候,我们便能做到最好。[62] 因此,当人们相信一些不真实的事情,或者做出一些看起来很疯狂的事情时,这些核心动机就会以某种方式被扭曲。

在第1章中,我提出了为什么与宗教原教旨主义没有特别密切关系的中产阶级青少年会离家加入恐怖组织的问题。有哪个头脑正常的人会离开一个稳定的家庭去加入ISIS,并很有可能成为一个人肉炸弹?恐怖主义问题专家奥里耶·克鲁格兰斯基(Arie Kruglanski)发现,恐怖分子之间有一些共同之处,有三个核心动机非常突出。[63] 首先,他们强烈希望成为一个更大集团中的一员,为他们提供身份和目标。其次,他们非常需要确定性、秩序和结构;原教旨主义团体的黑白教条为他们提供了明确的答案——他们在一个不确定的世界中所渴望的确定性。第三,属于恐怖组织,消除了他们认为自己的生命微不足道和毫无意义的感觉,这使得他们感到自己的生命意义重大。

我想要强调的是,大多数人都能找到满足这些普遍需求的方法,并能在他们的社会里过上和平的生活。但是,对于那些感到被边缘化和被疏远的人来说,对归属和被重视的需要可能比生命本身更珍贵。

感知与解释我们的社会世界

我们每天都在解释各种各样的事件:为什么有些人的行为如此反常?为什么对面那个有魅力的人不理我?为什么我做得这么差而你最近的论文作业做得那么好?我们的解释往往是合理和准确的,但也容易受到偏见和不确定性的影响。

归因与解释:人们为什么做他们所做的事情 在20世纪中叶,弗里茨·海德(Fritz Heider)和哈罗德·凯利(Harold Kelley)认为,人们的思维方式就像"初级科学家"。[64] 他们可能不像专业科学家那样系统地考察他们对行为的假设,但他们试图理解其他人为什么会这样做。为了达到这个目的,他们会进行**因果归因**:他们想知道是什么原因导致了乔的刻薄或吉姆的慷慨。这些人总是表现得自私或慷慨,还是情境影响了他们的行为?

假设你和一个朋友正在校园里散步,你看到你的同学玛格亲吻了斯科特。"她为什么会这么做?"你的朋友问你。根据**归因理论**,人们在回答问题前会做出两种因果解释:一种解释与人的典型人格有关,这是一种**性格归因**;另一种则与当事人所处的情况有关,即**情境归因**。玛格会到处去亲吻每一个人吗? 如果是这样,你可能会认为她吻了斯科特,因为她是一个非常深情的人。这是一种性格归因,此时你所作出的推断是:一个人的行为方式取决于他(她)的内在原因,比如个性特征或动机。

但假设你知道几乎每个人都会亲吻斯科特,现在你可能推断,玛格亲吻了斯科特,因为斯科特是一个可爱的家伙,这是对她的行为的情境归因。最后,假如玛格只亲吻了斯科特,而没有其他人亲吻斯科特,那么亲吻的这种独特性很可能意味着他们之间存在某种特殊关系。你可能会得出结论:要么他们相爱了,要么斯科特做了值得玛格亲吻的事情。

这种归因分析是非常有用的,它能够帮助我们作出比确定一个人为什么要亲吻另一个人更重要的决定。比如:老师们必须弄清楚学生们为什么会勤奋努力;陪审团必须判定被告无罪或有罪;各个国家必须决定如何对其他国家的挑衅作出反应。在所有这些情况下,我们的归因将产生强大的后果。出于这个原因,社会心理学家已经发现了一些影响我们归因和解释的因素:基本归因错误、自证预言和自利偏差。

基本归因错误　基本归因错误指的是人类在描述和解释人们为什么做自己所做的事情时,倾向于高估个性因素或者与情境环境有关的性格因素的重要性。[65] 在课堂上,你也许会为他(她)的个性找到一个理由:"她变得懒惰了"或"他不像我想象的那么聪明"。因此,你可能会认为你的同学就是这样的人,而不是因为他(她)的父母患病等外部问题而暂时感到痛苦所致。

情境因素起作用的一个关键方面在于,我们在任何时候都在发挥社会的作用。罗斯·李(Ross Lee)、特蕾莎·阿玛贝尔(Teresa Amabile)和朱丽亚·施泰因梅茨(Julia Steinmetz)通过一个巧妙的实验说明我们是如何低估了角色在解释行为方面的能力。[66] 他们设计了一个问答节目的形式,随机将被试分配给两个角色中的一个：(1)提问者，任务是准备有难度的问题；(2)参赛者，任务是回答这些问题。一位观察者观看了这个模拟的智力测验节目，然后对提问者和参赛者的知识状况进行了评估。设想让你自己来扮演观察者的角色，你会有何发现？你很可能会看到某个非常聪明、有知识的人，或者某个相当愚蠢、无知的人。但要注意的是这两个角色如何影响被试的行为。提问者将基于专业知识尽力设计疑难问题："贝比鲁斯在哪个棒球场击出了倒数第二的全垒打？""立陶宛的首都在哪里？""托马斯·杰弗逊的死亡日期是哪一天？"

那些轻松地设计这些问题的提问者，看起来显得很聪明。而那些可怜的参赛者要回答这些问题，肯定会出现很多错误，这让他(她)看起来会有点傻。这正是罗斯和他的同事们发现的。观察者认为提问者比参赛者更有知识。然而，由于每个人都被随机地分配自己的角色，所以任何一个提问者都不可能比参赛者更聪明、更有知识。关键是：即便观察者知道被试是被随机分配到这些角色，但他们仍然没有认识到这些社会角色在判断智力竞赛节目被试时所产生的影响。他们陷入了把所看到的现象归因于个人性格的陷阱。

基本归因错误也会影响到我们个人的浪漫生活。例如，如果你的伴侣做了一些没有头脑的事情，你可能进行性格归因（"我的伴侣是个不体贴的懒汉，我们需要分手"）或情境归因（"我的伴侣一定是在工作中承受了巨大的压力，我们需要一个假期"）。猜想一下哪一种归因会带来幸福的伴侣关系？

归因也会影响人们对一些社会问题及其解决措施的看法。许多美国人认为在超市里使用食品券的人不愿意工作："如果她再努力一点，她就能找到工作。"或者他们可能会说，一个被定罪的窃贼"一定是一个可怕的、无情的人"。这两种描述可能都是准确的，但也会导致我们忽视这样一种可能性，即我们正在犯基本归因错误。除了性格特征之外，还有许多因素可以解释一个人为什么贫穷或犯罪，包括缺少工作机会、文盲、经济衰退或者成长在一个功能失调的家庭。

我并不是说罪犯不应该为他们的行为负责，我也不是说懒惰、无情或邪恶等性格因素不存在。是的，的确如此！但是，将重点放在个人因素而不是情境因素将导致采取不同的政策来减少贫穷和犯罪。"这个罪犯本质上是邪恶的"这一说法将引导我们支持在监狱上花费更多的钱，以及执行更为严酷的判决政策；认为犯罪的主要原因是由于失业、不良的榜样和文盲，这将导致政府采取诸如增加对更好学校的支出以及对投资贫困地区企业税收抵免之类的政策。

至少，我们对基本归因错误的认识可以提醒我们，我们的归因可能并不总是正确的。通过引导我们考虑情境因素，它提醒我们：我们自己可能陷入了导致我们行为不端的情境之中。我们应该认真对待英国新教改革家约翰·百福特（John Bradford）的座右铭："若非上帝恩典，我定会遭殃。"

成功与失败归因，以及自证预言 在我们所有的归因中，那些关于成功和失败的归因是最重要的，因为它会影响我们的控制感。当孩子们在学校遇到困难或考试不及格时，他们对自己和他人作出的有关原因的解释，将决定他们是否会延续失败，或者最终是否会取得成功。

当我们对自己的表现作出相应归因时，我们会找到自己内心的原因，将成功或失败归之于我们的个性、能力或努力。当我们对同一事物进行情境归因时，我们会在任务的困难或任务执行的条件中找出原因。如果你数学考试不及格，你便可能断定你的失败是由你内心的某种原因引起的（"我数学不好"；"我没有努力"）或外部原因（"试题难度太大或有些棘手"；"房间太吵了，我无法集中注意力"）导致的。

随着时间的推移，人们养成了解释自己成功和失败的习惯模式，这种被称为**解释风格**的模式影响了人们的控制感和幸福感。[67] 因为他们认为自己烦恼的原因渗透在自己的生活中，无法改变，并且将永远困扰着他们（"我做过的任何事情都很糟糕，我所做的任何事都无法改变"）。有乐观解释风格的人把不幸的事件归为外在的、情境性的以及他们能控制的原因："是的，"他们可能会说，"我那场数学考试搞砸了，但是我今后会更努力地学习，并且情况会变得更好。""另外，这场考试难度太大，我在其他考试中表现得很好。"

你可以看到这些归因如何导致充分的叙述，为我们未来的成功或失败奠定基础。这个机制创造了一种**自证预言**，它在我们对自身行为做最初归因时便发挥作用，然后以某种方式确认它："我没有通过那个测试，所以我是愚蠢的。所以我不会学习。因此，我将会失败。看到了吗？我告诉过你我很愚蠢。"但我们也可以创造某种积极的自证预言："我没有通过那个测试，所以很明显我不够努力。因此，我会更加努力地学习，并确保我了解这些材料。因此，我会做得更好。看到了吗？我告诉过你，我可以。"

自证预言也适用于我们对他人的归因：我们认为他们是愚蠢的，所以我们把他们当作愚蠢的，然后以他们的行为方式来实现我们的预言：他们是愚蠢的。罗伯特·罗森塔尔（Robert Rosenthal）和雷诺尔·雅各布森（Lenore Jacobson）[68]在学校教师的头脑中植入了一种错误的刻板印象,由此产生的教师对学生的归因倾向影响了孩子们的学习成绩。在这项研究中,实验者首先对一所小学所有的孩子进行了智商测试。测试成绩出来后,每个班 20% 的孩子是随机选择的。老师们被告知,测试表明这些学生是"能成大器者",智力会在来年取得显著的进步。这个完全错误的信息导致老师们对他们的一些学生持有某种积极的期望。随后,研究人员只是静静等候。年底,他们又进行了一次智商测试。

总的来说,所有的孩子在过去的一年里智商都有了相当大的提高,但是那些被标记为"能成大器者"的孩子比其他孩子取得了更大的进步。很明显,老师们相信他们会开花结果,会更加关注他们,更加尊重他们,让孩子们对自己的能力更有信心。反过来,孩子们也实现了老师的积极期望。

这一影响主要出现在一年级和二年级。这表明,当孩子们刚入学时,他们特别容易受到老师期望的影响,而且他们的学习自我概念仍在形成中。在高年级,分数差异较小或不显著。然而,对那些属于少数群体的学生而言,教师期望的影响更大,而且会跨越更多年级,这表明少数群体的地位导致了儿童对教师对待自己的方式特别敏感。[69]

背景对社会判断的影响

社会认知的一个基本原则是,一切判断都是相对的。我们对某个人或某件事的认识和思考取决于它的社会背景。然而,"社会背景"是一个相当宽泛的术语,所以在此我想考察一下,外部世界如何进入我们大脑并影响我们的决策和解释方式。

对比效应与社会比较 一个物体可能看起来比它自身好,也可能比它自身差,这取决于我们用什么来衡量它。大多数销售人员都明白这一点,据此,有些人会对此采取行动。假定我陪你去找某位房地产经纪人买房子。第一站是一栋两居室的小房子,坐落在一小片空地上。这栋房子需要一层新油漆,内部乱七八糟,厨房的油毡皱巴巴的,起居室的地毯破旧不堪,气味难闻。当这位房地产经纪人告诉你要价时,你惊呆了:"天哪!买这个地方他们竟然要价这么高?谁会愚蠢到为这间小屋支付这么一大笔钱?"当然不是你,可能也不是其他人。现在房地产经纪人带你去一栋普通的房子。你觉得之前看过的那栋破旧的房子会影响你对第二栋房子的评价吗?你说对了。破旧的房子当然是一个诱饵,旨在影响你将要作出的决策。

在大多数餐馆的酒单上,你通常会发现各种葡萄酒的价格差距很大。假定有四款美罗干红葡萄酒,价格分别为 14 美元、35 美元、70 美元、170 美元。虽然这家餐厅可能卖不出一瓶 170 美元的葡萄酒,但它的存在却使其他葡萄酒看起来更便宜。而且由于大多数人不愿意购买价格单上最便宜的那款,所以在战略上看放置昂贵得惊人的诱饵,使得餐馆有可能提高价格排在第二和第三两款葡萄酒的价格,向你收取的费用比它们的价值要高得多。[70]

使用这种诱饵的原理正是**对比效应**:在人们看来,好坏的变化不过是与类似的东西对比所形成的。与价格过高的简陋窝棚相比,那栋正常价格的普通房子看起来很不错;与 170 美元一瓶的葡萄酒相比,70 美元一瓶的价格似乎正好。当某种东西与类似的但略逊一筹(或美丑,或高矮,或贵贱)的东西相比时,它被认为比通常情况下更漂亮、更高,或更便宜。在乔纳森·斯威夫特(Jonathan Swift)的经典小说《格列佛游记》中,那位身高正常的主人公,在与小人国的居民一起旅行时被认为是巨人,而在与布洛丁纳格真正的巨人一起旅行时则被当成了侏儒。

对比效应也可以在战略上得到很好的应用。旧汽车经销商可以在停车场放置破旧的旧车,以提升邻近汽车的外观。总统候选人可以选择资历较低的副总统竞选伙伴,以提高人们对自己所拥有总统品质的正面认知。我们往往不太注意上下文的影响,更不用说质疑所提出的替代方案的有效性了。这增强了政客、广告商和销售代理等"情境创造者"的力量:他们所创造的情境会影响我们的感知和判断,诱使我们做出原本可能不会作出的决定。

我们对自己的重要判断也会受到对比效应的影响。关于我们自己的最有力的信息来源之一是**社会比较**,这是一种通过将我们自己与他人比较来评估我们的能力、成就、态度和其他特征的过程。根据我们将自己与谁进行比较,结果可能是有益的、令人欣慰的、鼓舞人心的,也可能是令人泄气的。这就是为什么许多高中毕业时的佼佼者进入一所精英大学后,发现自己被其他高中毕业时的佼佼者们包围着,他们的自尊心会有所下降的原因。他们不再是最聪明的孩子,仅仅是在新的环境中保持了平均水平,便可能感到自己不够聪明;[71] 同样地,当年轻女性在媒体上看到了模特的图片时,也可能会认为自己不如普通女性有吸引力;[72] 而今不少人患上了"脸书忧郁症",这种似是而非的沮丧情绪来自于对朋友审视以及对他们完美生活的了解——他们总有度不完的假期,可爱的小狗,完美的家庭,美妙的聚会等等。[73]

索尼娅·柳博米尔斯基(Sonja Lyubomirsky)曾经观察到,社会比较是导致缺憾和不满情绪的主要原因。毕竟,不管你的处境有多好,总有一些人可以提供一个对你不利的对比——一个更强壮的身体,更高水平的运动技能,更多的脸书朋友,更高的薪水,或者更大的游艇。社会比较是不可避免的,它们会不自觉地、轻而易举地出现。在对快乐的人和不快乐的人的社会认知进行比较时,柳博米尔斯基发现,最幸福的人不是通过关注他人的行为来评价自己,而是通过调整和参考自己的内在成功标准来评价自己。[74] 我们还可以通过培养卡罗尔·德韦克(Carol Dweck)所谓的**成长心态**来避免与他人进行痛苦的比较。德韦克所说的成长心态指的是,人们所持有的对人类成长能力的信念和对自我提升的承诺。她说:"我们可以把别人看作是灵感和知识的源泉,而不是因此而觉得自己存在某种缺憾。"[75]

图式与启动 在人类努力理解世界和解释他人的行为时,往往会遇到一些模棱两可的情况,面对模棱两可的情况,人们会讲出不同的故事。是什么影响了他们所讲的故事?

作为认知吝啬者,我们倾向于通过有关世界的**图式**和心理模型来组织和检索信息。图式可以是刻板印象、类别、期望、态度和心态。当我们文化中的大多数人都拥有共同的图式时,每个人都以他们对社会信息的理解方式来发展习惯倾向。我们对自己和世界的记忆、感觉和信念最终形成了一个完整的整体。因此,我们中间的一些人会通过玫瑰色的透镜来看待这个世界(正如我们所看到的,他们持有一种乐观的解释风格),而另一些人则以敌对或压抑的方式来看待这个世界。这些与我们自己有关的图式引导我们以个性化及与之相应的方式来解释我们周围的世界。

图式可以使用微妙的线索,通过**启动**来激活我们的思维。由托雷·希金斯(Tory Higgins)、威廉·罗尔斯(William Rholes)和卡尔·琼斯(Carl Jones)所做的一项经典研究揭示了启动在对他人印象形成中所起的作用。[76] 在他们的实验中,大学生们参与了两个明显不同的研究项目:一个是关于感知的研究,另一个是关于阅读理解的研究。第一个实验针对的是不同的人格特质;一些学生被要求记住一系列积极特质(敢做敢为的、自信的、独立的、坚持不懈的),而其他学生则被要求记住一系列消极特质(鲁莽的、自以为是的、孤傲的、固执的)。五分钟后,学生们阅读了一段关于唐纳德(Donald)这个虚构人物的文章,并回答了有关他的问题。

这是一段含糊不清的文字,描述了唐纳德所做的事情。根据你个人的观点,可以被解释为敢作敢为或鲁莽(例如跳伞),自信或自以为是(他相信自己的能力),独立或孤傲（他不依赖任何人），坚持不懈或固执（他不经常改变主意）。随后，要求学生们用自己的话来描述唐纳德，并评价他们对他的喜欢程度。当学生们以阅读负面特质启动时，他们对唐纳德的描述是负面的，并认为他不那么讨人喜欢。

大多数时候，就像唐纳德的故事那样，事实会受到解释的影响。启动研究表明，最近的事件或线索在当前的环境中，会以可预测的方式影响我们的感知。在一项研究中，警察和少年缓刑监督官读到了一个关于某个少年的故事，这个少年的种族不明，但他被指控犯罪。有一半的警官毫不掩饰地使用了与黑人有关的词语（"居家男孩"、"哈莱姆"），另一半则用了中性词语。第一组人认为孩子年龄较大，罪责更大，更容易惹上麻烦，他们建议对他进行更为严厉的惩罚。仅仅是种族图式的激活，就会使这些专业人士将某个少年视为麻烦制造者。[77]

媒体报道的故事也让观众把它们视为当今最严重的问题。[78] 通过使某些问题和概念在精神上可以被理解，媒体确定了公众的政治和社会议程。正如政治学家伯纳德·科恩（Bernard Cohen）[79] 所观察到的，"大众媒体在告诉人们该怎么思考方面可能并不成功，但在告诉读者该怎么思考方面却非常成功"。

首因效应的力量　社会背景对人们思维影响的另一种方式，看似简单却相当有效。事实证明，"先入为主"是一种不错的建议，我们从一个人那里最先得到的信息具有特别的影响力。在早期的一项实验中，所罗门·阿希（Solomon Asch）[80] 让大学生阅读如下描述性句子，然后给每个句子所描述的人打分。

a. 史蒂夫是一个聪明、勤奋、冲动、挑剔、固执、嫉妒的人。
b. 史蒂夫是一个嫉妒、固执、挑剔、冲动、勤奋、聪明的人。

这两个句子包含了与史蒂夫相关的完全一致的信息；然而，第一个选项把积极的特质放在首位，而第二个选项把它们放在最后。当史蒂夫被描述为第一个句子时，学生们对他的评价更加肯定。这被称为**首因效应**，指的是前期获取的信息比后期信息有更大的影响力。当你在社交媒体、工作或研究生申请中对自己进行介绍时，你首先使用的词汇，可能与你最想使用的词汇起到同样的作用。当然，首因效应也会产生误导；在现实生活中，人们首先了解到有关你的信息可能并非有关你的最重要信息。然而，在他们听到的有关你的叙述中，什么是最重要的，往往取决于人们对你的反应。因此，如果你在一份求职申请中提到物理学是你在大学里最喜欢的科目,雇主很可能会形成有关你的不同的印象——科学的、勤奋的,也许有点书呆子气。当然,你必须在求职书的开头而不是结尾部分把这个事实说出来。

首因效应以不同的方式反复得到了证实。在爱德华·琼斯(Edward Jones)和他同事的实验中,[81] 被试观察到一个人正在进行一项由 30 个项目组成的智力测验。在每一场测试中,受测者都会正确回答 30 个项目中的 15 个。然而,有时受测者一开始就"活跃"起来,正确地回答了很多问题,然后表现下降;而在其他时候,受测者一开始很不活跃,起初只回答了几个问题,随后正确地回答了后面的项目。尽管他们作出正确回答的项目都是相同的,但开始时表现"活跃"的学生仍被评价为比那些一开始时"不活跃"的学生更聪明。

当然,有时我们也不会无所作为,只是被动地观察我们的评判对象;我们会与他们互动并积极地影响他们,我们可能持有影响我们评判的动机。老师们在评判学生智力的同时,也在教育和影响他们所评判的对象。乔舒亚·阿伦森和爱德华·琼斯[82]在一项实验中发现了首因效应有趣的例外现象,当时大学生们正在指导着一些参与者尝试解开一组谜语。其中一半的指导者得到承诺,如果他们能够提高参与者的成绩,便会得到奖励;另外的指导者则被告知,因为他们提高了参与者的猜谜能力,自己也可以解猜字谜,这样他们会在随后的猜谜活动中表现得更好。在指导猜谜的过程中,被试们按照脚本表演。其中一半在开始时表现非常好,然后状态变差;其余的一半开始缓慢,然后状态越来越好。他们最终的总成绩是一样的,只是得分方式不同。那些被激励去最大限度地提高参与者成绩的指导者,在一开始他们表现好的时候,会认为他们更聪明,这就是首因效应在起作用。他们希望帮助参与者取得好成绩,在最初的几次试验之后,他们得出结论:他们指导的学生很聪明——不论他们后来的表现如何。但是,那些被激励会提高自身的猜谜能力的指导者,却将猜谜能力更聪明的评价给予了那些开始时成绩不佳但最终表现良好的指导者。换句话说,与快速启动相比,他们对业绩的提高印象更为深刻。

这些发现表明,如果教师们致力于学生的长期发展,而不是专注于他们在下次考试中的表现,他们应该拒绝基于第一印象作出的便捷判断。阿伦森和琼斯的实验表明,首因效应并不是不可避免的,特别是当我们被激励去仔细注意的时候。然而,认知的吝啬倾向却意味着第一印象的形成是快速而持久的。

便捷式判断和记忆:引导我们的社会世界

正如我在本章开头所指出的,我们常常依靠自动处理,通过我们的直觉来理解信息的大量涌入。为了帮助我们有效地完成这个任务,我们的大脑通常依靠**便捷式思维**,这种思维活动提供了指导解决问题和作出判断的经验法则。[83] 便捷式思维不需要有意识的思考,我们会在日常生活中盲目地将它们用于解决手头的问题。通常,它们是有效的捷径,但就像人类所有的认知技能一样,它们有时会把我们引入歧途。

让我们来看看三种最常见的便捷式判断:代表性便捷式判断、易得性便捷式判断和情感便捷式判断。

代表性便捷式判断　当我们专注于表面相似性进行推论时,我们就是在使用**代表性便捷判断**。我们知道高质量的产品往往很昂贵,因此,如果某样东西价格很高,我们便推断它比便宜的东西好。我的朋友奥利弗(Oliver)总是会选择一种昂贵的葡萄酒,可以假定他喜欢这款酒胜过喜欢较为便宜的酒。在众多可能关注到的信息来源中,他所使用的只有一个,即价格。

同样,在选择谷类食品时,我们倾向于依靠它的包装来推断它的健康程度。魅力幸运星麦片的包装盒是红色,上面装饰着一个卡通的妖精糖,在粉色和紫色的棉花糖碎片上撒着闪烁的星星。但是,100%纯天然的格兰诺拉麦片也装在一个盒子里,包装盒上印着一碗浅棕色的谷类食品,背景是未经加工的谷穗,它的名字叫"天然"。难道它比魅力幸运星麦片更健康吗?[84] 消费者报告发现,与人类有着非常相似的营养需求的幼鼠,饮食了魅力幸运星麦片后会茁壮成长,而饮食100%纯天然麦片实际上阻碍了它们的生长。盒子上的说明准确地报告了所有可能导致不健康的内容,但包装本身却错误地将这些内容说成是健康的。这就是现实中的代表性便捷判断。

易得性便捷判断　**易得性便捷判断**是这样一种倾向,即预测一个事件的可能性,或判断它的风险有多大,根据的是那些容易记起的具体的例子。在美国,死于鲨鱼袭击的人多,还是死于飞机坠落的人多?死于火灾的人多,还是死于溺水的人多?是谁杀了更多的美国人,是恐怖分子还是幼童?绝大多数的人回答是,鲨鱼袭击和火灾造成的死亡比飞机失事和溺水造成的死亡更为普遍。但这两个答案都是错误的。尽管美国普遍存在着对恐怖主义的恐惧,但目前的统计数据显示,与死于恐怖袭击相比,人们更有可能被一个蹒跚学步的孩子枪杀。然而,错误的答案在我们的头脑中更"易得",因为我们已经看到或可以想象到可怕的鲨鱼、恐怖分子和火灾的生动画面。最容易想到的事情都会直观地感觉更有可能发生,即使这些事件是极为罕见的。我们把这些事情在记忆中的易得性误作它们在世界上出现的频率。鲨鱼的攻击可能很罕见，但它们是可怕的，很容易记起。

启动效应可以增加我们易得的图像。如果你要求人们估计每年在美国发生的暴力犯罪的数量，你会得到完全不同的答案，这取决于人们使用了多少媒体，看了什么节目。电视新闻通常是基于"只要流血，便会导致死亡"之类的所谓常识，最近发生的灾难、枪击或其他悲剧都会引起电视评论的关注。因为犯罪和暴力在媒体中扮演着如此重要的角色，而且往往被描述得如此糟糕，观众对犯罪的认知能力也会提高。这就是为什么那些喜欢看犯罪剧和电视新闻的人往往会大大高估犯罪率。他们看得越多，便会越加担忧。[85]

易得性便捷判断也会影响到我们如何看待自己和我们所相信的东西。如果我们能够顺利地或容易地记住和处理信息，它对我们来说似乎比我们必须努力评估它的准确性更"真实"。在一个简单的演示中，阅读用清晰易辨的字体打印出来的论点的人，比阅读同样内容但用模糊字体打印出来的人更容易相信他们所读过的东西。[86] 与说同一件事但不那么恰当的说法相比，押韵的说法或"脱口而出"的说法被认为更加真实。[87]

我们对一个声明或想法越熟悉，它越可能对我们发生作用。仅仅是一遍又一遍地听到某种说法、哪怕是最卑鄙的谎言，只要让人们更加熟悉它，便会增加他们的信念——如果某种说法为人们所熟悉，它就一定是真实的。易得性便捷判断通常是良性的，也是实用的。然而，当它导致我们不是根据某项说法的逻辑价值，而是根据其检索的方便程度来决定什么是正确的时候，它便存在明显的缺陷：互联网让人预料不到的一个危险便是，从阴谋论到伪科学的医学建议，只要不停地重复，便会大行其道。正如威廉·詹姆斯在1890年所讲过的："没有什么会如此荒谬，如果重复得足够多，它便不能不被认为是真理。"这一说法源自对纳粹宣传机器的观察，而这种宣传不过是"弥天大谎"。

情感便捷式判断　我喜欢这个人吗？我对这个想法有何感想？我们的感觉是有价值的信息来源，所以当我们利用自身的感觉来塑造我们对人或想法的评价时，我们使用的是一种**情感便捷式判断**。如果你心情不佳，你对求职者的评价可能比心情很好时所作出的评价更为消极。然而，如果在做出判断之前有什么事情让你意识到自己的心情好或坏，那么你的心情就不太可能影响到你的评价。[88]

我们对他人的持久情感影响着我们如何判断他们的行为。安东尼·普莱特肯尼斯(Anthony Pratkanis)曾要求大学生们确认两种关于前总统罗纳德·里根(Ronald Reagan)的说法中哪一种是真实的：

a. 里根在尤雷卡学院的成绩保持在平均水平。
b. 里根在尤雷卡学院的成绩从未超过平均水平。

很少有学生真正知道里根的大学成绩怎么样，他们的答案取决于他们对他的感觉。喜欢里根的学生更有可能认为他是个 A 等级学生，而不喜欢里根的学生则认为他是个 C 等级的学生。这种现象有时被称为**光环效应**，这种效应同样是一种偏见。在这种偏见中，一种有利或不利的感觉会影响到对一个人的特定推论和未来的期望。我们同样会反观自身，考虑个人的感受，以预测他人会如何行动。如果我们不了解有关的人，我们通常会假设他们具有和我们一样的感觉和行为，并且在任何问题上都会同意我们的看法。

情感便捷判断是有益的，例如，可以帮助我们在不确定或危险的情况下快速行动。但它也可能通过阻止我们对风险进行准确评估来误导我们。一项巧妙的实地研究旨在考察法国人民如何应对多年前发生的"疯牛"危机。疯牛病会影响大脑，食用受污染的牛肉会导致传染。每当报纸报道"疯牛病"的危险时，次月牛肉的消费量就会下降。然而当新闻在做同样危险的报道，但使用的是这种病的技术名称克雅氏病和牛海绵状脑病时，牛肉的消费量便会保持不变。"疯牛"这个令人担忧的标签使人们在情感上进行推理，并高估了危险。毕竟，这是一个"疯牛"的形象——一个安详的动物在疯狂地奔跑！人们在认知上会高度关注。但是在整个危机期间，仅有 6 人在法国被诊断出患有这种疾病。[89]

我们何时会使用便捷判断 幸运的是，我们不必依赖认知捷径。在购买谷类食品时，我们可以仔细阅读谷类食品盒上的成分或者查阅网页；在投票时，我们会仔细思考这样一个问题，考察政治家的记录和成就；我们可以通过从我们日常中很少用到的公正来源收集证据，努力避免证实偏见。通过了解这些便捷判断如何引导我们作出错误的选择，我们可以采取措施来加以抵消。心理学家已经确认了一些条件，在这些条件下，我们更可能依赖便捷判断而不是理性的决策：[90]

- 当我们没有时间仔细考虑某个问题时；
- 当我们信息冗余，无法充分处理信息时；

- 当相关问题对我们不太重要时；
- 当我们缺乏作出合理决策所需的知识时；
- 当我们让自己的情绪和一厢情愿的想法阻碍我们的时候。

心理时间旅行：预测未来和回忆过去的偏见

有时候，人们似乎会把一半的时间花在思考过去，另一半的时间用来想象未来。无论思考过去还是想象未来，我们都可能出现偏见。

积极预测 预测某些结果如何，会让我们确定自身设定的目标和我们愿意承担的风险。事实上，无论何时我们想要得到某种东西（无论是三明治、工作还是离婚），我们基本上都在打赌，得到了它会让我们快乐，或者至少让我们更快乐。然而，我们对与自身有关事情的预测经常会大错特错。[91] 无论是积极的还是消极的，我们都会高估未来发生事件可能带来的情感影响，以及我们所做反应持续的时间。

在一项研究中，大学生被问到，他们被随机分配到一个他们认为"理想"或"不理想"的宿舍后，他们会感到有多么快乐或者不快乐。学生们预测他们的宿舍分配将对他们的整体快乐水平产生巨大的影响，被分配到一个不受欢迎的宿舍将会导致他们在随后一年里的满意度降低。事实上，一年之后，无论住在哪里，每个人的幸福水平几乎是一样的。那些不受欢迎的宿舍并未出人意料地住满孤傲冷酷的人。学生们在预测他们未来的快乐感时，把注意力放在了错误的因素上；他们更加重视宿舍的结构和位置，而不是有谁住在里面。但事实上，是人们的感觉让某个地方变得有趣或者不愉快，所有的宿舍都会有可爱的人住在里面。由于学生们不能预见到这一点，也不能预测他们会多么喜欢他们的新室友，所以他们错误地预测了他们未来的幸福。[92]

我们为什么会出现错误预测？其中一个原因是我们适应了生活中的快乐和悲伤，但是当我们从心理上构建我们的未来时，我们没有意识到我们拥有调节能力。另一个原因是，当想象未来的时候，我们倾向于只关注所讨论的事件，而不去考虑所有其他无疑会同时发生的事情，以摆脱失败的刺痛或淡化我们的幸福。因此，当我们想象着婚姻、中彩票或者功成名就，我们会长时间地沉浸在幸福之中；而当我们想象着失去了工作或被抛弃时，则会给我们带来永远的刺痛——尽管这些事件带来的快乐和痛苦会随着时间的推移而消失。

假如我们不能预测未来便会带来麻烦，特别是当我们提前做出计划的时候。

"当我认为同一个学期里开设三门科学课是个好主意时,我是不是疯了?我会被工作累垮!"从今天来看,未来似乎与当下不同,就像物体从远处看更小一样。我们把未来想象成一个抽象的层次,我们更关心的是我们的预测是否可取,而不是是否可行。从长远看,你可能认为在同一个学期开设三门科学课并在你的专业上获得一个飞跃听起来是个好主意,但你可能并没有考虑到,从逻辑和实际的角度来说这会有多么困难。在尼拉·利弗曼(Nira Liberman)和雅克·特罗普(Yaacov Trope)所做的一项研究中,[93] 学生们更有可能根据他们认为自己是否喜欢音乐会而不是能否参加音乐会来决定是否参加音乐会。他们买得起票吗?去那里会有多困难?这种对可行性的漠视导致了计划的失效。假如在制定计划时你能够意识到,人们倾向于把未来解释得比现在更美好,你便可能摆脱很多的悲伤。

重构记忆 人们倾向于相信记忆被精确地嵌入或埋藏在大脑某处,并且可以通过药物或催眠被回忆起来。不幸的是,在我们的记忆中没有过去事件的准确记录,我们不能通过一个倒带按钮去访问,或者用个不恰当的计算机比喻,它们是通过数字编码的。相反,记忆是一个**重构**的过程。对我们记忆最为强烈的影响不是过去实际发生的事件,而是我们现在对那些事件的思考。我们通过过滤和修改我们的观念重新创造了自己的记忆——可能是什么,应该是什么,或者我们希望事情以何种方式发生。

我们的记忆正在经历不断的修正,它们受到其他人告诉我们的有关过去事件的信息、照片和道听途说的影响。著名的认知心理学家伊丽莎白·洛夫塔斯(Elizabeth Loftus)进行了一项**重构记忆**的有趣研究,[94] 用最微妙的词汇来研究暗示性的提问如何影响记忆和随后的目击者证词。在她的一项实验中,[95] 洛夫塔斯向人们展示了一部描述多车事故的影片。影片结束后,一些人被问到:"汽车撞在一起的速度有多快?"其他人也被问了同样的问题,但是用"碰"这个词代替了"撞"。那些被问及"撞车"而不是"碰车"的人,对汽车速度的估计要快得多。而且,在看过影片一周之后,他们更有可能错误地声称,在事故现场看到了玻璃碎片。在另一项研究中,[96] 洛夫塔斯向学生们展示了一组幻灯片,其中描述了一起汽车事故和一起行人事故。看完幻灯片后,一半的学生被问到:"开过事故现场的那辆蓝色汽车车顶上有滑雪架吗?"另外一半的人也被问到同样的问题,但蓝色被去掉了。那些被问到"蓝色"汽车的人更有可能错误地声称他们看到了一辆蓝色汽车。对问题的一个简单的改变导致了他们记忆的改变。

自传式记忆　不仅诸如车祸之类的快速事件是重构的,而且在涉及诸如我们自身经历等更为持久的事情时也是重构的。随着时间的推移,会出现重大的扭曲,而这些扭曲对自传式记忆的改变并非随机的。相反,我们构建的记忆更为符合我们自己的想象。正是因为证实偏见的存在,我们更有可能回想起那些证实我们看法的记忆。

例如,当人们把自己的童年描述为不快乐时,任何背离这类想象的事件(比如在迪士尼乐园的家庭度假)都会比支持这类想象的事件更难回忆。如果他们现在和父母有良好的关系,他们的童年记忆将会比他们当时的感觉更美好(比如,他们忘记了父母禁止自己和一个儿时的朋友去迪士尼乐园时他们会有多生气)。这些年来,当人们寻找能证实他们对父母看法的记忆,并拒绝和忘记那些"不适合"的记忆时,他们的记忆会变得越来越连贯和不准确。我们正是以这种方式改写了我们个人的经历。我们对自己的过去不一定是在撒谎,只是我们错误地记住了一些与我们的图式相符的东西。[97]

伊丽莎白·洛夫塔斯把这一研究方向又推进了一步。她已经证实,亲人们之间仅仅通过将这些事件作为事实来进行交谈,就有可能在年轻人的头脑中植入有关童年经历的错误记忆,事实上做到这一点是相对容易的。[98] 例如,假如一位年轻人的姐姐对他说:"还记得五岁的时候,你在大学城的购物中心迷路了几个小时吗?然后你陷入了恐慌。当时一位老人正试图帮助你?当我们发现你的时候,你正握着老人的手哭泣。"在听到这样的故事几天之后,大多数人都会把错误的记忆融入他们自己的历史中,构建起某些细节("哦,是的,那个帮助我的老人穿的是法兰绒衬衫"),并会绝对肯定这件事情发生了。但事实上,这件事根本没有发生。

这项研究的一个惊人发现是,当涉及记忆时,便捷判断的影响具有极大的误导性。人们可能对植入记忆的真实性持有绝对的自信,但事实上却是绝对错误的。在一次又一次的学习中,对记忆的信心并不能确保它的真实性。[99]

我发现自传式记忆在某个方面对学生特别有用。还记得关于自我中心偏见部分的讨论吗?在此给你一点启示:回忆本书的最好方法之一就是把它与你的个人经历联系起来,思考它如何适用于你。

与内心的认知吝啬者相处

我不希望你读过本章后觉得人类是毫无理性的。我们得到的信息是,我们天生就有能力变得非理性和理性,即使我们存在认知偏见也是可以适应的。做一名认知吝啬者会给我们带来一系列好处,但是这些好处也会付出相应的代价:你自己和这个世界的某种扭曲的画面。只要坚持我们最初看待事物和作出决定的方式,便不会给我们带来太大的麻烦,我们的认知吝啬能够以最小努力和最大效率帮助我们度过每一天。

据说,苹果公司的传奇创始人史蒂夫·乔布斯(Steve Jobs)拥有一种"现实扭曲场",使他能够看到和记住他预期的事情,苹果公司相信自己有能力制造出"超棒"的产品,[100] 如果没有他的乐观态度,再加上他的创造力和不懈的完美主义,可能在开发 iPhone 之前苹果公司就已经倒闭了。苹果公司也因此而成为世界上最有价值的公司。但同样的"现实扭曲场",在帮助乔布斯不断创新的同时,也导致他推迟治疗自己的胰腺癌,这种疾病如果在早期阶段诊断出来,是可以治疗的。他相信自己可以用素食来治愈它,但他最终没有成功。

对我个人而言,社会性动物最吸引人的方面就是需要把自己看作是善良的、聪明的、明智的人,以及观察这种需要如何经常导致人们的所做所思既不善良,也不聪明,更不明智。人类自我辩护的倾向是如此重要而复杂,有必要辟专章加以探讨。

本图来源于《纽约客》1963 年 2 月 16 日。
Saul Steinberg, *Untitled drawing*, ink on paper.
Originally published in *The New Yorker*, February 16, 1963.
© The Saul Steinberg Foundation/Artists Rights Society (ARS), New York

3
自我辩护

想象一下这样的情境：一个名叫萨姆(Sam)的年轻人正在接受催眠。催眠师给了萨姆一个催眠后的建议，告诉他，当时钟走到4点的时候，他会(1)到衣橱里去拿雨衣和套鞋，穿上它们；(2)拿上一把伞；(3)走过八个街区来到超市，买上六瓶波旁酒；(4)回家。萨姆被告知，一旦他重新进入自己的公寓，他将"醒来"，重新找回自己。

当凌晨4点钟声敲响的时候，萨姆立即走向衣橱，穿上雨衣和套鞋，抓起雨伞，艰难地走出大门，寻找波旁威士忌。这件事情有些奇怪的地方：(1)这是一个晴空万里、阳光灿烂的日子；(2)半个街区外有一家卖波旁威士忌的酒店，价格和八个街区外的超市一样；(3)萨姆不喝酒。

萨姆回到家，打开门，走进自己的公寓，恍惚中发现，自己正穿着雨衣和套鞋站在那里，一手拿着雨伞，一手拿着一大瓶酒。他看起来非常困惑。他的朋友催眠师问道："嘿，萨姆，你去哪儿了？"

"哦，只是去了商店。"萨姆说。

"你买了什么？"

"嗯……嗯……我好像买了这个波旁酒。"

"你不喝酒，是吗？"

"是的，但是……嗯……嗯……在接下来的几个星期里我要有很多娱乐活动，和我的一些朋友一起。"

"你怎么会在这么好的天气穿戴这些雨具？"

"其实每年这个时候天气变化都很大，我不想冒任何风险。"

"但是天空没有乌云呀！"

"是的，你永远也不会知道……"

"顺便问一下,你在哪里买的酒?"

"哦,嘿嘿。嗯,嗯……我去了超市。"

"你怎么会跑那么远?"

"嗯,嗯……嗯……有如此美好的天气,我想这可能是因为我很有兴致才走了很长一段路。"

人们持有为自己的行为、看法和感觉辩护的动机。当他们做某件事情的时候,如果可能的话,他们会让自己(和其他人)确信这是一件合乎逻辑的事情。萨姆做那些蠢事是有充分理由的,因为他被催眠了。但因为萨姆不知道催眠后的指令,而且他很难接受这样一个事实,即他会毫无意义地去行动。他竭力使自己(和他的朋友)相信他的疯狂是有道理的,他的行为是完全明智的。正如我们在第 2 章中所看到的,我们的许多行为都会受到一些未知因素的支配。之后,当我们被要求解释自己的行为时,我们试图构建出一个有意义的故事,同时满足我们的愿望,让自己和他人看起来都不错。这便是**自我辩护**的本质。

假设你正处在一场自然灾害之中,比如地震,你周围的建筑都倒塌了,周围的人有死有伤。你感到恐惧。你需要为自己的恐惧寻找一个理由吗?当然不需要。证据就在你的周围,受伤的人和被摧毁的建筑物可以为你的恐惧提供充分的解释。但假设地震发生在邻近的一个城镇。你感觉到了震颤,你听到了那里所发生破坏的故事。你虽然害怕,但却不在事发地。你和周围的人都没有受伤,你所在城镇的建筑物也没有损坏。你需要更多的理由来解释为什么你会恐惧吗?是的。就像我们那个穿着雨衣和套鞋被催眠的朋友一样,你持有去理解自己感受的动机。由于你在自己的周围没有发现什么可怕的东西,所以你会倾向于给自己寻找害怕的理由。

这个案例不是虚构的,它实际上就发生在印度。在地震过后,调查人员收集并分析了地震发生地和附近居民中传播的谣言。他们的发现是惊人的。一位印度心理学家贾木纳·普拉萨德(Jamuna Prasad)发现,[1] 居住在离震中不远邻村的人们,也就是那些能感觉到震颤但没有迫在眉睫危险的人开始散布即将毁灭的谣言:洪水会冲向他们;2 月 26 日将是洪水暴发和毁灭的日子;在月蚀的那天,还会暴发一次严重的地震;几天之内就会发生一场气旋;其他一些无法预见的灾难也将出现。

为什么人们会杜撰、相信和传播这样的故事？这些人是受虐狂吗？他们有妄想症吗？显然，散布即将发生灾难的谣言不会起到鼓励作用，让人们感到平静和安全。一种解释是，人们非常害怕，但是由于他们缺乏足够的理由来解释这种恐惧，便制造了自己的恐惧，这使他们不至于显得愚蠢。毕竟，如果飓风正在来的路上，难道我不应该因为恐惧而瞪大眼睛吗？德迦南德·辛哈（Durganand Sinha）[2]对谣言的研究证实了这一解释。辛哈调查了印度某个村庄在发生类似灾难后传播的谣言。普拉萨德的研究与辛哈的研究主要不同之处在于，辛哈的研究对象直接经历了灾难并目睹了破坏。他们很恐惧，但他们有充分的理由感到恐惧；他们没有必要为他们的恐惧寻找更多的理由。因此，他们的谣言没有预示灾难的来临，也没有严重地夸大。的确，如果说有的话，也是一些令人欣慰的谣言，比如有人预言，水的供应将会在短期内恢复。

认知失调理论

受这些发现的启发，利昂·费斯汀格（Leon Festinger）提出了有关人类动机的伟大理论，他称之为**认知失调**理论。[3] 这是一个非常简单的理论，但正如我们将看到的，它的应用范围很广。费斯汀格将认知失调描述为一种紧张状态，当一个人简单地持有两种心理上不一致的认知（观念、态度、信仰、观点）时便会发生。两种认知如果相互对立，则是不一致的。认知失调的经历是令人不快的，所以人们有动力去减少失调；这类似于减少饥饿或口渴等内驱力因素的过程——只不过在这里，内驱力来自认知上的不适，而不是生理需要。持有两种相互矛盾的观点就是与荒谬搞暧昧，正如存在主义哲学家阿尔贝·加缪（Albert Camus）所言，人类是这样一种生物，他们一生都在试图说服自己他们的存在不是荒谬的。

我们如何让自己相信我们的生活不是荒谬的？也就是说，我们如何减少认知失调呢？我们的常用方式是改变一种或两种认知，使它们彼此之间更加一致，或者增加更多的认知，帮助弥合原有认知之间的差距。

让我来给大家举一个很多人都非常熟悉的例子。假设一个人喜欢吸烟，然后看到反对吸烟的信息。吸烟者会出现失调："我吸烟"的认识与"吸烟是肺癌的主要病因，也是不健康的"认识不一致。对这个人来说，最明智、最有效的减少失调的方法就是戒烟。"吸烟致癌"的认识与"我不吸烟"的认知是一致的。

但对大多数人来说，戒烟并不容易。我们可以设想这样一位长期吸烟的人莎莉(Sally)。她将采取什么措施来减少不和谐？在所有的可能性中，她会尝试在有关"吸烟会致癌"的其他认知上做工作。莎莉可能会试图淡化吸烟与疾病之间的联系，用医学尚不完美的想法安慰自己。毕竟，她可能会说，科学家们不是总在改变他们对你有好处理由的看法吗？她可能会找一些聪明的吸烟者，通过这样做，让自己相信如果黛比(Debbie)、妮可(Nicole)和拉里(Larry)吸烟，那就不会有那么大的危害。她可能会转向超轻型或有机品牌，并欺骗自己说它更健康。最后，她可能会加上与吸烟一致的认知，试图使吸烟行为不那么荒唐，尽管有危险。她也许会提高自己对吸烟的重视，她认为吸烟不仅令人愉快，而且对放松也是必不可少的："我的寿命可能更短，但却会更愉快。"或者，她可以通过建立浪漫的、邪恶的自我关怀的形象，通过吸烟藐视危险，来试图使吸烟成为一种美德。[4] 莎莉可以通过从认知上尽量减少危险或者夸大危险在她生活中的重要性来为自己的行为辩护。她可以通过改变现有的态度，通过构建一种新的态度，或者通过两者兼而有之来获得解脱。所有这些努力都通过淡化追求疾病的荒谬来减少失调。

在1964年，大约有一半的美国人吸烟。当年，美国医务总监办公室的报告提醒公众注意吸烟的危险，[5] 在这份报告发表之后，一项调查被用来评估人们对吸烟与癌症之间联系的新证据的反应。不吸烟者压倒性地相信健康报告；只有10%的人怀疑吸烟是导致这种疾病的原因。然而，吸烟者对该报告进行了批评。40%的重度吸烟者怀疑这两者之间是否存在联系。他们也更容易使自己的习惯合理化：高于非吸烟者两倍以上的吸烟者认为生活充满危险，吸烟者和非吸烟者都有可能生病。

吸烟者也可以通过最大限度地改变他们的习惯来减少失调。另一项针对每天抽一到两包烟的人的研究发现，60%的人认为自己是"温和的"吸烟者，其余40%的人认为自己是重度吸烟者。[6] 认为自己是温和的人比那些自称是重度吸烟者的人更了解吸烟的长期有害影响。温和的人通过让自己相信每天抽一两包烟并不是真的那么有害来减少失调。温和与严重毕竟都是主观的判断。

现在想象一下那些知道自己是重度吸烟者、且知道吸烟有害的吸烟者的困境，他们试着戒烟但却失败了。这些人会怎么做？为了找出答案，里克·吉本斯(Rick Gibbons)[7] 和他的同事们研究了重度吸烟者，这些人曾在一家戒烟诊所接受治疗，戒烟了一段时间，但后来又恢复了吸烟。难道他们接受了这种程度吸烟的危害，并准备生病和死亡？绝非如此。相反，他们以不同的方式减少了认知失调：让自己相信吸烟并不像他们最初想象的那么糟糕。同样,一项跟踪 135 名立下新年决心学生的研究也支持了这一观点。[8] 那些决心戒烟、减肥或锻炼的人最初感觉很糟,但在很短的时间里,便成功地淡化了这种决心。

当然,吸烟者只对自己的健康感到担心,或者担心那些可能与他们生活在一起的二手吸烟者。但如果你是一家大型香烟公司的高管,在全球范围内对香烟的销售做出最大的承诺,那又会怎样呢？如果吸烟确实会致癌,那么从某种意义上说,你对数百万人的疾病和死亡负有部分责任。这种认识会产生一种痛苦的失调。你的认知"我是一个正派、善良的人"会和你的认知"我正在促使数百万的人过早死亡"不一致。为了减少这种失调,你必须努力让自己相信吸烟是安全的——这不是一件容易的事情,因为你经常面对反对吸烟的言论以及对你是邪恶的指责。你还必须反驳大量的证明香烟和疾病之间联系的科学证据。此外,为了证实你对证据的怀疑,你也可以每天抽一两包。如果你的需要足够大,你甚至可以说服自己香烟对人有好处。因此,为了把自己看作是聪明、善良和正确的人,你采取了愚蠢、错误和有害健康的行动。

这种分析听起来如此美妙,以至于几乎难以置信。1994 年,国会举行了关于吸烟危害的听证会。在这些听证会上,各大烟草公司的高管们都承认自己是吸烟者,并厚颜无耻地争辩说,香烟不比玩电子游戏或吃零食更有害或更容易上瘾！在 1997 年的一次听证会中,美国领先的香烟制造商菲利普·莫里斯（Philip Morris）的总裁兼首席执行长詹姆斯·摩根（James J. Morgan）说,香烟在药理上不会上瘾。"你看,我喜欢熊软糖而且会吃熊软糖。"摩根说:"假如我不喜欢吃软糖,我肯定不会对它们上瘾。"[9]

摩根有可能是在撒谎。但我感到他所说的要比撒谎复杂得多。我的猜测是,随着时间的推移,像摩根这样的人开始相信自己的谎言,并试图对自己进行欺骗。[10]

人们的自我欺骗甚至会直接导致他们的自我毁灭。1997 年,一个不为人知的教派"天堂之门"的 39 个成员,被发现死在加州兰乔圣菲的一个豪华庄园里,他们实施了这起集体自杀事件。几周前,这个邪教组织的一些成员走进了一家专卖店,购买了一台昂贵的大功率望远镜,以便能更清楚地看到哈雷-波普彗星以及他们坚信跟在它后面飞行的宇宙飞船。他们确信,当彗星接近地球时,就是通过自杀来摆脱他们的"地球容器"（他们的身体）的时候,这样他们的灵魂就可以被飞船接走。购买了望远镜几天后,他们把它带回店里,礼貌地要求退款。当经理问这样做的理由时,他们抱怨说望远镜有缺陷:"我们找到了彗星,但我们找不到跟踪它的宇宙飞船。"不用说,根本不存在宇宙飞船。但假如你确信太空船的存在,以至于你准备魂归飞船,而你的望远镜却没有发现它,那么很明显一定是望远镜存在什么问题!

"天堂之门"的成员可能持有一种悲惨的错误信念,但他们阐明了认知失调理论的核心科学贡献:与邪教成员一样,每当我们感到对宗教、政党、有魅力的领袖或意识形态强烈忠诚的时候,以及当这些忠诚受到事实挑战的时候,我们会提出各种歪曲事实的证据。连尼·布鲁斯(Lenny Bruce),一位敏锐的喜剧演员和社会评论家(几乎可以肯定,他从来没有接触过有关认知失调的理论),对 1960 年理查德·尼克松(Richard Nixon)和约翰·F·肯尼迪(John F. Kennedy)之间的总统竞选活动有以下见解:

> 我会和一群肯尼迪的粉丝一起观看辩论,他们的评论是:"他真的是在屠杀尼克松。"然后当我们走进另一个公寓,尼克松的粉丝会说:"你觉得他投向肯尼迪的炮弹怎么样?"于是我意识到,每个团体都钟爱他们自己的候选人,如此一来那个家伙便会变得明目张胆——他会对着镜头说:"我是个贼,一个骗子,你听到了吗?我是你在投票选举总统这件事情所做过的最糟糕的选择!"即使这样,他的追随者也会说:"现在你有了一位诚实的男人可供自己选择。需要一位有实力的人物来承认这一点。我们需要这样的人当总统。"[11]

五十多年之后,总统候选人唐纳德·特朗普(Donald Trump)对他的支持者同样无条件的忠诚感到惊讶:"我可以站在第五大道的中间,射杀某人,却不会失去任何选民,你相信吗?如出一辙,这令人难以置信。"[12]

减少失调与非理性行为

认知失调是两种基本动机冲突的结果:我们努力保持正确,这促使我们密切关注他人正在做的事情,听取值得信赖的交流者的建议;我们努力相信我们是正确的(明智的、体面的、善良的)。有时候,我们的动机是正确的,我们的动机使我们相信自己是在朝正确的方向行事:我们会寻找并注意一些信息(例如,关于吸烟的风险)。对失调的理解有助于解释为什么人类的思维是非理性的,而不是理性的。不管多聪明,那些正在减少失调的人都会相信自己是对的,以至于他们经常会做出非理性的行为。我所说的"非理性",是指他们的不适应行为会阻碍他们了解基本事实,或阻碍他们找到解决问题的真正办法。

在实验室里,研究人员已经充分展示了人们努力减少失调的非理性。假设你对死刑能否阻止人们杀人有强烈的感觉。我现在可以就这个问题的两个方面给你提供一系列的论据;其中一些论据是合理的,另外一些则是愚蠢的。如果你的思维是理性的,那么无论你个人的观点如何,你都应该记住最可信的论点和最不可信的论点。但是失调理论会预测到什么呢?支持你个人观点的愚蠢论点会导致一些失调,因为它会导致人们对这个观点或者赞同这个观点的人的智慧发生怀疑。同样,问题的另一个方面是,一个明智的论点也会导致一些失调,因为这个论点意味着另一方比你所想象的更聪明或者更敏锐——或者,出现你所不愿意看到的结果,他们可能是正确的。因为这些争论可能引起失调,我们会尽量不去想它们。失调理论预测人们会记住那些赞同自己观点的似是而非的论点以及赞同对方观点的不可信的论点。[13]

许多研究对这种现象进行了验证。查尔斯·洛德(Charles Lord)、李·罗斯(Lee Ross)和马克·莱佩尔(Mark Lepper)[14] 在一项研究中,选择了斯坦福大学几位反对死刑和赞成死刑的学生。他们向学生们展示了两篇研究论文,论文讨论了死刑是否会对暴力犯罪起到威慑作用。其中一项研究证实了学生们的已有看法,而另一项研究则没有证实。如果这些学生是完全理性的,他们可能会推断出这是一个复杂的问题,因此,两组学生可能会在有关死刑的看法上互相接近。另一方面,认知失调理论则预测,他们会对两篇论文加以歪曲:他们会将那篇证实了自己看法的论文牢记在心,并为其确凿无疑地支持了自己的看法而兴奋不已;而对不能证实自己看法的那篇论文,他们则会寻找方法上或者概念上的错误,并拒绝来自它的影响。这就是他们的发现。事实上,在看到从两个方面提供的这份材料之后,两组学生的看法不仅没有更加接近,他们的意见分歧反而比此前更加明显了。这一过程大概可以说明这样的事实:在类似政治或宗教之类的问题上,不管我们的论点多么有力和公正,那些笃信某种观点的人也几乎不可能按照我们的方式去对事物进行观察。[15] 这项研究揭示了当今美国政治话语两极分化的状况。

认知失调理论解释了为什么很多人的行为都是非理性的,而且从他们的内心来说,他们也是这么认为的。如果你问那个被催眠的年轻人为什么在晴朗的日子穿雨衣,他会想出一个他认为明智的答案;如果你问菲利普·莫里斯的副总裁为什么抽烟,他会为你提供一个对他来说有意义的理由——他会告诉你,存在一个压力粉碎器对每个人的健康会有多好。如果你问参加死刑实验的人为什么记住了一组特定的论点而非其他论点,他们会坚持认为反对他们观点的证据是有缺陷的。

毋庸讳言,我们都有能力理性地行动。但我的观点是,当我们需要减少失调时,我们都会做出不理性的行为。当我们讨论自我辩护需要所产生的一些广泛的影响时,我们会看到人类行为的两个方面。让我们从决策过程开始考察,这个过程显示了人类可以连续地快速在极端理性和极端非理性状态之间转换。

决策导致的失调

假设你决定要买一辆新车。这会涉及一大笔资金,因此显而易见,它是重要的。考察一番后,你会在购买一辆运动型多用途汽车还是一辆全电动汽车之间犹豫不决。这两款车都有优点和缺点。越野车会很方便,你可以在长途旅行时用来装东西,睡在里面,而且它有足够的动力,但是它很费油,而且不好停车;电动汽车不那么宽敞,你不能开很远的距离,你会担心它的安全,但是它的购买和操作成本较低,开这样的车会更有趣,你打听到它有很好的维修记录。我的猜测是,在你做出决定之前,你会尽可能多地搜集信息。你可能会上网,并对不同的产品和型号进行抽样审查;也许你会与那些拥有 SUV 或电动汽车的朋友交流;你可能会去经销商那里试驾,看看每辆车的感觉如何。所有这些预决策行为都是完全合理的。

现在你作出了某种决定:你买的是全电动汽车。接下来会发生什么?你的行为将开始改变,你将不再搜集有关所有型号汽车的客观信息。你可能会花更多的时间和其他车主交谈。你将开始谈论它的低碳,以及它在充电过程中的作用。我的猜测是,你不会花任何时间去思考你不能在你的新车里住宿这类信息。同样,你的大脑也会轻易忽略这样一个事实,即驾驶你的新车遇到碰撞是危险的,刹车也不是很灵敏。

你是如何改变主意的?在作出决策之后——尤其是某个困难的决策或某个涉及大量时间或金钱的决策之后——人们几乎总会经历失败。因为他们所做出的选择很少是完全正面的,而被拒绝的选择也很少是完全负面的。在这个例子中,你对自己购买电动汽车的认知与你对汽车可能存在的缺陷的认知是不一致的。同样,你想购买的其他型号汽车的所有积极的方面也都与你的认知不一致,即你没有购买其中的一辆。减少这种失调的一个好方法是找出你选择的汽车的排他性正面信息,避免负面信息。因此我推测,最近购买某车型汽车的人会开始选择性地阅读广告,相比最近没有购买过该车型汽车的其他人,他们会阅读更多关于他(或她)的汽车的广告。而且,新车的车主们往往会避开其他型号汽车的广告。这正是研究人员在今天的广告阅读器研究中发现的,[16] 这要归功于社交媒体,人们不必花费过多努力就能获得与他们刚买的车相符的信息,认同他们现在所持有的想法,回避任何与之不相符的信息。

人们并非总需借助麦迪逊大街①来获得安慰。在安慰自己方面,他们可以做得更为出色。杰克·伯里汉姆(Jack Brehm)[17] 的实验证明了他们是如何做到这一点的。伯里汉姆扮作市场调研人员,给几位女士展示了8种不同的电器(烤面包机,电动咖啡机,三明治烤架等等),并要求她们根据每件电器的吸引力来给它们评分。作为奖赏,每位女士都被告知可以得到其中的一件电器作为礼品,并允许她在两件自己评定为同等吸引力的电器中任选一种。等她选好之后,就将这件电器包装好送给她。几分钟后,要求她再次对这些电器进行评价。结果发现,在得到了自己挑选的电器后,每位女士都对该电器的吸引力做出了较高的评价,而降低了那件可以得到但自己没有挑选的电器的评价等级。

我们又一次看到了决策所引起的认知失调:对所喜欢的对象的任何负面认知,与选择了它的认知之间会产生失调;对没有选择的对象的正面认知,与没有选择它的认知之间也会产生失调。为了减少失调,人们在认知上分散了各种选择。也就是说,在作出决策之后,伯里汉姆研究中的女士们,会强调自己决定选用的电器的正面特性,同时贬低它的负面特性;而对自己决定不选用的电器,则强调它的负面特性,同时否认它的正面特性。

为个人选择进行辩护的倾向,并不仅仅局限于消费者决策。事实上,有研究发现,类似的过程甚至可能影响人们的爱情关系,以及人们打算与那些可能成为伴侣的人进行交往的意愿。在丹尼斯·约翰逊(Dannis Johnson)和卡莱尔·罗斯鲍特(Caryl Rusbult)[18] 所做的一项研究中,研究者要求大学生们评价校园里新兴的一种电脑约会服务成功的可能性。被试们看到了一些异性的照片,并且相信这些人

---

① 美国纽约最繁华的大街,这里云集了美国的一些重要广告公司,"麦迪逊大街"为此而成为广告业的代名词。——译者注

是约会服务的申请者。接着，要求他们对这些申请者的吸引力进行等级评定，而且评定与他(她)可能的约会使自己快乐的程度——合乎实际地提出某种可能性。这项研究的结果与伯里汉姆有关电器的发现非常类似：学生们对自己当前的恋爱对象投入越多，他们对研究中所提供的有可能成为伴侣的人吸引力的评价越差。在后来的一项实验中，杰弗里·辛普森(Jeffry Simpson)和他的同事们[19]也发现，与那些还没有建立起稳固恋爱关系的人相比，那些已经建立起稳固关系的人会认为其他异性的身体和性吸引力较低。另外，他们还发现，这种效应只是对"合适的他人"起作用；假如所提供的人选年龄有些偏大或者是同性，那些建立了忠诚的恋爱关系的人便不会贬低这些人的吸引力。简言之，没有威胁，就不会出现失调；没有失调，便不会去贬低他人。

无论我们谈论的是电器还是恋人，一旦作出了某种坚定的承诺，人们便会倾向于关注自己所做选择的积极方面，而忽略自己所拒绝的其他选择的吸引力。

失调会降低意识吗？ 正如我们在第 2 章中所看到的，我们大多数人都不擅长预测我们适应负面事件会有多快。现在我可以告诉你理由：因为人们不知道如何成功地减少失调。既然过去已经成功地做到了这一点，那么为什么他们不确定自己将来也会做到呢？答案是减少失调的过程在很大程度上是无意识的。人们不会坐下来说，"我想我现在该减少一些失调了"。例如，当你所爱的人抛弃了你时会发生什么？随着时间的推移，你会发现这个人不再那么值得爱了，甚至发现他可能是一个无法忍受的自恋狂。你会开始相信，自己应该得到更好的生活，或者一个人会过得更好。这个过程之所以会奏效，是因为一切都是在意识水平之下发生的，没有任何意图。不幸的是，这种内隐性使得失调在得以有效解决的同时，也容易被遗忘。因为这个过程是无意识的，所以我们没有意识到它也会在未来保护我们免受痛苦。

假如英格丽·褒曼(Ingrid Bergman)没有重新回到她的抗纳粹英雄丈夫身边，而是和她的情人亨弗瑞·鲍嘉(Humphrey Bogart)一起待在摩洛哥，那么在经典电影《卡萨布兰卡》的结尾会发生什么呢？正如鲍嘉在一次令人心碎的著名演讲中所说的那样，她会后悔吗？——"也许不是今天，也许不是明天，而是很快，用尽你的余生。"还是她会后悔把鲍嘉独自一人留在雨中的机场？我有理由怀疑这两个问题的答案都是否定的，鲍嘉所言听起来有道理但却是错误的。她也许会后悔今天和明天所做的选择，但是很快(以及她的余生)她便会相信自己已经作出了最好的决定。[20]但考虑到我们在生活中所作的决定是无数的,我们很少有值得注意的决定——这要归功于我们减少失调的能力。

失调是普遍存在的吗? 认知失调的经验有多普遍?这是美国人最常经历的事情,还是人类生活的一部分?我们不可能对此作出肯定的回答,因为失调实验并未在世界所有地方进行检验。但我可以这样说:虽然大多数研究都是在北美地区进行的,但是在世界上做过这类研究的任何一个地方,都已经被证明是有效的。

这项研究得到了广泛的验证。认知失调理论已经得到了上千项研究的支持,其中一些研究领域包括认知神经科学,甚至是对灵长类的研究。在某些方面,猴子就像那些在电器之间面临选择的家庭主妇一样:如果让它们在两盒不同颜色的食物中作出选择,它们很可能会选择自己曾经选择过的食物——尽管还存在其他选择。这项研究表明,如果事后判断不一致导致我们的祖先坚持了某个经过尝试且真实的选择,而拒绝了一些未经检验的新东西(从我们人类的经历来看,这可能是危险的),那么这种不一致便有可能促进人类的进化。[21]

人类在认知失调中发挥了"认知"作用,在很小的时候,人类就表现出了认知上的正当性。[22]我的一个朋友带她3岁的女儿去公园玩,给了她一些贴纸。另一个小女孩走近她们。"你不想把你的贴纸给那个小女孩玩吗?"我的朋友问。孩子思考了一会儿说道:"妈妈,那个小女孩不喜欢贴纸。"3岁的孩子已经能够降低失调!她在保留了自己所有贴纸的同时,成功地将自己视为一个好女孩。

为了支持失调是普遍存在的观点,艾迪·哈蒙-琼斯(Eddie Harmon-Jones)和他的同事们[23]使用了功能性磁共振成像技术来监测大脑特定区域的神经活动,当时人们正在经历各种失调:对他们选择或者拒绝的事物进行评分,将并不舒服的检测体验说成是相当令人愉快的,或者是面对不受欢迎的(引起失调的)信息。处于失调时大脑中被激活的区域包括前额叶皮质内的特定区域,该区域显著地参与了计划与决策。在一项研究中,人们试图处理与他们所偏爱的总统候选人不一致或一致的信息,德鲁·威斯顿(Drew Westen)和他的同事们[24]发现,当一个人面对不一致的信息时,大脑的推理区域实际上被关闭了,当恢复一致时,大脑的情感回路会"快乐地"亮起来。正如威斯顿所说的,人们转动"认知万花筒",直到这些片段进入他们想要看到的模式,然后大脑通过激活与快乐有关的电路来补偿它们,似乎认知失调的感觉确实会让大脑受伤。

世界上几乎任何一个地方都存在着不和谐现象,但这种现象出现的形式却各不相同，所形成的认知内容可能因文化而存在差异。例如，在一些个体主义不明显的社会里，减少失调的行为可能存在更为普遍的形式。[25] 在这样的文化里，自己的行为让别人感到羞辱或失望，会比为自己的不当行为辩护，更有可能让人们感到失调。这正是日本社会心理学家村上坂井（Haruki Sakai）[26] 在他的实验中发现的。在日本，许多人会间接地体验到自己所认识和喜欢的人引起的失调，他们会改变自己的态度，以迎合那些给自己带来失调的朋友。此外，日本人只有感觉到自己是在别人的关注下作出决策、而不是私下作出决定时，才有可能认为自己所作的决策是合理的；而对于美国人来说，这种思考模式正好被颠倒了过来。[27] 人们对所作选择的隐私或公众能见度的感知会与文化因素相互作用，以确定是否引起了失调、是否需要对选择的合理性作出判断。

不可挽回性的重要作用

我们所讨论的例子的一个关键特征是这个决定的相对不可挽回性——一个人无法挽回自己所做的事情。这里需要做一些解释。正如我们所看到的，当你试探性地考虑买车或者作出其他决定时，你不需要花费精力说服自己你作出的是明智的选择。但一旦你作出了决定，便不可挽回，一切都改变了。

关于不可挽回性重要作用的一些直接证据，来自于对赛马场赌徒认知循环的研究。赛道是一个考察不可挽回性的理想场所，因为一旦你下了赌注，你就不能回去告诉坐在窗口后面的那位好人你改变了主意。罗伯特·诺克斯（Robert Knox）和詹姆斯·英克斯特尔（James Inkster）[28] 在研究中只是拦住了那些正在下两美元赌注的人。他们已经选定了他们要下赌注的马，并准备下注，这时研究人员问他们是否确信他们的马会赢。因为他们正在去下两美元赌注窗口的路上，所以他们的决定是可以撤销的。当另外一些赌徒离开下注窗口的时候，研究者拦住了他们，也询问了他们对自己所选马匹胜算的把握有多大。结果表明，那些已经为自己所选的马匹下过赌注的人，比那些正要去下赌注的人感到胜算把握更大。当然，事实上除了最终结果之外，任何事情都不会对胜算产生影响。

现在，让我们从赛马场来到哈佛大学校园，丹尼尔·吉尔伯特（Daniel Gilbert）[29] 在对一群学习摄影感兴趣的学生进行测试时证实了不可挽回假设。他让他们拍摄完一卷胶卷，打印出其中的两张照片，让他们对照片评级，并选择了其中的一张。一些学生可以在五天内替换照片，而另一些学生则被告知他们所做的第一选择是不可挽回的。在两天、四天、九天之后,吉尔伯特分别联系了他们,看看他们对照片的感觉是否发生了改变。在第一天做出不可挽回选择的人比那些可以交换照片的人更喜欢他们的选择。结果再一次显示,一旦某个决定是不可挽回的,人们便会竭力让自己为所作出的选择感到高兴。由此可见,一旦人们感到已经无能为力,他们便会更加确信自己作出了明智的决定。

尽管决策的不可挽回性总会增加失调,并且会增强人们减少这些失调的动机,但在一些场合,人们即便改变已经作出的决定也会感受到失调。几年前,罗伯特·西奥迪尼(Robert Cialdini)[30]通过在一家汽车经销商做临时销售人员,发现了其中的奥妙。(西奥迪尼做了很多富有想象力的社会心理学现场研究,这是他最有趣的研究之一。)这是一种常用且颇为有效的策略,称之为**虚报低价**,或者用低价来让消费者就范。它是这样发生作用的:某位顾客找到某位汽车销售人员,准备为他梦寐以求的一款汽车支付 19 300 美元——这个价格被宣传成了难以置信的便宜货。那位销售人员微笑着说:"我卖给你一辆更好的",然后以 18 942 美元的价格把那辆车卖给顾客。买方对这笔交易感到非常兴奋,于是同意了这笔交易,并开出了首付支票,兴高采烈将那辆新车开回了家。不过,10 分钟后,那位销售人员带着一副绝望的表情找到他;说自己在计算上似乎犯了一个错误,而销售经理发现了。这辆汽车的价格实际上是 19 384 美元。这时,买家会怎么做?这位顾客可以在其他地方买到更便宜的车,也就是说,他所作出的购买这辆车的决策并非无可挽回。尽管从这位销售人员那里购买这款车的理由(交易价格)已经不存在了,但是与一开始就报价 19 384 美元相比,更多的人会将交易继续下去。

这到底是怎么回事呢?这里至少有三个重要的问题值得注意。首先,虽然客户的购买决定毫无疑问是可逆的,但是签署首付支票的行为却形成了一种潜在的承诺。其次,这种承诺引发了对某种快乐体验的期待:开着一辆新车出去。如果因为中止不进行交易而导致预期事件不能发生,将会带来失调和失望。再次,尽管最终价格比推销员所说的要高,但只比其他地方的价格略高一点。在这种情况下,顾客往往会说:"哦,管他呢。我已经来了,而且已经填了表格,为什么还要再等呢?"而今,当人们购买汽车的时候,低价策略已经很少起作用了,因为互联网使人们变得更聪明、对情况更加了解。但这种策略仍然适用于我们不知情的许多其他情况,比如用一个新的合同取代过期的手机合同,这个新的合同便有可能隐含着某种消费陷阱。

不道德的行为决策　一个诚实的人怎么会变坏呢？反之，我们怎样才能让一个人变得更加诚实？一种方法就是通过让他做出某个艰难的决定产生失调。假设你选修了一门艰深的生物学课程，你的成绩将取决于你正在参加的期末考试。现在面对着一个你非常熟悉的关键问题，由于焦虑，你的脑子里一片空白，你坐在那里紧张得汗流浃背。猛然间你抬头一看，坐在你前面的女生，竟然是班上最聪明的那一位（幸运的是，恰好她的笔迹也是最清晰的）。你稍稍低一下头，就能看到她已经完成的有关这个关键问题的答案。你会怎么做？你的良心告诉你，作弊是错误的——然而，如果不作弊，你必然会得到糟糕的分数。你和你的良心在斗争。无论你是否决定作弊，你都注定会感受到失调。如果你作弊，你的认知"我是一个正派的、有道德的人"与你的认知"我刚刚做了一件不道德的事情"会产生不一致。如果你决定抵制诱惑，你的认知"我想得到一个好分数"与你的认知"我本可以以一种确保得到一个好分数的方式行事，但我却没有这样做"也会产生不一致。

假设，经过了一番艰苦的思想斗争，你决定作弊。那么如何减少由此而导致的失调？在你继续阅读之前，请考虑一下。减少失调的一个方法是尽量减少你所选择行为的负面影响，并最大限度地增加其正面影响——就像杰克·伯里汉姆实验中的女士们在选择一件电器后所做的那样。在这种情况下，减少失调最有效的方法是改变你对欺骗的态度。如果你作了弊，你便会采取更为宽容的态度。你的推理可能是这样的："在某些情况下作弊并不是那么糟糕。只要没有人受到伤害，这的确并非很不道德的事情。任何人都会这么做。因此，这是人性的一部分——那又怎么会是坏事呢？因为它是人性所共有的，所以那些被发现作弊的人不应该受到严厉的惩罚，而应该得到理解。"

但是假设，经过了一番艰难的思想斗争，你决定不作弊。你会怎样减少失调——也就是说，使你的行为与你的信念一致呢？你可以再一次改变你对行为道德的态度，但方向相反。为了证明"放弃一个好分数"是正当的，你必须让自己相信：欺骗是一种令人发指的罪恶，是一个人所能做出的最卑鄙的事情之一，欺骗者应该被发现并受到严厉的惩罚。

这里需要记住的一点是，以这两种不同方式行为的两个人，一开始的态度几乎是一样的。他们的决定可能相差甚远：一个是在抵制的范围内，但决定欺骗；另一个是在欺骗的范围内，但决定抵制。然而，一旦做出了决定，他们对欺骗的态度就会因所作出的决定而迥然不同。

这些推测在贾德森·米尔斯(Judson Mills)[31]所做的一项针对六年级学生的实验中进行了验证。米尔斯首先测量了他们对欺骗的态度。然后,他让孩子们参加竞争性考试,向优胜者颁发奖品。这种情况是预先安排好的,不作弊几乎是不可能取胜的;而且,孩子们很容易作弊,他们会认为自己作弊不会被发现。正如你所预料的,一些学生作了弊,而另外一些则没有作弊。次日,这些六年级的学生再次被要求说明他们对作弊的看法。总体而言,那些作弊的孩子对欺骗变得更加宽容,那些抵制作弊诱惑的孩子对欺骗采取了更加严厉的态度。

设想一下米尔斯的实验对你而言意味着什么,设想你已经站到了金字塔的顶端。在一生中,你会面临着许多决策,这些决策会引导你在金字塔的不同方向之间变换:主修什么专业?拒绝与做过一些违法或不道德事情的朋友合作,或者不去破坏一切?是保持一段浪漫的关系,还是离开?是相信一些阴谋说,还是去 Snopes. com① 或 Politi Fact② 寻求真相?无论怎样,当你朝着某个方向迈出一步的时候,你总会感受到失调——现在你会被激励为减少失调而去为自己所做的事情辩护。反过来,这样的辩护会让你更难改变主意,即便是在你应该做出改变的时候。当你到达金字塔底部的时候,你将与那些面临同样的困境但作出不同决定并从相反的方向滑下金字塔的人相距甚远。你会确信自己的决策是绝对正确的,而那些从另一边溜下来的人都是白痴或骗子。(你觉得他们对你的感觉又会如何?)

金字塔比喻也有助于帮助我们理解**诱设**(entrapment)过程中的态度和行为是如何变化的,或者人们如何从一开始做出某个很小的、冲动性的决策,而随着时间的推移,发现自己的行为与最初的目标和意图已经相去甚远。诱设过程可以通过可控的实验条件来进行考察。假设你想寻求某人对你所从事的一项宏大事业进行帮助,但你很清楚要让这个人做到这一点是极为困难的,需要付出相当多的时间和努力,这个人肯定会拒绝。你应该如何去做呢?一种可能是让这个人参与到工作中的某个细微的环节——某个十分简单以至于他(她)根本不会想到要拒绝它,迈出这一步有助于使这个人投入到你的"事业"之中。一旦人们这样去做了,他们满足你更大要求的可能性便会增加。

乔纳森·弗里德曼(Jonathan Freedman)和斯科特·弗雷泽(Scott Fraser)[32]的研究证实了这一点。他们试图劝导一些房主在自家的前院竖起一块写有"谨慎

---

① Snopes.com 是美国一家所谓专门核查并揭穿谣言和传闻的网站。——译者注
② Politi Fact 是由《坦帕湾时报》创办的一家所谓揭示真相的新闻网站。——译者注

驾驶"的巨大招牌。由于这块招牌很难看而且很惹眼,大多数居民拒绝了这一做法,只有17%的人表示同意。但是,对另外一组居民,则首先由实验者对他们加以"软化"——让他们签署一份赞同安全驾驶的请愿书。由于签署请愿书是一件轻而易举的事情,所有受到邀请的人都签署了。几周后,另外一位实验者带着写有"谨慎驾驶"的那块很难看的招牌,找到了每一位居民。这一次,超过55%的居民允许在自家的土地上竖起这块招牌。因此,当个人作出较小的承诺时,他们就更有可能在这方面进一步作出承诺。

这种通过要求帮小忙来促使人们同意提供更大帮助的做事方法,被称之为**登门槛技术**。这种技术之所以有效,是因为它通过请人们帮小忙,而获得了让人们同意提供更大帮助的理由。帕特丽夏·普利纳(Patricia Pliner)和她的同事们也得出了类似的结果。[33] 当他们直接要求一些人向美国癌症协会捐款时,46%的人表示同意;但是,当他们要求这些人提前一天戴上领针宣传募捐活动,然后在第二天向他们寻求捐款时,大约有两倍的人同意了。通过自我辩护来诱发人们的行为,可能导向利他主义和社会赞许的目标,但也可能导向破坏性的、不利的目标,我们将在本章的结尾看到这一点。

不充分辩护心理

改变态度,作为减少不和谐的一种手段,并不局限于作出决策之后。它还可能在无数其他情况下出现,包括某个人说了他(她)不相信的话,或者做了些愚蠢或不道德的事情。当然,在一个复杂的社会里,我们偶尔会发现自己在谈论或者做出某些我们并不完全相信的事情。难道我们总会因此而改变自己的主意吗?非也。我将用一个简单的例子来说明这一点:乔(Joe)走进办公室,看到他的律师合伙人乔伊斯(Joyce)在他们共用的办公室墙上挂了一幅非常糟糕的画。当他正要告诉她这幅画有多糟糕时,她却自豪地说道:"你觉得这幅画怎么样?我自己画的。"

"非常好,乔伊斯!"乔回答。从理论上讲,乔的认知"我是一个诚实的人"与他的认知"我说绘画是好的,虽然它的确丑陋得令人难以置信"之间的不一致会引起何种失调呢?乔认为伤害别人是不对的,这很容易快速减少这种不一致可能引起的任何失调:"我撒谎是为了不伤害乔伊斯,我为什么要告诉她那是丑陋的呢?这样做没有任何用处。"这是减少失调的有效方法,因为它完全是在为乔的行为辩护。

实际上，这类理由是根据具体情境来确定的，我们称之为**外在理由**（external justification）。

但是，假如情境本身不存在充分的理由，那又该怎么办？在这种情形下，我们需要给出**内在理由**（internal justification），即通过态度改变来证明自己行为的正当性。如果你做出或说过一些从外部难以证明的事情，你会试图通过让自己的态度与所做或所言更加一致来从内部证明它是正确的。

这些推测已经得到了一些科学研究的验证。其中尤为经典的一项研究是利昂·费斯汀格和默瑞尔·卡尔史密斯完成的。³⁴ 研究者们要求大学生们去做一系列十分枯燥而且需要不断重复的事情——把卷轴装进一个盒子里，再倒出来，然后一遍又一遍地重新将盒子装满；或者将一排排螺丝钉旋进四分之一，然后旋出来，再旋进去四分之一。学生们这样干了整整一个小时。随后，实验者要求学生们对所做事情撒谎；具体而言，他让学生们告诉一位年轻女士（她正在等候参加实验），她将要做的事情充满了乐趣。一些学生因为撒谎得到了 20 美元，另一些学生则只得到 1 美元。实验结束后，一位访员向说谎者询问他们有多喜欢先前在实验中所做的事情。你认为那些因撒谎而得到 20 美元的学生会如何回答？他们认为放卷轴和旋螺丝钉都很无聊。这并不令人奇怪，因为那些任务本身就是很无聊的。而那些因说谎而只得到 1 美元的学生又会如何回答呢？他们认为这项任务是令人愉快的。换句话说，那些因为说谎而获得了较多外在理由的人，尽管说了谎，但他们并不相信；而那些没有外在理由说谎的人，则朝着相信他们所说的是真实的方向前进。我们将这一结果称之为"讲过为真"范式，因为在这种情况下，人们开始相信自己的说法。如果你想要一个人改变态度，那么就让他去做出或说出一些与他观点相反的事情，并为此支付给他较低的报酬。

与此相关的研究已经超越了那些相对不重要事情的态度，比如枯燥的任务。态度的改变已经在许多更为严重的问题上表现出来，在这些问题上，人们所表达的立场与他们所信仰的立场正好相反。亚瑟·科恩（Arthur R. Cohen）³⁵ 在一次学生骚乱后立即对耶鲁大学的学生进行了实验，在这次骚乱中，纽黑文警方反应过度，对抗议者进行了殴打和逮捕。学生们（他们确信警察行为不端）被要求撰写一篇有分量的文章来支持警察。实验者因为学生们写了这篇短文而给他们 50 美分到整整 10 美元不等的微薄报酬。之后，这些人被要求说出他们对纽黑文警察的真实感受。结果是完全线性的：为支持警察而写作的报酬越少，他们后来表达出来的对警察的好感就会越多。之所以会出现"讲过为真"现象,主要是因为他们所说过的话没有获得丰厚的报酬。

因此,失调理论预测我们会相信我们所说过的事情,但前提是我们没有足够的外在理由来确认这类事情。对你所做的讲述奖赏越少,你就越有可能觉得有必要通过说服自己"你所讲述的都是真的"来证明你所讲述的的确为真。

这种机制的威力是如此强大,它不仅有助于解释态度的改变,而且还会影响我们体验基本生理需求的方式。可以设想一下,我们的朋友萨姆被诱导进入这样一种情境:他将会被长期剥夺食物或水,或者遭受电击。如果萨姆没有一个好的外部理由来解释为什么会受到这种对待,他会体验到失调。他对饥饿、喉咙干渴或遭受电击的痛苦的认知,均与他心甘情愿地体验这些经历的认知产生不一致,也没有因此而得到多少回报。为了减少这种失调,萨姆说服自己:饥饿并不那么强烈,口渴也并不那么严重,遭受电击的痛苦也并不那么可怕。

这种自我说服并不像看上去那么令人吃惊或者困难。饥饿、口渴和痛苦虽然都有其生理基础,但也包含了很强的心理成分。这就是为什么建议、冥想、催眠、安慰剂、有经验医生在病床边的一些作法,或者上述几种方式的组合,可以减轻人们所感受到的疼痛。实验社会心理学家已经证明,在高度失调的唤起条件下,没有催眠或冥想等特殊技能的普通人,也可以替自己完成同样的事情。

例如,菲利普·津巴多(Philip Zimbardo)[36] 对他的研究被试施加了强烈的电击。其中一半的人处于高失调状态,也就是说,他们被说服自愿接受这种经历,几乎没有什么外在理由。另外一半则处于低失调状态,他们被告知在这件事上别无选择,这给了他们充分的外在理由。高失调状态下的人比低失调状态下的人感受到了更少的痛苦。就连他们对疼痛的生理反应(通过皮肤电反应来测量)也没有那么强烈,疼痛没有那么强烈地干扰他们的工作。因此,不仅他们所报告的痛苦比低失调组少,而且客观而言,他们也并未受到痛苦的困扰。

在饥饿和口渴方面也有类似的结果。杰克·布莱姆(Jack Brehm)[37] 报告了一系列实验结果,在这些实验中,人们被长时间剥夺了食物或水。就像津巴多的被试一样,有些人在经历这种不愉快的经历时缺乏外在理由,而另一些人则有充分的外在理由。在关于饥饿和口渴的不同实验中,布莱姆发现高失调被试会比低失调被试更少报告自己体验到饥饿(或口渴),而他们被剥夺了食物(或水)的时间是相同的。需要强调的是,这不仅仅是口头报告。实验结束后,当所有被试都被允许自由进食(或饮用)时,那些高失调者所消耗的食物(或水)要明显少于低失调者。

哪些因素构成了外在理由? 金钱利益或强迫要求去做某件事情并非唯一的外在理由。假如人们被其他的一些奖励(例如赞美或取悦)所诱惑,他们也可能被说服去说出(或做出)一些与自己的信仰或喜好相背离的事情。而且,我们中的大多数人可能会应好朋友之请求去做一些本来不想做的事情。让我们举一个稍显牵强的例子,假设某位朋友让你品尝一种她(他)最近在烹饪课上学会的不同寻常的食物。为了让事情更有趣,让我们假设这类食物是油炸蚱蜢。现在,设想一下相反的情况:一个你所不喜欢的人往你嘴里塞进一只油炸蚱蜢。

现在,你准备好了吗?假设你吃了蚱蜢,在何种情况下,你认为自己会更喜欢它的味道:请你去吃蚱蜢的是你的一位好朋友,还是一位你不喜欢的人?常识可能意味着,当朋友推荐时,你会感到蚱蜢的味道更好些。因此,比起你不喜欢的人,朋友会是更可靠的信息来源。但是请你思考片刻:在哪种情况下包含的外部理由较少?与常识不同,认知失调理论会预测,如果受到了一位自己不喜欢的人的邀请,你会更喜欢吃蚱蜢。你那"吃蚱蜢是令人厌恶的"认知,与你"刚刚吃过一只蚱蜢"的事实之间是不一致的。但是假如是你的朋友提出了邀请,你吃它就有足够的外部理由——这样做是为了取悦你喜欢的人。但假如你是受到某个你不喜欢的人之邀而大嚼蚱蜢,你就没有太多的外在理由了。在这种情况下,你会如何为自己的矛盾行为辩护呢?很简单:开始喜欢蚱蜢——"天哪,它们毕竟是美味的动物。"菲利普·津巴多和他的同事们,[38] 让一名军官指示一群预备役军人吃蚱蜢,在品尝之前和之后分别让他们评价对蚱蜢的喜爱程度。预备役军人发现,如果让他们吃蚱蜢的军官看起来像个混蛋,而不是表现得友好和善,那么他们会觉得蚱蜢更好吃。

理由不充分的惩罚 对于某种行为,一种明确的外在理由是,如果你不这样做,你便会受到惩罚。我们知道如果我们超速被抓,我们会被罚款,如果这种事情经常发生,我们会被吊销执照。所以当警察在附近时,我们要学会遵守限速的规定。学生们知道,如果他们考试作弊被抓,便会受到老师的羞辱和严厉的惩罚。所以他们学会了在老师监考的时候不去作弊。但惩罚的威胁是否教会人们不去加速或作弊呢?我不这么认为。我认为这只是教会了他们尽量避免被抓。采用严厉惩罚的威胁作为让某人不做他(她)喜欢做的事情的手段,对此我们需要时刻保持警惕。如果人们能以某种方式享受做有益于自身健康和福利以及他人健康和福利的事情,那么这种做法将更为有效,所需要的约束也会少得多。如果孩子们喜欢不去欺负弱者、不作弊、不偷别人的东西,那么社会就可以放松警惕和减轻惩罚。要说服人们(尤其是年幼的孩子)相信"殴打个子小的人不是一件令人愉快的事情",是极其困难的。但是可以想象,在一定的条件下,人们会说服自己:这种行为并不令人愉快。

想象一下这样的场景:你是一位喜欢打自己3岁妹妹的5岁男孩的父亲。你试图跟男孩讲道理,但是没有效果。所以,为了维护你小女儿的幸福,让你的儿子成为一个更好的人,你开始对他的攻击行为加以惩罚。作为家长,你可以自由选择一些惩罚形式:从极其轻微(严厉的表情)到极其严厉(揍屁股、强迫男孩在角落里罚站两个小时、让他一个月不看电视)。受到的威胁越严重,这个男孩就越有可能在你的监视下收手。但你一转身,他便可能又会去打他的妹妹。

当然你也可以采取一种轻度威胁。在两种情况下(严重威胁或轻度威胁),孩子都会体验到失调。他知道他没有在打他的小妹妹,他也知道他真的喜欢打她。当他有冲动打她但又没有这么做时,他会问自己:"我为什么没有打我的小妹妹?"在严重威胁情况下,他有一个现成的答案,一种充分的外部辩护的形式:"我没打她是因为,如果我这样做,那边的野兽(我父亲)会揍我屁股,罚我站在墙角,一个月不让我看电视。"严重威胁给了男孩足够的外部理由,从而不会在监视状态中打他的小妹妹。

处于轻度威胁状态的孩子也会感受到失调。但是当他问自己"我为什么没有打我的小妹妹"时,他没有一个好的答案,因为威胁是如此轻微,它所提供的理由并不充分。孩子没有做成他想做的事——虽然他有理由不去做,但他缺乏充分的理由。在这种情况下,他会继续体验到失调,但是他不能仅仅通过抱怨受到严重威胁来减少失调。男孩必须为他没有攻击自己的小妹妹找到某种理由,最好的方法就是努力说服他自己:他真的不喜欢打自己的妹妹,他一开始就不想这么做,而且打小孩子也不好玩。威胁越不严重,外部理由就越少;外部理由越少,对内部理由的需要也就越大。允许人们有机会形成自己的内部理由,可以帮助他们形成一套永久的价值观。

为了验证这个想法,我与默瑞尔·卡尔史密斯合作,[39]在哈佛大学幼儿园设计了一个实验。首先,我们让5岁的孩子对几个玩具的合意性进行评分。然后我们告诉每个孩子不要玩他们认为特别有吸引力的玩具。我们对其中一半的孩子威胁说,如果他们犯错,会受到轻微的惩罚:"我会有点生气。"我们用更严厉的惩罚威胁另一半孩子:"我会非常生气,我会拿走所有的玩具,然后回家,再也不回来;我会认为你只是个婴儿。"之后,孩子们被留下来玩所有的玩具。所有的孩子都抵制住了玩那个被禁止玩具的诱惑。

回到房间后,孩子们再次评价他们对这些玩具的喜欢程度。结果既惊人又令人兴奋。那些受到轻微惩罚威胁的孩子现在发现这个被禁止的玩具没有以前那么吸引人了。由于缺乏足够的外部理由不去玩它,他们成功地说服自己:他们没有玩它,因为自己并不真的喜欢它。但是这个被禁止的玩具仍然吸引着那些受到严厉惩罚威胁的孩子们。他们继续认为这个被禁止的玩具是非常值得拥有的;事实上,有些人甚至觉得这个玩具比他们在受到威胁之前更值得拥有。处于严重威胁状态的儿童有很好的外部原因不玩这个玩具——"那个大个子会对我非常生气"——因此不需要为不能玩这个玩具寻找其他原因,因此,他们会继续喜欢这个玩具。

乔纳森·弗里德曼(Jonathan Freedman)[40]拓展了这些发现,并很好地解释了这种现象的持久性。他把一个令人难以抗拒的电池驱动的机器人作为他的"重要玩具",机器人到处乱跑,向孩子们的假想敌投掷物体。相比之下,其他的玩具都是有缺陷的。当然,所有的孩子也就更加喜欢机器人了。然后他却要求孩子们不要玩这个玩具,对其中一些孩子威胁说会受到轻微的惩罚,而告诉另外一些孩子会受到严厉的惩罚。然后他离开了学校,再也没有回来。几个星期后,一位年轻的女士来到学校给孩子们做一些纸笔测试。孩子们不知道她为弗里德曼工作,也不知道她的出现与之前的玩具或威胁有任何关系。但恰巧她也在弗里德曼用来做实验的那个房间里做测试——在那个房间里,同样的玩具随意地散落着。在她给孩子们做完测试之后,她让他们在她记分的时候留下来,随口说道:他们可以用别人留在房间里的玩具来自娱自乐。几周前受到轻度威胁的孩子绝大多数会拒绝玩机器人,而是玩其他玩具。但是大多数受到严重威胁的孩子却直接去拿机器人。弗里德曼的严重威胁在抑制后续行为方面并不起作用——而某种轻微的威胁在长达九周后仍然对后续行为有着抑制作用。

什么是非充分理由? 在本节中,我提到了外部理由不充分的情况,以及具有充分外部理由的情况。这些术语需要澄清一下。在费斯汀格和卡尔史密斯实验中,所有的被试,事实上都同意了说谎,包括那些只支付了1美元的被试。从某种意义上来说，1美元足够诱使被试说谎，但却并不足以防止他们感到愚蠢。为了减少他们愚蠢的感觉，他们不得不减少为了一点点报酬而说谎所造成的失调。这需要更多的支理由来说服他们自己：这并不完全是一个谎言，这个任务并不像一开始看起来那么枯燥；事实上，如果从某种角度来看，它是相当有趣的。在蚱蜢实验中，一个朋友足以说服人们吃昆虫，但是因为他们是为了某个朋友，便不足以成为喜欢它的理由。在禁止玩具实验中，威胁足以让孩子们避免玩玩具，但只有轻微的威胁才成功地让他们不想玩。

将这些结果与贾德森·米尔斯关于六年级学生作弊影响的数据进行比较，将会收获颇丰。回想一下，在米尔斯的实验中，对大多数孩了来说，决定是否作弊几乎是一件困难的事情。这就是为什么他们经历了失调，不管他们是否欺骗或抵制诱惑。如果作弊的回报很大，你认为会发生什么？你可能会预测，大额奖励会使作弊更具诱惑力，因此更多的孩子会作弊。但是如果作弊的收益是大文数字，那么作弊者的态度则几乎不会发生改变。就像那些在费斯汀格和卡尔史密斯20美元条件下撒谎的大学生一样，那些为了一个实质性的奖励而作弊的孩子不需要减少失调，因为他们的行为已经可以用大量的外部理由来加以解释。

事实上，米尔斯在他的实验中加入了这一细节，他的结果支持了这一假设：那些为了得到小额奖励而作弊的人比那些为了获得巨额奖励而作弊的人更倾向于软化他们对作弊的态度。此外，那些尽管受到巨额奖励诱惑（这种选择会造成许多不失调）而没有作弊的人对于作弊的态度，比那些面对小额奖励而克制自己的人更加强硬。这一点和预测的一致。

这些结果可能会让你大吃一惊。我的一些学生曾经试图弄明白，为什么认知失调理论总是预测与常识相反的结果。但是当你理解了这个理论，这些预测便具有很大的意义。总的来说，如果你希望某人在你站在那里看着他们做某事时，只做一次（或不做），那么无论如何要给他们最大的激励（或最严厉的惩罚）。如果你给那个人100万美元，让他说某个好人有多么坏，或者你拿枪指着他们的头，威胁要在数6个数后扣动扳机，那个人很可能会说出你想听的话——但他们自己并不会相信。但是，如果你想让那个人形成一套价值观或信念，即使你不在场，他们也会按照这些价值观或信念行事，那么你就给那个人一个最小的奖励，这个奖励会带来你所希望看到的行为。让他们自我说服，这样确保他们在你离开房间之后的几年里还会继续做这些事情（或者不再做这些事情）。

失调、自我概念与自尊

我现在想强调一下费斯汀格最初的理论,这个理论已经出现在我之前提到的一些失调的案例中。在费斯汀格和卡尔史密斯实验中,关于失调的最初陈述是这样的:"我认为任务很枯燥"的认知与"我说过任务很有趣"的认知之间是失调的。我通过实验证明,在自我概念受到威胁的情况下(当我们做了自我概念不相符的事情时),失调是最痛苦的,而且我们最有动力去减少失调。"我提到了 X"和"我不相信 X"是不协调的,但对我来说,关键是我误导了人们。"我告诉别人一些我不相信的事情"这种认知与我的自我概念"我是一个正直的好人"是不一致的。

正如这种重构所预测的那样,如果人们有诚实的自我概念(不是"作弊者")且当这种自我概念被激活时,他们便不太可能作弊。在一项实验中,一些学生的阅读突出了他们身份的说明("请不要成为一个作弊者"),而另一些学生阅读突出动作的说明("请不要作弊")。然后给他们作弊的机会——声称他们没有资格从实验者那里得到报酬。"请不要成为一个作弊者"组不太可能作弊,因为那样会与他们诚实的自我概念产生冲突。对于第二组被试,则被要求简单地避免"作弊"行为,他们所得到的报酬是那些被要求不要成为作弊者的两倍多。这种区别既可以面对面出现,也可能在网上私下进行。[41]

当涉及自我概念时,理解失调的痛苦,会帮助我们同情那些在两种核心成分中承受身份认同冲突的人。例如,在一项研究中,研究人员想知道:那些对自己的基督教会有着强烈认同感的男同性恋者,是如何处理他们的牧师们所发表的"《圣经》禁止同性恋,上帝憎恨同性恋者"声明的。解决失调的一个方法是改变他们的行为——努力排除他们对其他人的性吸引力,改变他们的教派甚至完全放弃他们的宗教信仰。但那些决定留在教会的人,可以通过宣扬"《圣经》强调同情和爱"以及强调牧师的缺点来解决失调问题,例如,他们可能会说:并非我的宗教导致了反同性恋偏见,《圣经》不是这样解释的;那只是牧师的狭隘思想。[42]

自尊的重要性 在做过一些残忍、愚蠢或无能的事情后,你认为谁会感受到最大的失调:自尊心高的人,还是自尊心低的人?答案是自尊心最高的人。当人们的行为方式与他们对自己的高见相反时,他们会经历最大的失调,他们会比那些平均自尊水平的人更加努力地去减少这种失调。[43] 相反,当低自尊心的人做出无能或不道德的行为时,他们不会感到有多么失调,因为"我做了一件可怕的事情"的认知与他们的自我概念是一致的,也就是"我是一个失败者,我经常做一些可怕的事情";精神病患者对不良行为引起的失调具有相当的免疫力,因为"我只是冷酷无情地对待了那个人"的认知与"我真的很擅长操纵那些看不透我的愚蠢的人"是一致的。[44] 我对认知失调理论加以修正的一个最大优点在于,它考虑到了精神病患者和低自尊者的自我概念,由此而提高了该理论预测的准确性。

然而,我对失调理论的修正主要是基于我的假设,即大多数人都希望保持对自己的良好感觉。如果他们做出了一些残忍、轻率或无能的事情,他们的自尊心就会受到威胁——因为这让他们觉得自己残忍、轻率或无能。在成千上万个受到认知失调理论启发的实验中,最明显的结论都是在一个人的自尊心受到威胁的情况下获得的。

我与大卫·梅特伊(David Mettee)合作对这一想法进行了检验。[45] 我们预测,如果在纸牌游戏中有机会作弊,那么对自己评价低的人比对自己评价高的人更容易作弊。我们同时预测,假如人们的自尊心受到阶段性的打击(例如,如果他们被爱人抛弃或者考试失败),从而感到情绪低落和一文不值,他们更有可能在纸牌游戏中作弊、虐狗或者做其他不光彩的事情。感觉自己低人一等的结果是,这个人会做出低劣的行为。

在实验中,我们通过向大学生提供关于他们性格的错误信息,暂时改变了他们的自尊心。在进行了个性测试后,一些人得到了积极的反馈,并被告知他们是成熟的、有趣的、深刻的等等。另一些人则接受了负面反馈,并被告知他们不太成熟、无趣、相当肤浅等等。

紧接着,他们都玩了一个赌博游戏,这个游戏与参与者的性格没有明显的关系。他们被允许下注,并被告知他们可以拥有所赢得的一切。在游戏过程中,他们得到了似乎在不可能被发现的情境下作弊的一些机会。这种情境是这样安排的:如果一个学生决定不作弊,她肯定会输;而如果她决定作弊,她肯定会赢一大笔钱。结果显示,之前得到降低自尊心信息的学生比那些得到提高自尊心信息的学生,作弊的可能性要大得多。控制组(那些没有得到任何信息的学生),作弊的可能性恰好介于两者之间。

这些发现意味着,家长和教师应该警惕他们自己的行为可能产生的深远影响,因为这些行为会影响到孩子和学生的自尊心。如果高自尊能起到缓冲不诚实行为和促进理想行为的作用,那么尽一切可能帮助个体学会尊重自己似乎是合理的。杰弗里·科恩(Geoffrey Cohen)和他的同事[46]试图验证这一观点。他们发现,如果在学年开始时,课堂作业让那些非洲裔美国儿童的自尊心得到加强,从而使他们专注于自己的个人优势和价值观,那么他们的成绩就会显著提高。

我们必须谨慎地对待从这些研究结果中得出的结论。如果以人为的或者肤浅的方式来提高自尊心,或者如果一个人的自尊心缺乏现实的基础,那么提升自尊心便不太可能产生积极的效果。[47]此外,尤为重要的是要将健康的自尊与自恋区分开来,自恋会导致不切实际的浮夸和优越感。一个有着健康、现实基础自尊的人,当受到建设性的批评时,会说:"哦,谢谢你!"而对那些自恋者来说,却并非如此。

罗伊·鲍迈斯特、布拉德·布什曼和凯斯·坎贝尔(Keith Campbell)[48]发现,当自恋者受到批评的威胁时,他们经常对批评者进行攻击,以期达到平衡并恢复他们受到威胁的自我形象。他们要求被试写一篇文章,然后交给一位搭档进行批评。在受到了批评之后,被试有机会表达对他们同伴的敌意,向他们发出令人厌恶的噪音——被试可以选择任何的强度。结果发现,将噪音增加到最高强度的,是那些自尊和自恋两方面都得到高分而且自己的相关观点受到威胁的被试。克里斯蒂娜·萨尔米瓦利(Christina Salmivalli)和她的同事[49]认为,这种"高度自恋的自尊心"根本不是真正的高度自尊心;相反,它是脆弱的、自我膨胀的、基于不安全感的自尊。这就是你在校园里可能发现的,那种基于自尊而去欺负他人的现象,而真正有自尊心的年轻人会更有安全感,不会去欺负他人。实际上,他们试图为遭受欺负的受害者辩护。

我们现在可以概括一下关于失调和自我概念的一般原则。当出现以下四种情况时:

(1) 人们觉得自己要对个人的行为负责;

(2) 人的行为与自我概念的核心成分相冲突;

(3) 个人的行为造成了严重后果的;

(4) 个人的行为不可挽回,难以更改。

人们会感受到最大的失调。他们感受到的失调越大,态度就越容易发生改变。每当自我概念受到挑战时,便会引起失调,这一事实会产生许多有趣的后果。让我们来看看其中的一些情形。

竭力去辩护

如果经过努力我们得到了一些东西,那么与那些较为容易得到的东西相比,我们很可能会对之更加喜欢。假如这些东西不那么吸引人,我们可能需要别出心裁地来为我们的努力加以辩护。

假设你是一位决心加入兄弟会的大学生。为了被接纳,你必须要通过一套入会仪式。我们假定这是一种很严苛的仪式,需要付出很大的努力,面临很多的痛苦或者尴尬。在成功地完成了考验之后,你被允许加入兄弟会。当你搬进兄弟会的住处之后,发现自己的新室友有一些令人很不舒服的习惯:借钱不还,把脏衣服放到你的床上,随便挪用别人的物品。客观地看,他是一个很不体面的懒汉。但是你已经不是一个客观的人了;你"历尽磨难才加入兄弟会"的认知,与你"和一个不体面的懒汉生活在一起"的认知之间,会产生失调,你认为自己是一个理性的、聪明的、能够作出正确决策的人。为了减少这种失调,你会尽可能从最有利的方面来看待你的室友和你的体验。同样,现实生活中也存在一些局限——不管你付出多少痛苦和努力,一个不体面的懒汉都不可能成为迷人的王子——但是,只要心态稍加调整,你便可以说服自己,他并不那么坏。例如,在一些人身上可能被认为是懒散的毛病,在他身上便可能被认为是不拘小节。因为他对物质方面毫不在乎,所以他才会借穿你最好的夹克衫,而忘记了欠你的那50美元也自然是可以理解的。

尽管不是什么白马王子,但他还是完全可以容忍的。我们可以将你的这种看法,同你没有付出努力的情况下对他的态度加以对比:假定你搬进了一个普通的校内宿舍,而且遇到了同样一位室友。由于你没费什么努力就得到了这个房间,你会感到不满意,但不会导致失调;由于你没有失调,便没有必要去发现你室友好的一面。你可以很快把他看作一个不体面的懒汉,并设法搬走。

五十多年前,我和我的朋友贾德森·米尔斯[50]已经通过实验验证了这些推测。在这项研究中,一些女大学生自愿参加一个定期讨论各种性心理问题的小组。这些女生被告知,如果想加入这个小组,她们首先需要通过一项筛选测验,测验的目的是保证所有的人都认可在小组中可以自由公开地讨论性问题。这个指导语是为后面的入会仪式作准备的。实验者为三分之一的女生安排了严格的入会仪式,要求她们大声背诵一列淫秽的词语;另外三分之一的女生经历的是一种温和的过程,她们背诵的是一些与性有关但并不淫秽的词语;余下三分之一的被试没有通过任何仪式便加入了小组。接下来,让每一位被试收听一段由她刚刚加入的这个小组的成员们进行的一场讨论。实验者让女生们相信这是一场正在进行的现场讨论,而实际上她们听到的是一段提前录制的录音带,所录制的讨论被制作得尽可能枯燥无味而又言过其实。之后,要求每个被试根据自己喜欢的程度、讨论有趣的程度、参与者的聪明程度等对讨论进行评分。

研究结果支持了我们的预测:那些较少或者根本没有付出努力进入研究小组的女性,并不太喜欢讨论。她们所能体验到的,只是枯燥乏味地在浪费时间。然而,那些经历了严苛入会仪式的人,则成功地说服了她们自己,同样的讨论被认为是有趣和有价值的。

其他研究者采用不同类型的不愉快加入形式,也得到了和我们一样的结果。例如,哈罗德·杰拉德(Harold Gerard)和格罗弗·马修森(Grover Mathewson)[51]进行了一项与阿伦森—米尔斯实验构思相同的实验,只是被试在严重的发病状态下受到痛苦的电击,而不是去大声朗读一大串淫秽词语。那些遭受了系列重度电击后成为一个小组成员的人,比那些遭受了系列轻微电击的人更喜欢这个小组。

我并非要说人们喜欢痛苦的经历——他们不会喜欢;我也并非要说人们喜欢某种事物,是因为它们与痛苦的经历有关。我想要说的是,如果一个人为了达到某种目标而经历了一段艰难或痛苦的经历,那么这个目标就会变得更有吸引力——这个过程叫做**竭力去辩护**。如果在你参加讨论小组的路上,一个花盆从窗台上掉下来,你的脑袋被击中,你便不会喜欢那个小组了;但是,如果你自愿被一个花盆打到脑袋上才能加入这个小组,那么你肯定会更加喜欢这个小组。[52]

生物学家罗伯特·萨波尔斯基(Robert Sapolsky)[53]描述了一种发生在20世纪的医学现象,这种现象很好地证明了竭力去辩护的存在。当时,一些瑞士医生认为,他们可以通过为男性注射睾酮来减缓衰老过程。正如萨波尔斯基所言:

> 于是,一些年长的老年绅士热衷于此,他们住进上乘的瑞士疗养院,每天在自己的屁股上注射狗、鸡、猴子睾丸的提取物。到了20世纪20年代,工业部

长、国家元首、著名的宗教领袖都在这样做，并报道了惊人的效果。这并不是因为科学有多么精准，而是因为假如你为每天注射狗睾丸提取物的痛苦而付出了一大笔钱，你便会产生某种感觉像一头年轻公牛的动机。这是一种明显的安慰剂效应。

在大多数失调的情况下，有不止一种方法可以用来减少失调。例如，在入会仪式实验中，妇女们确信这个小组很有趣。这是唯一能减少失调的方法吗？不，另一种理解我们付出的努力的方法是改变我们对过去的记忆——也就是说，在我们遭受痛苦或付出努力之前，我们会错误地唤起对事情的记忆。

在迈克尔·康威（Michael Conway）和迈克尔·罗斯（Michael Ross）[54] 所做的一项实验中，一组学生参加了一门技能学习课程，这门课程所做出的承诺要远远超过它所能够提供的；另一组学生报了名，但没有参加。不管他们是否参加了这门课程，所有的学生都被要求对他们自己的学习技能进行评估。经过三个星期无用的训练之后，学生们希望相信自己的技能已经提高了，但是客观的数据显示他们没有任何提高，他们在课程中的表现仍然很差。他们怎样才能减少"我在努力提高"和"我没有任何提高"之间的失调呢？他们是通过错误地记住自己的技能在参加课程之前是多么糟糕、并低估了他们在入学之前所拥有的技能来做到的。报名但没有参加的学生没有出现这种自我辩护的行为；他们对之前自我评估的回忆是准确的。这项研究可以解释：为什么那些花费了时间和金钱来锻炼身体的人，即使没有完全成功也会感到满意。他们可能无法让自己相信他们已经达到了目标，但他们可能高估了他们的进步，因为他们扭曲了自己的记忆，在开始训练之前，他们是多么的不健康。康威和罗斯将这种自我辩护的技巧称为"通过改变你所拥有的，来得到你希望得到的"。

为残忍辩护

我一再强调，我们需要说服自己：我们是正派、有理智的人。现在假设你做了一些严重的，而且显而易见地对一个无辜的人造成了伤害的事情：你发布了一个有关某个朋友的谣言，结果证明是不真实的；或者你无意之中给你的浪漫伴侣发了一条令人讨厌的、带有侮辱性的短信。你的认知"我是个好人"和你的认知"我伤害了另一个人"产生了不一致。如果所造成的伤害是明显的,那么你便不可能通过改变自己对所发生事情的看法,并若无其事地告诉自己你没有造成伤害,来减少失调。在这种情况下,最有效的减少失调的方法,便是最大限度地增加被你加害之人的罪责——你告诉自己,受害者应该得到他(她)所得到的,要么是因为他做了什么让他自作自受的事情,要么是因为他是个坏人。

即便你没有直接伤害受害者,但仅仅因为你不喜欢那个人,并且希望他会受到伤害,这种机制也可能发生作用。例如,1970年,在一场反对越南战争的和平游行中(这场战争在全国范围内造成了深刻的政治和文化分歧,就像我们今天所看到的),肯特大学的四名学生被俄亥俄州国民警卫队的成员枪杀;另有9人受伤,1人最终也死亡。很快,谣言便传开了:被杀的妇女全都怀了孕(因此,暗示为性滥交);死去的学生尸体都爬满了虱子;受害者都是梅毒患者,所以两周后他们便会死去,等等。这些谣言都是荒谬而且完全不真实的。为什么镇上的人如此热衷于相信并传播谣言?这个问题的答案是难以确定的,但我的猜测是,这与地震后在印度城镇出现谣言传播的原因是类似的:谣言会给人带来安慰。

想象一下这种情形:肯特是俄亥俄州一个保守的小镇,许多市民被一些学生的激进行为所激怒。有些人可能希望学生们能受到应有的惩罚,而死亡是他们罪有应得的。在这种情况下,任何将受害者置于不利境地的信息都有助于减少市民们失调——因为这些信息暗示着:他们的死亡是一件好事,或者至少是一件不可避免的事情,想想他们都是多么有罪和病态。俄亥俄州国民警卫队的几名成员坚定地确认,抗议者罪该万死。当地的一名高中教师甚至说:"任何留着长发、穿着脏衣服,或者光着脚出现在类似肯特这样的城镇街头的人,都应该被枪杀。"她补充道,她的观点甚至适用于她自己的孩子。[55]

尽管很少有人像这位高中老师那样极端地谴责受害者,但在某些情况下,几乎每个人都可以被认为是虐待无辜受害者的凶手。这就是为什么社会心理学家必须从现实世界的混乱中暂时地走出来,在实验室受到控制的环境中对假设进行检验的原因。理想的情况是,如果我们想测量因失调而导致的态度变化,我们应该知道在引起失调的事件发生之前人们的态度是什么。

基斯·戴维斯(Keith Davis)和爱德华·琼斯(Edward Jones)的实验便创设了这样一种情景。[56]他们请学生们观看一位年轻人(实验者的同伙)接受采访,然后描述他们对这位年轻人的一般看法。接下来,学生们被要求向这位年轻人提供一份有关他为人缺陷的分析:很肤浅、不值得信赖,而且乏味单调。当然,这个分析是事先准备好的。在告诉这位年轻人他们知道一定会伤害他的事情之后,他们要说服自己:他应该受到这样的侮辱——给出他很肤浅和乏味单调的理由。他们对这位年轻人的看法,比直接对他说那些伤人的话之前要消极得多。即使所有的被试都意识到:那个年轻人没有做出任何值得他们批评的事情,他们只是按照实验者的要求去做,但他们对受害者看法的改变仍然出现了。

戴维·格拉斯(David Glass)[57]的实验也取得了类似的结果。在这项研究中,当被诱导向其他人进行一系列电击时,那些自认为善良、正派的人会因为给他们造成这种痛苦而贬低他们的受害者。这一结果在自尊心强的人群中最为明显。如果我只是一个低自尊的人,认为自己总是在伤害别人的感情,那么让别人痛苦并不会带来太多的失调,因此,我几乎不需要去说服自己他们是罪有应得。具有讽刺意义的是:正是因为我觉得自己是个好人,所以如果我做了什么让别人痛苦的事情,我必须让自己相信这个人是只老鼠。因为像我这样的好人不会到处伤害无辜,所以如果我伤害了你一定是因为你罪有应得。

然而,有一个条件会限制为残忍辩护,那就是受害者进行报复的能力。如果受害者有能力而且有意愿在今后某个时候进行报复,那么,加害者的内心就会归于平复,也就毋需通过诋毁受害者来为自己的行为辩护。在爱伦·博施德(Ellen Berscheid)和她的同事们[58]所做的一项实验中,自愿参加这个实验的大学生们,每人都对一位同学实施了一个痛苦的电击;正如所料,每个被试都贬低了他们的受害者,因为这些受害者遭到了电击。但是,一半的学生被告知会有转机,也就是说,受到电击的学生会有机会反过来电击他们。那些被诱导相信他们的受害者会报复的人减少了失调,因为他们没有必要通过贬低受害者来让自己相信那些受害者是咎由自取。

这一研究具有重要的意义:它表明人们不会因为做出了残忍的行为而毫发无损。当我们卷入一场战争,由于我们的行为而导致许多无辜的人被杀害时,我们可能试图去指责受害者,为我们的共谋行为辩护——特别是那些不能进行报复的平民受害者。一种可悲的但却极为普遍的现象是,所有的文化都倾向于用残忍的名字来称呼他们的敌人,并将他们视为"害虫"、"动物"、"野兽"和其他非人类的生物,从而令他们**非人化**。二战期间，美国人称日本人为"日本鬼子"，并把他们描绘成鬼鬼祟祟的恶魔；越战期间，美国士兵称越南人称为"越南佬"；伊拉克战争和阿富汗战争期间，美国士兵开始称敌人为"拉吉德"，因为许多阿拉伯人和穆斯林都戴着头巾或其他头饰。使用这类语言是减少失调的一种方式："我是一个好人，但我们正在战斗并消灭那些人；因此，他们是罪有应得的，因为他们不完全是像我们这样的人类。"然而你，一旦我们成功地做到了这一点，就需要小心，因为非人化会导致伤害和杀害"亚人类"，这比伤害和杀害人类同胞更容易。因此，以这种方式减少失调会增加这种可能性：我们现在试图犯下的暴行将使我们有理由在一段时间内犯下更多的暴行。[59]

除了战争中的暴力，人们常常会为其他一些行为辩护，这会助长敌意和歧视。举个极端的例子，想象一下你生活在这样一个社会中，其中许多孩子是黑人和拉美裔，他们享受不到一流公立学校的教育。相反，他们接受的是二流的，往往是乏味的教育。结果，这些孩子的受教育程度和活跃度都不如中产阶级和上流社会的白人孩子，最终他们在成绩测试中表现不佳。这种情形为民间领袖提供了一个为现状进行辩护的最佳理由，由此而减少了失调。"你看，"他们可能会说，"那些孩子是愚蠢的和不可教导的（因为他们在成绩测试中表现不佳）；当我们决定不浪费我们纳税人辛辛苦苦赚来的钱为他们提供高质量的教育时，你看我们有多么聪明。"这个自证预言，为进一步忽视弱势群体提供了一个完美的理由。约翰·乔斯特（John Jost）和他的同事们[60]研究了这一现象，他们称之为制度的正当性：许多出生在社会最高阶层、拥有最大财富和权力的人，通过相信他们的优越能力和天生才能来证明这个职位的正当性，而所有那些贫穷和疲于奔命的人都没有能力或者没有动力获得成功。正如足球教练巴里·斯威策（Barry Switzer）曾经说过的那样："有些人出生在三垒，他们毕其一生认定自己要打三垒。"

综上，正如我所反复强调的，人们会对自己的行为负责。并非所有人都会对自己的对手、经济状况比自己差的人，甚至自己国家的敌人，施以不人道的对待。但是失调理论明确了非人化的核心机制——许多人以此来维护他们自己那些正确的、合乎道德的和良好的看法。这类研究有利的一面在于：非人化根植于面对他人不幸时对自己感觉更好的愿望，由此便可以排解人们的厌恶、悲伤、震惊、恐惧等负面感受。受害者的困境促使人们消除对他们的非人化对待。

让我们看一下肯特·哈伯(Kent Harber)和他的同事们[61]所做的一项实验,被试们观看了影片《控诉》里的一段令人不安的暴力画面,其中一个名叫莎拉(Sarah)的年轻女子,和其中一个男人调情跳舞,后者在和她进行性接触时变得更具攻击性。她试图用越来越强烈的恐惧阻止他,但是他把她按在地上强奸了她;由于她拼命地挣扎,酒吧里的其他顾客也加入了攻击。这一场景清楚地将莎拉描绘成一个不情愿的受害者,但同时也显示出她酗酒、穿着暴露的衣服,以及具有挑逗性的舞蹈。她所做的任何事情,都不能成为对她施暴的理由,但是对于那些倾向于"责怪受害者"的观众来说,她的衣着和行为都为他们提供了口实。之后,要求被试写下他们对所见的评价。"抑制"组要求压制他们的感情,只写事实细节,如人们的穿着。"表露"组的被试被告知可以自由地表达他们对所观看影片最深刻的想法和情感。一周后,要求每个人都对莎拉就以下方面作出评价:她是否表现出了错误的判断?她能为自己做更多的事情吗?她是否值得同情,是否可爱?她是否不负责任?她的道德品质是否有问题?她是否能得到参与者的认可?将不同的答案加以整合以测量责备的程度。结果显示,观众承认和表达得越多,他们便越不会责怪受害者;相反,那些被要求抑制情绪的人更容易指责莎拉。

看来,指责受害者的根源,在于我们需要为自己和我们对那些不幸的人或犯罪、贫穷或悲惨事件的受害者的态度辩护。值得注意的是,在我们自己的痛苦和人类的感觉变得更加令人厌恶之前,我们可以通过认识和表达来加以避免。

不可避免心理

萧伯纳(George Bernard Shaw)因父亲酗酒而受到沉重打击,但他试图对此事轻描淡写。他曾经写道:"如果你不能摆脱家庭的束缚,你也可以使它活跃。"[62]从某种意义上说,失调理论描述了人们如何使他们的束缚活跃起来——如何尽力使不愉快的事情得到最好的解决。当出现既消极又不可避免的境况时,情况尤其如此。

对小孩子而言,还有什么情况比吃他们讨厌的蔬菜更消极和不可避免的呢?在一项实验中,杰克·伯里汉姆(Jack Brehm)[63]让孩子们自愿吃一种他们以前说过他们很不喜欢的蔬菜。之后,他让一半的孩子相信他们将来可以吃更多的蔬菜;其余的孩子则不知道。让孩子们相信他们将来吃蔬菜是不可避免的,他们成功地说服自己蔬菜并没有那么坏。简而言之,"我不喜欢那个蔬菜"的认知与"我将来会吃那个蔬菜"的认知是不一致的。为了减少失调,孩子们开始相信这种蔬菜并没有他们以前想象的那么令人生厌。

约翰·达利和爱伦·博施德[64]的研究表明,同样的现象既适用于对蔬菜的认知也适用于对人的认知。在他们的实验中,女大学生自愿参加了一系列的会议,在这些会议中,每位学生都会与一位自己不认识的女人讨论她的性行为和性准则。在开始这些讨论之前,每位被试都有两个文件夹。每个文件夹里都有一位年轻女子的个性描述,这些描述显示她是否自愿参加过同样的会议,其中混杂着一些令人愉快和不愉快的特征。其中一半被试被引导相信将与文件夹 a 中描述的年轻女性互动,余下的被试则被引导相信将在与这些女性见面之前与文件夹 b 中描述的女性互动。实验者要求被试根据她们所读到的个性描述来评价每个人。那些认为她们不可避免地要和文件夹 a 中描述的年轻女子分享私密信息的人发现她比文件夹 b 中描述的更有吸引力,而那些认为自己必须与文件夹 b 中描述的年轻女性交往的人发现她比文件夹 a 中描述的更有吸引力。当一个人得知自己不可避免地要和另一个人呆在一起,会增强那个人积极的一面,或者至少会淡化他(她)消极的一面。

人们倾向于充分利用他们知道一定会发生的事情。就像蔬菜一样,不可避免会导致人们对它越来越喜欢。当手头上的东西是不受欢迎的蔬菜或遇到一个陌生人时,回避消极的一面是一种适应性的策略,但有时这种策略可能证明是灾难性的。生活在西海岸的人,特别是加利福尼亚人,知道总有一天会发生大地震。理智的人无疑会承认危险,并通过学习和采取安全预防措施来做好准备,对吗?其实没有。即使是在受过良好教育的人群中,对不可避免的灾难的典型反应也是不做任何准备。林·雷曼(Darrin Lehman)和谢莉·泰勒(Shelley Taylor)[65]在加州大学洛杉矶分校访谈了 120 名本科生,发现尽管他们都知道地震的威胁,但只有 5% 的人采取了必要的安全防范措施(比如找到最近的灭火器);只有三分之一的人知道在地震中最好的行动是躲在桌子或其他重型家具下;没有一位受访者采取了专家建议的防范措施。

然而,由于学生们的生活状况不同,他们的应对方式也各不相同。居住场所不安全的学生比居住场所相对安全的学生,更有可能通过拒绝思考或尽量减少预期的地震损害来应对即将来临的灾难。但假如人们很确定会发生地震，又怎能证明继续居住在不安全住所里是合理的呢？这一点很容易做到，人们会否认将有地震发生，并且拒绝去思考发生地震这件事情。对危险和不可避免的事件做出自我辩护的反应，在短期内是令人欣慰的。但是，当这种反应阻止我们采取措施以确保我们的安全时，从长远来看则可能是致命的。

也许你已经注意到，人们面对不受欢迎的蔬菜或者大学生要不可避免地面对与他人互动时的反应，和加州大学洛杉矶分校学生面对即将来临的地震的反应，两者之间存在着某种区别。在前一种情况下，人们接受不可避免的情况，接受强调不可避免事件积极方面的态度。然而，后一种情况涉及可能发生的危及生命和基本上无法控制的事件。把一场大地震重新定义为理想的地震——或者说是一场灾难，将是对人类想象力的一种延伸。我们不能防止地震，我们所能期望的最好的办法就是对地震做出适应性的反应，而不能保证安全措施真的能拯救我们。因此，我们所采用策略的性质，可能取决于我们是否相信预防措施会真正提高我们对不可避免事件的控制意识。如果这些步骤看来是徒劳的，那么付出努力的前景只会进一步增加我们的失调感。在这种情况下，我们很可能通过否认潜在灾难的可能性或大大低估其严重程度，来为我们不采取安全措施辩护。

你能理解出现下面这种情况的缘由吗？科学家们已经达成了某种国际共识，全球变暖对地球构成了重大威胁，但是许多美国人仍然对此无动于衷，或者认为气候变化是一个"骗局"。失调理论认为，如果科学家想激励人们立即对全球变暖采取行动，就必须让他们相信，对全球变暖采取行动在他们的掌控之中。仅仅激起人们的恐惧便可能导致他们：要么否认它的存在，要么极力忽视那些科学证据。

失调理论的实际应用

认知失调理论之所以能够引起人们大量的关注和研究，原因之一是它能够解释和预测人们违背常识的行为。此外，失调理论还解释了许多现象，从谣言如何传播到人们如何改变他们的态度和行为，从采取安全的性行为到减少种族偏见。除了帮助我们理解和预测的能力之外，一个理论如果能够实际地对人们的行为方式产生有益的影响，便具有特别的价值。现在让我们看看这一理论的一些特别值得注意的应用。

避孕套与性病预防 正如我们在地震预防（或者说，忽略地震预防）的例子中所看到的，保持对失调的忽略的一种方法就是坚决拒绝密切关注我们正在做的事情。在20世纪80年代，近1.7万美国人死于艾滋病，数亿美元被用于大众媒体的艾滋病预防运动。尽管这些运动在传播疾病传播方式和避孕套对安全性行为的重要性方面相当有效，但它们在防止人们进行危险的性行为方面却没有那么成功。性活跃的大学生们意识到艾滋病是一个严重的问题，但只有一小部分人会经常使用避孕套。当被问及原因时，他们给出了常见的理由：避孕套不方便，不浪漫，并给他们带来疾病的提醒（人们在准备做爱时一般不喜欢联想到死亡）。因此，正如研究人员一直发现的那样，人们会自欺欺人——在这种情况下，他们认为艾滋病是一个严重的问题，但是他们自己不会有危险。[66]假如大众媒体不起作用，有什么办法可以让人们不再对避孕套持否认的态度呢？

在艾滋病传播最为严重的时期，我和我的学生提出了一种方法，通过使用前面讨论过的"讲过为真"范式的某种类型来说服男人使用避孕套。在典型的"讲过为真"实验中，要求个人发表与自己观点相悖主张的演讲，由此而引起失调；通过改变他们的态度失调会得以减少，使之更符合他们的说法。我想知道这个范式会如何影响艾滋病的传播。

作为一名研究人员，我面临的问题是：当涉及安全的性行为时，几乎每个人都知道他们应该做什么，但几乎没有人愿意去做。那么，当男性已经认为使用避孕套是个好主意时，你如何通过提出支持使用避孕套的论点让他们体验到失调呢？这是一个两难的境地。我们想到了一个解决的办法：因为人们通过否定的机制使自己免受失调的影响，实验者会用他们自己的伪善来对抗他们，从而打破这种否定。这种方法是成功的，它被称之为"伪善范式"。这种范式的成功取决于这样一个事实，即几乎我们所有人都在追求个人的正直。

我们首先要求大学生们撰写一篇演讲稿，描述艾滋病的危害，并提倡"每次发生性行为"都使用避孕套。[67]每个学生都很愿意这样做，因为他们每个人都认为性生活活跃的男人使用避孕套是个好主意。在一种条件下，学生们只是形成了论点；在另外一种条件下，在撰写论点之后，学生们被要求将他们的论点记录在一盘录像带上，这盘录像带将作为性教育课的一部分播放给高中生听。在演讲之前，要求其中一半的学生要记录下自己生活中特别困难和尴尬的情况，从而意识到自己过去没有使用避孕套，或者"不可能"使用避孕套。

总体看,那些为高中生制作视频的被试,在意识到他们自己不愿意使用避孕套之后,处于一种高度失调的状态。我们让他们意识到了自己的伪善,向高中生们宣扬他们自己并没有践行的行为。为了避免被人认为是伪君子并保持自尊,他们开始践行他们所说的。这正是我们的发现:在这种伪善状态下的学生购买避孕套(在实验室外的桌子上展示)的可能性比其他没有这种经历的学生要大得多。此外,几个月后,大部分这类被试报告说,他们经常使用避孕套。

伪善范式也被用来应对其他问题,利如节约用水问题。在加州大学公共浴室里的女生被要求签署一份请愿书,并要求她们签名以努力说服人们在洗澡时加以注意。在请愿书上签字后,她们的名字被贴在一个牌子上,上面写着:"秀一下!如果我能做到这一点,你也能!"把她们的名字添加在牌子上之后,一些学生被要求回想一下过去一个月里她们洗澡时没有做到的这一点的所有情况,这使她们的主张和实践之间不一致引起的失调变得非常强烈。后来,对这些女生在淋浴间里的情况进行了观察和计时。那些注意到自己伪善的人洗澡时间大大缩短了。只要我们想让人们多做他们已经同意的事情,比如锻炼、学习、循环利用、使用防晒霜等,我们随时可以使用这种自我说服的方法。[68]

戳穿邪教领袖的威力 失调理论有助于人们增加对那些完全超乎自己想象的事件的理解。例如,吉姆·琼斯(Jim Jones,制造了圭亚那琼斯城的大屠杀)、马歇尔·赫夫·阿普尔怀德(Marshall Herff Applewhite,制造了天堂之门教的集体自杀)这样一些邪教领袖,对他们追随者的心理和情感具有巨大的控制威力。让我们集中讨论一下第1章中描述的琼斯城大屠杀。一个人怎么能拥有如此强大的力量,以至于数百人会在他的指挥下杀死自己和自己的孩子?琼斯城的悲剧过于复杂,任何单一的解释都无法完全让人们理解。但其中有一条线索源自于之前讨论过的"登门槛"现象:吉姆·琼斯一步一步地获得了他的追随者对他的信任。事实上,仔细观察便会发现,他的追随者们所做出的承诺在不断累加。

让我们从头开始分析。人们很容易理解像琼斯这样一个有魅力的领袖是如何从他的教会成员身上榨取钱财的。一旦教徒们承诺为响应他所传递的和平信息和为普天下兄弟而捐出少量的钱财,他们就会朝着他指引的方向迈进,并且会觉得有必要为自己向他捐钱的决定辩护。因此,他得以提出更高的要求并得到更多捐款。接下来,他会诱使人们卖掉家产并将所得钱财交给教会。不久,在他的要求下,一些追随者拔起帐篷,离开他们的家人和朋友,在圭亚那陌生而艰难的环境中重新开始生活。在那里,他们不仅辛勤劳作(以所有的努力、时间和金钱付出来证明并增加他们的承诺),而且由于周围都是真正的信徒,他们也被清除了各种可能的反对意见。然后琼斯开始向他追随者中的几个已婚女性提出性要求,这些女性虽然不情愿,但还是默许了。最后,作为最终事件的前奏,琼斯诱使他的追随者们举行了一系列模拟自杀仪式,作为对他忠诚和服从的考验。因此,成员们对吉姆·琼斯的承诺在不断累积,所走出的每一步本身与前一步相比并没有太大飞跃,但最后一步却已经与最初一步相距甚远。

世界舞台上的失调

我们日常生活中的失调大多是良性的,帮助我们以最小的痛苦或遗憾来适应我们的决定和选择。但是,正如琼斯城的故事所表明的那样,我们对减少失调需要的易感性所带来的潜在危险却是巨大的。

假设一个疯子占领了你的国家,并决定要消灭你的宗教团体中的所有成员,但你不确定这一点。你所知道的是,你的国家正在被占领,占领军的领导人不喜欢你的宗教团体,和你有着共同信仰的那些人被迫离开家园,被关进了拘留营。你会如何去做?你可能尝试离开你的国家;你可能尝试改变自己的宗教信仰;或者你可能抱着最好的希望,静静地待在那里。这里提供的任何一种选择都是极其危险的:很难逃脱或者是在不被发现的情况下过关;如果你被发现试图逃跑或是伪装自己的身份,立即会受到惩罚。然而,如果你的宗教团体被系统地消灭了,那么决定坐以待毙将是灾难性的。让我们来看看是否有机会尝试逃跑或者过关。这样一个生死攸关的决定自然会带来很大的失调。为了减少失调,你让自己相信你作出了一个明智的决定,尽管你所属宗教教派的人被强迫迁移并受到不公平的待遇,但他们不会被杀害,除非他们违反了法律。这一看法很容易维持,因为没有确凿的相反证据。

几个月后,你们镇上一位受人尊重的男士告诉你,他在森林里看到士兵屠杀了所有的男人、女人和孩子,这些人最近都被驱逐出了镇子。我料想你会试图将这些信息斥之为不真实;你会说服自己这个人是在撒谎或者他产生了幻觉。如果你听信了那个警告你的人的话,你可能已经逃脱了。但相反,你和你的家人最终遭到了屠杀。

太不可思议了吧?根本不可能吧?怎么会有人不把那位受人尊敬的男士的话

当回事？然而，我刚才所描述的事件却准确地呈现了1944年发生在居住在匈牙利西吉特的犹太人身上的事情。[69]

认知扭曲和选择性地接触信息的过程，是导致越南战争和伊拉克战争（以及其他许多战争）的关键因素。一份发人深省的对五角大楼的分析文件，向公众泄漏了国防部研究美国在越南政治和军事参与的一个秘密。拉尔夫·怀特（Ralph White）展示了我们的领导人是如何对与他们已经作出的决定不相容的信息视而不见的。正如怀特所说，"当行动与思想脱节时，决策者倾向于将他们的思想与他们的行动协调起来"。林登·约翰逊（Lyndon Johnson）决定继续升级轰炸北越的力度，无视来自中央情报局和其他来源的关键证据：轰炸不会打击北越人民的意志，恰恰相反，只会增强他们的决心。怀特写道：

> 例如，将国防部长罗伯特·麦克纳马拉（Robert McNamara）1966年所做的高度真实、证据确凿的反对轰炸的总结，与参谋长联席会议备忘录加以比较，是很有启发性的。备忘录对麦克纳马拉的总结提出了质疑，并且将轰炸称之为我们所拥有的两张王牌之一，与此同时它对所有来自反对方的事实都视而不见。但是，最终参谋长联席会议占了上风。[70]

来自两个政党的总统都忽略了他们不愿接受的证据。林登·约翰逊在越南战争中是这样做的；乔治·W·布什（George W. Bush）在伊拉克战争中也是这样做的。2003年，布什很希望相信伊拉克领导人萨达姆·侯赛因（Saddam Hussein）拥有大规模杀伤性武器，并对美国人构成了威胁，这导致他和他的顾问们将中情局报告中的信息解释为伊拉克拥有大规模杀伤性武器的决定性证据——尽管这些报告含糊不清，与其他证据相互矛盾。布什总统的解释，为发动先发制人的战争提供了理由。他确信一旦我们的部队进入伊拉克，他们就会发现这些武器。[71]

在入侵伊拉克之后，当被问到"大规模杀伤性武器在哪里"时，有政府官员们回答，伊拉克是一个规模较大的国家，大规模杀伤性武器隐藏得很好，他声称这些武器会被发现。几个月过去了，仍然没有发现大规模杀伤性武器，官员们继续声称，它们最终将被发现。为什么会这样？因为政府官员们正经历着巨大的失调。他们不得不相信，他们会找到大规模杀伤性武器来为发动战争的决策辩护；否则，伊拉克就不会对美国构成直接威胁。最后，官员们得出结论，没有这种武器。就连乔治·布什也终于在他的回忆录中承认了这一点。[72]

那么现在该怎么办？美国士兵和伊拉克平民每周都在死亡，上千亿美元被从美国财政部划走。布什总统和他的工作人员是如何减少失调的呢？他们通过增加新的主张来为战争辩护。陡然间，我们得知，美国的使命是从残酷的独裁者手中解放伊拉克，并向伊拉克人民送去民主的祝福。对于一个中立的观察家来说，这种辩护是不充分的（毕竟，世界上有许多残暴的独裁者）。但是对于布什和他的顾问们来说，这种辩护却似乎是合理的，而且确实也是必要的。

许多批评布什的人认为他是在故意欺骗美国人民。我们无法确定总统内心的想法，但根据五十多年来对认知失调的研究，我们可以确定的是，他和他的顾问们成功地欺骗了自己。他们说服自己，即使在没有大规模杀伤性武器的情况下，入侵伊拉克也是值得的。[73]

一位领导人怎样才能避免落入自我辩护的陷阱？历史上的案例告诉我们，走出这个过程的方法是，这位领导人需从他（她）的核心圈子之外引进专业的顾问，因为这些顾问们不会陷入减少领袖早期决策所造成的失调的需要之中。正如历史学家多丽丝·卡恩斯（Doris Kearns）[74] 所指出的，正是出于这个原因，亚伯拉罕·林肯选择了一个内阁，其中包括几位不同意他有关如何完美地结束奴隶制政策的人。

让我们再回到越南战争的那一刻。为什么参谋长联席会议明知道升级战争不可能带来胜利，却仍然作出了升级轰炸这一不明智的决策，用同样的甚至更极端的行为来为之前的行为辩护？而今，这种升级正在自我延续。从琼斯城到战争，一旦作出了某种小的承诺，也就为不断增加的承诺奠定了基础。人们需要证明自己的行为是正当的，所以需要改变自己的态度；这种态度的改变又会影响着未来的决策和行为。这是一种大规模的"登门槛"技术，但在其生死攸关程度上却具有极为重要的意义。一旦某个欧洲犹太人觉得自己不离开，并认可自己被认定为犹太人，这个决定便是不可改变的；他不能轻易地假装自己是非犹太人。一旦五角大楼官员加强了对北越的轰炸，他们也就无法回头了。《时代》杂志的编辑们对五角大楼文件的分析很好地解释了这种认知升级的过程：

> 然而，五角大楼的文件指出，行政机构总是要求做出新的选择；每一种选择都要投入更多的力量。每一次收紧口风都会产生某种必须捍卫的主张；而

一旦奏效,就必须维持军事上的压力。[75]

接受内部合理性

为什么当我们犯了某个大错或者伤害了某位朋友时,道歉会如此之难呢?失调理论为此提供了答案:因为我们并不是真心的那样认为。我们忙于为自己的行为辩护,以至于我们私下里觉得自己什么都没做错:"是别人先开始的。""另一个人侮辱了我。""是另一个人让我作弊。""是啊,我做的不是那么体面,但其他人的行为更糟糕。"这就是为什么,当人们被迫道歉时,他们说出的话通常听起来如此空洞:"假如我冒犯了任何人……"当然你冒犯,所以我们才要你道歉!只有后退一步,认识到我们是多么倾向于合理化并竭力为自己辩护,我们才能迈出第一步,能够道歉并且真正道歉,从而保持健康的关系。

在本章的开头,我指出人们有能力做出理性的、适应性的行为,以及减少引起失调的行为。让我们回到那个问题。如果个人把时间和精力集中在保护他们的自我上,他们将永远不会成长。为了成长,我们必须从错误中吸取教训。但是,如果我们打算减少失调,我们就不会承认我们的错误。相反,我们会把它们扫到角落里,或者更糟的是,把它们变成美德。总统们的回忆录充满了自私的、自我辩护的言论,用前总统林登·约翰逊——是他让越南战争升级,给两国都带来了灾难性的后果——的话来概括:"假如我能重新来过,我不会做出任何改变。"[76]

另一方面,人们确实在不断成长并从错误中吸取教训。人们是如何做到这一点的?在什么条件下会做到?理想的情况是,当一个人犯了错误时,他应该以一种非防御的方式来看待自己所做的事情,并且实际上也会对自己这样说:"好吧,我搞砸了。我能从这次经历中学到什么,这样我就不会让自己陷入这般境地了。"我们可以通过以下方法来增加这样做的概率:

- 通过更好地了解自己的防御和失调倾向。
- 认识到做一些愚蠢、不道德或伤害他人的事情并不一定意味着我是一个无可挽回的、愚蠢的、不道德的或残忍的人;一次欺骗并不一定意味着我成为一个"骗子",除非我不断为自己辩护。
- 通过培育强大的自我来认识和了解自己的错误。

当然,列举这些方法比实施这些方法要容易得多。我们如何与自己的防御和失调倾向产生联系？我们怎样才能认识到像我们这样的好人偶尔也会在工作或恋爱中做出一些错误或不道德的事情？仅仅抽象地或肤浅地理解失调是不够的，一个人要充分利用这类知识，必须有意识地加以实践。我们将在第 8 章中更仔细地研究这个过程，在第 8 章中我们将考察人际关系中真实性和非防御性交流的优势。

本图来源于《纽约客》1965年4月24日。
Saul Steinberg, *Untitled drawing*, ink on paper.
Originally published in *The New Yorker*, April 24, 1965.
© The Saul Steinberg Foundation/Artists Rights Society (ARS), New York

4

从众

突然有人开始跑了起来。也许他只是突然想起来要和自己妻子约会的事情,而现在他却迟到了。不管是什么,他在宽阔的街道上向东跑去(可能是去马拉莫餐馆,一个男人最喜爱与妻子约会的地方)。又有人开始跑了起来,也许是个兴高采烈的报童。另外一个人,一个胖胖的绅士,也突然小跑起来。十分钟内,从工会车站到法院,大街上的每个人都在奔跑。一声响亮的咕哝渐渐变成了可怕的"大坝"这个词。"大坝决堤了!"这种恐惧是由一个坐在电动车上的小老太太、交通警察或一个小男孩说出来的;没有人知道是谁,现在这一点也并不重要了。两千多人突然奔跑起来。四面都是"往东跑!"的喊声,远离河流,向东安全。"向东跑!向东跑!"一个身材高挑、眼神冷酷、下巴尖峭的女人从我身边跑过,沿着街道中央跑过去。我仍然不知道是怎么回事,尽管所有的人都在喊叫。我费了一番气力才追到那个女人旁边,她虽然五十多岁了,但从她那轻盈优美的奔跑姿势中,看得出她身体棒极了。"发生了什么事情?"我问道。她快速地瞥了我一眼,然后又继续将目光投向前方,稍稍加快了脚步。"别问我,去问上帝吧!"她说道。[1]

尽管有点滑稽可笑,但这个来自伟大的幽默作家詹姆斯·瑟伯(James Thurber)自传的故事,是有关从众现象恰当的例证。一两个人开始奔跑是出于他们自己的原因;不久,每个人都在奔跑。为什么会这样?因为其他人都在跑。在瑟伯的故事里,当奔跑者们意识到大坝根本没有决堤时,他们会觉得自己很愚蠢。然而,假如他们没有从众,而大坝真的决堤了,他们又会感到自己有多么愚蠢呢?

从众是好是坏?乍一听,是一个可笑的问题。然而,这个词本身的确具有评价的功能。因此,在美国文化中,被称为个人主义者或特立独行者,让人联想到一位站在山顶上的孤傲的牛仔,他的肩膀上挎着一杆来复枪,在夕阳西下的时候,微风吹拂着他的头发。在这种文化中,称某人为从众者是一种侮辱。这个词让人联想到一个盲目追随他人的人:穿着制服的企业高管;仿效朋友的服饰、谈吐和举止的青少年;人们开始相信一些末日预言或阴谋论,因为"他们认识的每个人"都相信。每个人总能回想起某个从众者的形象,而且他很少是那种刻意奉承者。

人类是社会性动物这一事实的一个后果,便是我们生活在与个性相关的价值观和与从众相关的价值观的博弈之中。我们可以用同义词来表达十分不同的形象。对于个体主义者或非从众主义者,我们可以用"离经叛道"这个词来代替;对于从众主义者,我们可以称之为团队合作者。无论如何,离经叛道不再让人们联想到孤傲的牛仔;同样,团队合作者也不会让人联想到盲从的白领、青少年或阴谋论者。我们的文化同样对从众(团队合作行为)和不从众(越轨行为)持矛盾态度。例如,20世纪50年代的畅销书之一是约翰·F·肯尼迪(当时还是未来总统)的书,他在书中赞扬了几位政治家在抵制政治压力以顺应潮流方面的勇气。换句话说,肯尼迪赞扬的是那些不落俗套和表现欠佳的团队成员,他们缺乏与他们的党派或选民和谐相处的能力。这些特立独行的人赢得了肯尼迪的赞扬,但是在他们采取行动的时候,他们的同事们普遍感到很不高兴——事实上,大多数人都对他们所看到的"离经叛道"和不遵守党的路线感到愤怒。那些特立独行者要撰写有趣的故事,正是因为他们经常受到周围人的恶劣对待。尽管我们在历史上或电影中都很欣赏他们,但在日常生活中,我们倾向于从众主义者。

这一观察得到了许多社会心理学经典实验的有力支持。在斯坦利·沙赫特(Stanley Schachter)的一篇论文中,[2] 一群男性大学生讨论了某个案件的卷宗,该卷宗决定了一名因违法而被捕的青少年的命运。在阅读了该卷宗之后,要求每个小组讨论这个问题,并针对这个年轻人的惩罚达成一致意见,从"非常宽大的判决"到"非常严厉的判决"。每个小组由九名被试组成,其中六名是真被试,其余三名是实验者的帮手。这些帮手依次扮演事前安排的三种角色中的一种,他们事先经过了精心的演练:仿效者,所采取的立场与真被试的一般立场相符合;偏离者,采取与小组的一般倾向针锋相对的立场;立场改变者,他们最初采取的是与偏离者类似的立场,随着讨论的进行,渐渐转向了仿效者,采取了从众的立场。

你认为哪类参与者最受欢迎?是立场转变者吗?绝非如此。最受欢迎的是与小组标准相一致的仿效者,最不受欢迎的是偏离者。此外,也发现了另一种可以预见的结果,交流模式变化带来的影响:在讨论的初期,小组花费了相当多的时间试图说服偏离者接受他们的观点;但当情况变得明朗时,这个偏离者便不会让步,其他人也基本上忽略了他,也就是说他基本上被排除在小组讨论之外。在后续的实验中,艾瑞·克鲁格兰斯基(Arie Kruglanski)和唐娜·韦伯斯特(Donna Webster)[3]发现,如果在临近截止时间前(当小组成员感觉到了将要结束讨论的紧要关头),而不是在讨论的早期提出异议,不循常规者尤其不受欢迎。

因此实证资料显示,至少在需要作出决策的团队中,人们更倾向于喜欢从众主义者,而并不是那些非从众主义者。这种倾向并非是不合理的。正是通过牺牲个人愿望与他人和谐相处的倾向,我们人类才拥有了巨大的进化优势;我们所具有的团队合作和传播文化的能力,使人类得以成长壮大。我们可以嘲笑瑟伯笔下的众人逃离一场空穴来风的洪水,但我们也应该对它的运作机制感到惊奇:就像公园里的一群鸟一样,一只鸟会将信息迅速传播开来,整个鸟群会顷刻间全都飞走。在我们人类作为狩猎—采集者的年代里,从众者的迅速反应无疑是至关重要的;事实上,不从众可能是灾难性的。假定某一天我突然厌倦了做一名从众者,于是我跳上自己的车子,开始沿着路的左侧行驶——这并非是一种十分聪明或适应性强的来表达我固执的个体主义的方式——如果你碰巧在同一条街的马路对面向我驶来,那对你是极不公平的。

然而,尽管我们从众的本性是可以适应的,但从历史上看,人们的这种行为倾向也会导致悲剧,从足球比赛的赛后骚乱到阿道夫·希特勒(Adolf Hitler)的狂热追随者齐声呼喊"希特勒万岁"。从众不仅发生在无目的性的人群之中,也会发生在组织严密的群体中,这些群体的成员对此应该有更多了解。希特勒的高级顾问之一阿尔伯特·斯皮尔(Albert Speer),在回忆录中将希特勒周围的人们描述为一个完全一致的圈子,在那里偏离是不被允许的。在这样的氛围中,即使是最野蛮的行动也似乎是合理的,因为他们没有不同意见(表现出一致同意的假象),任何顾问都无法接受其他选择存在的可能性。斯皮尔写道:

> 在正常情况下,那些背离现实的人很快就会被周围人嘲笑、批评并加以纠正。在第三帝国没有这样的纠正机制。与此相反,每一次自我欺骗都会被成倍地放大,就像置身于一个哈哈镜装饰而成的大厅,成为一个由反复得到确认的奇怪的虚幻世界,它不再与严酷的外部世界保持任何联系。在那些镜子里,

除了自己的脸,我什么也看不见。[4]

一个离我们更近的例子,可以想想白宫工作人员和高级顾问同前总统理查德·尼克松(Richard Nixon)一起参与的对水门事件的掩盖。在这里,政府的高级官员(其中许多人是律师)作了伪证,销毁了证据,并且毫不掩饰地去行贿。这至少可以部分地归因于20世纪70年代早期,在总统周围形成的那个忠贞不二的封闭圈子。在这个圈子被打破之前,这种极端的忠诚使得偏离根本不可想象。有一次,几位高级顾问看到他们的违法行为似乎感到很惊讶,就如同在做噩梦一样。尼克松的白宫律师约翰·迪恩(John Dean)这样写道:

> 当你早上拿起报纸,读到了替代昨天封面报道的新的封面报道后,你开始相信今天的新闻是真实的。这一过程在一直持续,直到最后,白宫里形成了一种脱离实际的氛围:如果你反复不断地讲某件事情,它便会成为现实。例如,当媒体得知对新闻记者和白宫工作人员的通话进行窃听,此时断然否认已经不能奏效,便有人声称这是国家安全问题。我相信很多人都相信窃听是为了国家安全,但它的确不是,而是事后编造出来的辩护理由。但是当他们讲出这些话的时候,你知道,他们是真的相信。[5]

有时,从众的需要甚至会使个人对即将发生的灾难保持沉默。1986年1月28日,挑战者号航天飞机升空几秒钟后爆炸。包括一位深受爱戴的教师克里斯塔·麦考利夫(Christa McAuliffe,通过竞争而成为进入太空的第一位平民)在内的七名宇航员,在一团浓烟和火焰中丧生。不知何故,尽管工程师们强烈反对并警告说助推火箭接头的O型环存在缺陷,但他们仍然决定继续发射。美国国家航空航天局(NASA)的管理人员做出了发射的最终决定,他们并非不知道存在危险,也不是对宇航员的生命漠不关心,更不是缺陷助推器火箭的制造者。然而,在美国国家航空航天局对火箭发射持有极高预期的压力下,那些最终被证明正确的持不同意见的决策者,要么转向了多数人的立场,要么被排除在对话之外,就像斯坦利·沙赫特实验中的偏离者一样。

让我们来梳理一下。除了他们都做出了可怕的决策之外,希特勒的核心圈子、尼克松的亲密顾问、美国国家航空航天局的管理者,他们有何共同之处呢?他们都是一个一个没有不同意见、相对有凝聚力的团体。当这些团体被要求作出决定时，他们可能成为欧文·贾尼斯（Irving Janis）所说的**团体思维**（groupthink）[6]的牺牲品，这种思维方式发生在有凝聚力的团体中，在这种团体中，成员对一致性的需求超越了他们现实地评估行动方案及其替代方案的能力。参与这类适应不良决策策略的团体通常认为自己是无懈可击的；他们被乐观所蒙蔽。这种乐观情绪在不满情绪被抑制时会得以强化。面对从众的压力，小组成员可能会怀疑他们自己的保留意见，并避免发表这些意见，就像第 1 章中那位假想的朋友萨姆，他在得知自己和同伴们的看法不一致后，隐瞒了自己的真实观点。

我引用这些例子，并非想说明因为从众会自然地降临到人类的身上，所以那些做出错误决定的人应该得到理解。相反，我认为理解从众的力量及其心理运作机制是至关重要的，这样当它令人们感到不适并且导致众人犯错的时候，我们便可以减少从众。只有通过更深入地挖掘和努力理解这些过程，我们才有希望改进人们的决策方式，减少未来灾难发生的频率。

什么是从众

从众可以定义为一个人的行为或意见的改变，受到了来自另一个人或一群人的真实或想象的压力的结果。正如进化论所预测的那样，它开始于个体发育的早期，即婴儿时期，而且有其神经系统的基础。

从众的生理基础 你可以通过观察我们在生命的早期阶段就开始互相模仿，来了解这种调整对我们物种的影响。虽然我们并非天生的模仿者，[7] 但婴儿们通过社会交往很早就学会了对所看到的面孔做出同样的反应，[8] 事实上，他们会更多地关注那些与自己的面部表情相一致的面孔。[9]

当人们互相交谈时，他们会经常模仿对方的非语言行为和举止，这种现象被称为**变色龙效应**（chameleon effect）。坦妮亚·沙特朗（Tanya Chartrand）和约翰·巴赫（John Bargh）[10] 让学生们和他们的某个帮手一起讨论了一组照片，这位帮手在交谈中经常抚摸自己的脸部或者抖动自己的脚。在互动的过程中，与抚摸脸部的帮手分在一组的学生抚摸自己的脸的次数很多；与抖动脚的帮手分在一组的学生更有可能抖动自己的脚。在另一堂课上，实验者的帮手们或者巧妙地让被试感受到自己在研究他们的姿势和行为举止，比如交叉双腿、抚摸脸部、摆弄头发；或者什么也不做。在讨论过后，被试对他们的合作伙伴进行了评价，结果他们更喜欢变色龙,而不是非变色龙。这一发现表明,我们模仿他人,因为这样做既体现出亲密感,也会产生亲密感,创造出一种"社交粘合剂"。[11] 那些特别擅长改变视角、用别人的眼睛看世界的人是更好的变色龙,因此更受欢迎。[12] 故意模仿别人以赢得别人的好感,则会适得其反。[13] 希拉里·克林顿(Hillary Clinton)在南方竞选时,因采用南方的拖腔(并说"你们都是")而受到批评。[14]

尽管许多动物会模仿它们的同类,但人类是极易进行模仿的。一些神经科学家将这一事实归因于镜像神经元,这是一种高度专门化的脑细胞,当我们执行某个动作或者当我们看到另一个人执行相同的动作时都会被激活。想想当你看到一位喜剧演员在舞台上被炸伤时你是如何感到危惧的,或者当你看到另一个人的痛苦时你是如何担忧的。镜像神经元能够产生同理心,但一定不能保证:当人们看到自己不喜欢的人或比自己拥有更少权力和地位的人时,它们便会关闭。[15]

镜像系统的主要功能之一是促进**社会学习**(social learning),即人们通过观察来学习的过程。丹尼尔·豪(Daniel Haun)[16] 领导的一项实验研究发现,蹒跚学步的孩子会模仿同龄人的行为,即使这样做意味着要忽略先前的学习并失去奖励。在一项研究中,孩子们得到了一个球和拼图盒,盒里面有三个球大小的洞,他们很快就知道把球放在某个特定的洞里(比如中间的洞)就能得到一块巧克力。在经历了第一阶段学习之后,每个孩子都加入了一群由其他学步期儿童组成的小组,这些学步期儿童通过把球扔到另外一个洞里(如左边的洞)来学习如何获得巧克力。在第二阶段,幼儿会因为他们把球放进了和先前同样的洞里而继续得到巧克力,但是许多人表现出与他们的同龄人相反的倾向,选择放弃他们的学习以及因此而可能获得的巧克力,而倾向于顺从那些学习了稍微不同规则的孩子们。当同样的实验在黑猩猩和猩猩(也是高度社会性的动物)身上进行时,它们并没有表现出这类从众的倾向;它们坚持的行为使自己的回报最大化。我们再一次看到,在人类身上,从众的冲动是如何战胜个人偏好的——即便是面对着巧克力这样的奖赏。

影响从众的复杂因素 大多数从众行为发生在没有任何"压力感"的情况下。例如,喜剧电视中的背景笑声无所不在,以致我们很难注意到,然而它们所传达的信息——其他人都发现了可笑的事——会深刻地影响着我们对同一件事情的反应。

1984 年,在美国政坛的一个著名事件中,73 岁的总统罗纳德·里根(Ronald Reagan)在竞选连任时遇到了困难。由于里根已经是美国历史上最老的总统,人们普遍担心他年纪太大,不能胜任这份工作。他的年轻对手沃尔特·蒙代尔(Walter Mondale)曾担任过副总统并且是一位颇受欢迎的参议员;他既有经验,也比较年轻而且充满活力。然而,里根却以压倒性优势击败了蒙代尔。里根是如何让选民放心并取得决定性胜利的呢?在第二次辩论中,里根表现出了一种幽默感,尤其是当被问及他是否太老而不适合当总统时,他说:"我不会把年龄作为竞选中的一个议题。""我不会为了政治目的,而利用我对手的过于年轻和缺乏经验。"包括蒙代尔在内的观众对里根这具有讽刺意味的机智回应报以大笑和掌声,许多选民在那一刻改变了对里根的看法,显然这一回应和其他预先演练好的幽默打消了选民的疑虑。他的精神状态仍然适合于为国家服务。

许多年后,在一个巧妙的实验中,史蒂文·费恩(Steven Fein)和他的同事[17]为从未听过或看过这场著名辩论的大学生(实况播出时他们还是婴儿)播放了这场辩论的录音带。在基准条件下,他们像 1984 年人们实际看到的那样进行辩论;在第二种条件下,他删除了里根最幽默的两条台词,包括年轻和缺乏经验的幽默回应;在第三种情况下,他留下了两条有趣的台词,但删除了观众的笑声和掌声。观看之后,被试评价了他们对两位候选人的喜爱程度,并评估了谁在辩论中表现得更好。对原录音带的两个改动都产生了不同效果:完全删除里根的幽默回应,也就等于完全消除了里根赢得辩论的感觉,但关键不是幽默本身。当观察者听到里根的幽默回应而没有看到观众的反应时,大多数人认为蒙代尔赢了;如果播出了笑声,他们则认为里根赢了! 不需要直接的压力,只要其他人在笑,就可以起到这样的效果。很多从众行为都是这样产生的;环境中的社会暗示告诉我们其他人的感觉、想法或行为,而这些又会反过来影响我们的感觉、想法和行为。

让我们回到我们的朋友萨姆,那位假想的大学生。记得萨姆在电视上看到一位参议员候选人,这位候选人的真诚给他留下了很好的印象。然而,他的朋友们一致认为这位候选人不诚实,这给他带来了很大的社会压力,他至少口头上同意了他们的意见。

就连这个虚拟的小故事也引发了一些有趣的问题:(1)是什么原因导致人们服从群体压力? 具体来说,萨姆感受到了什么? (2)群体压力的性质是什么? 具体而言,萨姆的朋友通过什么来诱导他从众? 在那段短暂而令人不安的时间里,当萨姆得知他的朋友都不同意他的观点时,他是否改变了自己对候选人的看法? 还是萨姆仍然坚持他原有的看法,只是口头上改变了他对候选人的看法? 如果他改变了主意,是永久的还是仅限于那天晚上?

不幸的是,因为萨姆是一个假想的人物,我们不能问他。而且,即使是一个真实存在的萨姆也不能给我们提供一个准确的解释,这是值得怀疑的,因为即便人类能够非常准确地解释自己的行为,[18] 但是在这种情况下还会有太多的其他影响因素。我们不知道萨姆对他最初的观点有多自信;我们不知道他对候选人的演讲有多了解,或者他有多喜欢和他一同收看的那些人;我们不知道萨姆是否认为自己是一个真诚的评判者,或者他是否认为其他人也是真诚的评判者;我们不知道萨姆通常是一个坚定的人,还是一个不自信的人;我们也不知道萨姆在学习了一天之后还会有多强的意志力来做出真诚判断,等等。

我们所能做的就是进行实验研究,让人们面对像萨姆那样的困境,在那里我们有能力控制和改变我们认为可能影响从众的因素。很多社会心理学的研究都做到了这一点,而这一切叫追溯到穆扎法尔·谢里夫(Muzafer Sherif)和所罗门·阿希(Soloman Asch)的早期研究。

谢里夫和阿希的经典实验研究 假定你在一个黑暗的房间里,你从远处凝视着一个固定的光点,过上一会儿,光就会出现移动,这是一种视错觉,称为**游动效应**(auto-kinetic effect)。谢里夫[19] 利用这种错觉来研究感知是如何受到社会影响的。他让大学生们坐在一个黑暗的房间里,观察一个光点,然后,每次它"移动"的时候,报告它有多远。每个学生会单独做几次试验,经过这几次试验,会确定一个可靠的距离,通常在 2 到 6 英寸之间。然后,他们被分成若干小组待在黑暗的房间里,并被要求重复这项任务,这次要大声报告他们的估计。谢里夫注意到了其他人的存在所带来的强烈影响:几乎每个人的判断都开始朝着群体平均水平的方向趋近。例如,如果我一个人的时候通常看到光移动 2 英寸,但是我的队友们倾向于看到它移动 6 英寸,我现在开始报告大约 4 英寸的移动。同样,那些最初看到更多运动的人在听到我的意见后会报告他们看到的更少。更重要的是,这种变化会始终存在。在了解到团体的某种意见后,成员们再次受到考验,他们的回答不断反映出该团体对自己判断的影响。谢里夫后来发现,他可以通过让他的帮手提供的任意估计来确立群体规范。只要与实际标准的偏差不是太大,他就可以将这个团体的意见引导到他所希望的任何方向。

估计一个光点移动了多少具有内在的模糊性。几年后,所罗门·阿希希望考察的是,当判断的对象非常确切的时候会发生什么。[20] 假如你眼前的判断不是一种视错觉,而是一个明显的事实,会出现什么结果呢?阿希预测,从众行为将会直线下降。

现在将你自己置身于以下的情境中:你自愿参加一个关于感知判断的实验。你和其他六位被试走进了一个房间。实验者向你们所有人展示了一条直线(X),与相邻的其他三条直线(A,B,C)。你的任务是判断这三条直线中哪一条的长度最接近 X。你会觉得作出这个判断十分简单。

很明显,直线 B 是正确的答案。而且当轮到你回答的时候,你也会确定无疑地回答直线 B。但现在还没有轮到你回答。轮到的是一位年轻人,他仔细地对那些直线进行观察后回答道,"直线 A"。你张大嘴巴,吃惊地望着他。"即便是傻瓜都看得出是直线 B,他怎能认为是直线 A 呢?"你问自己道:"这人要么是个瞎子,要么是疯了。"现在轮到第二个人回答了。他同样选择了直线 A。顿时你感到自己就像爱丽丝(Alice)①在梦游仙境。"怎么会这样呢?"你又默默地问自己,"难道这两个人都是瞎子或疯了吗?"接下来轮到另一个人,他也回答:"是直线 A。"你又看了一眼那些直线。"或许真正疯了的是我自己。"你默默念叨。现在轮到了第五个人,他也判断正确的是直线 A。最后,轮到你了。"嗨,当然是直线 A,"你确定无疑地说,"我早就知道答案了。"

这就是阿希在他的实验中所制造的矛盾。正如你可能已经猜到的,在你之前回答的那些人是他的帮手,他们被要求同意某个错误的答案。感知判断本身是非常容易的,当人们在独处时被要求判断线条,他们几乎不会犯任何错误。的确,任务是如此容易,正确的路径是如此明显,以至于阿希本人坚信,即使出现失误,也不会存在什么群体压力。但他的预测是错误的。当面对所有同学在 12 轮感知判断

---

① 英国数学家刘易斯·卡洛尔所著的系列童话作品《爱丽丝漫游奇境记》和《爱丽丝镜中奇遇记》中的人物。——译者注

中一致做出不正确的回答时,为了与其他人保持一致大约四分之三的被试至少出现了一次错误的回答。在全部感知判断中,平均有 35% 的判断与错误判断保持了一致。

阿希在 20 世纪中叶进行了他的实验。尽管研究结果颇具影响力,但人们还是倾向于以当代美国大学生已经今非昔比为由,对他的研究结果加以忽略。随着计算机和互联网的出现,你可能认为人类已经变得更加复杂,因此不太容易受到这种群体压力的影响,但事实并非如此。近年来,阿希实验被成功地重复了很多次。在国家电视台的一次特别引人注目的演示中,安东尼·普莱特肯尼斯(Anthony Pratkanis)[21]重复了这个实验——就像阿希 50 年前所做的那样。这个重复实验的被试也是大学生,他们中许多人认为自己是特立独行的。但实验结果却几乎和阿希的实验完全一致。

然而,在抵制群体压力的倾向上存在着一些文化差异。通过民间智慧的对比可以很好地说明这一点:在美国,人们会说,"吱吱叫的车轮先上油"(意思是,"有事,就大声说出来!");在日本,人们说,"突起的钉子先敲下"(意思是说,"不要偏离你的团队")。罗德·邦德(Rod Bond)和彼得·史密斯(Peter Smith)[22]分析了在 17 个不同国家使用阿希办法进行的 133 项实验后发现,与个体主义社会(如美国和法国)相比,在鲜明地重视群体和谐(如日本)的集群主义社会中,从众现象更为普遍。

然而,无论人们生活在哪个国家,对群体压力加以抵抗都是非常困难的,不从众带来的痛苦不仅表现于人们的面部表情,而且在他们的神经活动中也会引起大脑的不适。[23] 格雷戈里·伯恩斯(Gregory Berns)和他的合作者采用功能性核磁共振成像技术(fMRI)来监测参与者的神经活动,这些图像显示了那些对群体压力进行抵抗的被试杏仁核(大脑中与疼痛、恐惧和情绪不适相关的区域)的活动会增强,表现出与抵抗身体疼痛的被试同样的反应,[24] 就像我在社会排斥实验中所看到的。[25]

这些实验创造的情境特别有趣,因为与我们倾向于从众的许多情境不同,没有明确的个性限制。更常见的是,对不合规则行为的制裁是明确的。例如,我一直讨厌打领带——这个时代终于迎合了我,现在很少需要打领带。但在 20 世纪 60 年代,当我还是一名年轻教授的时候,着装更为规范正式。这意味着,如果我去一家高级餐厅参加一个晚上的庆祝活动,妈妈会礼貌地(但坚定地)告诉我,如果我没有戴上他们提供的领带,那就不会有我的位子。这样,我要么戴上领带,在餐馆吃饭;要么选择离开,敞开脖子,个人舒服了,但却忍饥挨饿。在这种情况下,与许多其他情况一样,不从众的负面后果是确定的。同样地,詹妮斯在对团体思维的研究中也发现,通常总会有一两个人采取行动来执行群体的规范。正如詹妮斯所言,这些无需任命的卫道士,会要求人们保持一致并按共识行事。就像妈妈在餐厅里所交代的:门卫已经明确表示,如果你想有自己的座位,你就必须遵守群体的规范。

但是在阿希实验与萨姆和他的朋友们的案例中,情况却要复杂得多。在这些情况下,没有明确的服从奖励,没有明确的惩罚行为,也没有思想卫道士推动偏离者达成一致,只是人们以事实的方式报告他们所看到的。那么,为什么阿希的被试会从众呢?

从众动机:归属还是信息获取 从众的主要原因有两个:因为别人是有价值信息的来源,或者因为与别人相差太大令人感到不适;从众通过表达我们的相似性和思想上的亲近关系,来确保我们在某个群体中的地位。前一个原因基于丰富的信息:人们面对采取一致意见的多数人,会认为自己的观点因某种原因而出现了错误。后一个原因则基于规范:人们会"随大流",但内心相信他们最初的判断是正确的,以求被大多数人所接受或避免因意见不同而被他们所厌恶。在阿希实验以及其他一些直接进行判断的实验中,个体的行为在很大程度上似乎是为了避免产生被排斥的感觉。我们可以从这样一个事实推断出这一点:当允许人们不公开回答时,他们对直线匹配的问题都会给出诚实的意见。

同时,在许多情况下,我们顺从他人的行为是因为:随着物质现实变得越来越不确定,人们越来越依赖"社会现实"。[26]也就是说,其他人的行为是了解正在发生事情的最佳指南。在这种情况下,一致性尤其有可能影响我们对现实的看法和感知,就像谢里夫实验中的学生和瑟伯在本章开头描述的场景一样:如果有人表现出某种行为,那一定是有道理的。

有这样一个例子可以澄清规范一致性与信息一致性之间的区别。几年前,我还住在一个陌生的大楼里。有一次我想上厕所,在看到"洗手间"的标志之后,我找到了常见的两扇门,但是不知是谁把上面的标志去掉了,所以我无法区分男厕和女厕。这真是一个两难的境地,我不敢猜测,因为我害怕进了女厕所感到尴尬,或者让任何一位待在里面的女士感到尴尬(或者害怕)。当我踌躇不定、尴尬地站在那里等候的时候,我左边的门开了,有人走了出来。我松了一口气,走了进去,因为我得到了正确的信息。

很多时候,其他人是一个很好的信息来源,一致性满足了我们对正确信息和归属感的需求。在母亲节给自己的母亲打个电话,和自己的朋友一起去一个收留无家可归者的收容所工作,在考试中努力学习以取得好成绩,这些都是人们所做的,也是应该做的。然而,有时候,我们就像是阿希实验中的学生,我们对正确信息的需要与我们对归属的需要会出现冲突。假定你是这个实验的被试,并且你最初相信正确的答案是直线 B,那么说出来也许能够满足你对正确信息的需要——但是这样做也可能会违背你同龄人的期望,他们可能会认为你很怪异。选择直线 A 可能会赢得其他人的认可,但除非你确信他们的意见是正确的,否则这样做将违背你对正确信息的渴望。

坚持正确意见与迎合群体之间的这种基本困境,是导致我们一些最大失败的核心所在。在乔舒亚每年的社会心理学课上,学生们都会匿名地写下他们最令人遗憾的从众行为,假如他们能够回到过去,他们都会改变这些行为。年复一年,有相当多的学生承认曾欺负、戏弄或羞辱他人——这样做,除了他们同龄人的暗示或实际认可之外,没有任何其他理由。一个学生写道:"我知道我会毁了这个孩子。"某天晚上在夏令营里,他无情地戏弄了一个"长得滑稽的男孩"。"我能感受到他强忍住自己的哭声。他就躺在离我几张床远的地方,在黑暗中,恳求我们不要再叫我们给他起的绰号:猴子。但受到了同伴们笑声的鼓动,我仍在不停地喊着他的绰号。我现在仍然能够听到他们那咯咯的笑声,而我毁了这个可怜孩子的生活……我从来没有原谅过自己。"另一个学生后悔在八年级的时候,母亲为了省钱给她买了一件不带 Abercrombie① 标志的便宜点的衬衫,为此她一个月里拒绝和母亲说话。Abercrombie 标志最为当时的八年级学生所珍爱。她写道:"我真不敢相信自己有多恨我妈妈。""我的衬衫上居然没有一只小驼鹿,我想杀了她。"另一个学生后悔自己在目睹了一场谋杀后,一直没有告诉警察。他说:"就发生在我家附近,我们竟然没有报告警察。""这是习以为常的做法。"

尽管社会心理学专业的学生们在回忆过去的从众行为时会给出自己的解释,但我们大多数人会认为,自己的动机主要是希望获得正确信息,而其他人的动机主要是为了迎合群体。当人们不自觉地观察一个类似阿希从众的实验时,他们通常

---

① 一个历史悠久的休闲服饰品牌,1892 年创立于美国纽约。——译者注

会低估自己的从众程度,而高估他人的从众程度。[27]

正如我们所看到的,有时从众是由于害怕违反规范,有时则是由于澄清含糊不清的信息。但是,对二者加以区分并不总是轻而易举的。通常,从众行为是相同的;区别它们的关键因素在于是否存在惩罚性因素。想象一下,在神秘的国家马其顿,客人们在吃完饭后打嗝被认为是一种友好的举动,以此向主人表示他们很喜欢这顿饭。假设你不知道这一点,你访问的是一位自由民主党人的家庭,陪你访问的是一些美国国务院的外交官。如果饭后这些外交官开始打嗝,你也很有可能打嗝。他们给你提供了宝贵的信息:和他们一样打嗝,你们所做的是正确的事情。但假设你和一些粗鲁而强壮的年轻人呆在同一个家里,有人给你介绍,他们是自由散漫的奥林匹克重量级摔跤队。如果这些大块头饭后打嗝,你便可能不会效仿;你可能会认为这是一种不礼貌的行为。如果他们因为你的漠然而对你怒目而视,你可能真的会打嗝,这不是因为他们所提供的信息,而是因为你害怕被拒绝,你甚至可能害怕因为拒绝接受他们粗野的行为而被打断鼻梁。

为了获得有关适当行为的信息而观察他人所产生的从众,往往比为了被接纳或避免处罚所产生的从众具有更强大的力量。我认为,如果我们发现自己处于一种模棱两可的境地,我们必须使用他人的行为作为自己行为的模板,我们很可能在随后的类似场合重复我们新学到的行为,而没有任何暗示。当然,除非我们后来得到证据证明我们的行为不恰当或不正确,否则情况就是这样。因此,现在假设你被邀请回到那位自由民主党高官家里吃饭,但这次你是唯一的客人。问题是,饭后你是否会打嗝?如果你在他家吃了第一顿饭后打了个嗝,因为你意识到这是正确的做法(如果你和外交官一起吃饭的话,情况也会是这样),那么当你单独和高官吃饭的时候,你很可能打嗝。然而,如果你第一次打嗝是因为害怕被拒绝或受到惩罚(就像你在摔跤运动员的陪伴下吃饭一样),那么当单独做客时,你肯定不会打嗝。

增强或减弱从众的因素

萨姆会怎么做?他会被他的同学说服,认为他偏爱的参议员候选人是个骗子?还是只是为了被接纳而顺从他们的判断?考虑影响从众的因素,有助于回答这些问题。当然,这些因素也可以用来防止团体思维。

榜样的声望与受欢迎程度 当我们不清楚在某种情况下究竟发生了什么事情时,我们最有可能同那些行为可以提供最可靠信息的人保持一致。比如说,你住在一个很少有人乱穿马路(人们不愿意这么做)的小镇上,但为了节省几秒钟的时间你真的想在车水马龙的道路中间过街。现场实验显示,如果是一个衣着讲究而不是衣衫不整的人在乱穿马路,你更有可能去仿效他。[28]

在更宽泛的层面上,流行作家马尔科姆·格拉德威尔(Malcolm Gladwell)[29] 指出,当受人尊敬、关系密切的人恰巧在正确的时间出现在正确的地点时,主要的社会趋势往往会通过从众机制突然发生戏剧性的变化。当一段视频传播开来,某种趋势也就变成了"流行",或者某个品牌的鞋子突然成为了人们的必备品,这通常是因为一两个人与庞大的社交网络(例如,数千名 Instagram① 或 Twitter② 粉丝)有联系。他们开始穿着很酷的新衣服,这会导致其他喜好扮酷的人很快达到关键数量节点或"临界点",于是流行趋势爆发。有影响力的人未必是专家;他们可以是那些看起来颇有名气的人,或者是某些为了出名而出名的人。当然,如今的网络红人是那些在 Twitter 或其他社交媒体上所发帖子能够吸引大量观众的人,其中许多人可能通过他们的网络转发帖子,然后他们的粉丝又会进一步转发。

当大量的人都在做某件事情时,人们尤其能够获得大量的信息。我应该去哪里吃饭?可以登录 Yelp③ 查看一下群里的意见;我应该读什么书?可以看看亚马逊的流行趋势;哪辆流动餐车最好?我赌的是顾客队伍最长的那家。只要人群的判断彼此独立(就像那些向 Yelp 提交评论的陌生人集合一样),人群就可以提供比我们的个人猜测更好和更真实的预测。[30]

一致同意　当群体成员面对面时,像阿希研究的情况一样,决定一个人是否会从众的关键因素之一是其他人是否都持有相同的意见。"其他所有人"的群体中实际人数不需要太多,但需要获得最大程度的一致性;当达成一致的群体规模只有 3 人时,人们会像群体规模达到 16 人时一样顺从于群体压力。但是,当一致性被打破时,从众的压力也会被打破。即使是仅有一位成员采取了与你一致的观点,你的压力也会得到释放;在这种情况下,从众现象会急剧减少。[31] 事实上,即使某位偏离者给出的是一个不同的错误的答案(要求回答直线 C,而其中某个人回答是直线 A),因为出现了一位持不同意见者,在场人的从众行为都会大幅降低,参与者很可能给出正确的回答:直线 B。仅仅需要一位持不同意见者,便有可能极大削弱群体

---

① 一款运行在 iPhone 平台上的应用程序,用于照片分享。——译者注
② 一家美国社交网络及微博客服务的网站,全球互联网访问量最大的十个网站之一。——译者注
③ 目前美国最大点评网站。——译者注

诱发从众的力量。[32]

表态 通过诱导一个人对他（她）最初的判断作出某种承诺，也可以减少对群体压力的顺从。想象一下你是一位大联盟棒球比赛的裁判。在第一垒出现了一次封杀，这时你当着5万球迷的面判跑垒者出局。比赛结束后，另外三位裁判都走过来对你说，他们认为跑垒者安全进垒了。这时你有多大可能性改变自己的裁定呢？假如，这三位裁判员都判定跑垒者安全进垒了，然后轮到你做出判断，又会出现什么情况呢？莫顿·多伊奇（Morton Deutsch）和哈罗德·杰拉德（Harold Gerard）[33]在一项实验中使用了阿希的办法进行了这种比较。他们发现，当被试没有事先做出表态时，大约25%的回答会顺从大多数人的错误判断。但是，当这些人在听到其他"裁判员"的裁判结果之前公开表达了自己的意见时，他们的新裁定中只有不到6%会表现出从众行为。

担责 假设你正在参与一个解决问题的小组讨论，而其他人正在向你施加压力，让你同意他们的决定。另外，假设你知道，在会议结束时，你必须向小组的其他成员证明你的决定是正确的。你觉得这对你的判断会产生什么影响？研究表明，在大多数情况下，这样的责任会增加你从众的倾向。[34]

但是，假如你同时也被告知，重要的是要尽可能地准确，那又会出现什么样的情形呢？为了回答这个问题，安德鲁·奎恩（Andrew Quinn）和巴巴里·施伦克尔（Barry Schlenker）[35]让人们接受了一项实验，目的是为了让他们服从错误的决定。在实验开始之前，实验者做了两件事：(1)他们让一半的被试记住尽可能精确的重要性，而另一半则记住合作的重要性；(2)他们要求在这两种实验条件下各一半的被试，在他们作出决定后必须向小组解释他们作出这种决定的理由。那些表现出最强独立性并作出最好决定的人，正好是那些看重准确性的人，他们必须向那些试图影响他们的人解释他们从众的理由。他们的行为比那些看重准确性但不需承担责任的人更为独立。这表明，除非人们清楚地知道自己要对一项愚蠢的从众决定负责，否则大多数人都会为了相安无事而去迎合他人。

自尊与安全 一般来说，自尊心较低的人比自尊心较高的人更容易屈服于群体压力。[36]如果让人们相信自己手头的任务根本不需要什么能力（比如判断直线的长度），他们的从众倾向就会增加。如果人们有机会在完成一项任务之前已经获得成功，从而对自己的能力充满自信，那么他们会比那些误打误撞的人更不容易从众。[37]

同样，我们在特定群体中的安全感决定了我们偏离其规范的程度。如果我们的朋友萨姆确切地感受到了观看辩论的人对他喜爱和接受的程度，与他对自己和这些人的关系没有把握相比，他会更容易表达不同意见。为了证明这一现象，詹姆斯·迪茨(James Dittes)和哈罗德·凯利(Harold Kelley)[38] 招募了一批大学生并让他们加入一个享有声望的团体，随后告知他们，团队成员可以随时撤换任何一位参与者以提高效率。团队随后讨论了少年犯罪问题。讨论被定期地打断，以便于团队每个成员就其他人对小组的价值进行评估。讨论结束后，向每位成员展示了其他人是如何评价他的；事实上，他们给这些成员预先安排了错误的反馈。一些成员被引导认为自己很受欢迎并被接受，另外一些人则被引导认为自己不太受欢迎。每个成员的从众程度是通过他随后在进一步讨论中表达的观点以及在执行一个简单的感知任务时对群体压力的脆弱性来衡量的。那些被引导认为自己只有适度被接受的人比那些被引导认为自己完全被接受的人，更有可能遵守其他人制定的规范。一旦我们在团队中确立了一个安全的位置，我们就会放松下来，会更自由地表达我们的意见。

年龄 正如我们所看到的，即便是幼儿也会本能地顺应同龄人的行为。这是我们学习很多东西的途径，包括我们的说话方式和口音类型。[39] 而对于10到25岁的年轻人来说，从众压力最为强烈。在此之前，大脑的自我控制系统——控制计划、思考未来、评估风险和抑制冲动——仍在发育。从远古时代起，成年人对青少年的观察就证明了这一点：由于同伴的存在，青少年的行为会发生极大的变化，而这种变化往往会对他们的健康造成损害。假如有同伴在车内，与成人驾驶者相比，青少年驾驶者发生事故的可能性要高出三倍多。[40] 劳伦斯·斯腾伯格(Laurence Steinberg)和他的同事们[41] 发现，如果他们当时和同龄人在一起的话，年轻人更容易接受危险行为，例如闯红灯、吸毒和酗酒、商店行窃等等，他们会觉得"兴奋"，而不是"危险"。当同龄人在场时，大脑中的愉悦中心会被激活，而假如没有一个完全发达的前额皮质来实施自我控制，年轻人会表现出更强烈的危险、愚蠢的行为倾向。正如一位研究青少年暴力的专家所说："有史以来最蠢的动物，是一个和同龄人在一起的青春期男孩。"[42] 也许吧，但青春期的女孩在这方面也并不逊色。阿比盖尔·贝尔德(Abigail Baird)[43] 发现，如果一个受欢迎的女孩在一个青少年同龄人群体中表达了某种观点——甚至是某种疯狂的观点——她的同龄人也往往会找到一种方法说服自己同意她的立场。在一项研究中，有人问一些十几岁的女孩，如果在这一地区发现了鲨鱼,是不是还会去海里游泳。从个人角度来说,所有的女孩都会认真加以思考,她们不可能下海。但是在小组讨论中,当贝尔德让占主导地位的女孩通过暗示这可能是一次令人兴奋的冒险来回答这个问题时,其他女孩开始同意她的观点,并为在有鲨鱼海域游泳构建起合理的解释。

群体性质 如果一个群体(1)被认为由专家组成;(2)其成员具有较高的社会地位(例如,在学校里受欢迎的孩子);或(3)其成员在年龄、职业、政治倾向、种族或族裔等重要方面相似,则该群体在诱导从众方面会更为有效。因此,如果萨姆认为他的那些朋友在政治方面以及在判断你的诚意方面是专家的话,那么他更有可能顺从朋友们所施加的压力。如果他们有更高的地位,并且萨姆也很想成为他们圈子里的一员,他便更有可能屈服于他们的观点。他更可能顺从的是他的同学,而不是一群12岁的孩子、一群建筑工人,或者一群来自葡萄牙的生物化学家。最后,如果是一个种族单一的群体,会比一个种族多样化的群体更容易从众。当一组白人男性大学生面对类似阿希实验三个同龄人的一致(但却是错误的)判断时,假如三个同龄人都是白人,这些大学生会比有其他种族的人在场更倾向于从众。你可能会注意到这一发现的现实价值:也就是说,种族多样性可以阻止团体思维的出现。[44]

我们所归属以及所认同的群体(即我们的**参照群体**,reference groups)既反映又塑造我们的身份和行为。通常,当我们改变参照群体时,我们也会改变我们的行为和态度以与之相符。例如,那些搬到新学校或在学校里找到新的友谊型团体的学生,往往会变得更像他们所加入的团体;他们的学术努力和成就会随着与他们新同学的交往而上升或下降。"他们努力工作吗?我也会的。""他们认为学校的工作枯燥乏味,不值得做吗?我也同意。"[45] 同样,那些在上大学时从政治倾向保守的家庭搬到更加自由环境中去的学生,他们的态度往往也会更加自由,除非他们与国内比较保守的参照群体保持密切联系。[46]

克里斯蒂安·克兰德尔(Christian Crandall)[47] 在两个大学女生联谊会上考察女性的身体形象和饮食模式时,发现群体一致性存在某种特别有害的影响。每一个女生联谊会对于理想女性身体形象的集体态度各不相同,对大快朵颐是否会维持这种形象的理想方式理解也各异。女生联谊会作为强大的参照群体向其成员施加压力,要求她们拥有"正确"的体型(瘦俏)和正确的行为方式(不忌口)。女性越是表现出群体理想的外表和行为,她们就越受欢迎。因此,假如你加入了某个女生联谊会，每个人都认为你很瘦俏但却不忌口，那么在你大快朵颐时便会更受欢迎。

社会规范

我们对从众的讨论强烈表明，人们通过观察其他人在做什么来形成他们关于在特定环境或社区内什么是社会适当行为的想法。这种被感知的规范对人们自身的信仰和行为的影响取决于他们认为规范被普遍认可的程度，以及人们对所涉及的情况或社区的关心程度。规范可能只是**描述性的**，反映了我们对大多数人在特定情况下所做的事情的了解。有些规范是**禁止性的**，规定人们应该做什么，通常是通过明确的指示，如禁止吸烟、禁止使用手机或禁止乱扔垃圾的标志。

一些机构往往希望在不提出直接要求的情况下建立起规范。许多年前，在加利福尼亚州的一次持续干旱中，我所在的大学要求进行短时间淋浴，结果发现只有6%的该大学学生按学校的要求去做。在前一章里，我们用"伪善范式"来说明如何引导人们节约用水。这一次，我的学生和我[48]进行了一个简单的现场实验，旨在通过让他们相信其他同龄人正在缩短淋浴时间，来引导学生缩短淋浴时间。我们争取到了一些男性学生的帮助，他们分别扮演了榜样和观察者。我们不希望人们因为害怕被拒绝或受惩罚而顺从，我们采用下面的形式设计了这个实验：当学校的体育中心空无一人时，我们的榜样进入了浴室，他走到了一排淋浴器的尽头，背对着门口，打开淋浴器。当他听到有人进入浴室时，他就会关掉淋浴，往自己身上打肥皂，然后简单地冲洗干净，就像附近张贴的标语所要求的那样。然后他便离开房间，对刚进来的那位同学连看都不看一眼。当他离开的时候，另一个学生（我们的观察者）走了进来，偷偷地观察我们的研究对象是否也是这样做的：他是否在打肥皂时也关掉了淋浴器。我们发现49%的学生会做出从众行为，当两个学生同时模仿相同的行为时，从众率会上升到67%！因此，在模棱两可的情况下，其他人可以通过让我们知道"大多数人"在这种情况下怎么做，来诱导我们从众。

让我们来看看有关乱扔垃圾的规范是如何建立起来的。假设，当你在当地图书馆的停车场走近你的爱车时，你注意到有人在你的挡风玻璃雨刷下面张贴了一张烦人的传单。所以，你会把它取出来，没有多想，便将它揉成一团。关键的问题是：你是把它扔到地上，还是把它塞进你的口袋里，随后把它扔进垃圾桶？答案是：在很大程度上，这取决于你认为别人在这种情况下会怎么做。在现场实验中，罗伯特·西奥迪尼（Robert Cialdini）和他的同事们[49]把传单放在一些汽车的挡风玻璃雨刷下,等待观察人们返回汽车时的行为。有时,当他们离开图书馆时,实验者的一个同伴从他们身边走过,弯下腰,捡起一个被扔在地上的废弃快餐袋,把它放进垃圾桶里。在控制的情况下,地上没有袋子,实验者的帮手只是与那些向他们的汽车走去的人擦肩而过。在这种条件下,当人们走到自己车前并注意到传单时,37%的人会把它扔在地上;而在建立起扔食物袋规范的条件下,只有7%的人把它扔到了地上。

在一个平行的实验中,[50] 研究人员没有让这个榜样出现,转而对停车场的外观进行了操作:乱扔传单,只是在地上留下一张纸,或者打扫得十分干净。哪种情况会让人们最不容易乱扔垃圾呢?当地面上到处都是传单时,大多数的司机也会随手乱扔,他可能会想:"毕竟,假如没有人关心停车场的清洁,我为什么要关心呢?"但是,假如仅一张纸躺在附近的地上,他们最不可能乱扔垃圾。为什么会这样?一张皱巴巴的纸让我们想起了禁止乱扔垃圾的强制性规范,这意味着,绝大多数人都在遵守保持地面清洁的规范。假如停车场十分干净,大多数人可能根本不会考虑常规情况,因此更有可能不加注意地乱扔垃圾。

在另外一组实验中,凯斯·科泽尔(Kees Keizer)和他的同事[51]更进一步地验证了这一推理,以表明当环境暗示大多数人无视规范时,不良行为和打破常规的行为就会受到鼓励。科泽尔的团队在荷兰某个城市市区的一个公共邮箱里留下了一个很大的信封,好像有人匆忙地试图寄走这封信,但没有成功。透过信封的地址栏窗口可以看到里面有一张5英镑的钞票。看到信封的路人会把它塞进信箱,还是会偷拿这些钱和信封?答案取决于实验者操作的一个关键细节:有时邮箱上有涂鸦,在这个区域到处都是垃圾;有时邮箱和周围区域都是干净的。在邮箱干净的情况下,只有13%的路人会偷拿信封;在有涂鸦和垃圾的情况下,27%的路人会偷拿这封信。(尽管这仍然是一个很低的数字,但毕竟是在荷兰!)你也许会认识到这个设计是对"破窗理论"的测试,它认为当环境展现出人们满不在乎的信息时,这种无序便会蔓延到人类的行为。[52] 人们会自己告诉自己:"噢,搞什么鬼!假如别人都不负责任,我为什么要负责呢。"

总而言之,当人们偏离自己所属群体的规范、特别是当他们对所属群体重视或认同时,他们会从别人那里得到暗示,并且通常会体验到不适。在许多情况下(如阿希实验中),规范都是明确的(每个人都认为直线A更长)。在另外一些情况下,人们不了解这些规范,被迫通过他人的行为加以推断,这就是为什么浴室里的人、捡垃圾的人或者周围有涂鸦的存在，竟然如此具有影响力。许多研究人员利用规范的力量来促使人们改变行为，有时会取得巨大的成功。例如，在酒店房间里，当客房服务明确表示"大多数客人都重复使用毛巾"时，鼓励客人重复使用毛巾的标志效果会更好；[53] 告知国家公园里的徒步旅行者"很少有人会违反收集石化木材的规定"，会比仅仅要求人们不要拿走木头的标志，明显减少这种现象的发生率。[54]

墨守成规的从众者

当人们需要我们的帮助时，我们的从众倾向也会阻止我们采取行动。1964年，《纽约时报》刊登了一个令人震惊的故事，这个故事是社会心理学研究史上的重要案例。一位名叫基蒂·珍诺维丝（Kitty Genovese）的年轻女子在纽约皇后区自家附近被刺死。这是一个悲惨的事件，但对纽约人来说却并非一个特别有新闻价值的事件，毕竟当时的谋杀率比现在要高得多。当时的新闻报道显示，珍诺维丝案件的独特之处在于，凌晨3点她的38个邻居站在他们自家的窗户前，却未对她的恐怖尖叫做出反应。在袭击她的人花了30分钟完成恐怖行为时，他们一直呆在自家的窗户旁，静静地观看这一切发生。《纽约时报》声称没有人来帮助她，直到最后才有人拿起电话报警，而此时为时已晚。[55]

事后证实这个故事为了搏耸人听闻的头条而被夸大了。[56] 尽管如此，它却表达了许多人对犯罪和社会异化的深深恐惧。它引发了一系列的猜测和对生活在城市里人们所持有冷漠的抱怨。他们怎么了？他们为什么要放弃一位遇险的邻居？也许围观的人正昏昏欲睡。毕竟，人们在凌晨3点还不能完全控制自己的智力。也许吧，但在光天化日之下，一个两岁的女孩在某地被两辆货车撞倒了。在接下来的七分钟里，十几个从她身边走过或者骑着自行车经过的人，什么也没有做，一个冰冷的安全摄像头记录下这一切。最后，是一位女士将小女孩拉到了路边，她被送到医院，但很快就死掉了。

这些旁观者为什么没有迅速出手帮忙？对珍诺维丝谋杀案中旁观者的访谈显示，除了冷漠之外，他们几乎没有任何其他感受——他们被吓坏了。仅仅因为冷漠，便导致了他们显而易见的迟钝反应。

珍诺维丝谋杀案引发了一系列研究，旨在探讨当一个陌生人陷入困境时，周围人不去干预的原因。原因之一是文化规范。[57] 假如你在环球旅行时笔掉落在地、假装生病或假装失明，你更有可能得到拉美国家人民的帮助。这些国家的人们对和谐共处的重视程度更高，他们比美国人更愿意向他人提供帮助。在生活节奏较慢、对旁观者关注较少的地方，人们也更容易得到帮助。由罗伯特·莱文（Robert Levine）[58]主持的一项研究发现，在像纽约这样拥挤的大都市，人们行色匆匆，面对着大量的干扰，获得帮助的可能性最低；人们首先要注意到你的痛苦，然后才能做出相应的反应。

人们不去干预的第二个原因是，即使确实注意到有人陷入困境，人们也可能无法对这种紧急情况进行准确的认定。约翰·达利、比博·拉塔纳（Bibb Latané）和他们的同事[59]假设，如果许多人正在目睹受害者的痛苦，受害者便不太可能得到帮助。他们的不干预，是在其他人如何定义帮助或不帮助的合理性和适当性基础上形成的一种从众行为。那么，什么是思考或感受正在发生事情的适当方式？正如我们所看到的，其他人的所作所为往往是一个人最为清晰的引导。

假设你在一条繁忙的街道上遇到一位跛腿女人，她看起来很痛苦。你还会看到什么？你会看到很多人从这个女人身边走过，瞥了她一眼，然后继续赶路。你会如何界定这种情况？你可能会得出这样的结论：你去干预是不合适的。也许她并不严重；也许是她喝醉了；也许整件事只是上演的一出"真人秀"。你会暗自思忖，假如她真的有了麻烦，她会用手机拨打911，或者其他人会这样做。为什么其他人会不去做点什么呢？因此，我们可以预测，很多其他人的存在，实际上会降低一个人提供帮助的可能性，而不是增加其提供帮助的可能性。

这是一个有趣的猜想，但实际情况果真如此吗？为了找到答案，比博·拉塔纳和朱迪丝·罗丁（Judith Rodin）[60]围绕着一位陷入困境的女性设计了一项实验。这位年轻女性要求120名男大学生填写一份问卷，然后她走了出去回到隔壁房间，说等学生们做完问卷就回来。几分钟后，她上演了一场意外。学生们（从隐藏的磁带录音中）听到了这位年轻女子爬上椅子的声音，接着是一声尖叫和一声撞击声，好像椅子倒塌了，她倒在了地板上。然后他们听到了她在呻吟和哭泣，她痛苦地喊道："噢，我的上帝，我的脚，我……我不能移动它。噢……我的脚踝……我不能把这东西从我身上拿开。"喊叫声持续了大约一分钟，渐渐平息下来。

当然，这里的问题是，被试是否会去帮助这个女人。实验中最重要的变量，是这些年轻人是否单独呆在房间里。在那些单独呆在房间里的被试中，70%的人愿意向她提供帮助；而在那些与陌生人一起呆在房间里的被试中，只有20%的人愿意提供帮助。因此，仅仅因为其他旁观者在场便会抑制人们去采取行动。这种现象被称之为**旁观者效应**(bystander effect)。在随后的访谈中,那些与他人一起呆在房间里没有提供帮助的被试们谈到,他们推测事故可能并不严重。之所以作出这种判断,至少部分原因是同伴们没有采取行动。

除了从众之外,导致旁观者不去干预的另一个可能原因是**责任扩散**(diffusion of responsibility):即使人们认为事件的确是紧急事件,其他见证人在场也会分散每一个人的责任感。为了验证这一想法,达利和拉塔纳[61]设计了一个实验情境。在这个情境中,人们被安排在单独的房间里,但可以通过麦克风和耳机彼此交流。他们能够听到对方的声音,却看不见对方。研究人员随后播放了一段模仿癫痫发作声音的录音。在一种实验条件下,每个人都被引导相信他(她)是唯一偷听到癫痫发作的人;在其他实验条件下,每个人都被引导相信一个或多个人也听到了癫痫发作。那些认为自己是唯一倾听者的人比那些认为别人也在倾听的人更可能离开自己的房间,并试图去帮助他人。随着听者人数的增加,个人责任在听者中分散,提供援助的可能性随之降低。

在是否向陌生人提供帮助时人们还会考虑其他一些因素,包括一些看似微不足道的因素,正如约翰·达利和丹尼尔·巴森(Daniel Batson)[62]所揭示的。他们在普林斯顿招募了一些神学院的学生,声称要他们录制一篇演讲。他们要求每个学生在一个房间里练习,然后步行前往另外一幢楼,在那里他的演讲会被录音。过了一段时间,他们告诉一些学生,他们约定的时间已经过了,要求他们离开那里。另一些学生被告知时间刚到,剩下的学生则被告知他们还要等候一段时间。在去另一幢楼录音的路上,学生们碰到了看上去受伤的人,他倒在门口,低着头,双目紧闭,痛苦地咳嗽着。在这些未来的牧师中间,那些准时或者有空余时间的人,停下来救助受害者的超过50%。而在那些认为自己迟到了的人中,尽管在他们的演讲中包含了"好心的撒玛利亚人"①这样的寓言,但仅有10%的人提供了救助。显然,学生们得知自己会迟到和他们所要完成的任务分散了他们的注意力,他们没有将这种情况定义为足够紧急的情况进而参与其中。

人们不去干预的容易程度,会给人们留下人类的处境相当严峻的印象。但情况并非总是如此。多年前在优胜美地国家公园②露营时,我和家人听到了一个男人在大声呼喊。住在帐篷里的人很难确定这是痛苦、惊讶还是欢乐的喊声。也许

---

① 基督教文化中的一个成语和口头语,意为好心人、见义勇为者。——译者注
② 位于美国西部加利福尼亚州,内华达山脉西麓,是美国国家公园。——译者注

是有人在附近闲逛？也可能有我们的某个野营同伴遭到了狗熊的袭击？我们从帐篷里爬出来时所看到的一切令人振奋。在整个地区，无数闪烁的灯光汇聚到一个点上，这些灯和手电筒是几十位露营者带来的，他们正在跑去救助那个发出尖叫声的人。事情搞清楚了，因为煤油炉突然烧起来受到惊吓，那个人发出了尖叫声，好在没有造成什么伤害。当得知不需要什么帮助的时候，其他野营者似乎有些失望。他们步履沉重地返回自己的帐篷，我猜想，他们很快便会入睡。

不过，我却辗转反侧难以入睡，我被刚刚发生的事情同旁观者效应的矛盾所困扰。为什么这些露营者的行为会如此不同？这两种情境在哪些方面存在差异？在野营地至少有两个因素在起作用，而这两个因素在我们前面所讨论过的情境中没有出现或者仅在相当有限的程度上出现过。因素之一可以通过我在上段话中所使用过的一个术语"我们的野营同伴"体现出来。具体而言，在那些志趣相投、休戚与共的人们中间往往能够产生"同呼吸、共命运"的感觉，在像野营地这样封闭的环境中，人们相互之间的依存感比那些只是居住在同一个国家、同一个地区或者同一个城市的人们强烈得多。另一个与此相关的因素是，在这种情境中人们不可能避免面对面的接触；而在一个大城市里，人们可以避开一个有麻烦的陌生人。达利和拉塔纳实验中的被试与受害者也没有面对面的交往，他们知道自己可以迅速地离开现场。在野营地，我们却都要待在一起；无论那天晚上野营者们之间发生了什么事情，第二天一早他们都要直接面对。看来，在这种条件下，人们更愿意相互负责。

当然，这仅仅是推测。优胜美地的野营者们所提供的帮助还不能说明一切问题，因为这不是一次控制条件下的实验研究。这类观察资料的一个主要问题在于，观察者不能对特定情境下出现的人加以控制。也许这些露营者，从天性或经历方面来说，比城市居民更善良、更温柔、更体贴、更人道。也许他们从小便是童子军，所以他们对野营很感兴趣，在做童子军的时候，他们便经常得到助人方面的教育。

进行实验研究的原因之一是为了控制这种不确定性，事实上，欧文·皮里亚文（Irving Piliavin）和他的同事[63]后续的实验支持了我对野营地经历的推测。在他们的实验中，一名实验人员的帮手在纽约的一辆地铁车厢里蹒跚而行，当着其他几个人面倒在了地上。"受难者"躺在火车的地板上，盯着天花板。在不同情境下，这个场景重复了103次。最显著的结果是，在绝大部分时间里，人们自发地向受难者提供了帮助，特别是当受难者看起来明显生病时；在95%以上的试验中，有人立即提供了帮助。即使受难者拿着一个酒瓶，浑身散发着酒臭味，他也在50%的试验中第一时间得到了帮助。与达利和拉塔纳实验中被试的行为不同,地铁列车上人们的帮助行为不受旁观者数量的影响。人们在拥挤的火车上(在那里可能有责任的扩散)和在几乎空着的火车上一样,经常会迅速地提供帮助。尽管纽约地铁里的人们所处的环境与优胜美地国家公园的环境完全不同,但地铁和野营地有两个共同点:(1)人们乘坐的是同一节地铁车厢,由此而产生了共命运的感受;(2)他们与受难者处于面对面的情境之中,并且不可能迅速离开那里。

今天,经过了几十年来对旁观者冷漠和旁观者干预的研究,我们对人们所做出的这两种反应有了更好的认识。对自旁观者效应第一次被发现以来所做的许多研究进行的元分析,为乐观主义者提供了理由:在真正危险、明确的紧急情况下,例如儿童溺水,人们在学校、电影院或街道上被一个精神错乱的枪手射杀,或者遭遇恐怖袭击,人们更有可能进行干预和帮助。事实上,往往是因为他人的存在而促使人们做出这样的举动。人们会以惊人慷慨的方式来施以援助,有时会冒着人身安全的危险。[64] 在 2013 年波士顿马拉松恐怖袭击事件发生后,许多旁观者实际上跑进了最危险的地区去救助幸存者。

什么条件下会导致冷漠抑或利他主义更有可能发生呢?一定是在"同呼吸、共命运"的意识被清晰地激活、人们与受害者处于面对面的情境之时。当缺乏这类条件时,人们会快速地、经常是无意识地评估自己是否应该参与其中:情况的确很严重吗?是否需要我本人去干预?提供帮助对我而言是困难的,还是代价甚高的?我的帮助会让那些受害者受益吗?我能轻易地离开吗?你对这类情境的反应,将取决于你对上述问题的回答。

多元化无知

规范甚至会支配着我们的内在情绪,以及我们如何或者何时表达自己的情绪(或抑制它们)。大多数人都遵循葬礼上的悲伤表达、婚礼上的幸福表达以及对亲人深情表达的规则。假如我们没有真正感受到这种悲伤、幸福或深情呢?我们会表达某种自己并未真正感受到的情绪,因为我们认为这种情绪是合乎社会要求的,这叫做**情绪管理**(emotion work)。[65] 有时情绪管理是一项规范性的工作要求。空乘人员、餐厅服务人员和客服代表必须脸露喜色,以表达出愉快情绪——即使他们私下对一个举止粗鲁或酩酊大醉的顾客感到愤怒。催款人必须面色严厉以表达威胁,即便他们对那些缴款人感到歉意。[66]

对表达规范的顺从，可以使我们的社会互动趋于和缓。但是，我们利用他人来为自己定义情境，尤其是在涉及人们因恐惧而表达出强烈的情感，或者试图迎合人们对自己的期望时，便可能会出现问题。人们通常认为公开表达某些情绪是不合时宜的，所以我们尽量表现出比实际情况更少的恐惧、担心、沮丧、焦虑或者性冲动。例如，从脱衣舞俱乐部顾客的脸上看，人们可能永远也不会猜测到他们的性冲动，甚至是性嗜好。同样，来自火星的著名访客也可能无法通过观察他们脸上的冷酷表情来感受到牙医候诊室中成年患者的焦虑。因此，通过观察他人的情绪表达来判断某种情况的严重性程度是具有误导性的，因为人们常常把真实的情感隐藏在"扑克脸"①后面。

这会形成一种被社会心理学家称之为**多元化无知**（pluralistic ignorance）的现象，即由他人模棱两可的行为所导致错误规范的集体信仰。大学课堂是看到多元化无知发挥作用的典型场所。假设你们的教授刚刚解释了某个非常复杂的概念。她对全班同学检查以确认是否每个人都能够理解。"有问题吗？还有谁不明白吗？"她问道。事实上，你是不明白这个概念的，你一定会期待得到进一步的解释。你漫不经心地四下扫了一眼，看看是否只有你一个人尚在困惑中，除了周围同学若无其事的表情，你什么也没有看到。他们的表现让你担心只有你自己是困惑的，这一点增加了你举手承认你不明白的风险。事实上，你的许多同学都有同样的感受，之所以他们做出那种表现，部分原因是看到了你的若无其事表现。多元化无知可能是影响课堂效果的一个重要障碍，但它很容易被某种技巧所克服，这种技巧允许学生实时匿名回答某个潜在的令人尴尬的问题，比如"是否有人还没有搞清楚这个概念"。

多元化无知也助推了大学校园里的酗酒现象，因为学生们需要从同龄人（通常是酒后）的行为中得出某种规范。而这类规范导致了严重的问题：在每年近1 800人的死亡事件中，有三分之二的是因为酗酒大学生，而不是经常发生的停电事故所导致的，同时还诱发了其他一些高风险行为，如不安全的性行为和性侵犯等。[67] 然而，调查显示，大学生中大多数人认为自己在酗酒时会比同龄人感到更不舒服，所以他们之所以会喝得更多，是为了迎合他们所感知到的规范。对此，应该怎么办？戴尔·米勒（Dale Miller）和黛博拉·普伦蒂斯（Deborah Prentice）[68] 发现，仅仅向

---

① 指那种保持面无表情、喜怒不形于色的人。——译者注

学生提供有关他们同学饮酒的准确信息,以及他们对酗酒的真实(负面)感受,便会降低从众现象,进而降低饮酒率。一项类似的研究将大学一年级学生分为两类:一类是以同伴为导向的讨论,让他们意识到多元化无知;另一类是以个人为导向的讨论,重点是对是否饮酒做出决定。四到六个月之后,与个体导向条件下的学生相比,同伴导向条件下的学生报告饮酒的数量显著减少;饮酒规范的影响力明显减弱。[69] 因此,感知规范改变了,人们的行为也会随之改变。

多元化无知的确是一个杀手。例如,尽管过去十年里,谋杀案在总体数量上有所下降,但黑人成为谋杀案受害者的可能性几乎是白人的 8 倍;城市地区与帮派有关的谋杀案仍然居高不下。在探讨降低城市帮派谋杀率的突破性方法时,具有传奇色彩的犯罪学家大卫·肯尼迪(David Kennedy)[70]花了数百个小时来了解这些年轻人。警察称他们是"无情、无畏、反社会的人",因此当肯尼迪通过采访帮派成员了解到他们中的大多数人担心、憎恨暴力并希望过上正常生活时,他感到惊讶。肯尼迪写道:"当他们成群结队时,他们说话的口气很强硬,这就是为什么警察会认为他们是反社会者。但当我与他们独处时,他们会承认他们害怕极了。在自己的同伙面前表现出恐惧是危险的,所以每个人都会环顾四周,并认为他的同伙们在独处时也会讨厌生活。"肯尼迪和他的团队开始介入,让人们直面这种多元化无知,肯尼迪称之为"让团体中的每个人都相信:团队中每个人都认为没有人会相信那些事情"。通过将警察和帮派成员聚集在一起,揭露他们对所发生的事情的恐惧和绝望的真实感受,他们开始了一个大幅度降低几个主要城市帮派暴力和谋杀案的进程。[71]

从众的水平

到目前为止,我一直在描述从众的两个动机:一个人从众是被适应和归属的欲望所驱使,还是被寻求正确的需要所驱使。让我们超越这种简单的区别,转向更为复杂和有用的分类,由此而区分出从众的三种水平:依从、认同和内化。[72]

依从(compliance)这一术语能够最恰当地用来表示一个人为了获得奖励或者避免惩罚而做出某种行为。通常,一个人行为的持续时间与他所得到的奖励承诺或者所面临的惩罚威胁同样长。你可以将一只老鼠饿上一段时间,然后在迷宫出口放上食物,以此来诱使它高效率地跑向迷宫出口。一个残忍的独裁者可以让他的一部分臣民宣誓效忠,如果他们不服从,就用酷刑来威胁他们;或者承诺如果他们服从，便可以享受荣华富贵。然而，取消了惩罚的威胁或对荣华富贵的承诺，臣民们便会不再效忠这个独裁者。依从是最不持久的，对个人的影响最小，因为一个人的行为会随着奖惩的变化而变化。

认同（identification）一词描述了一个人渴望成为他们所钦佩的群体或角色榜样所带来的从众水平。和依从一样，在认同中，也并非因为某种行为内在地令人满意，我们才采取这种行为方式；我们采取特定的行为方式，仅仅是因为这种行为方式能使我们与所认同的另一个人或多个人建立起令人满意的关系。认同不同于依从，因为我们的确相信自己所采纳的观点和价值，尽管我们对这些意见和价值的相信程度还不是很强烈。因此，如果我们发现某个人或某个群体在某种程度上具有吸引力，我们会倾向于采用这个人或这个群体的价值观和态度，由此而实现了他们对我们的影响。

这就是我所认为的"完美的哈利叔叔-哈里特阿姨"现象。假设你有这样一位叔叔和阿姨，他们热情、有魄力，也很有魅力。当你很小的时候，你就很喜爱这些长辈，希望自己长大后能像他们那样。到你上大学的时候，你已经把他们的政治信仰（左派、中派或右派）融入你自己的信仰中去了——这并不是因为你仔细研究过这些信仰，或者通过你自己的经历获得了这些信仰，或者是因为你采纳该观点而对你有所奖励（或者因为你没有采纳该观点而受到惩罚）。相反，他们的意见已经成为你信仰体系的一部分，因为你如此喜爱你的这些亲人，并且想成为他们那样的人。

这种现象经常发生在我们遇到自己喜欢或钦佩的人的意见时，有时这些人甚至是相对陌生的人。杰弗里·科恩（Geoffrey Cohen）和迈克尔·普林斯汀（Michael Prinstein）[73]要求一些高中生参加在线聊天室的讨论。正在讨论的主题之一是，如果学生在聚会上提供了大麻，他们会怎么做。有一种情况是，引导被试相信，他们正在与两个受欢迎和受尊敬的本校同学聊天。另一方面，这些同学被认为是受欢迎程度一般的同学。当青少年相信他们在和受欢迎的同学聊天时，他们更可能采纳他们的意见。如果受人尊敬的同学说他们会抽大麻，被试倾向于同意他们自己也会抽；如果受人尊敬的同学说他们会拒绝抽大麻，被试也会做出同样的反应。与仅停留在依从水平的阿希从众实验不同，这里的影响是持久的；甚至在后来，当私下里要求被试发表他们对大麻的看法时，这种影响也是显而易见的。

认同不需要持续的奖励或惩罚。你可以认同一个根本不在现场的人，因为你只需做得像那个人一样。如果你的婶婶和叔叔搬到了另一个城市，几个月（甚至几年)见不到他们,你会继续和他们持有同样的信仰,只要(1)他们对你仍然重要;(2)他们仍然持有相同的信仰;(3)他们的信仰没有受到你认为更有说服力的相反观点的挑战。反之,如果你的亲戚改变了他们的政治信仰,或者如果你找到了对你而言更重要的人,或你认同了那些信奉不同信仰的人,你的信仰便会发生改变。在这种情况下,你可能会改变主意,因为你现在更强烈地认同新的参照群体。

最后,基于价值或信念的**内化**(Internalization)是最持久的从众。将特定信念内化的动机,是希望自己正确。因此对这种信念的奖赏是在内的。假如施加这种影响的人被认为值得信任而且具有很好的判断力,我们就会接受他所主张的观点,并将它融入自己的价值体系之中。一旦成为我们自身价值体系的一部分,这种信念就会与它的来源没有任何关系,并且变得非常不容易改变。正如我们在上一章中讨论自我辩护时所看到的那样。因此,内化是最为持久的从众,这是因为追求正确(并相信我们是正确的)的动机是一种强大且能够自我维持的力量,不像依从那样要依赖于奖赏或惩罚形式的持续作用,也不像认同那样需要我们对他人或某个群体持续的尊重。

任何具体的行为,都有可能基于依从、认同或内化。让我们来看一种简单的行为:对限速规定的遵守。大多数人会遵守限速规定,以避免在被抓拍时支付罚款。这便是依从,人们是在遵守法规。如果警察被告知停止执法,不少人就会超速驾驶。但有些人会继续遵守,这里的理由可能是,父亲总是强调遵守交通法规的重要性,这些人崇拜他们的父亲,希望能像他那样驾驶。他们遵守的理由是认同。最后,无论父亲或警察是否在场,人们都可能遵守限速规定,因为他们相信限速法规是正确的,遵守这样的法律有助于防止事故发生。以中等速度开车是一种合乎理智的行为。这时他们遵守限速规定的理由是内化。

作为一种从众形式的服从

从众行为几乎都是短暂的,但这并不意味着它们是微不足道的。正如斯坦利·米尔格拉姆(Stanley Milgram)在一系列经典的服从研究中所证明的那样,人们可能只做一到两次,但它也许能产生深远的影响。[74] 他的研究最初是在20世纪60年代初完成的,后来在世界范围内产生了广泛影响,被改编成小说或者电影,因为这些研究所提供的信息与人们期望听到的并不完全一致。

我们可以想象一下他最初实验的情景:40位男性志愿者参加了一个据称是有

关学习和记忆的研究项目。但这只是表面说法；实际上，这是一项有关人们会在多大程度上服从权威的研究。当志愿者预约来到实验室的时候，他和另一个人组成一组，一个穿着技术员外套的严厉的实验者解释说，他们将测试惩罚对学习的影响。这个练习需要其中一人，即"学习者"，记住一列配对的单词；另一个人，即"老师"，将对他进行测试。两人通过抽签确定自己的角色，实际上真正的被试总会抽到老师的角色。他被引导到一个"电击发生器"前，它有一个仪表面板，上面有30个开关，刻度从最低点的15伏（标有"轻微电击"）逐渐上升到中度水平（标有"危险——严重电击"），然后逐渐上升到高达450伏的电击（标有"不详"，XXX）。通过相联的开关，每当学习者答错时，老师便会发出更为强烈的电击。随后老师跟着实验者和学习者进入隔壁的房间，在那里，学习者被绑在电椅上，通过电极连接到电击发生器上。学习者声称自己的心脏不是太好，实验者向他保证："尽管电击会非常痛苦，但不会造成永久性的器质性损伤。"

事实上，学习者知道他不需要担心。他是实验者的帮手，而抽签分配角色的程序也在事前做了手脚，以确保他能够扮演学习者，真正的被试总能够成为老师。学习者根本不会受到任何电击，但老师却深信隔壁房间的受难者真的被连接到他所控制的"电击发生器"上。他自己也体验过一次电击（从仪器里一个45伏的电池中发出的），他听到学习者的反应就好像他真的受到了伤害，因此他相信遭到电击是极其痛苦的。

练习开始后，学习者多次做出正确的回答，但是在一些实验中会犯错误。每当错误出现时，老师都会按动下一个开关，据说是施加了一个更大强度的电击。在75伏的电击下，受害者开始呻吟；在150伏的电压下，他请求允许他退出实验；在180伏的电压下，他大声说自己无法忍受疼痛。当冲击等级接近"危险——严重电击"这一刻度时，老师听到学习者拍打墙壁并乞求让他退出。但这当然不是正确的答案，所以实验者指示老师增加电压，通过按动下一个开关来发出下一次电击。在300伏时，学习者完全停止了反应。

这个实验的被试是一个随机样本，样本中有来自康涅狄格州的商人、专业人士、白领职员和蓝领工人。在实验临近结束时，他们中有多大比例的人会继续施以"XXX"的电击？你本人能坚持多久？在实验开始之前，米尔格拉姆向一所顶尖医学院的40名精神病学家提出了这些问题。精神病学家预测，当受害者第一次要求退出时，大多数被试会在150伏的电压下退出。他们还预测，在受害者停止反应后,只有大约 4% 的人会继续对其进行电击,而且,仅有 1% 的人会对其施以最高的电击。

然而,精神病学家们完全错了。尽管有些人需要实验者一定程度的督促(只是指示实验者"实验要求你继续"),但绝大多数被试(约 67%)会继续实施电击,直至最高强度。那些服从者继续实施电击,并不是因为他们是虐待狂或特别残忍的人。事实上,当米尔格拉姆和阿伦·埃尔默斯(Alan Elms)[75] 后来在一系列的标准化人格测试中比较人们的分数时,他们发现那些完全服从的人和那些成功地抵制服从压力的人之间没有区别,也没有发现那些服从者对学习者表现出来的痛苦无动于衷。一些人在抗议;许多人流汗、颤抖、结巴,并表现出其他紧张的迹象;有些人突然爆发出神经质的笑声。但他们一直服从到最后。

这种行为不仅仅发生在康涅狄格州的美国男性身上。无论米尔格拉姆的实验在哪里进行,都出现了相当程度的服从。一些重复实验证明[76],生活在澳大利亚、约旦、西班牙、德国和荷兰的人们,采取了与米尔格拉姆实验中人们同样的反应方式。而女性也和男性一样服从。[77] 杰瑞·伯格(Jerry Burger)在 2007 年基本重复了米尔格拉姆的实验程序,结果表明米尔格拉姆实验中高水平的服从并不是过去时代的产物;现代美国人和近六十年前米尔格拉姆时代的同龄人一样,都很容易被引导对无辜的受害者施以电击。[78]

米尔格拉姆实验的现实影响与制约　米尔格拉姆实验发出的不受欢迎的、有争议的信息是,当一个权威人士发出命令让人们服从时,服从命令者比例会高得令人吃惊,他们会给他人带来痛苦。如果不把这些研究推广到实验室以外的世界,人们就很难理解这些研究。例如,我们可能注意到米尔格拉姆实验中教师的行为,与那些服从命令消灭数百万无辜的非"纯粹的雅利安人"的纳粹军官的盲目服从之间的一些相似之处。在米尔格拉姆的研究中,阿道夫·艾希曼(Adolf Eichmann)为自己的行为辩护,他声称自己是一个好军官,只是服从了他在纳粹政权中的上级的命令。

在伊拉克战争期间,在臭名昭著的阿布格莱布监狱里,看守伊拉克战俘的美国士兵对那些战俘施以酷刑和羞辱。[79] 尽管军方领导人很快将这种行为归咎于几匹害群之马并将他们送上了军事法庭,但事实表明阿布格莱布是对权威服从的另一个例子。折磨囚犯的士兵声称他们只是奉命行事。米尔格拉姆服从研究中的被试也有很多理由来解释他们的行为:这不是他们的错,他们不停地说,他们只是在按要求做。在实验结束后,一名男子回答说:"我停了下来,但他(实验者)要求我继续。"

尽管这些说法颇具挑战性,但我们应当持一种谨慎的态度,以免过度解读米尔格拉姆的研究结果。鉴于67%的被试服从了实验者的指令,一些评论者认为,如果他们发现自己处于类似的情况,也许大多数人也会表现得像阿道夫·艾希曼一样。这也许是事实,但我们也应该注意到一些重要的差异。因为在米尔格拉姆的研究中,每个人都自愿同意参加,他有充分的理由认为学习者也是自愿的。因此,他很可能觉得他们俩都有义务防止实验的中断。此外,每个被试都单独面对实验者的要求。就像阿希实验中某个反对者的出现会导致从众下降了一样,在米尔格拉姆另外的一项实验中,当被试同其他两位公然反对实验者的教师一起参加实验时,完全服从者的比例降到了10%。

而且,在米尔格拉姆的大部分研究中,发布命令的权威人物是耶鲁大学一位著名实验室的科学家,他的开场白将实验界定为针对一个重要科学问题所做的研究。被试们自然而然地认为,在耶鲁大学这样一个备受尊重的机构里,实验者(穿着一件白色的实验服)一定是一位负责任的、仁慈的专业人士。作为实验的一部分,他当然不会发出会导致一个人死亡或受伤的命令。事实上,当米尔格拉姆将研究场所从耶鲁大学转移到几英里外的工业桥港的一间办公室时,完全服从率下降到了48%。没有了耶鲁大学的声望,会导致服从率大幅度降低。

当然,48%仍然是一个很高的数字。如果进行实验的人不是科学家或其他合法的权威人物,那么服从命令的人会更少吗?米尔格拉姆在另一项研究中讨论了这个问题,在最后一刻,科学家实验者被一个非权威的替代者所取代。这一次,只有20%的人实施了全部的电击,这表明,对大多数人来说,只有合法权威的命令才能得到高度的服从,并非人人都可以承担权威的角色。

最后,权威人物是否在场也对人们是否服从发生作用。米尔格拉姆发现,当实验者走出房间并通过电话发布指令时,完全服从命令被试的数量下降到了25%以下。而且,在几个继续进行实验的人身上出现了作弊行为;具体地讲,他们所发出的电击强度比所要求的要低,而且他们决不会告诉实验者自己违背了正常的实验程序。我认为,这一发现展示的是一些令人感动的努力,他们在服从合法权威命令的同时,尽可能减小自己强加给他人的痛苦。这使我们联想到邓巴(Dunbar)的行为,邓巴是约瑟夫·海勒(Joseph Heller)的经典战争题材小说《第22条军规》中的人物。在第二次世界大战期间,邓巴奉命轰炸意大利的一些村庄。他既不想公开抗命,又不愿伤害无辜百姓,于是他把炸弹扔在那些意大利村庄附近的空地上。

考虑到邓巴身处远离村民头顶的高空而且人们并不知道他是何人,他对那些炸弹爆炸的潜在受害者的感受给人们留下了特别深刻的印象。设身处地地目睹他人的痛苦会促使人们更难以继续对他人施加痛苦。而在今天的战争中,无人驾驶飞机的操作人员与受害者之间的距离更远。事实上,米尔格拉姆在后来的研究中发现,老师离学习者越远,他们越愿意服从权威的命令。当老师近距离地看到学习者时,只有40%的人会继续发出令人痛苦的冲击。相比之下,那些听到受难者叫喊的老师继续实施电击的比例则达到了67%。同样,当老师被要求将学习者的手按在电击板上而不是使用远程电击发生器时,服从率下降到30%。然而,距离的接近并不能解释所有的结果。毕竟,30%的米尔格拉姆实验的被试继续给受害者施加电击——即便这样做需要身体上的接触。[80]

最近在荷兰进行的一系列实验中,维姆·米乌斯(Wim Meeus)和奎丁顿·雷治麦加斯(Quinten Raaijmakers)[81]采用略微不同的方式探讨了服从与距离的关系问题。除了成功地重复了米尔格拉姆最初的实验程序,他们还采取不同的方式进行了尝试。他们要求人们服从命令,并对求职者在测试中的表现给出一系列越来越负面的评价,而他们所做出的评价会决定他(她)是否会被录用。被试确信他们对这个人造成了伤害,但这种伤害直到将来某个时候才会显现出来,那时他们不会在场见证这些求职者服从的后果。与直接重复米尔格拉姆实验相比,在这种情境下被试服从的比例要高得多。在这一实验中,超过90%的被试继续服从,直到实验结束。

尽管米尔格拉姆研究的结果,如同纳粹大屠杀以及发生在越南和伊拉克的暴行,以及今天在无数其他困扰我们星球的战争,在面临极端服从要求和压力的情况之下,人类的本性无疑是不可靠的。对这些研究进行重新审视,会诱使我们认为破坏性的服从超越了日常生活的范畴。毕竟,最后一次有人要求我们对某个心地善良的陌生人进行致命的电击或者把一家犹太人藏在我们的地下室里,已经是很久以前的事情了。但是,当我们环顾四周的时候,我们仍然会发现,无论我们是否认识到,我们中的许多人置身于特定的位置时,都会出现服从某个团体或权威的意愿,并会对其他人带来严重的后果。

这里仅举一个例子,在过去的二十年里,美国公立学校在提高学生学习成绩方面面临着越来越大的压力。我们通过立法规定,所有学校每年都要取得进步,要通过标准化考试来衡量。如果在过去的十五年中你就读于公立学校,你很可能在某种程度上会意识到你所在的学校受到了来自法律规定的压力,除非学校证明学生考试成绩有所提高,否则将蒙羞并受到惩罚。面对这种情况,许多教师和管理人员试图以某种方式提高学生的分数以取悦当局。在某些情况下,他们这样做是通过取消课间休息、增加上课时间或缩减授课内容,使课堂更多地忙于备考,而不是培养学习或发现的乐趣。有些老师甚至会去作弊,在学生的答卷中修改他们所给出的错误答案。

朱利安·瓦斯奎兹·海利格(Julian Vasquez Heilig)和琳达·达林-哈蒙德(Linda Darling-Hammond)[82]发现,许多教育工作者为了迎合来自上面的压力,甚至做得更为过分,有时会采取对儿童具有破坏性的方式。一些学校会在考试前几天编造合理的理由让那些成绩不佳的黑人和拉美裔学生停课,这样他们的低分就不会计入学校的平均分;另有一些学校会开除这些学生或"鼓励"他们辍学;还有一些学校会采取特别可怕的策略,他们会让那些得分低的九年级学生跳级到十一年级(这样就可以很方便地避开十年级的考试)。这些无助的孩子们会苦不堪言,最终从十一年级辍学。如此看来"没有一个孩子掉队"和"每个学生都是成功的"之类的说辞是多么的可笑。

这些策略可能比实施电击更为残忍,但当我们考虑到30%的黑人男性高中辍学者最终会被关进监狱,并可能被证明一生失败时,我们便可以意识到米尔格拉姆的发现与我们这类习以为常的做法之间的关联性。事实上,当被问到她是否对自己最终听从了权威的指令而感到惊讶时,杰瑞·伯格实验中一位自始至终服从并对学习者施加了最大强度电击的被试,给出了令人毛骨悚然的回答:"我想我并不完全感到惊讶,"她说,"毕竟,我是老师。"

米尔格拉姆实验的伦理问题 米尔格拉姆实验在当时引起了相当大的争论,并且这种争论一直持续到了今天。诚然,在他们寻求知识的过程中,实验社会心理学家偶尔会让人们经历一些相当激烈的经历。这些程序引发了伦理问题,我将在第9章中更详细地讨论。在这里,我想指出两点:首先,所有的实验人员都有责任保护他们的被试不受伤害。

实验者必须采取措施,确保被试离开实验情境时的心态至少与进入实验情境时的心态相同。这通常需要实验后的说明程序,有时甚至需要付出比实验本身更多的时间和精力。米尔格拉姆实验的绝大多数被试,特别是那些自始至终参与了他的系列实验的人,都觉得自己学到了一些非常重要的东西。

但也许米尔格拉姆实验的重要信息恰恰在于它对被试所产生的不适感以及那些认为"我永远不会这样做"的被试的反应。每年在我们的社会心理学课上,在讨论米尔格拉姆的发现之前,乔舒亚和我都会问学生们,假如作为被试他们会在米尔格拉姆的实验中走多远。在每年我们所面对的 250 到 300 名学生中,约 99% 的人说,在学习者开始敲打墙壁后,他们便不会继续进行电击。他们总是相信自己会抵制实验者的指示。但很多年前,有一次,在一个有 300 名学生的班级里,我要求那些认为自己可能会完全服从的学生像往常一样举手示意时,一只手慢慢地举了起来。那是一名越南老兵,他曾服从过一项命令,当时回想起来,他知道自己的行为会被视为战争罪。他知道自己会做出米尔格拉姆的被试所做的那些事情。

由此使我想到了第二点,即社会心理学家有义务利用他们的研究技能来提高我们对人类行为的认识和理解,以达到人类进步的最终目的。当他们对社会的一般道德责任与对每个实验被试更为具体的道德责任相冲突时,他们面临着一个两难境地。当他们研究诸如依从、服从和帮助等问题时,这种冲突是最大的。因为问题越重要,被试便越可能感到不适、焦虑或者不安。而作为回报,个体对于我们把握自我认知规律、推动社会进步的潜在价值可能也就越大。

对从众的抵制

大多数时候,人类遵从社会规范和参照群体的倾向使社会维持运转。很明显,大多数情况下,人们都能适应法律、法规以及工作和政府的要求。但是,当社会心理学家研究"社会性动物"的这些必要活动时,他们还想了解人们在什么情况下会抵制从众和服从,有时这样做甚至要冒着生命的危险。

毕竟,如果每个人都只是服从多数派的意见,如果每个人都遵从不公正的、歧视性法律或命令来实施非法行为,社会便不会有进步。罗莎·帕克斯(Rosa Parks)拒绝坐在公共汽车的后部;约瑟夫·达比(Joseph Darby)向阿布格莱布监狱里正在实施酷刑的战友们吹口哨;马克·费尔特(Mark Felt),这位后来被称为"深喉"的政府内部人士,告诉记者尼克松的白宫如何掩盖犯罪事实。实际上,大多数美国人现在支持像同性恋和跨种族婚姻这样曾经不受欢迎的观点,这表明在某些条件下,少数派可以在一定条件下居于优势地位。他们会怎么做?[83]

- 如果少数派始终充满信心、信念坚定、坚持不懈地表达自己的立场;
- 如果少数派曾经同意多数人的立场,但改变了主意;
- 如果少数派不愿意妥协,哪怕只是一点点;
- 如果群体中的多数派力图做出准确而不是快速的决定。

在这种情况下,多数派可能受到感动去更深入地思考这个问题,并考虑它的优点,而不是盲目地按照大众的规范和观点去行事。但是,假如我们仅仅依靠自己,这些因素便难以奏效;我们需要盟友来调动其他人。毕竟,没有盟友,我们很难抵制那种影响我们大多数人的社会压力(如拒绝和惩罚的威胁)。即使是受人尊敬的专家也很难成为某个群体或某种意见的唯一代表。桑德拉·戴·奥康纳(Sandra Day O'Connor)是美国第一位最高法院女法官,作为法庭上唯一的女性,多年来她经历了她称之为"窒息"的时刻。几年后,当露丝·巴德·金斯伯格(Ruth Bader Ginsberg)加入这一行列时,她称这一变化为"黑夜与白天"。[84] 单一盟友的存在极大地降低了自身的压力,增加了我们信念的互动性,并减少了其他人把我们当作局外人来看待的倾向。当持不同意见的人有足够的盟友时,他们可以调动大多数人来拓宽他们的思路,并找到新的办法来解决老问题。正如人类学家玛格丽特·米德(Margaret Mead)曾经说过的:"千万不要怀疑,一小群有思想、有责任心、有组织的公民能够改变世界;事实上,这是唯一的改变。"

本图来源于《魔幻迷宫》1960 年。
Saul Steinberg, *Untitled drawing*, ink on paper.
Published in Steinberg, *The Labyrinth*, 1960.
© The Saul Steinberg Foundation/Artists Rights Society (ARS), New York

5
大众传播、宣传与说服

每天都有数百人试图向你推销产品、旅行或想法;说服你承认他们是对的;说服你按他们的方式去投票;让你对一些不公正感到愤怒;让你对一些外部危险感到恐惧;引诱或者诱导你去做他们想做的事情。每天你都会收到成千上万的广告,你无法逃脱、应接不暇,几乎喘不过气来。广告打断了你在网上的阅读;会出现在网站的空白处;每次购买都会面对广告;在大多数电视节目之前都会插播广告;在每个加油站、自动取款机和公共汽车长凳上都张贴着广告。

现代生活的所有快速变化中,没有什么能够比得上技术的快速发展,我们利用技术的发展来改变娱乐自己、交流和影响他人的方式,他人通过技术发展的成果如电视、电脑、智能手机屏幕和其他媒体来改变影响我们的方式。因此,本章将首先介绍大众传播的现状及其对消费者的影响。然后我们将集中讨论**说服**,当一个人的传播改变了另一个人的意见、态度或行为时,说服便会发生。

说服一个人有多容易?答案在一定程度上取决于我们所要面对的是人们的看法还是态度。**看法**指的是一个人认为是真的:我的看法是吃蔬菜对我有好处,系安全带可以减少交通事故,每天服用维生素很重要。这些看法主要是认知的;也就是说,它们发生在头脑中而不是情感深处。它们是短暂的;它们可以通过很好的证据来加以改变。因此,假如我收到一份对某项研究极好的综述,表明复合维生素补充剂充其量是无用的,至少不会导致对身体的伤害(就像实际情况一样[1]),我很可能会改变对这个问题的看法。

但是假设一个人认为素食是不健康、不环保的,或者要求系安全带是对司机自由的非法侵害,或者维生素挽救了他朋友的生命。这些"看法"不再是纯粹的认知。

几乎可以肯定的是,其中包含了强烈的情感,以及对主体好坏的评价。包含情感和评价成分的观点被称为**态度**。与看法相比,态度是极难改变的——正如我们在讨论称为偏见的复杂态度时所看到的。当你阅读本章中关于影响策略的讨论时,你可能会记住看法和态度之间的区别。对某个人而言容易改变的看法,对另一个人则可能是根深蒂固的态度。

我们已经看到人们对社会影响会有多么敏感,但在这里,我们将探讨这种敏感是如何取决于针对我们的特定策略的,探讨使我们更有可能说"是"的社会心理诱发因素。然而,有时我们也会拼命地抵制说服,比如当我们试图利用事实来改变孩子睡眠时的想法,或者改变朋友对政治的看法。我们是如何说服的?为什么我们有时会接受说服,有时却不会接受呢?

现代媒体场景的影响

技术给我们所做的几乎所有事情甚至我们走路的方式,带来了令人难以置信的改变。仅仅在十年之前,我们如同我们的祖先一样在世界上行走了几千年:直立着,眼睛审视着周围的环境,寻找潜在的危险或机遇,或者只是为了欣赏风景。然后,在 2007 年,iPhone 出现了,世界各地的人们突然开始边走边盯着他们的智能手机屏幕,做着从看动画片到举行商务会议的任何事情。我为它所带来的难以想象的变化而感到震惊,事实上,这些计算机就装在我们的口袋里面,但却比美国国家航空航天局用来送宇航员上月球的、堪比房间大小的庞然大物,具备更为强大的计算能力和功能。

我们的手机可以用来做任何事情:获取不断更新的新闻;写作;查阅我们的日历;获取方位;做研究;预订餐厅、航空旅行和酒店房间;购物;或者迅速在 Spotify①、Netflix② 或 YouTube③ 上选择无限多的娱乐选项。这种多功能性只是部分解释了为什么大多数拥有智能手机的人在醒着的时候会有超过 25% 的时间眼睛盯着屏幕。大部分时间,他们都在与他人交流,[2] 每天评估数百位潜在的浪漫伴侣,或者阅读几乎所有人的最新想法——我们的朋友、教授、最喜爱的音乐家,甚至是美国总统——并回复他们。我们可以在自己的社交网络上评论和分享任何视

---

① 目前全球最大的正版流媒体音乐服务平台之一,2008 年在瑞典首都斯德哥尔摩正式上线。——译者注
② 成立于 1997 年,是一家在线影片租赁提供商,总部位于美国加利福尼亚。——译者注
③ 目前世界上最大的视频网站,注册于 2005 年,早期公司位于加利福尼亚州的圣布鲁诺。——译者注

频、照片或音乐。在允许发表评论的网站上，我们可以通过与朋友交谈、争论、安慰和庆祝来娱乐自己。我们可以一天 24 小时不停顿地骚扰、搜索或者对完全陌生的人作出判断。

因为这些进步从根本上改变了我们如何处理自己生活的事务，许多人担心我们沉浸在媒体之中会影响到我们的社会交往和幸福感。技术在某些情况下改善了社会关系，在其他情况下则恶化了社会关系。例如，直到不久前，假如你是一位非洲裔美国人，去打出租车通常仍然会成为一种令人沮丧的经历。由于担心麻烦，出租车司机往往不会停下来接一位黑皮肤的男人。然后，Uber 出现了，这是一个应用程序，它可以确保任何拥有信用卡和智能手机的人在任何地方、任何时间让司机来接他们。然而，对于应用程序为我们每一个人可能提供的福利，手机技术已经催生了一些令人遗憾的人类趋向，如网络暴力、用手机发送色情短信或图片、非法跟踪。[3]

分心 数以百万计的人对他们的智能手机上瘾，就像任何一种毒品一样，这种智能手机产生了无限的刺激欲望。智能手机的运行方式与自动投币售货机非常相似，它以警报、新闻、推特和文本的形式提供间歇的奖励，所有这些都会让人们不间断地查看下一次的社交网络活动。[4] 给予我们 iPhone 和 iPad 的史蒂夫·乔布斯拒绝将这些设备送给他自己的孩子，因为他清楚这些设备具有让人上瘾的特性。一位观察家指出："似乎生产高科技产品的人都遵循了毒品交易的基本原则：永远不要仅靠个人的供应来获得高收益。"[5] 由于我们不间断地、有时是强迫性地关注着我们的手机，我们的注意力被周围的环境、我们周围的人以及我们正在努力完成的任务分散了。手机上瘾在青少年中发生率最高，这与精神消沉和学校表现较差有关。[6] 如果这还不够糟糕，智能手机上瘾也会伤害无辜的旁观者：超过 30% 的成年人和 40% 的青少年承认在开车时发短信，这会明显增加驾驶事故，加大出现致命车祸的风险。[7]

即使我们不沉湎于我们的手机，我们对手机的依赖也意味着它们的存在经常会影响我们的注意力。在比尔·桑顿（Bill Thornton）[8] 所做的一项实验中，大学生们参加了由一系列困难或容易的认知任务组成的测试。这些考生中有一半被要求在测试期间远离手机；其他人则被要求将手机放在桌子旁边，以便回答即将进行的关于手机功能的测查。尽管没有人对这些简单的问题提出异议，但那些参加测试时可以看到手机的学生在这些困难的问题上的表现，比那些把手机放置在看不见地方的学生差 20%。

另一类似的实验表明,这类分心也会破坏我们面对面的交流。[9] 让陌生人互相介绍,轮流谈论他们最近生活中有趣而有意义的事件,从而熟悉彼此。在一种情况下,实验者把手机放在他们旁边的桌子上;在另一种情况下,实验者把笔记本放在同一个地方。谈话结束后,被试对他们的互动和同伴进行了评分。与先前的研究一样,手机具有破坏性;当它出现在房间里时,人们认为他们的同伴不太容易沟通且值得信赖,并且认为花更多的时间在一起也不太可能成为朋友。其他类似的研究发现,在社交互动过程中使用手机会减少眼神交流、参与度、对同伴的同理心关怀以及谈话的乐趣。[10]

社交技能缺乏

美国人平均每天要花 10 个小时盯着屏幕看:5 个小时在看电视,5 个小时用于智能手机。[11] 这意味着美国儿童平均每天花在电子媒体上的时间比花在与父母交流和花在学校的时间多。你可能听过你的父母和老师这样说过:"在我小时候,我们互相交谈,讲故事,编游戏,在外面跑来跑去。今天,生日聚会只是一群孩子在同一个房间里,围坐在一起吃蛋糕,看手机。我很担心这会对他们的社交技能造成什么影响。"

他们的担心有道理吗?这是显而易见的。雅尔达·乌尔斯(Yalda Uhls)和她的同事[12]测量了学龄儿童的社交能力,对来自同一所学校的类似学生进行了测试,这些学生平均每天通过手机使用媒体所花费的时间为 4.5 小时。首先,对所有学生的社交能力进行测试。具体来说,实验者向他们展示了表达不同情绪(恐惧、愤怒、悲伤、幸福)的面部图片,并被要求识别每个图片中的人所体验到的情绪。然后,一半的学生被送到一个为期五天的夏令营,那里不允许使用手机或其他设备。其余的人带着他们的电子设备待在家里。五天后,所有的孩子都再次接受了测试,结果显示五天内没有手机的孩子的社会智力有了显著的提高。虽然电子产品(包括电子游戏)可以成为强大的学习工具,[13] 似乎没有什么比好的面对面交流学习阅读和与他人互动更好。除了剥夺我们发展社交技能的机会外,深入社交网站还可以促使人们变得更加自我中心和自恋,并相信名声、财富、人气比友谊、慷慨、社区更重要。[14]

当然,这并非全部。显然,我们沉浸在数字世界中有利有弊。要记住,几乎每一种新的媒体形式都会对年轻人心灵产生令人担忧的影响，这是颇具启发性的。苏格拉底哀叹书籍的发明，他说这将促使人们"健忘"。当漫画书在20世纪30年代被引进时，父母被警告说漫画会将他们的孩子变成少年犯（不像那些被认为对年轻人有益的好书）。广播、电视、电脑、短信、谷歌和PowerPoint——都被指责让我们变得懒惰、不那么聪明、缩短了注意力广度、破坏了我们的社会生活。[15] 然而，我们的认知能力在电视、漫画书和其他技术迅速发展的几十年里得到了蓬勃发展，青少年的犯罪率却在下降。[16] 技术将继续迅猛发展，并改变我们的生活方式，最好的反应不是哀叹这一事实，而是学会明智和适度地利用我们的技术设备。研究已经证实了，在学习或工作时关闭电子邮件和Twitter、在桌上没有电话的情况下进行面对面的交谈、在大自然中散步、仰望天空和树木，都能够给人们带来心理上和情感上的益处。[17]

除了使用媒体的数量，人们使用媒体的方式也会有所不同。把自己沉浸在社交媒体中会提升还是会让我们沮丧的一个关键决定因素是，我们如何去积极参与。你是否被动地去看别人的资料，在没有交流的情况下滚动浏览？或者你是否会评论和发布你个人的新闻和图片？更为被动的使用方式，意味着最有可能让我们感到沮丧，感到被忽略和痛苦：我们的生活似乎不如我们朋友的生活更令人兴奋。为了更好地享受社交媒体，我们需要对他人做出回应；就像在现实生活中一样，我们需要参与其中。通过我们在线时的积极参与，以及对我们所使用的操作终端可能上瘾保持警觉和超然，我们可以获得巨大的好处和乐趣，而不会挤出或分散我们对宝贵的离线体验的注意力。[18]

说服

我们不仅生活在一个大众传播的时代，而且生活在一个以尝试说服大众为特征的时代。无论我们身在何处，都有人试图教育我们：说服我们购买产品或为某项事业捐款；或者说服我们投票给某位候选人；或者赞成某些正确、真实或美丽的东西。这一点在广告中最为明显。几乎任何相同产品（例如阿司匹林、牙膏或洗涤剂）的制造商，都会花费大量的金钱来说服我们购买他们所包装的产品。

但是，通过大众媒体施加影响不必像广告那样大张旗鼓。让我们来看看那些自称是客观的东西：网络新闻。新闻播音员想卖给我们什么吗？除了极少数例外，绝无可能。但是那些制作电视新闻的人，仅仅通过确定哪些事件被曝光以及曝光多少,便可以对我们的观点施加强大的影响。哪些因素决定了他们的选择?最主要的是对观众的吸引。新闻是一种娱乐形式。当负责新闻节目的人从每天发生在当地、国家和国际层面的成千上万条新闻中确定要报道哪些新闻事件、然后向公众展示哪些新闻事件时,他们在很大程度上也就决定了这些材料的娱乐价值。观看被洪水淹没的城市(汽车被冲走,人们漂浮在倒下的树上)的画面,比观看人们在建造防洪堤更有吸引力。观看一个建设项目几乎没有那么激动人心,然而一个城市修建堤坝的决策可能是更为重要的新闻。

正如足球比赛等活动在电视上比象棋比赛等安静的活动更有趣一样,骚乱、爆炸、地震、大屠杀和其他暴力行为比有关防止暴力行为的报道,更可能获得更多的播报时间。因此,新闻广播往往侧重于恐怖分子、杀人犯、抗议者、罢工者、警察或失控名人的暴力或破坏性行为,因为与描绘人们以和平、有序的方式行事相比,这类行为更能吸引人们观看。[19] 此外,最暴力的新闻通常最早在广播中报道,尤其是在当地的新闻节目中。这样便产生了一种信息,即暴力新闻是一天中最重要的新闻。正如记者所言,"如果新闻的内容充满了血腥,那么这则新闻总是会出现在头版,引起人们注意"。这样的报道,显然呈现出一幅扭曲了的世界画面。

在试图取悦我们的过程中,新闻媒体无意中让我们相信,现在人们的行为比以往任何时候都更加暴力。正如我们在第 2 章讨论易得性便捷判断时所看到的,人们通过容易想到的方式来估计事件的频率。当媒体用有关犯罪和恐怖主义的坏消息来吸引观众时,人们会高估暴力和灾难的发生率。这种偏见既反映又加强了我们对各类威胁的关注,即"坏大于好"现象的发展趋势。难怪在盖洛普民意测验中,60%的被调查者说他们相信犯罪和谋杀在美国呈上升趋势。而事实上,二十五年来,所有类型的犯罪率都在稳步下降。[20] 这种错误的看法可能会使人们对社会状况进行误判,并可能最终影响他们的投票方式、他们对其他群体和其他国家的态度以及他们访问主要城市中心的愿望。(一位爱达荷州乡村小镇的居民对一位来访的纽约人说:"我为什么要去纽约?那里到处都是帮派在互相残杀。")

当然,有些暴力事件确实有必要广泛报道。在 2001 年 9 月 11 日的恐怖袭击发生之后,大多数美国人坐在电视机前,因为他们想知道发生了什么,他们需要确认情况已经得到了控制。他们成百次观看双子塔的倒塌,因为新闻频道全天候报道了这一事件。我们怎样才能确定公民希望看到的是什么?在袭击发生后的两周内,关注美国有线电视新闻网(CNN)的人数增加了 667%。9 月 12 日,《纽约时报》

的销售量比 9 月 10 日多出了 25 万份。[21]

获取信息是一件好事，媒体在让我们了解情况方面发挥着至关重要的作用。然而，这种媒体曝光也可能存在不利因素。无论是有意还是无意，这种栩栩如生的画面塑造了人们的态度和意见。坍塌的双子塔画面反复播出，以及在新闻频道里重复出现的好战口号（"反恐战争"、"美国受到攻击"、"美国反击"），激发了观众强烈的情绪，因此减少了关于美国应如何回应的任何真正辩论的可能性。相反，宣布对伊拉克（一个与双子塔被破坏毫无干系的国家）战争的提议在国会表决时几乎没有遇到任何反对的杂音，这恰恰是后来被大多数美国人认为是一场可怕的、失误的战争。[22]

这是一本社会心理学著作，而非政治学论著。我的建议是，在一个民主国家里，类似是否参战之类的重大决策应当付诸理性的公开辩论。强烈的情绪，例如新闻媒体唤起的情绪，常常会妨碍理性的决策。正如阿道夫·希特勒的高级助手之一赫尔曼·戈林（Hermann Goering）在纽伦堡被判处死刑之前所说的那样："人们总是被教导要听从领袖们的命令……你必须做的只是告诉人们，他们正面临着攻击，而去指责那些主张和解的人缺乏爱国心并可能会将国家置于危险之中。在任何一个国家这一招都会奏效。"[23]

媒体感染　媒体也通过一种称为**情绪感染**的现象发挥其力量，这种现象发生在一个人的情绪行为引发观察者的类似情绪和行为之时。当你去药店购买任何类型的药丸时，瓶子上都会有一个安全帽。想知道为什么吗？在 1982 年秋天，芝加哥地区有 7 人在服用含有氰化物的强效泰诺胶囊后死亡。这个事件，既悲惨又离奇，被广泛宣传。即使在互联网时代之前，这个故事也传播到了每一个角落。只要打开电视或收音机，或者翻开报纸，人们便会看到有关泰诺中毒事件的消息。这一突出报道的影响是立竿见影的：据报道，全美各城市都出现了类似的中毒事件，包括漱口水、眼药水、喷鼻剂、汽水，甚至是热狗。这些故事被戏剧性地称为"模仿中毒"，反过来这些故事引起了媒体的广泛关注，创造了更多故事。许多人惊慌失措，寻求烧伤和中毒的医疗援助，而实际上他们所患上的只是普通皮疹、喉咙痛、胃痛。误报人数是实际受到物品毒害人数的 7 倍。[24] 由于这些事件发生在万圣节之前①，数十个社区的官员们担心许多人可能通过污染儿童糖果来模仿谋杀。

---

① 西方万圣节前夕，孩子们有穿着节日盛装挨家挨户去要糖果的风俗。——译者注

最初发生在芝加哥的投毒事件几乎可以肯定是出自一人之手,只不过他从未被发现或抓获。但有人认为,在某家新闻机构的言论中,[25] 投毒的风潮形成了"一场无法治愈的传染病"。这本身就是一个"病态"社会和一个国家走向"疯狂"的症状。许多报纸发现自身处于一种颇具讽刺性的境地:从最初耸人听闻地报道投毒事件,到后来极力渲染专家们对这类宣传所导致的灾难性后果而提出的批评。

几年后,新泽西州的四个青少年签订了自杀协议,然后实施了他们的计划。在这起多重自杀事件发生后的一周内,美国中西部的两名青少年在类似的情况下被发现死亡。媒体报道强调了青少年自杀的困惑和悲伤,其中有很多关于自杀事件的专题报道,这些铺天盖地的报道导致了一些脆弱、抑郁的青少年认为自杀是解决他们自己不快乐的方法。社会学家戴维·菲利普斯(David Philips)和他的同事[26]通过比较报道前的自杀率和报道后的自杀率来跟踪青少年自杀率的波动:主要电视网对自杀的报道越多,随后青少年自杀率的增加幅度就越大。当一个名人自杀时,自杀率尤其可能飙升,这既因为他们的例子引起了更多的公众关注,也因为他们是更强有力的影响因素。当抑郁的人得知某个名人已经放弃了自己的生命——像玛丽莲·梦露(Marilyn Monroe)、库尔特·柯本(Kurt Cobain)或罗宾·威廉姆斯(Robin Williams)——他们开始认真考虑做同样的事情,特别是当他们感觉到自己与名人有着某种情感联系或心理联系时,他们更倾向于这样做。[27] 这就是为什么自杀预防研究人员发现,当媒体报道避免强调或美化自杀、并且不使它看起来像是一个简单或不可避免的解决方案时,对有自杀风险的人来说,传染效应会降低。[28]

我并非建议媒体不要报道像泰诺中毒或名人自杀之类的耸人听闻的事件,也并不是说新闻媒体试图助长暴力或自杀。相反,我强调一个明显的事实,即媒体的选择性强调不仅使媒体能够报道事件,而且能够决定随后发生的事件。媒体对某件事情关注得越多,它就越具有"传染性",其他人也就越有可能被激励去效仿。

在当今的 24/7① 新闻周期中,媒体在报道事件中的作用有时比事件本身更具新闻价值。(并非总是这样。在美国历史上有一段时间,新闻台没有每五秒钟的"突发新闻"。)今天,当一个重大事件发生时,新闻播音员不仅要报道它,而且要报道所有分析和评论事件的人,然后再做跟踪报道。评论往往具有新闻价值。在它的循环性中,这个现象让我想起了一种在我小时候很流行的食盐品牌。食盐包装

---

① 一天24小时,一星期7天的缩写,意为全天候。——译者注

盒上有一张小女孩举着一盒食盐的照片,照片上面有一张小女孩举着一盒盐的照片,那张照片上面有一张小女孩举着一盒盐的照片,依此类推。在CNN、微软全国广播公司(MSNBC)和福克斯(FOX)等24小时有线新闻频道上,需要用新闻和分析来填满几个小时的播报时间,使得这种冗余的操作变得司空见惯。

媒体呼吁的有效性

有意说服情况又会如何呢?通过大众媒体包装和销售产品(牙膏、阿司匹林、总统候选人)的明显努力会有多么可信和有效?这些手段肯定有效,否则为什么企业和政党每年要花费数亿美元来宣传他们的产品呢?

我们中的大多数人都看到孩子们被玩具广告所诱惑,这些广告以一种不可抗拒的方式巧妙地描绘那些最乏味的玩具。孩子们在收看迪士尼频道、尼克国际儿童频道或卡通电视网的同时,也会被谷物、垃圾食品和糖果的快节奏广告所包围,这些广告使用熟悉的角色、促销活动和有趣的承诺来说服孩子们让他们的父母给他们购买商品。而且目的的确达到了。[29] 一项对母亲的调查显示,超过90%的学龄前儿童要求购买他们在电视上看到过的玩具或食物。[30] 另一项研究中,三分之二的母亲报告说,听到了他们年龄非常小的孩子唱着从电视上学来的广告铃声。[31] 经验表明,当给幼儿选择糖果时,人们更有可能选择广告中或节目中看到过的糖果。[32]

在一段时间广告之后,产品开始在大多数孩子中流行起来;我自己的孩子最终对这些广告的真实性产生了合理的怀疑。事实上,一项调查发现,[33] 到六年级时,只有12%的孩子认为电视广告在所有或大部分时间都是真实的;到十年级时,只有4%的孩子认为广告在大多数时间都是真实的;而对成年人而言,绝大多数的观众认为广告含有不真实的论点。观众受教育程度越高,他们就越怀疑,怀疑主义使他们相信他们能够对说服免疫。实际上,仅仅知道传播者所提供的事实有偏见,就能够保护我们不受他们所提供信息的影响!不幸的是,仅仅因为我们认为自己对说服是免疫的,却并不一定意味着我们真的做到了免疫。事实上,我们的免疫感会让我们更易受各种说服的影响。

在面对许多消费品的情况下,假如没有铺天盖地的广告,公众会倾向于购买某个特定的品牌。治疗头痛的药品行业是一个很好的例子,我们会对电视广告敏感,即便我们知道这类广告有偏见。一个著名的阿司匹林品牌(比如"品牌A")宣传自己是100%纯阿司匹林;广告继续说,政府的测试表明,没有任何其他止痛药比品牌

A 更强力或更有效。制造商没有提到的是政府测试显示没有哪个品牌比任何品牌更弱或更有效,因为它们都是纯阿司匹林。换句话说,除了价格之外,所有被测试的品牌都没有差别。为了得到被广告力推的品牌 A,消费者支付的价格大约是同等效力但未经许可的版本价格的三倍。另一种产品宣称它使用了"医生推荐"的特殊(未命名)成分。通过阅读标签,我们发现神秘成分是优质而廉价的阿司匹林。

这种大规模说服的公开尝试效果似乎是非常明显的。然而,即使消费者"知道"这条消息是推销产品的明显尝试,仍然会有大批消费者放弃他们的怀疑态度。为什么会这样呢?当我们处理相同或非常相似的产品时,仅仅熟悉品牌名称就会带来巨大的差别对待。罗伯特·查容克(Robert Zajonc)[34]的研究表明,在所有其他条件相同的情况下,项目越被人们所熟悉,它就越有吸引力,即使该项目只是一个愚蠢的无意义单词。与只见过 5 次相比,我们更喜欢 10 次面对同样吸引人的面孔;[35] 我们更喜欢含有与我们名字相同字母的单词;[36] 我们更喜欢我们自己的照片是反向的(因此与我们每天在镜子中看到的熟悉面孔的视图相匹配),而我们的朋友更喜欢我们的非镜像图像(这是他们所习惯于看到的)。[37] 除非刺激本身有一些有害的东西,否则我们接触得越多,就会越喜欢它。

假设我走进一家超市寻找洗衣粉。我去了清洁剂区,被众多的品牌名称所震惊。因为我购买哪一款对我来说不太重要,所以我找到了最熟悉的那一款——而且之所以熟悉,很有可能是因为我一遍又一遍地听到和看到广告上的名称。如果是这样的话,那么电视曝光量的突然增加应该会在熟悉度和销售方面产生巨大的变化。他们的确是这样做的。几年前,西北共同人寿保险公司进行了一项全国性的调查,以了解公众对其名称的认可程度。它在保险公司中排名第三十四。两周后,公司再次进行了调查。这一次它在品牌熟悉度上排到了第三名。是什么原因导致了这一品牌从默默无闻到声名显赫的惊人飞跃?两周时间,100 万美元广告费。熟悉并不一定意味着销售,但这两者经常是联系在一起的。因此而得以证明的是,艾德熊乐啤露(A&W Root Beer)在电视广告发布 6 个月后,市场份额从 15% 迅速提高到 50%。许多商业广告的主要功能是让产品的名称牢牢地植入我们的头脑,这就是为什么产品的名称经常被重复、而竞争对手的产品却很少出现的原因。和那些不容易想到的品牌相比,某种广告品牌的易得性足以向我们暗示其优越性。

当然,一旦我们购买了产品并发现我们喜欢它,我们就培养了品牌忠诚度。因此,尽管我们很少意识到自己接受了广告的影响——我们不会在看过广告之后立刻从椅子上跳起来，冲到超市去买艾德熊乐啤露——但它可以启动一个长期的过程，在我们今后进行选择的时候，间接地促使我们购买大量的广告产品。[38]

对总统候选人的投票是否与选择保险公司、艾德熊乐啤露或阿司匹林品牌的决定相同呢？答案是，有时的确如此。有时，在广告上花费最多的候选人会获得最多的选票，[39]但这主要取决于他们能否在竞选早期就明确界定自己与对手的不同，从而设定竞选的"叙事规则"。[40]电视广告尤其有效，当竞选集中在一个引起强烈情感的问题上时，它能使候选人在竞选中获得更多的选票。举一个引人注目的例子，让我们回到1988年布什总统和马萨诸塞州前州长迈克尔·杜卡基斯（Michael Dukakis）之间的总统竞选，这是历史上最具标志性的政治攻击广告之一。1988年夏天，布什在总统竞选中远远落后于杜卡基斯。许多观察家相信杜卡基斯的领先是不可逾越的。然而，在短短几个月内，领先优势几乎消失殆尽，在选举日，布什轻松获胜。许多政治分析人士认为威利·霍顿（Willie Horton）在这一转变中发挥了重要作用。事实上，《时代》杂志称威利·霍顿为"布什最有价值的球员"。[41]

威利·霍顿是谁？他不是布什的顾问之一，也不是布什选战的主要资金捐献者。的确，这两个人从未谋面。威利·霍顿是一名被定罪的重刑犯，他在刑期结束前从马萨诸塞州监狱获释，作为离监计划的一部分。（离监是临时的，因医疗、宗教或教育目的而被批准离开监狱。）在离监期间，霍顿逃到马里兰州；在那里，他当着一名妇女男友的面强奸了她，这位妇女的男友被打伤并被绑在椅子上——这是一个令人厌恶的故事。当霍顿获得离监许可时，迈克尔·杜卡基斯恰好担任马萨诸塞州州长。布什声称杜卡基斯"对犯罪软弱无能"，他在电视上刊登了一系列广告，展示了威利·霍顿阴沉的面部照片，描述了罪犯通过旋转门进出监狱的情景。这些广告引起了许多美国人的共鸣，他们害怕街头犯罪，并且相信刑事司法系统是以牺牲受害者为代价而偏袒罪犯的。此外，威利·霍顿是黑人，他的受害者是白人，这一事实引起了大多数白人观众的关注。[42]

杜卡基斯是如何反击的呢？根据事实和数据，他指出马萨诸塞州只是众多实施离监计划的州之一，甚至连布什是其中一员的联邦政府也在监狱里对囚犯执行离监。此外，他指出，离监计划是非常有效的。此前一年，53 000名囚犯获得了超过200 000次的离监，只有一小部分人出现了问题。[43]杜卡基斯还指出，通常情况下，离监是给予那些接近刑期结束的罪犯的，离监是为了让他们适应社会。他坚持认为整个事情是一个圈套，即便乔治·布什当选，布什也不会考虑改变离监制度。

你对此感到无聊吗？选民也是如此。假如迈克尔·杜卡基斯在自己的竞选团队中安排一名社会心理学家，那么他便会得到更好的建议：当人们感到害怕和愤怒时，单单事实本身既不能起到安慰作用，也不会令人信服。[44] 信息可能是有效的，但只有与选民深切关注的问题解决方案联系在一起才会起作用。在1992年和1996年的总统选举中，候选人比尔·克林顿（Bill Clinton）显然是从杜卡基斯竞选中汲取了教训，他将美国人民的注意力集中到了一个压倒一切的问题，即经济状况，并且不允许自己被情感问题所左右。[45]

在大多数美国大选中，最成功的候选人是那些以强烈情绪为目标的人：对犯罪的恐惧、对同性恋婚姻或无性别差异卫生间想法的厌恶、对政府救助失败银行的愤怒、对气候变化的恐惧、对移民从勤劳的美国人那里窃取工作的愤怒，等等。当候选人试图采用更为合理的方法时，例如此时要解释救助或国际贸易协定的复杂经济理由，他们便会遇到困难。2016年的总统竞选，可以说是美国历史上最粗俗的竞选，这次大选将关注焦点放在恐惧、愤怒和其他负面情绪上，达到了无以复加的程度。唐纳德·特朗普（Donald Trump）曾一度指责希拉里·克林顿是一个危险的罪犯，她会摧毁这个国家，允许非法移民在美国工作，承认恐怖分子，把美国的就业机会拱手让给中国，不准人民持有枪支。他称她为"令人讨厌的女人"，并暗示如果自己当选，会把她关进监狱。克林顿猛烈反击，主要是利用事实和数据来反驳特朗普的指控。竞选结束时，两位候选人都被妖魔化了，以至于许多选民的动机不是出于对自己候选人的爱，而是出于对自己候选人可怕对手的憎恨、恐惧或者厌恶。

教育、宣传还是假新闻？

宣传和教育有何区别？《美国传统英语词典》将宣传定义为"特定教义的系统传播"，将教育定义为"传授知识或技能的行为"。我们都同意阿司匹林广告是一种宣传，其目的是故意诱导消费者，证明某个品牌的产品比通用的品牌要好。然而，"推销"一个候选人会模糊这种区别。政治顾问以一种有利的方式展示他们的候选人，这可以被认为是试图用候选人的政策和美德来教育公众。但正如我们所看到的，他们的努力往往忽视事实信息，而倾向于提倡"特定教义"。那么，试图"传授知识"的高中历史教科书情况又如何呢？传播何种知识？历史是从谁的角度来看？正如古语所说，"历史是胜利者来书写的"。直到最近，妇女、黑人和其他少数民族对美国历史的贡献在这些书中几乎是看不到的。事实上，全国各地的学校董事会仍在为一本历史或生物书籍"应该"讲些什么而激烈地争论,这恰恰说明了教育和宣传之间的细微差别。

在实践中,一个人是否将特定的教学过程视为教育或宣传,在很大程度上取决于他(她)的道德价值观和意识形态。当我的孩子上高中时,他们被要求观看一部关于吸毒的电影,其中提到许多铁杆麻醉品使用者通过吸食大麻开始吸毒成瘾。我确信大多数学校官员都把这个有关事实的表述视为"传授知识"的案例,但大多数没有上瘾的大麻使用者都把它视为"特定教义的系统传播"——相信大麻总是会导致使用更厉害的药物。或者,我们可以考虑一下福音派基督徒和计划生育支持者眼中的学校性教育的话题:一方将性教育视为"教育",另一方则将其视为"宣传"。这并不是说所有的交流都是彻底片面和单向度的。相反,当面对人们不能达成一致的情绪问题时,几乎不可能建立一种双方都同意的公平和公正的沟通机制。

随着有线新闻和互联网的兴起,这个问题变得越来越棘手,这让我们可以选择我们喜欢的"信息"来源。如果你倾向于保守派,你最有可能接受福克斯新闻这样的权威来源或者右翼的世界观;如果你倾向于自由派,你最有可能从微软全国广播公司或相应的左翼网站获得你的新闻。此外,我们中的许多人通过 Facebook 等社交网络获取新闻,这进一步导致了我们所看到的是经由过滤程序的结果,这些程序为我们提供了更多我们已经相信的信息。我们的点击模式生成的法则迎合我们的兴趣并过滤掉我们认为令人反感或无聊的内容。但最大的过滤器是社交媒体:当我们主要依据社交网络中其他人在浏览和"喜欢"的新闻时,我们不太可能遇到可能的挑战——那些可能拓宽或改变我们既定世界观的报道。其结果是出现互联网活动家伊莱·帕里瑟(Eli Pariser)所称的"过滤气泡",即个性化的信息世界,构造我们的社交媒体圈,吸引我们的注意。⁴⁶ 黑人和白人,宗教和世俗,自由和保守,年老和年轻,城市和农村——每个"气泡"都有自己的兴趣和态度。过滤过程确保我们可以沉浸在自己"喜欢"的新闻和想法中,结果是我们的信仰系统得到加强,其他系统则受到攻击和嘲笑。而且因为过滤器无形地实现了这一点,我们会认为自己所看到的是现实,而不是精心策划的版本。

我们也许会认为事情总是这样,但事实上并非如此。1968 年,大多数美国人收看了沃尔特·克朗凯特(Walter Cronkite)主持的电视新闻,他是一位资深的战地记者,作为哥伦比亚广播公司(CBS)晚间新闻的主播,被广泛地认为是美国最值得信赖的人。那一年,克朗凯特改变了历史的进程,他在晚间的新闻发布会上分享了自己的观点,即越南战争是无法取胜的。因为大多数美国人——无论是右派还是左派——都信任克朗凯特,他们的态度发生了转变,公众对战争的支持也逐渐减少。今天无法想象一位新闻主播会有如此广泛的影响力。[47]

今天,任何一位拥有电脑的人都可以成为博客作者,甚至可以创办一家基于网络的报纸或杂志,在几乎没有或根本没有编辑监督的情况下创作和发布新闻。这种能力导致了"假新闻"式宣传的扩散,即包装成真实的假故事。在 2016 年的选举中,唐纳德·特朗普的一张照片在互联网上大行其道,上面印着几年前他有关总统抱负的一句名言:"如果我参选,我会以共和党人的身份参选,他们是全国最愚蠢的选民,他们相信福克斯新闻的任何消息。我可以撒谎,他们还是会照单全收的。我敢打赌,我的民调数据会非常好。"因为这一声明对自由主义者来说是真实的,并且与特朗普实际上所主张的观点相呼应,所以大多数自由主义者都相信了;尽管它是错误的,而且一再被揭穿,但这句话在互联网上持续传播了一年多。[48] 另一个同样错误的说法也在右翼圈子里蔓延开来,声称民主党候选人希拉里·克林顿正在华盛顿特区的一家比萨店帮助运营一个性交易网络。正如我们在第 1 章所看到的,比萨店不断受到来自愤怒市民的骚扰和死亡威胁。一名这样的公民从北卡罗来纳州前往调查,结果用突击步枪向餐馆射击。

假新闻展示了一个关于现代说服的令人不安的事实:因为假消息有着如此多的(通常是未知的)来源,很容易被包装和分享成为真正的新闻,比以往任何时候都有更多的人依靠他们现有的想法和他们的社会网络来决定要相信什么。这样的环境鼓励人们采取如下的做法:如果同意它的含义,便倾向于将信息归类为教育;如果不同意,则将其归类为宣传。

说服的两种主要路径

当面对某个有说服力的论据时,我们会认真地考虑它,还是不经过深思熟虑就接受它呢?这个问题是我们对说服力理解的基础。正如我们在第 2 章所看到的,便捷思维过程使得我们可以面对不断变化的世界而不需做太多的思考。在理查德·佩蒂(Richard Petty)和约翰·卡西奥波(John Cacioppo)看来,[49] 如果我们具备所需的专业知识,我们倾向于深入思考一个与自己相关的问题。在这种情况下,我们会对论点进行认真的审查。但有时,即便这个问题很重要,我们也可能不会认真地面对某个观点,因为我们会分心或疲倦,我们缺乏对它进行批判性评估的知识,或者交流会以一种诱使我们接受的方式进行。

佩蒂和卡西奥波认为，人们被说服的方式基本上有两种——中心说服和外围说服。**说服的中心途径**(the central route to persuasion)指的是对观点加以权衡，对相关的事实或数据加以考虑，在对问题进行系统思考的基础上作出决定。相比之下，**说服的外围路径**(the peripheral route to persuasion)则没有经过多少深思熟虑；人们并非依据对观点说服力的权衡和思考过程，而是不做过多思考地依据那些简单的、往往不太相关的线索对观点做出正确与错误或者是否有吸引力的反应。例如，那些考虑如何减少监狱累犯论点强度的人采用的是中心路径；那些因威利·霍顿的形象而感到恐惧和愤怒的人采用的是外围路径。同样，如果你决定购买一台特定的笔记本电脑，因为你已经了解了它的用户友好性、处理速度、内存和数据存储，那么你就会被这些有力的证据所打动，这是中心路径。但如果你决定购买笔记本电脑，因为你最喜欢的艺人认可它，你会被与产品无关的问题所打动，这便是外围路径。有关说服力的诉求很少纯粹是中心或外围的，大多数都包含了这两种处理方式的要素。

律师和政治家常常能够很好地将中心论点和外围线索结合起来。1995年，对辛普森谋杀案的审判轰动全美，数以百万计的观众收看了这位名人堂级别运动员的申辩和他的律师"梦之队"对他残杀前妻和朋友的指控进行的反驳。2016年，《美国犯罪故事：公众与辛普森的对决》和纪录片《辛普森：美国制造》再现了这个故事和审判。在审判过程中最激动人心的时刻之一，是检察官要求辛普森试戴凶手戴过的沾满血迹的手套。辛普森费力地戴上手套，但手套似乎太紧了。辛普森的首席律师约翰尼·科克伦(Johnnie Cochran)不失时机地冒出了一条令人难忘的台词，恰恰在这一点上，他为陪审团增添了一条颇具说服力的外围线索。科克伦说："如果手套不合适，你们必须宣告无罪。"这一声明颇具说服力，但并非因为证据合乎逻辑——毕竟，戴着紧手套杀人也是有可能的，皮手套浸在水（或血）中也会缩水。但是科克伦的声明引起了共鸣，因为当人们评价一个论点的质量时，其措辞方式会影响到他们。在科克伦的案例中，他那押韵的①措辞方式给声明戴上了一道真实的光环。马修·麦格龙(Matthew McGlone)[50]证实了我们对这种策略的推测。他在考察大学生们受一些他们不熟悉格言的影响时发现，尽管意思相同，

---

① 英文原文是：If it doesn't fit, you must acquit.——译者著

那些押韵的格言（woes unite foes）比不押韵的格言（woes unite enemies）对他们产生的影响更大。外围路径对说服的影响可能是非常微妙的，但也的确是非常有效的。

近年来，选择正确的措辞（即使它们没有押韵）已成为一门科学。政治家和广告商聘请研究人员设立焦点小组进行研究，通过测试术语、短语和名称，来了解哪些内容最适合他们希望说服的公众。例如，大多数美国人赞成过去所说的"遗产税"，即当他们从父母那里继承巨额财富时对个人征税。当一位聪明的政治顾问弗兰克·伦茨（Frank Luntz）尝试进行改名时，关于遗产税的公众舆论发生了变化。伦茨的研究[51]表明，如果政客们将其称为"死亡税"，那么人们可能会反对该项税法，这会引发人们形成因死亡而受到不公正惩罚的想象。

政治家和政治行动团体经常会给政策起绰号，以掩饰立法的真实内容，这取决于他们是希望这项立法成功还是失败。2010年的"平价医疗法案"（ACA）几乎失败，当时一位政治家指控该法案中的一项规定将允许医生和保险公司决定绝症患者的生死。在对这项法案进行攻击时，有反对者开始将这些决策会议称为"死亡小组"，暗示陌生人可以像一位国会议员所说的那样决定"停止对奶奶的治疗"。实际上，这项规定只需要保险公司为患者和他们的医生之间的咨询付费，以考虑绝症患者的选择——这与"死亡小组"一词所引发的想象相去甚远。此外，"平价医疗法案"本身也被对手赋予了"奥巴马医改"这样的贬损性称号，由此而降低了其受欢迎的程度。尽管是同一个项目，但需要更多的美国人批准的是"平价医疗法案"，而不是奥巴马医改法案。

2001年，美国农业部批准了一种名为"精细质地牛肉"的肉类添加剂，其目的是在不增加脂肪含量的情况下，方便打开碎牛肉的包装。当美国广播公司（ABC）新闻质疑在美国70%的碎牛肉供应中使用糊状添加剂时，它将该物质称之为"粉红泥"。想象一下公众的反应吧！尽管它是安全的，但要求从学校午餐和超市中清除这种物质的请愿书在广泛传播，[52] 生产者失去了顾客。最终，他们以超过10亿美元起诉美国广播公司。无论是真是假，摄入我们头脑的图像都会影响到我们的看法、感受和行为，而这些图像往往取决于我们用来标记它们的具体词汇。词语唤起强大的图像和情感，可以超越我们对事实的估量。

总而言之，如果您的目标是为了说服，您需要知道问题对您的受众有多重要以及他们的知情程度。如果他们知识渊博且积极主动，那么您需要在有说服力的诉求中加入强有力的逻辑论证。如果他们不关心问题或无法完全理解它,您便需要使用附加到信息的高质量外围线索来说服他们。这可能短时内奏效,但如果你需要有说服力的信息,实验表明,让人们得到系统的论证说服比仅基于边缘线索的说服更容易达到目的。[53]

现在让我们来讨论一下三个关键要素,它们可以提高沟通或说服尝试的有效性:(1)沟通的来源(谁说的);(2)沟通的性质(他或她如何说的);(3)听众(他或她对谁说的)的特点和心态。换句话讲:谁对谁说什么?我们将分别对这些要素进行考察。

沟通的来源

显而易见,我们很可能会被我们信任的人说服。但是信任是由什么决定的呢?

可信性 许多年前,我在一个深夜脱口秀节目中看到了诗人艾伦·金斯伯格(Allen Ginsberg)。金斯伯格是所谓"垮掉的一代"中最受欢迎的诗人之一;他的诗《嚎叫》在20世纪50年代震撼并刺激了文学界。在那次脱口秀节目中,金斯伯格又一次带来了震撼与刺激:刚刚吹嘘完自己的同性恋行为(当时对大多数美国人来说,这是令人震惊的),他又谈到了代沟问题——年轻人和老年人相互之间的误解。摄像机镜头对他做着全景特写:胖胖的,留着胡须,看起来像个疯子(他是被石头砸过了吗?),从他那光秃的脑袋的两侧杂乱地垂下脏兮兮的长发;他穿着一件带窟窿的扎染的T恤衫,还戴着几串珠子。尽管他在认真地(而且在我看来,也是明智地)谈论着年轻人的问题,但演播室的观众仍然在阵阵发笑。他们在把他当小丑看待。我终于明白了,待在家里的绝大多数人,此刻会躺在床上看着他,很可能根本不会认真对待他——不管他所传递的信息多么富有智慧,也不管他多么认真地传递了这些信息。他的外貌很可能完全决定了观众们对他的反应。作为科学家,我渴望用一位穿着考究的常春藤联盟教授来取代这位疯狂的金斯伯格,只是让他动一下嘴唇,而播出的是金斯伯格所说的话。我猜想,在这种情况下,金斯伯格的信息会很受欢迎。

其实根本不需要猜想。类似的实验已经有人做过。事实上,关于声望对说服影响的猜测由来已久。早在公元前300年,世界上第一位有著作传世的社会心理学家亚里士多德就写道:

与其他人相比,我们会更容易完全相信一个正直的人;一般而言,无论面对的是什么样的问题,这一点都是正确的;而当人们对问题的认识不能做到确定无疑或者存在不同意见时,这一点便是绝对正确的……一些作者在有关修辞学的论述中所做的假定是不正确的,他们认为,演说者所展现出来的个人美德,对于他的说服力没有丝毫帮助;恰恰相反,演说者的个性几乎可以被认为是他所拥有的最为有效的说服手段。[54]

大约过了2 300年的时间,亚里士多德的观察最终被卡尔·霍夫兰德(Carl Hovland)和沃尔特·韦斯(Walter Weiss)[55]的科学实验所验证。他们要求许多人对"建造核动力潜艇是一项可行的事业"的论点进行评估。这项实验是在1951年才完成的,当时利用核能还仅仅是一个梦想。一些人被告知,这一论点是由一个高度可信的人罗伯特·奥本海默(J. Robert Oppenheimer)提出的,这是一位全国知名且威望很高的原子物理学家;其他人则被告知,有关这项实验的同样论据来自一个低可信度的报纸——当时苏联的官方报纸《真理报》。几乎所有相信信息来自奥本海默的人都改变了他们的看法,他们比以前更强烈地相信建造核潜艇具有可行性。而在被告知同样的信息来自《真理报》的人中,则很少有人改变了自己的观点。

其他实验者采用各种类型的主题反复证实了这一现象,并将这些信息归因于不同的传播者。一位少年法庭的法官比经事不多的年轻人对青少年犯罪的看法会更好,一位著名的诗人可以就一首诗的优点发表意见,一份医学期刊可以动摇关于是否可以在没有处方的情况下售卖抗组胺药的观点。物理学家、法官、诗人和医学杂志具备哪些《真理报》没有的特质?它们的有效性有何不同?亚里士多德说,我们相信"正直的人",他指的是具有高尚道德水平的人。霍夫兰德和韦斯使用"可信性"一词,这消除了亚里士多德定义中存在的道德内涵。著名的物理学家、法官和诗人都是可信的;他们不一定是正直的人,但他们既专业又值得信赖。允许自己受到值得信赖并且知道他们在谈论什么的传播者的影响,一定是有道理的。人们在对罗伯特·奥本海默发表关于核动力的观点时会受到影响,是有道理的;就由谁来评价一首诗的质量而言,受到一位伟大诗人的影响也是有道理的。

但并非每个人都会受到同一个人的影响。事实上,同样的沟通者可能被一些人视为具有很高的可信度,而被其他人视为可信度很低。此外,对于某些听众来说,传播者的某些外在属性可能过于夸张;这些属性可以使得传播者的传播有效,也可能导致无效。

这一现象在我和伯顿·戈登（Burton Golden）[56]所做的一项实验中得到了证明。在这个实验中，一些六年级的孩子听了一场赞美算术有用性的演讲。演讲人被介绍为一位来自著名大学的获奖工程师，或是一位洗碗工。正如你所能猜想到的，工程师身份在影响年轻人的意见方面比洗碗工要有效得多，这一点几乎不会令人感到有任何惊讶。但在此之外，我们改变了他的种族。在一些试验中，沟通者是白人，而在另外一些试验中，沟通者是黑人。实验开始前几周，孩子们（都是白人）填写了一份调查问卷，旨在测量他们对黑人的偏见程度。结果是惊人的：在那些对黑人最有偏见的孩子中，黑人工程师的影响力不如白人工程师——尽管他们发表的是同样的演讲。此外，在那些最不歧视黑人的孩子中，黑人工程师比白人工程师更有影响力。你可能会认为，在一个纯粹理性的世界里，一个著名的工程师应该能够影响六年级学生算术的重要性，不管他（她）的肤色如何，但正如你在这本书中所了解到的，这不是一个纯粹理性的世界。根据孩子们的种族态度，他们受到黑人工程师的影响要么小于白人工程师，要么大于白人工程师。

这种行为看起来不具有适应性。如果你的生活质量取决于你在多大程度上允许关于算术的沟通影响你的意见，那么沟通者的专业知识似乎是最合理的因素。在某种程度上，如果其他一些因素（比如肤色）会减少或者增加你对说服的易感性，那么你的行为是非适应性的。但是广告商却希望你在这些方面表现出非理性，希望借助一些无关紧要的因素来增加代言人的有效性——有时可能一只可爱的小壁虎便会成为你购买保险的理由！通常情况下，这类外围线索是观众所能捕捉到的沟通者的唯一方面。从20世纪50年代开始的几十年里，麦片包装盒上出现了一些著名的运动员，他们热情地为自己的产品代言：60年代的十项全能冠军鲍勃·理查德（Bob Richard），70年代的布鲁斯·詹纳（Bruce Jenner），80年代的体操运动员玛丽·露·雷顿（Mary Lou Retton），以及后来的明星运动员，如亚历克斯·罗德里格斯（Alex Rodriguez）、迈克尔·菲尔普斯（Michael Phelps）、勒布朗·詹姆斯（LeBron James）。显然，无论是谁在向大众兜售麦片，他都相信运动员比那些博学的营养学教授更适合成为有效的沟通者。

这种看法是合理的吗？人们会仅仅因为某个突出的运动特质而受到广告的影响吗？即使我们钦佩这些运动员在赛场上展示的技能，我们能相信他们告诉我们他们所认可产品的真实情况吗？毕竟，我们都知道，兜售某一品牌早餐麦片或运动鞋的体育明星因为提供支持而获得了丰厚的报酬。我想我们大多数人都会马上说:"不可能。我不想仅仅因为勒布朗(LeBron)①说他吃乳清并且喜欢耐克就吃威提司麦片或者买耐克产品。也许其他人可能会因为一个体育明星的意见而被说服去买东西,而我当然不会相信自己最喜欢的球员对如何使用自己辛苦挣来的钱所提出的建议。"但是人们能预测他们自己的行为吗?在你做出回答之前,让我们仔细看看影响信任的因素。

显然,信任对于确定沟通者是否有效至关重要。例如,阿伦森和戈登实验中持有偏见的六年级学生,受黑人工程师影响小的重要原因,可能因为他们不信任黑人。如果这种推理是正确的,那么如果我们能够向观众提供一个人值得信赖的独立证据,那么这个人应该变得更有说服力。

传播者如何让自己看起来值得信赖呢?一种方法是反对自己的自身利益。如果人们在说服我们时没有得到任何好处(也许还会失去一些东西),我们便会信任他们,他们的说服会更有效。有个例子可能有助于说明这一点。假如一名最近被定罪为走私和贩卖海洛因的惯犯,正在就美国司法系统的弊端发表谈话。他会对你产生影响吗?可能不会。除亚里士多德对一个"正直的人"的定义之外,大多数人还会认为他是不值得信任的,因为他批评惩罚他的制度存在个人利益。但是假设他认为刑事司法系统对像他这样的人太宽容了:如果有一位聪明的律师,罪犯几乎都能够逃脱刑事责任,而且即便罪犯被判刑,量刑也往往很轻。这时,他的观点会对你产生影响吗?

我想肯定会的。我和伊莱恩·瓦尔斯特(Elaine Walster)、达西·亚伯拉罕斯(Darcy Abrahams)[57]向大学生们展示了一份剪报,内容是一名新闻记者和乔·那波利塔诺(Joe Napolitano)之间的一次采访。那波利塔诺被认定为一名暴徒和杀手(我们编造了他的名字,"肩膀"乔)。在一种实验条件下,"肩膀"乔主张更为严格的法庭和更为严厉的判决;在另一种条件下,他认为法院应该更宽大,判决也不要那么严厉。我们还设计了一组平行的条件,在这些条件下,同样的声明被归因于一位受人尊敬的公职人员。当"肩膀"乔主张更宽大的法庭时,他的主张完全无效。事实上,他使被试的意见在相反的方向上发生了轻微的变化。但是,当他为更严格、更强大的法院辩护时,他的观点是非常有效的——与那位提出相同观点的受尊

---

① 即勒布朗·詹姆斯,被认为是最为全能的篮球运动员之一。——译者注

敬的公职人员一样有效。

这项研究表明，亚里士多德并不是完全正确的。一个沟通者可能是一个没有吸引力的、不道德的人，但只要我们相信他（她）说服我们不会有任何回报（也许还可能会失去一些东西），他的观点便仍然会有效果。为什么"肩膀"乔在我们的实验中会如此有效？当人们反对自己的利益时，我们由此而推断问题的真相是如此令人信服，以至于我们会真诚地相信他们所说的话。当帕特里克·雷诺兹（Patrick Reynolds）从他的祖父创立的雷诺兹烟草公司继承了数百万美元时，他对吸烟采取了符合公众利益的强烈反对的立场，并鼓励吸烟相关疾病的受害者向烟草公司提起诉讼，此时没有人质疑他的诚意。[58] 当约翰·罗宾斯（John Robbins）从他父亲的巴斯金·罗宾斯冰淇淋公司获得巨额财富后，写了一本畅销的纯素饮食书，主张消除乳制品，他的论点影响了无数的读者。当我们反对自己的利益时，人们会去倾听。

另一种提高可信性的方法是创造一种人们认为你没有试图说服他们的情境。多年前，一家名为 E·F·赫顿（E. F. Hutton）的经纪公司制作了一系列非常成功的电视广告。这些广告从两个人在一家嘈杂拥挤的餐馆里私下交谈的镜头开始。当其中一人开始从那里传递一些 E·F·赫顿的股票建议时，房间里突然安静下来，所有人——服务员、就餐者、巴士司机——都在紧张地向讲话者靠近，偷听。"当 E·F·赫顿说话时，"播音员说，"大家都在听。"（你至今仍可以在 YouTube 上看到这则老掉牙的广告。）这句话的含义很明显：餐馆里的每个人都在接受并非他们所期待的建议，结果这些信息就变得更有价值了。当沟通者不想影响我们时，他们这样去做的潜在影响力便会增加。

这正是伊莱恩·瓦尔斯特（Elaine Walster）和利昂·费斯汀格[59]在两名研究生的对话中发现的，他们中的一人针对某个问题上发表了专家意见。一个大学生被允许偷听他们的谈话。在一种实验条件下，被试很清楚研究生知道他们就在隔壁房间；因此，他们知道所说的任何话都可以被有意设计来影响他们的意见。在另一种情况下，被安排成被试的大学生认为研究生不知道他们在隔壁房间里。在这种情况下，被试的意见在研究生表达意见的方向上发生了显著的变化。毕竟，他们知道自己在说什么，也不想改变任何人的想法。

吸引力与相似性 从何处可以发现勒布朗·詹姆斯在鼓动我们吃威提司麦片、穿耐克鞋？显而易见，他在试图影响我们。而且，他是为了自己的利益而这样做的;威提司和耐克公司正在为他和其他著名运动员支付巨额报酬来兜售他们的产品。单凭这一点,他们便不值得信赖了。但这是否会降低他们所做广告的效力呢?未必。

首先,我们倾向于喜欢和信任自己认为有吸引力的人,所以除非我们认真评估有人为自己所认可的产品支付报酬的事实,否则我们很可能会被外围信息所说服。[60] 其次,尽管我们可能不相信那些真诚的代言人,但这并不意味着我们不会购买他们赞誉的产品。吸引力和可爱是增进说服力的强有力因素,即使其来源缺乏专业知识或通过说服我们会获得某些利益。[61] 我和贾德森·米尔斯(Jadson Mills)[62] 做过一项实验,证明一个美丽的女人(仅仅因为她很漂亮)可能会对观众的观点产生重大影响,这个观点完全与她的美丽无关;更进一步,当她公开告诉观众她想影响他们时,她的影响力最大。爱丽丝·意格丽(Alice Eagly)、雪莉·柴肯(Shelly Chaiken)及其同事[63] 进行的实验不仅重复了我们的研究而且发现,更可爱的传播者更有说服力,进而揭示了我们期望那些美丽的人会按照我们的方式去思考问题。难怪她们能够说服我们!

我们将沟通者的吸引力与信息的可取性联系起来。我们受我们喜欢的人的影响,也受我们感知相似性的人的影响。当我们喜欢沟通者时,我们的行为就好像我们试图通过改变自己的观点来取悦那个人——但仅仅是为了一些琐碎的问题。运动员和名人可以影响我们对谷物的选择,漂亮的女人和英俊的男人可以令我们在某个抽象的话题上同意他们的观点——不管我们是否愿意承认这一点。但他们不太可能影响我们去支持那些我们强烈反对的问题,例如,枪支管制或堕胎。

最后,我们可能会问:谁是更值得信赖的沟通者,他们是以确定还是担忧的方式陈述自己的观点更佳?在大多数情况下,人们信任自信的演讲者,而不是那些支支吾吾的人;人们将自信作为专业知识和真实性的指标。然而,如果我们怀疑受到了欺骗——如果我们意识到有人试图说服我们相信某件事或诱导我们购买某件产品并从中获利的可能性("这种神奇的补药一定能够提高你的成绩!")——这种极端的自信则会引起我们的怀疑。

总之,最有可能影响我们的沟通者,是那些我们认为既专业又值得信赖的人。也就是说,如果出现以下情况,他们的可信度和有效性可以提高:

- 他们所持的观点似乎与自身利益相反。
- 他们似乎没有试图影响我们的意见。

- 他们特别具有吸引力和感染力——至少对我们的观点而不是我们那些根深蒂固的态度而言。
- 他们对自己的观点充满信心,因为信心会增加他们的可信度,除非我们有理由怀疑他们的动机。

沟通的性质

沟通的内容本身是不同的,内容的不同也会决定沟通的有效性。在这里,我想从五个方面来考察它们的差异:(1)如果某项沟通是旨在吸引听众的推理能力,抑或旨在唤起听众的情绪,那么哪一个更有说服力?(2)如果沟通与令人信服的个人经验联系在一起,或者如果沟通受到一些无懈可击的统计证据的支持,人们在哪种情况下更容易受到沟通的影响?(3)沟通是否与听众看待自己的方式产生共鸣,即与他们的基本身份产生共鸣?(4)沟通应该只呈现自己一方的观点,还是也应该呈现相反的观点?(5)沟通的有效性与受众最初的观点和沟通所主张的观点之间的差异有什么关系?

逻辑诉求还是情感诉求 正如我之前所说,唐纳德·特朗普竞选总统时,他在一个充满感情的平台上竞选:害怕移民、恐怖分子和其他神秘的外国人来纠缠我们。他说他们是强奸犯、杀人犯和坏人。正如杜卡基斯不能以他关于离监计划成功的统计数据取胜一样,希拉里也难以反驳特朗普的警告,特朗普的警告引起了美国许多地区的共鸣,他们担心人口和经济的变化。正如我们在描述威利·霍顿在布什—杜卡基斯竞选中所做的充满感情的政治广告的结果时所看到的,我们可能会怀疑,情感诉求——尤其是那些引起恐惧的诉求——将比理性诉求更有效。为什么恐惧会起作用,在何种情况下可能适得其反呢?

几年前,我生活在一个社区,这个社区将投票决定是否在供水中添加氟化物,以防蛀牙。氟化物的支持者发起了一场看起来合乎逻辑和理性的信息运动,由著名的牙医发表的声明描述了氟化物的好处,讨论了在饮用含氟水的地区减少牙齿腐烂的证据,以及由医生发表的声明,还包括其他卫生部门认为氟化物没有有害影响的观点。氟化物的反对者则使用了一种更为情绪化的反驳方式,他们散发了一张丑陋老鼠的照片,以及"不要让他们在你的饮用水中投放老鼠药"的声明。添加氟化物的全民公投最后以彻底失败而告终。

这个故事并不能最终证明恐惧诉求是有效的,因为它不是一个科学控制的研究。我们不知道如果没有宣传人们会在何种程度上去投票赞成添加氟化物,我们也不知道反氟化物通告是否影响了更多的人,或者是否比支持者所提供的材料更容易阅读。在一项关于投票偏好的早期研究中,乔治·哈特曼(George Hartmann)[64]证实,收到情感为主信息的人比收到逻辑为主信息的人,会更经常投票给通过该类信息支持的候选人。

我强调"为主"这个词主要是基于下面的理由:它定义了这一领域研究的主要问题——也就是说,没有对情感和理性做穷尽和互斥的界定。在氟化物说明中,大多数人可能会同意反氟化物传单的设计是为了唤起恐惧;但这并非完全不合逻辑,因为确实如此,通常以低浓度使用的氟化物,如防止牙齿腐烂;也会高浓度使用,如作为老鼠药。另一方面,展现专业人士的观点并不是完全没有情感的吸引力;医生和牙医支持氟化物的使用,是令人欣慰的。

因为在实践中,逻辑和情感之间的作用很难区分,一些研究者已经转向一个同样有趣且更具研究性的问题:不同程度的特定情感对观点变化的影响问题。假设你希望激发听众心中的恐惧,让他们改变主意。仅仅诱发一点恐惧会更有效吗,还是应该设法将他们吓跑?如果你的目标是说服人们小心开车,开车时不要发短信,那么给他们看公路事故受害者受伤、血淋淋的尸体的电影会更有效吗?或者提供一些软性的信息会更有效吗,比如,因为粗心驾驶而提高了保险费率,指出粗心驾驶的人可能会被吊销驾驶执照?

在这里常识难以发挥作用。一方面,常识表明适当的恐惧会促使人们去采取行动;另一方面,依据常识,过于恐惧会干扰一个人关注信息、理解信息和采取行动的能力。我们都一度相信:"这类事情只会发生在他人身上——不会发生在自己身上。"这就是为什么有些人会继续开车发短信,或者在喝上几杯酒后坚持开车,即使他们心里很清楚不该这样做。也许这是因为事故的危险性太过惊悚,以至于人们把它们抛到了脑后。因此,我们可以预测,如果某次接触的确吓懵了我们,我们往往不会再密切关注它。

实证材料可以给我们带来什么启示呢?大量的实验数据表明,在所有其他条件相同的情况下,一个人越害怕沟通,他(她)就越有可能采取预防措施。在一系列有关恐惧和说服的实验中,霍华德·莱文塔尔(Howard Leventhal)和他的同事[65]试图劝说人们戒烟和接受胸部 X 光检查。在低恐惧状态下,一些被试被简单地建议停止吸烟并接受 X 光检查;在中等程度的恐惧状态下,让另外一些人观看一部影片,描述一个年轻人的X光片显示他患有肺癌;在极度恐惧的情况下,人们在观看同一部影片的同时,还观看了另一部更血腥的肺癌手术片。结果显示,那些最为恐惧的人最渴望戒烟,也最有可能接受X光检查。

上述情况适用于每个人吗?事实并非如此。其中原因之一便是,常识表明,恐惧会阻止我们行动。在某些条件下对某些人而言,的确如此。"某些人"指的是谁?莱文塔尔和他的同事发现,对自己评价很高的人最有可能在恐惧的时候立即采取行动。然而,对自己评价不高的人最不可能立即采取行动,但是(有趣的是)如果延迟一段时间,他们知道可以稍后采取行动,那么他们的行为就很像那些具有高度自尊心的被试。自尊心低的人可能难以应对威胁,这就解释了为什么唤起高恐惧的沟通会压垮他们,让他们觉得自己很想爬上床,用被子蒙住脑袋。他们当时可能更容易处理低度或中度的恐惧。但如果给他们时间,也就是说如果他们不需要立即采取行动的话,他们更有可能采取行动。

莱文塔尔及其同事的后续研究也支持这一分析。在一项研究中,被试观看了一起严重车祸的影片。有些人近距离地在大屏幕上观看影片,这会使得图像看起来更加触目惊心;另一些人则从很远的地方在更小的屏幕上观看影片。在自尊心高或中等的被试中,那些从大屏幕上观看影片的人比那些在小屏幕上观看影片的人更有可能随后采取保护性行动。相反的模式则适用于自尊心较低的人:当他们在小屏幕上观看影片时,他们更有可能采取行动;那些在大屏幕上看电影的人表现出无法应对,声称自己甚至很难把自己想象成车祸的受害者。然而,即使是自尊心很高的人,如果被恐惧压倒,觉得没有什么可以阻止或控制威胁,他们也会表现得像自尊心很低的人一样。在这种情况下,他们中的大多数人将会爬上床去寻找那条被子。

那么,假如你想让低自尊心的人戒烟或更安全地开车,你会如何激励他们呢?如果你构建了一条包含特定的、乐观指导的信息,它会使他更有可能相信自己可以面对恐惧并应对危险。事实上,莱文塔尔和他的同事们发现,包含有关如何、何时以及在何处采取行动的特定指令的恐惧诱发信息,比没有处理建议的一般警报更为有效。

例如,在一所大学校园里开展的一项敦促学生注射破伤风疫苗的活动被分为两种条件:(1)仅仅提供指导:何时何地提供服务,学生健康服务的位置,每个学生预留出某个方便时间的建议;(2)指导加高度恐惧的诉求:描述一下假如你自愿选择不打防护性破伤风针,可能发生在你身上的可怕事情。指导本身提高了学生对破伤风疫苗的积极态度,并增加了他们声称要注射破伤风疫苗的意愿,但指导仍不足以让所有学生去行动。可以说,唤起恐惧是必要的武器。在那些害怕如果没有注射破伤风疫苗会发生什么情况的学生中,有28%的人接受了破伤风疫苗的注射,而那些没有接受具体指导或高度恐惧诉求的学生中,只有3%接受了注射。同样,莱文塔尔发现让吸烟者害怕尼古丁的危险会增加他们戒烟的意愿。但是,除非这条信息附有戒烟建议,否则它不会改变吸烟者的行为。相反,当他们有吸烟的冲动但不担心健康风险时,为他们提供具体的指导是相对无效的。恐惧唤起和具体指导相结合产生了最好的效果;四个月后,处于这种状态的学生吸烟量明显减少。

然而,在某些情况下,恐惧唤起的诉求——即使与具体的指导结合起来——也不会产生预期的效果。有时候担心诉求失败是因为它们还不够可怕。例如,全球变暖是一个严重的威胁,大多数科学家认为这是一个定时炸弹。随着气温升高,冰川融化,海平面上升,这意味着未来几年许多人口密集地区将处于水下。当携带疟疾的昆虫迁移到原来凉爽的地方时,某些疾病(如疟疾)会扩散。飓风将继续变得更加频繁和强烈,干旱和热浪也会造成人员死亡并给粮食生产带来威胁。然而,尽管奥斯卡获奖影片《难以忽视的真相》生动地描述了这些可怕的预言,大多数美国人仍然没有足够的恐惧去采取行动。2016年一项针对美国人恐惧对象的调查[66]发现,人们更害怕恐怖主义、身份盗窃和生物战,而不是全球变暖。为什么会出现这种情况呢?

丹尼尔·吉尔伯特(Daniel Gilbert)[67]认为部分答案在于我们大脑的工作方式。我们的大脑会因明显的和当前的危险(如老虎、蛇或携带武器的敌人)受到惊吓并被激怒——而不是之后可能发生的渐进性危险(如干旱、流感或更频繁的飓风)。我们倾向于应对人类的威胁(如恐怖主义),这些威胁是蓄意而为的,因此会在我们心中引起一种道德上的愤慨。然而,由于气候变化有可能对数百万人造成比恐怖主义更大的痛苦和死亡,忽视或否认气候变化对我们的物种乃至地球来说是极端危险的适应不良。吉尔伯特认为,如果人们认为全球变暖是一个恐怖主义的阴谋,而不是驾驶汽车、燃烧煤炭和砍伐森林等人类活动不幸的副产品,那么人们便有可能要求应对全球变暖。如果像惯常的恐怖分子一样,全球变暖也长满胡须,像一个掠食者一样蓄意跟踪着我们,或许会有更多的人倾向于采取行动。

马修·麦格龙和他的同事[68]验证了这一观点,不是通过在全球变暖问题上留胡子,而是通过在另一个非人类威胁上留胡子:2009年大范围流行的"猪流感"病毒。那年4月,为了应对流行性感冒的蔓延,疾病控制和预防中心提出了一系列建议,包括经常洗手、避免接触受感染的人,尤其是接种疫苗。在实验中,在提出了这些建议之后疫苗问世之前,麦格龙和他的团队制作了信息小册子,小册子在介绍"猪流感"事实的方式上各不相同。对于实验中的一半人来说,流感被描绘成人们会接触到的东西("今年可能有数千人死于猪流感");对另一半人则改成将流感描述为一种捕食者("今年'猪流感'可能会杀死数千人")。那些接受小册子将流感描述成一个活跃的杀手的人,更容易把"猪流感"看作是可怕的,更容易把自己看作是易受感染的,并且更容易接受流感疫苗注射。因此,如果恐惧引发的诉求能与我们的相关措施共同发挥作用,从而使我们的恐惧会受到一种直接的、蓄意的威胁攻击,那么这种诉求尤为有效。

道德情感 道德情感是一种具有规范性判断的情感——你所做的是错误的、令人厌恶的或邪恶的。例如,愤怒既是一种感觉,也是一种判断:"我因为你所做的坏事而感到愤怒。"道德情感可以成为具有高度说服力的修辞手段——它们往往会激发行动,团结志同道合的群体——而且它们往往具有传染性。[69] 例如,在推特上,含有与道德情感相关词语的推文(如无耻的、恶心的或坏的)往往比非道德情感词语更容易被转发。[70] 政治家经常试图诱发道德愤怒,因为它可以团结他们的追随者,并让他们签署请愿书、捐款;[71] 慈善机构常常试图说服人们通过让潜在的捐赠者感到内疚来向那些不太幸运的人捐款,这种情绪会增强他们的捐款意愿,并在面对面的情境下增加他们的意愿。[72]

我们也可以通过道德提升来诱发人们更多的"天使举动",即人们的亲社会动机,这是我们在他人身上看到美德时所感受到的情感。实验研究[73] 发现,当人们观看描述现实生活中善良或道德美好行为的视频时,例如为学生付出额外心血的老师,或为一个不太幸运的可怜孩子捐款,他们正面回应帮助另外一个人或捐款请求的可能性要高出许多倍。(这也解释了我在第1章中所描述的,当乔舒亚观看了一部"道德提升"的影片《辛德勒的名单》后,把所有的钱都给了一个乞丐。)

在相似的情况下,亚当·格兰特(Adam Grant)[74] 研究了各种激励措施对于促使人们努力工作的影响。在研究中,他考察了志愿者通过打电话来筹集学生奖学金的效率。格兰特发现了一种可爱的技巧,说服他的志愿者们把他们筹集的捐款增加了近三倍。他所要做的就是在志愿者和他们所筹集的奖学金的前一位接受者之间安排一个5分钟的会议。能够将自己的努力与一个表达道义上感激之情的人联系起来，激励了他们筹款的努力。

统计与个别案例 一般来说，人们会利用他人的经验和意见来决定什么是一种好的行为准则。这就是为什么，作为一般规则，我们会相信群体而不是个人，并且与标新立异的人相比，我们更倾向于追随人群。但是，当我们面对一个令人信服的故事或案例时，这种合理的逻辑往往会失效。如果 Yelp 有 300 条正面评论称赞 El Taco Loco①，但只有两条负面评论，从统计数据看，你会喜欢这家餐厅。但是假设你在一个聚会上无意中听到有人在谈论他们刚刚在那里的一次可怕的经历（"我不得不问三次才要到一把干净的叉子，而他们的薯片已经变质了"）。你会说，"好吧，那是 300 个欣喜若狂的顾客中两个不开心的顾客之一吗？"也许吧，但这个人的故事很可能会压倒有关 Yelp 正面评论的优势。这些个别案例越生动，越具有说服力。[75]

一个真实的例证来自节能领域。几年前，我和我的学生[76]尝试劝说房主进行必要的改造，以拥有一所节能的房子。我们与当地公用事业公司的家庭审计员合作，并指导他们在推荐家庭装修时使用生动的案例。大多数审计员在自行采取策略时，只是指出门周围的裂缝，并建议屋主安装挡风雨条。相反，我们训练他们告诉房主，如果所有门上的裂缝加起来，他们的客厅墙壁上就会有一个篮球大小的洞。"如果你的墙上有一个那么大的洞，你不想把它补起来吗？挡风雨条就是用来补洞的。"接受过使用这种生动语言培训的审计员将其效率提高了四倍。尽管此前接受建议的房主只有 15%，但在审计员开始使用更生动的语言之后，这个数字增加到了 61%。

因为大多数人受到一个个具体案例的影响要比接受大量统计数据的影响更大，所以 Taco Loco 的故事或者客厅里一个篮球大的洞的想法所带来的影响可能会非常巨大。毫无疑问，这是个别推荐（"我在珍妮·克雷格身上减掉了 40 磅！"）如此有效的一个原因，即使也会附有统计方面的免责声明（"这些结果可能不适用于所有人"）。这也是为什么专业的说客被训练如何说服国会议员投票赞成某项法案的原因：他们受到警告，不要提供太多的统计数据，只需讲述某个人的情感故事。

---

① 一家有名的墨西哥风味国际连锁餐厅。——译者注

认同诉求 如果这些事情与我们的自我认同产生共鸣,说服者便可能促使我们去行动。其中一个最有吸引力的例子来自德克萨斯州一次非常成功的广告宣传活动,该活动旨在让当地居民停止乱扔垃圾。(这场活动的目标特别针对的是 18 到 35 岁的男性,他们最有可能把瓶子和其他垃圾从车窗扔出去。)德克萨斯州交通部没有张贴"不要乱扔垃圾"的标语,而是设计了一个口号,利用了德克萨斯人的自豪感和边疆意识,即不要践踏德克萨斯人的坚韧:别惹德克萨斯。这句话在高速公路、电视、收音机和平面广告的显著位置上广为展示,而且起到了作用。1986 年至 1990 年间,德克萨斯州公路上的垃圾量下降了约 72%。[77]

因此,唤起一个人的身份认同可以产生微妙但强大的效果。克里斯托弗·布莱恩(Christopher Bryan)和他的同事[78]已经证实,如果你把选举前调查问题的措词从个人"行动"的措词("在即将到来的选举中投票对你有多重要?")改为实现人们认可的身份("你在即将到来的选举中成为选民有多重要?"),那么人们更有可能去参加投票。同样,当被问到"谁想成为一名帮手"而不是"谁想帮忙"时,孩子们会提供更多的帮助。这样的标签也可以减少不良行为。正如我们在第 3 章所看到的,当提示人们"不要成为骗子"而不是被要求"不要作弊"时,人们会更少作弊。通过让人们从他们更高的身份角度去思考某个行为是好是坏,他们会把这一行为看作是"自己是谁"的核心,而不是一个偶然的行为。这就是身份的力量。[79]

单向与双向观点 假设你要做一场演讲,试图说服你的听众死刑是必要的。如果你只是陈述了你的观点而忽略了反对死刑的观点,你会说服更多的人吗?如果你讨论了相反的观点并试图反驳它们,你会更有说服力吗?

在回答这个问题之前,让我们先看看这里都涉及到什么。如果沟通者提到了反对者的观点,这可能表明他(她)是一个客观、公正的人;这可以增强演讲者的可信度,从而提高其效力。但是,如果一个沟通者如此多地提到问题另一方的观点,它可能会提醒听众这个问题是有争议的;这可能给他们的思想带来混乱,使他们动摇,并最终降低沟通的说服力。而且事实上,单向观点和它们的有效性之间没有简单的对应关系。如果听众对这个话题越了解,那么他们被单向观点说服的可能性就越小,此时提出重要的对立观点然后继续反驳这些观点,则会提高说服的可能性。这是合乎道理的:一个见多识广的人更有可能知道一些对立的观点。当沟通者避免提及这类观点时,知识渊博的听众很可能会得出这样的结论:沟通者要么不公平,要么无法反驳他们。相反,一个事前不了解的人,对对立的观点知之甚少或一无所知,因此他们很可能被他们所听到的一方观点所说服;如果听到了相反的观点,他们则可能会对自己到底赞同哪一种观点感到困惑。

另一个因素是听众最初的观点。如果观众已经倾向于相信传播者的观点,那么单向的陈述对他们的观点产生的影响要大于双向陈述。然而,如果听众倾向于相反的观点,那么双面驳斥就会更有说服力。[80] 大多数政治家都很清楚这种现象,这就是为什么他们倾向于做出截然不同的演讲,这完全取决于所面对的听众。在与党内忠诚人士交谈时,他们几乎总是提出一系列令人毛骨悚然的论据,支持他们自己的政党纲领和候选人资格。如果他们确实提到了反对意见,那也是以一种嘲弄的语气。但是,当他们出现在电视上,或是对忠诚于不同党派的听众演讲时,他们倾向于采取一种更为外交的立场,在着手反驳之前,就对方的观点给出一个相当准确的介绍。

沟通者和听众之间的差异程度 假设你正在和那些强烈反对你观点的人交谈,如果你以最极端的形式呈现你的观点,或者你以一种与你的听众观点看起来没有太大不同的方式来调整你的观点,哪种方式会更有效?

比方说,你认为人们应该每天积极锻炼以保持健康;任何体育活动都会有所帮助,但至少一个小时的时间更为可取。你的听众是大学教授,他们似乎认为翻开一本书的页数对普通人来说已经是足够的锻炼。你会不会更倾向于改变他们的观点,认为他们应该开始一个严格的日常跑步、举重训练和瑜伽计划,或者建议一个更简洁、更少消耗的锻炼方案?听众的观点和传播者的建议之间最佳的差异是什么?这对于任何宣传者或教育者来说都是一个至关重要的问题。

乍一看,答案似乎是显而易见的:差异越大,他们的意见变化就越大。这一推理意味着,沟通者应该为每天严格的练习计划辩护;与听众行为的差异越大,他们就越应该改变自己的观点。事实上,一些研究者发现这种线性关系是正确的。菲利普·津巴多[81] 招募了一批大学生来做实验,要求每个人都带一位亲密的朋友到实验室。每对朋友都会接受一个犯罪少年的案例研究,然后要求每一位被试独自而且私下表明他对此事的建议。这些被试都被引导相信他的密友不同意他的观点——要么是轻微,要么是强烈的反对。津巴多发现,差异越大,被试的意见就越倾向于与他们所认为的朋友的意见保持一致。

然而,一些实验并未能支持这一结果。詹姆斯·惠塔克(James Whittaker)[82] 发现了这种差异和意见变化之间的曲线关系。我的意思是,通过曲线走势可以看出：当某种较小的差异有所增加时，意见的变化程度也有所增加；但是随着差异的继续增加，意见的变化开始放缓；最后，随着差异的增大，意见的变化会非常小。当差异很大时，几乎观察不到意见的变化。

卡尔·霍夫兰德、O·J·哈维(O.J. Harvey)和穆扎法尔·谢里夫[83]对这一发现很感兴趣，他们认为，如果某个特定的沟通内容与一个人的观点有太大的差异，或者假如它实际上超出了这个人接受的范围，他便不会受到太大的影响。在他们的实验中，沟通内容来自于某个热点问题，被试对该问题有着强烈的切身体验：他们所在的州是应当"禁酒"还是"开禁"？也就是说，是否应当更改有关酒类饮料配给与销售的法律禁令。该州的选民在这个问题上意见分歧，被试是抽取的一个代表性样本：一些被试强烈主张本州应当继续禁酒，另一些人强烈认为该州应该对酒开禁，其余的人则持中间立场。被试们被分为若干组，每组都由持三种不同意见的人组成。之后，实验者提出支持这三种观点之一的论点：主张放开经营、不受限制地销售酒类的信息；主张彻底禁止的"禁酒"信息；以及适度"开禁"的信息，认为可以允许一些饮酒，但要有一定的控制和限制。这样，可以保证每个组中都有一些被试发现宣传内容与自己的观点接近、一些被试发现宣传内容与自己的观点存在中等程度的差异、一些被试发现宣传内容与自己的观点相差很大。结果发现，实际提供的信息与小组成员观点存在中等差异时，被试意见改变最大。

对于一个科学家来说，这是一件令人兴奋的事情。当大量的研究发现指向某个方向，而与此同时又有大量的研究发现指向另一个方向时，这并不一定意味着有人错了；相反，这表明有一个重要的因素没有被考虑到——这的确令人兴奋，因为它让科学家有机会扮演侦探这样的角色。这就是为什么我想讨论这个问题的原因，不仅是因为该问题本身具有重要的价值，而且因为它提供了一个展示社会心理学作为一门科学所具有的冒险精神的机会。

我们可以采用两种方法来继续这个探索游戏。我们可以先把展示某一结果的所有实验和展示另一结果的所有实验汇集到一起，然后（用手里拿着的那把想象的放大镜）仔细地审视它们，寻找A组实验中普遍存在的、而B组实验中却没有出现的那个因素。另外，我们可以尝试从理论上说明，为什么这个因素会产生影响。或者，我们可以从哪些因素可能会产生影响的理论推理入手；然后，我们依据这一理论推理去查阅现有的文献，看看A组实验和B组实验在这个维度上是否存在差异。

191　作为科学家,我个人偏爱第二种方法。因此,我和我的两个学生朱迪丝·特纳(Judit Turner)和默瑞尔·卡尔史密斯一起,开始推测哪些因素可能会产生影响。我们首先接受了这样一个观点,即差异越大,听众的不适感就越大。但是,我们推断,这并不一定意味着听众会改变他们的观点。

我们不妨从听众的角度来看一下这种情况。正如我们在第3章讨论认知失调时所看到的那样,当有人同我们发生争执时,会令我们感到不安,因为这暗示着我们的观点或行为可能是错误的,或是基于错误的信息,或是源自上帝的错误——我们天生是不完整的或者是愚蠢的。另一个人所说的观点同我们所信奉的观点之间差距越大,我们内心的分裂感会越强。个体如何来克服这种分裂感?这里至少有三条途径:(1)他们可以改变自己的观点;(2)他们可以通过找到与自己观点相同的其他人来寻求对自己最初观点的支持,不管传播者怎么说;或(3)他们可以贬低传播者,让自己相信这个人是不称职,不道德或轻率的傻瓜,从而使他(她)的意见无效。从技术上讲,还有第四条途径,他们可以诱导沟通者改变自己的观点——但假如信息是由不可接近的人传递的(通过电视、在线或讲座),便是不可能的。

在何种情况下,人们会选择途径三并对传播者加以诋毁?对喜欢和受人尊敬的私人朋友做这件事是很难的;就所讨论的问题而言,放弃一位非常值得信赖的专家也不是一件容易的事情。但假如传播者的可信度值得怀疑,我们猜测诋毁或放弃那个人将会是大多数人采取的途径,特别是如果他(她)的意见与传播对象的观点相去甚远时。传播者的观点与听众的观点越不一致,听众就越有可能质疑他(她)的智慧和理智。他们越是质疑他(她)的智慧和理智,就越不可能受到传播者的影响。

192　让我们回头再看一下体育锻炼的那个例子:想象一下,一位刚刚赢得波士顿马拉松比赛的73岁男子。如果他告诉我一个保持健康和长寿的好方法就是每天锻炼至少两个小时,我会相信他。再想想,我能相信他吗?如果他建议我每天只锻炼10分钟,我很大程度上会接受他的建议。但是假设一个不太可信的人,比如某个高中的田径教练,建议我每天锻炼10分钟。他这样的建议应该在我个人的接受范围之内,他可能会对我的意见和行为产生影响。但是如果他建议我开始一项每天需要两小时的高强度运动计划,我会倾向于把他当作江湖郎中或是健康狂人,而我可以不予理睬地继续懒惰下去。因此,我同意霍夫兰德、哈维和谢里夫的观点:人们会认为一项高度不一致的沟通内容会超出他们可以接受的范围,但前提是沟通者不具有高度的可信度。

基于以上推测，我和特纳、卡尔史密斯仔细研究了关于这个问题的已有实验，我们特别注意了传播者的描述方式。令人惊奇的是，我们发现那些观点差异与看法改变之间存在线性关系的实验，恰恰比那些存在曲线关系的实验将宣传者描述得更为可信。这一发现证明了我们对可信性作用的推测。

但我们并没有就此止步：我们设计了一个实验，在这个实验中，我们系统地考察了沟通内容差异程度与沟通者可信度之间的关系。[84] 在这个实验中，要求一些女大学生阅读了几节现代朦胧诗，并要求她们按照从好到差的顺序对它们进行排序。接着，让这些女生每人阅读一篇旨在评论现代诗的短文，评论中特别提到了她认为最差的那节诗。对于其中一些被试，短文作者在描述这节诗时采用了充满激情的语言，由此而使得沟通者的观点与该种实验条件下学生所持的观点产生很大的差异。而对于另外一些被试，短文作者在描述这节诗时只是略微表示赞许，这样便使短文作者的观点与该种实验条件下学生的观点产生适度的差异。在第三种条件下，短文作者稍稍表达了对这节诗不屑一顾的态度，由此而使接受者产生轻度差异的感觉。最后，我们让参与实验的一半被试认为短文作者是著名诗人艾略特，而让另一半被试认为短文作者是普通大学生。

接着，我们再次要求被试们对这几节诗进行排序。如果艾略特被视为短文作者，因为短文对这节诗的评价与学生们的评价之间差异最大，他对学生们产生的影响最大。如果那位只有中等可信度的学生被看成短文作者，当短文的评价与学生们的评价稍有差异时，学生们对朦胧诗的意见几乎没有什么变化；当短文的评价与学生们的评价之间存在适度差异时，会导致学生的观点出现更大的变化；当二者之间差异极大时，学生们的观点变化很小。

那么，对于沟通者的可信度和听众看法之间的变动关系，我们能得出什么结论呢？当传播者具有很高的可信度时，如果传播者的观点与听众的观点存在很大的差异，那么他们更有可能说服听众。但是，当沟通者的可信度很低时，他们唯一能让听众接受的条件，就是他们的观点与听众的观点只有适度差异。

接受者的特征

在人们持有不同观点时，有些人更难被说服。另外，正如我们所看到的，这种对某个人有吸引力的沟通可能对另一个人没有吸引力。我已经注意到，接受者拥有的知识、能力和动机强度以及他们先前的观点,将在决定双向沟通是否比单向沟通更有效方面发挥重要作用。

人格与政治 一个人的人格对他(她)接受说服的开放性有什么影响?与说服力最为相关的一个人格特征是自尊。自我评价低的人比自我评价高的人更容易被说服性的沟通所影响。这似乎是十分合理的;毕竟,如果一个人不喜欢自己,那么结果就是,他不可能看重自己的观点,也不会有多少自信。因此,如果他们的想法受到挑战,他们便可能愿意放弃。如果自尊心很强的艾米丽听到的沟通信息与自己的观点不一致,她必须下定决心:如果改变自己的观点或接受别人的赞扬,她是否更有可能确保自己正确。如果她发现自己与一个可信度高的沟通者意见不一致,她可能会经历更多的内心冲突。但如果她自尊心不强,那就可能很少或者根本没有内心冲突。因为她不太重视自己,她便可能认为只要接受了沟通者的观点,就更有可能保证自己是正确的。

现在,任何一个清醒的人都知道共和党人和民主党人在大多数问题上似乎都会意见相左,而且任何一方似乎都无法被另一方所说服。为什么这样说呢?在分析了44年间来自美国和欧洲超过22 000人的研究数据之后,约翰·乔斯特(John Jost)及其同事[85]得出的结论是,这些分歧不仅仅是有关如何消除贫困或校园维修方面的哲学争论;它们反映了不同的思维方式、对不确定性的不同容忍度,以及核心的人格特质,这就是保守主义者和自由主义者通常不会被同样的论据所说服的原因。

基于这些证据,一些进化心理学家认为,意识形态的信仰体系可能已经在人类社会中进化成一个由两种核心态度组成的左右维度:(1)一个人是主张社会变革还是维护社会现状,和(2)一个人是否认为不平等是人类政策的结果,这种不平等是可以克服的还是不可避免的,是否应该被接受为自然秩序的一部分。[86] 进化心理学家指出,这两种态度千年来在人类适应性方面带来了益处:保守主义会在促进稳定、传统、秩序和等级制度方面维护我们的利益,而自由主义则会在促进求异、变革、灵活性和平等方面维护我们的利益。[87] 保守主义者更喜欢熟悉的人;自由主义者更喜欢与众不同的人。为了生存,每一个社会中的这两类公民都会做到极致,但是你可以看到为什么自由主义者和保守主义者在诸如收入不平等和同性恋婚姻等问题上如此情绪化地争论。他们不仅在具体问题上争论,而且还在基于他们的个性特征所产生的基本假设和价值观方面展开争论。

重要的是要强调这些只是一般趋势。大多数人对稳定和生活中变化的看重，可能在不同年龄段有着不同的比例；许多人会根据新的情况和经历改变观点，就像接受同性恋婚姻一样；直到最近，在美国社会，两个政党的大多数成员都愿意妥协并在通过立法时寻求共同点。尽管如此，基本方向上的这种差异仍有助于解释令人沮丧的事实，即自由主义者和保守主义者很少能够成功地相互倾听，更不用说改变彼此的思想。

接受者的情绪与心态 另一个影响接受者对沟通信息反应的因素是他们的心态。罗伯特·西奥迪尼在实验室以及与销售专家和说服专家一起工作时研究了说服力。他认为，如何让人们准备好接受说服性信息，是说服是否有效的一个关键因素："通过策略性地引导接受者从一开始便加以关注，沟通者有可能在接受者接触信息之前便促使他们与信息达成一致。"[88] 例如，在一项研究中，当研究人员接触到某个人并请求其帮助进行市场调查时，只有29%的人同意参与。但是，当研究人员接触这个人并提出请求之前简单地问他："你认为自己是一位愿意帮忙的人吗？"77.3%的人会自愿参加。为什么会这样呢？当被问到是否是一位愿意帮忙的人时，几乎每个人都会回答"是"。之后，当提出帮助请求时，大多数人同意参与，以便与最近激活的自己是愿意帮忙的人的身份保持一致。因为人们乐于认为自己是愿意帮忙的人，所以很难在回答"是"之后，拒绝提供帮助。（您将认识到这是伪善范式的一个例子，如第3章所述。）

假如听众吃饱喝足、放松、快乐、自我感觉良好，他们也更容易接受有说服力的交流。在阅读有说服力的信息时，被允许吃自己喜爱的食物的人，比对照组（非饮食组）的人更容易受他们所读内容的影响，[89] 而且心情好的人不会那么挑剔，这也使得他们更容易接受说服的影响。[90] 杰弗里·科恩、乔舒亚·阿伦森和克劳德·斯蒂尔（Claude Steele）[91] 发现，那些得到一些自我肯定的反馈（得知自己在校园里很受欢迎）的人，更容易接受攻击他们信仰的有说服力的论据。

从相反方面看，听众的接受度和说服力也可能被降低。有一种方法就是简单地警告他们即将发生的事情。[92] 当我还是个青年人的时候，电视主持人会在节目进行中暂停，然后告知观众："现在，我们的赞助商会播发一条信息。"即使在那个年龄，我已经认为，如果电视节目播出这样的信息，赞助商所提供信息的说服力会降低。这样的预警似乎是在说："当心，我将试图说服你。"人们往往会通过对消息进行防御来作出反应。乔纳森·弗里德曼（Jonathan Freedman）和戴维·希尔斯

（David Sears）在一项实验中证明了这一现象。[93] 一些青少年被告知他们将听到一个题为"为什么不允许青少年开车"的演讲。10 分钟后，演讲人向他们呈现那个提到过的演讲。在控制条件下，他在没有 10 分钟预警的情况下进行了同样的演讲。结果表明，与那些被预警过的青少年相比，处于控制条件的青少年更有可能完全相信他所讲的话。

对宣传和说服的抵制

在本章开始的时候，我们思考过当下正在使用的所有技术，以及说服我们购买某些商品、相信某些说法或者做出某些事情来改善我们生活的技术。幸运的是，尽管我们所有人都可能受到我们通常不知道的方法的影响——特别是我们熟悉的重复故事、恐惧唤起或者对我们身份最重要的方面的诉求——我们人类不是海绵，只能被动地吸收。我们希望保持我们的控制感并保护我们的自由感。

根据杰克·布雷姆（Jack Brehm）[94] 的**抗拒**理论，当我们的自由感受到威胁时，我们会努力去恢复它。有没有人严厉地警告过你不要做任何事——"不要碰这个热盘子！别跟那个人出去！不要拿枯草当烟吸！"——然而你立马就做了？这就是反抗。当人们认为某个人传递的信息过于明目张胆或者具有强制性，从而侵犯了他们的选择自由时，他们很可能会激活防御来抵抗它。例如，如果我走进一家商店只是为了逛逛，一位过于主动的销售人员告诉我，我必须尝试这种剃须水，或者必须看看他们的新潮衬衫系列，我的第一反应是离开这家商店以重新证明我的独立性。

研究表明，抗拒的活动范围很广。其中之一是，为了让人们停止在卫生间墙壁上涂鸦，研究人员在浴室里放置了两个标志中的一个：[95] "在任何情况下都不要在这些墙壁上写字"或"请不要在这些墙壁上写字"。研究人员两周后返回，观察到上面增加了很多涂鸦。正如所预测的那样，出现"在任何情况下……"要求的标志后，相比"请不要在……"标志，涂鸦的人明显更多。同样地，收到不要吸烟严厉警告的吸烟者，通常会以点烟抗议来回应。[96]

或者假设，当你走在街上时，有人很有礼貌地要求你签署一份请愿书。你对这个问题不太了解，有人向你解释；这时另一个人积极地建议你不要签字。抗拒理论预测，为了抵消这一压力并重新获得自由选择，你更有可能签名。这个情境实际上是由马德琳·海尔曼（Madeline Heilman）[97] 策划的，他发现在大多数情况下，阻止人们签署请愿书的努力越强烈,他们签署请愿书的可能性就越大。

当然,正如我们在第4章中所看到的,就像在阿希实验中那样,人们可能(而且正在)受到从众所隐含的社会压力的影响。但是,当这些压力如此显而易见,威胁到人们的自由感时,他们不仅会抵制这些压力,而且往往会朝相反的方向作出反应。事实上,在不考虑其他因素的情况下,当面对与重要信仰背道而驰的信息时,只要有可能人们就会表现出一种立即提出反驳意见的倾向。这样,他们就能够防止自己的意见受到不适当的影响,以保卫自己的自主权。

因此,在个人层面上,抗拒会导致我们抵消那些告诉我们必须如何行事的命令或指示。但是还有一种更有效的、更谨慎的方式来抵制说服。我们已经看到,对于说服大多数听众来说,双向的、包含赞成和反对两方面观点的呈现,比单向的呈现更有效。在这一现象的基础上,威廉·麦圭尔(William McGuire)和他的同事们[98]提出了他们所称的**接种效应**(inoculation effect):如果让人们先接触某一简短的宣传,而且接着他们能够对其加以反驳,人们就会对后来大规模出现的同样观点产生"免疫",这就如同在人体内注入少量经过稀释的病毒可以帮助人们对这种病毒的大规模进攻产生"免疫"。通过接受"小剂量"反对他们观点的论据(轻微的攻击),人们便可以对后来更强有力的反对他们最初观点的论据免疫。相反,如果人们对某个问题没有太多的思考——也就是说,如果他们通过外围路径形成了自己的态度,比如通过情感、熟悉度或同龄人——他们特别容易受到对自己观点的全面攻击。他们在捍卫自己的观点时将缺乏现实依据。这就是为什么有实验研究发现,给人们接种9·11事件的事实,会增加他们对随后有关那场悲剧的阴谋论宣传的抵抗力。[99]

接种"疫苗"增加了我们对后期说服的抵抗力,因为我们有动机去捍卫我们的信仰,我们通过强迫自己去审视为什么要坚持这些信仰而获得了一些现实依据。当然,有时对反对者的批评和合理的辩论持开放态度,可能会导致更好的选择:改变我们的观点!在我看来,这里值得强调的一点对于教育目的的实现至关重要:如果我们想减少单纯宣传的影响,就没有什么可以替代对各种思想的自由探索。最容易被洗脑的人,是那些信仰基于从未受到过严重挑战的口号的人。

对我而言,这项研究的结果是,让我们的想法受到挑战会有很大的好处——要么让我们相信我们所珍视的一些信仰可能是错误的,要么迫使我们思考我们信仰的原因,并比以往更深刻地理解这些原因。这就是为什么我读到大学校园里针对被认为是"种族主义"、"性别主义"或任何其他"受歧视者"的抗议报道时感到悲哀的原因。这些人很可能是有偏见的,但他们也可能是在某些方面与他们的抗议者意见相左的人,在听到他们畅所欲言之前,怎么会有人知道个中原委呢?正如本章关于说服的研究所表明的那样,禁止人们说话没有任何效果;它没有教会抗议者如何为自己的立场整理有说服力的论据,没有说服那些持有不同观点的人,也没有帮助人们解决文化上的误解与沟通障碍。

作为一名社会心理学家和教授,我的工作说服了我,邀请那些持有不同观点的学生团体呈现他们的信仰和态度是非常重要的,尤其是在大学校园里,即使许多学生发现这些观点令人反感。叫喊和沉默不能说服任何人。丽莎·费尔德曼·巴雷特(Lisa Feldman Barrett),一位研究情绪神经科学的心理学家,讲述了一个我认为很好的故事,这个故事抓住了令人厌恶的言语和辱骂性言语之间的区别:

> 感受他人令人厌恶的观点可能具有教育意义。在我的职业生涯早期,我教过一门有关优生运动的课程,该运动主张选择性繁殖人类。优生学在当时成为种族主义的科学依据。为了帮助我的学生理解科学历史上这丑恶的一页,我指派他们讨论它的优点和缺点,但学生拒绝了。即使作为课堂练习的一部分,也没有人愿意争辩说某些种族在遗传上优于其他种族。为此,我在我的部门招募了一名非洲裔美国教师,在我反对的时候为优生学辩护。在辩论中,我们交换了立场。我们为学生建构了大学教育和社会生活的基本原则:当你被迫从事某个你非常讨厌的职位时,你会了解到与你的观点不同的另外一种观点。这个过程会感觉很不愉快,但这是一种很有效的压力……你从中学到的东西会长期受用。[100]

相比之下,挑衅者、宣传者和仇恨者——例如三K党和其他白人至上主义团体的倡导者——正在发表辱骂性言论。他们对教育任何人或对他们的观点进行辩论并不感兴趣,所以没有理由邀请他们在教育机构发声。但是,这些人不应该在不经意间与一些持有不同见解的严肃学者归为一类,例如政治学家查尔斯·默里(Charles Murray),他一直认为遗传因素有助于解释智商分数中的种族差异。这个论点冒犯了很多人,但这是一个经验假设,可以进行辩论并对他的数据进行检验。反过来,这个过程也可能推动(并且已经推动)进一步的实验研究,以确定为什么默里得到了他所提供的结果以及其他因素是否可以对其作出解释。在科学方面，我们不会说，"我不喜欢你的发现，因为它违背我的价值观！"然后走出房间，"砰"地关上自己身后的那扇门。我们有义务使用证据来证明我们认为他人错误的原因。在第 7 章中，你将看到默里的论点如何被社会心理学家，如克劳德·斯蒂尔（Claude Steele）、乔舒亚·阿伦森，以及遗传学家如理查德·莱旺顿（Richard Lewontin）等所反驳。

约翰·斯图亚特·穆勒（John Stuart Mill）在他 1859 年的那部名著《论自由》中表示，我们必须允许表达我们不喜欢的观点，因为这些观点可能包含一些可以质疑甚至纠正主流传统智慧的真理，或者至少为我们提供了重新审视我们一直坚持的信念和智慧的动力。或者，正如最高法院法官路易斯·布兰迪斯（Louis Brandeis）所言，当我们面对基于"谬论和谎言"的观点时，我们必须记住："要采用的补救措施是更多的言论，而不是强制性的沉默。"教育有时是令人不安的，然而它的确本该如此。

本图来源于《纽约客》1964 年 1 月 18 日。
Saul Steinberg, *Untitled drawing*, ink on paper.
Originally published in *The New Yorker*, January 18, 1964.
© The Saul Steinberg Foundation/Artists Rights Society (ARS), New York

6

人类的攻击性

许多年前,我们国家在东南亚发动的那场灾难性战争正处在高峰期。一天,我正在观看电视新闻。一位主持人(独一无二的沃尔特·克朗凯特,Walter Crokite)报道了一起事件,其中美国飞机在南越的一个村庄上抛下了凝固汽油弹,据信这是一个越共据点。当时大约10岁的儿子哈尔好奇地问道:"嘿,爸爸,什么是凝固汽油弹?"

"哦,"我随口答道,"按我的理解,它应该是一种能够让人燃烧的化学制品;它应该很有黏性,一旦粘到皮肤上,就无法取下来。"我继续观看新闻。

几分钟后,我无意中看了哈尔一眼,发现他已经是泪流满面。我深深地被他的痛苦和伤心打动了,当我意识到问题出在我身上时,我感到非常沮丧。难道我已变得如此残忍而毫不掩饰地回答儿子的问题,就像回答他垒球是怎样做成的,或者树叶有什么功能一样吗?难道我对人类的野蛮行为已经习以为常,对它们的存在已经无动于衷了吗?

从某种意义上说,这并不奇怪。我们这一代人已经经历了一个无法形容的恐怖时代:欧洲的大屠杀,广岛和长崎投下的原子弹,朝鲜战争以及东南亚和中东战争等等。在随后的几年里,我们也见证了中美洲无休止的内战;在柬埔寨屠杀了100多万平民;波斯尼亚的"种族清洗";卢旺达、苏丹和阿尔及利亚的血洗;9月11日在我们自己的土地上发生的自杀式袭击,然后是接踵而至的美国在阿富汗和伊拉克的报复。尽管这些事件令人恐惧,但大规模杀戮当然不是我们这个时代所特有的。一位朋友曾经给我看过一本小书,这本书不过10或15页,据称是世界的袖珍历史,按时间顺序对历史记录中的重要事件进行了列表。你能猜出它的呈现方式吗?当然,一场接一场的战争,偶尔会被一些非暴力事件中断,例如耶稣的诞生和印刷机的发明。如果人类简史中最重要的事件是人们互相集体杀戮,我们会是一个什么样的物种呢？

而且，我们美国人表现出来的是对暴力的冷酷接受，即便有时似乎是完全荒谬和无理的。当美国战机轰炸利比亚以报复该国恐怖主义行为高涨时，尽管只有31%的人认为这次袭击能够有效遏制未来的恐怖主义，但仍有71%的公民赞同这一军事行动。[1] 对此，我们只能断定，大量的美国民众已经将纯粹复仇的行动视为美国对外政策可以接受的一部分。可以肯定的是，大多数国家的大多数公民支持其政府发起的战争。但美国人领导的地球上最发达国家却容忍这样一个惊人的事实：在这个国家每天发生大规模枪击事件（可定义为至少 4 名受害者），每年有超过 10 万人死于枪支暴力，包括谋杀、袭击、自杀、事故和警察干预导致的死亡。[2]

我将**攻击**定义为旨在造成伤害或造成身体或心理痛苦的故意行为。攻击行为可能是身体上的，也可能是口头上的。无论是否成功实现目标，它仍然是攻击。因此，如果某个正在生气的朋友把啤酒瓶扔向你的头部，但你躲开了，那么瓶子就会错过它的目标，但它仍然是一种攻击行为。重要的是你朋友的意图。但是如果一个醉酒的司机，在你试图过马路时无意中撞向了你，那么这并不是一种攻击行为，即使你遭受的伤害远远大于躲过啤酒瓶所造成的伤害。

根据这个定义，我们人类已经证明自己是一个特别具有攻击性的物种。没有其他动物如此一贯地大肆打击、折磨和杀死他们自己的成员。几个世纪以来，哲学家们一直在争论为什么会这样？攻击是先天现象，还是必须通过学习？托马斯·霍布斯（Thomas Hobbes）在他的经典著作《利维坦》（1651 年首次出版）中认为，在自然状态下，我们人类是野兽，只有通过强制执行法律和建立社会秩序，我们才能抑制霍布斯所说的攻击性自然本能。相反，让－雅克·卢梭（Jean-Jacques Rousseau）关于高贵野蛮人的概念（他在 1762 年提出的一种理论）认为，在自然状态下，我们人类是温和的生物，这是一种限制性社会，由此而迫使我们变得充满敌意和攻击性。西格蒙德·弗洛伊德（Sigmund Freud）[3] 在 20 世纪发展了霍布斯的悲观主义观点，他认为人类天生就有一种对生命的本能驱动力，他称之为爱洛斯（Eros）和一种对死亡的本能驱动力桑纳托斯（Thanatos），这种本能会导致攻击行为。关于死亡本能，弗洛伊德写道："它在每一个活着的生命中都在起作用，并且正在努力使它走向毁灭，并将生命降减到无生命物质的原始状态。"

这个古老的人性争论促使我提出以下问题，我将在本章尝试回答：攻击行为是天生的吗？它是我们作为人类本性的一部分吗？攻击性可以改变吗？女性是否像男性一样(但可能方式不同)具有攻击性?有哪些社会和环境因素会增强或减弱攻击行为?今天,许多领域的心理学科学家都明白,"攻击"既是生物的,也是后天习得的,是我们进化遗产的一部分——促进利他主义和合作的反作用力量也是如此。在此,我们讨论一下影响或阻止攻击性行为的一些因素。

非人类动物的攻击行为

为了深入了解攻击可能具有的先天性,一些科学家已转向使用非人类物种进行实验。让我们考虑一下猫会"本能地"追踪并杀死老鼠的普遍看法。半个多世纪前,生物学家郭任远(Zing Yang Kuo)[4]试图通过一个简单的小实验来证明这个说法是荒诞的:他在同一个笼子里养了一只老鼠和一只小猫。这只猫不仅没有攻击老鼠,而且他们还成了亲密的伴侣。另外,当有机会时,这只猫拒绝追逐或杀死其他老鼠。因此,良性行为并不局限于这个特殊的伙伴,而是推广到了这只猫从未见过的其他老鼠身上。这在非科学领域也有体现,例如网上颇为流行的反映跨物种"友谊"的一些视频和照片——某人的狗和猫互相依偎在对方的爪子上。

郭任远的实验(以及所有这些可爱的照片)虽然很有说服力,但并不意味着攻击性行为是后天习得的,也不意味着它不是天生的;它仅仅表明了攻击性本能可以被早期的经验所抑制。如果一只动物在没有与其他物种接触的情况下长大会怎样?当受到威胁时,它会不会表现出攻击性倾向?隔离饲养的大鼠(即没有与其他大鼠作战的经验)会攻击进入笼子里的同种大鼠;此外,隔离饲养的大鼠使用的威胁和攻击方式与有经验的大鼠使用的模式相同。[5]因此,即使攻击性行为可以通过早期经验加以改变,但在某些物种中,它显然是不需要学习的。

通过观察与我们最相似动物的行为,我们人类可以了解我们自己的生物性遗产吗?基因上与我们最接近的动物是黑猩猩和倭黑猩猩,与我们共享98%的DNA。然而,这些灵长类动物彼此之间差异不会很大。黑猩猩非常具有攻击性。虽然黑猩猩不会像人类那样进行全面的战争,但是雄性黑猩猩会捕杀其他黑猩猩,有时会折磨它们并撕裂它们;雌性黑猩猩也可能非常好斗、狡猾、卑鄙。[6]但是,倭黑猩猩,我们另外一种遗传上的近亲,被灵长类学家描述为比黑猩猩更富有同情心、同理心并爱好和平。虽然黑猩猩会在没有任何挑衅的情况下主动出击,但是倭黑猩猩却是地球上攻击性最小的物种之一。事实上,倭黑猩猩被称为"要爱不要战争"的猿类,因为每当一场潜在的危险冲突迫在眉睫时,倭黑猩猩就会发生性行为,这会消除紧张局势。它们也会在冲突后发生性行为,作为补偿。当倭黑猩猩到达觅食地时,它们首先做爱,然后和平地进食。相反,当黑猩猩到达觅食地时,它们会为争夺食物而进行战斗。此外,与黑猩猩不同,倭黑猩猩形成以雌性为主导的社会,让雄性保持一致,并对其他群体表现出非凡的敏感性。[7]

人类更像黑猩猩还是更像倭黑猩猩?那些认为攻击性是我们内在属性的人倾向于黑猩猩;那些认为我们本质上是合作的人则倾向于倭黑猩猩。虽然我们人类不会分享倭黑猩猩对问题的性解决方案,但我们比黑猩猩更善于合作以防止通过暴力解决争端。[8]当我们感到受到威胁或竞争时,进化既给了我们在感到威胁或资源竞争时攻击的倾向,也给了我们强有力的抑制机制,使我们能够在最有利的时候抑制攻击。

文化与攻击行为

人类社会并非都富有攻击性。[9]在依赖合作促进群体生存的紧密文化中,愤怒和攻击被认为是危险的和破坏性的,罪犯将被排斥或受到惩罚。许多人类群体,如锡金的雷布查人(Lepchas)、中非的俾格米人(Pygmy)和新几内亚的阿拉佩什人(Arapesh),不管是在他们自己的团体内,还是在与其他团体的关系中,都崇尚合作和友好;[10]在人类连续体的另一端是尼日利亚的博科圣地组织,他们训练他们幼小的孩子谋杀并发动自杀式袭击。

因此,大多数社会心理学家认为,攻击是一种可供选择的策略:我们人类天生具有攻击性行为的能力,但我们如何、何时、何地以及在何处展示它,则是学习的结果,并依赖于我们的环境和文化。如果一名警察阻止你超速行驶,你可能会非常生气,但很可能你会控制自己的脾气以及你的行为。来自三个方面(文化历时性变化研究、跨文化研究和实验室研究)的重要证据支持这样的观点,即攻击的表达取决于促进或抑制它的外部条件。

考虑一下北美的易洛魁人(Iroquois)。易洛魁人作为一个狩猎民族和平生活了数百年,但到了17世纪,与新抵达的欧洲人的贸易增长使得易洛魁人与他们的近邻休伦人(Hurons)在毛皮上进行直接竞争(以换取制成品)。通过发动一系列战争,易洛魁人变成了凶猛而成功的战士,不是因为他们天生"咄咄逼人",而是因为社会变化带来了竞争。[11]我们也应看到另一个方向出现的变化。许多曾经好战的社会,例如斯堪的纳维亚人或葡萄牙人,已经成为我们这个星球上最和平的聚落。

电影屏幕、电子游戏和体育赛事中最具有的"娱乐性暴力",取代了观众欢呼声中角斗士场里曾经的真实厮杀。斯蒂芬·平克(Steven Pinker)[12]认为,几个世纪以来,人类暴力一直在下降,部分原因在于民族国家的崛起,这些国家承担着决定战争、正义和惩罚的责任。除了生活在叙利亚、阿富汗、伊拉克等交战区的人们,或生活在索马里等失败国家的人们,奴隶制、可怕的惩罚和对儿童的虐待几乎遭到普遍的谴责和废除。从统计数据看,今天的人类遭遇暴力的可能性比过去明显减少。

荣誉文化 暴力倾向的可塑性,突出反映在激进行为的区域差异以及触发它的各种事件中。理查德·尼斯贝特(Richard Nisbett)[13]的研究表明,南方白人男性的凶杀率明显高于北方白人男性,特别是在农村地区。但这种情况只适用于某些类型的凶杀案(那些由侮辱感和被认为需要财产保护引发的凶杀案)以及仅在某些地区(那些最初基于放牧经济而非农业经济的地区)发生的凶杀案。

为什么会这样呢?经济上依赖农业的人倾向于制定合作的生存策略。但依赖牛群的人极其脆弱,他们的生计可能会因他们的动物被盗而瞬间遭到破坏。根据尼斯贝特的理论,为了减少盗窃的可能性,牧民学会了对任何威胁行为(真实的或感受到的)保持高度警觉,并立即使用武力还击。这可以解释为什么牛马盗窃在老西部会被定为死罪、为什么地中海和中东的牧民文化甚至在今天都非常重视男性的攻击性。的确如此,当尼斯贝特考察南方的农业社会状况时发现,山区和干旱平原地区(放牧地区)的凶杀率比农业地区要高出两倍多。

放牧地区对攻击性和警惕性的强调反过来又培养了一种荣誉文化,在这种文化中,即使是很小的争议也会使一个人不可摧毁的荣誉受到影响,这就要求他作出积极的回应,以恢复他的名声。[14]毕竟,如果你是生活在马萨诸塞州的一个农民,很可能没有人会偷走你所有的苹果和作物;因此,没有必要去维护一个站起来保护自己财产的人的声誉。但如果你是一个牧场主,那么确立某种强有力的声誉是非常重要的,这会使任何人在接触你的财产之前三思而后行。尽管放牧经济在南部和西部已经变得不那么重要了,但其荣誉文化的遗产仍然存在。这些地区与荣誉有关的杀人率,例如为报复对家庭的侮辱而杀人,比美国其他地区要高五倍。

达夫·科恩(Dov Cohen)和理查德·尼斯贝特[15]在密歇根大学进行了一系列实验,表明荣誉文化的规范特征体现在当代南方白人男性学生的认知、情感、行为以及生理反应中——尽管他们的家庭有很多代没有放牧。在他们的一项实验中,每个被试都被引导到一个走廊里,实验者的一个男性帮手"不小心"撞到了他,并小声对他进行了侮辱。与北方白人男性相比（他们往往对侮辱不屑一顾），南方人更容易做出攻击性的反应。他们的血皮质醇和睾酮会升高，他们声称感到自己的男子气概受到了挑战，最终，他们更有可能对觉得"侮辱"自己的南方人进行强烈的报复。

对荣誉文化的研究发现，它在许多不同的领域发挥了作用。在一次现场实验中，科恩和尼斯贝特[16]向美国各地的公司发送了求职信，据称这封信是由一位与荣誉有关的纠纷中杀害某人的人发出的。与北方的公司相比，位于南部和西部的公司更有可能以接受和理解的方式作出回应。生活在荣誉文化浓的这些州的高中生比其他州的学生更有可能携带武器到学校并使用这些武器，这些州的人均学校枪击事件是其他州的两倍多。[17]在世界各地的荣誉文化中，男性倾向于相信他们有义务对挑衅行为（包括个人）进行报复，有时甚至可以采取暴力行为。荣誉文化也会导致较高的家庭暴力发生率。在这种文化中，男性和女性都认为，如果一个男人认为一个女人的不忠或离开会威胁到他的名誉和声望，那么对她进行身体攻击是合适的。[18]

正如这些研究结果所表明的那样，我们可以看到，虽然攻击的生理成分存在于人类和其他灵长类动物中，但攻击并不是一种反射性的"本能"。文化影响已经"浸入我们的皮肤之下"，塑造我们对情境的反应和社交活动，从而决定我们是否采用攻击性反应。这意味着可以预测某些情境和社会条件会增加攻击行为，而其他条件则可能减少攻击行为。

性别与攻击行为

对荣誉文化的研究表明，男性的攻击性（"不要惹我"）在展示男性角色和身份的核心部分时会受到鼓励。当"作为一个男人"由竞争力和力量来定义时，男人总是试图通过表现出攻击性来"证明"他们的男性气质和地位。[19]相反，当男性生活在对他们的生存缺乏内部和外部威胁的文化中时——不可否认的是，没有多少文化会如此幸运——他们便不会被培养成好斗的人，在那里性别差异被最小化，并且鼓励合作。[20]

然而，暴力的首要预测因素是性别。作为成年人，男性比女性更容易发生自发的、无端的攻击陌生人的行为，更容易成为一个一心想破坏和抢劫的暴徒，更容易实施暴力犯罪，如袭击、强奸和谋杀。[21]从儿童时期开始，男孩比女孩更容易参与

"粗暴和摔跤式的游戏",他们会不停地推搡打闹。在达纳·阿彻(Dane Archer)和帕特丽夏·麦克丹尼尔(Patricia McDaniel)的跨文化研究中,[22] 他们让来自 11 个国家的 22 名青少年阅读涉及人际冲突的故事,然后要求他们撰写自己的结局。结果显示,每个国家的年轻男性都更倾向于用暴力来结束这个故事。

人们普遍认为,刺激男性攻击的激素是睾酮,尽管男女都有睾酮,但男性体内睾酮的比例较高。去除睾酮(阉割)的实验动物会变得不那么好斗,注射睾酮的动物则变得更为好斗。詹姆斯·达布斯(James Dabbs)和他的同事[23] 发现,被判暴力罪的囚犯中体内自然产生的睾酮水平明显高于被判非暴力罪的囚犯。在大学生中,兄弟会的男子被认为更加残忍、更加蛮横,而且对其他人的社会责任也较小。研究发现他们的睾酮平均水平最高。[24] 睾酮影响了我们通常认为与年轻男性有关的许多行为:攻击性、竞争和冒险。然而,反过来也是正确的:攻击性或竞争性行为会增加睾酮的释放,这种释放可能是为了让动物准备发动攻击性行为。[25]

但所有这些发现都是相关性的,而不是解释性的。正如我们刚刚看到的那样,北方的年轻人拥有与南方年轻人相同的睾丸激素,但他们并没有被激发去对被感知到的侮辱做出过激的反应。生物学家和动物学家罗伯特·萨波尔斯基(Robert Sapolsky)在他的著作《行为:最好和最坏的人类生物学》中用这样的方式总结了这个问题:通过观察相关性研究,我们得出结论:"睾酮会导致攻击性。到了该正视这一错误的时候了。"[26] 为什么这样说呢?即使男性完全失去了睾酮,也会继续发生攻击性行为;此外,"雄性在阉割前的攻击性行为越多,后来便越具有攻击性。"此外,萨波尔斯基补充说,如果睾酮是暴力的一个强有力的预测因素,那么我们可以期望睾酮水平的差异能够预测一个物种中的哪些动物——鸟类、鱼类、哺乳动物、灵长类——会表现出攻击性。但是,我们没有能够做到这一点。

身体攻击 假如说女性不太可能参加拳击比赛、发动骚乱,或者射杀某人来捍卫自己家人的声誉,那么这是否意味着她们本身就不如男性那么好斗?如果女性不太可能打架、动乱,或者为了维护家庭名誉而射杀某人,这是否意味着她们天生就没有男性那么好斗?在广阔的社会世界中,性别差异是显而易见的;而在家庭和人际关系的私人世界中,性别差异并不总是那么明显。

发生在家庭中的大多数极端暴力事件都是由男性实施的。例如,每 10 个杀死家庭成员的杀人犯中有 8 个是男性。当男性殴打受害者时,他们通常会比女性施虐者造成更严重的伤害。[27] 然而,当涉及比谋杀和残忍殴打稍逊的身体攻击形式时，男性和女性之间往往存在很大的重叠——这与性别刻板印象相反。在很多两性关系中，双方都具有同样的攻击性。例如，在一项对近500名一年级美国大学女生进行的研究中，她们报告了自己与男友发生暴力的经历，大多数人报告说虐待是相互的。[28] 对200多个社区样本的研究进行总结发现，在与男友发生暴力冲突的比例方面，没有显著的性别差异。对于那些与伴侣有身体攻击的男性和女性而言，[29] 他们的行为也是出于同样的原因：嫉妒、愤怒、报复和自卫。[30]

在对年轻男孩和女孩的身体攻击水平所做的比较研究中，大多数男孩和女孩在非攻击性方面是相似的；性别差异主要来自少数非常具有攻击性的男孩。[31] 在成年人中，当两性都感受到挑衅并有权进行报复时，身体伤害意愿的性别差异往往会消失。对64项独立实验进行的一项元分析发现，虽然男性在一般情况下比女性更具攻击性，但是当男性和女性受到侮辱时，性别差异会缩小，女性同样会进行过激的报复——特别是当其他人不知道她们性别的时候。[32]

正如男性攻击会受到文化影响一样，女性攻击也是如此。在男性优势文化中，通过殴打、刺伤和打击妇女的身体虐待率最高，这种虐待被视为男性的特权，是维护男性权力和控制女性的合法手段，正如我们在一些国家看到的，在这些国家，女孩仅仅会因为想上学而被谋杀。[33] 然而，在一项跨国研究中，来自澳大利亚和新西兰的女性比来自瑞典和韩国的男性表现出更强的攻击性。[34] 在一个崇尚身体攻击的文化环境中，两性都可能依赖暴力手段。洛杉矶的墨西哥裔美国黑帮青少年成员会携带他们可以得到的任何武器，从球棒到枪支，他们告诉一位研究人员，他们加入其中不仅为了得到社会支持，还为了复仇。[35] 自1981年以来，一项对全世界所有已知女性自杀式炸弹袭击者的研究（包括阿富汗、以色列、伊拉克、印度、黎巴嫩、巴基斯坦、俄罗斯、索马里、斯里兰卡和土耳其）发现，"驱使女性自杀式炸弹袭击者的主要动机和境遇，与驱使男性自杀式炸弹袭击者的动机和境遇非常相似"：忠于自己的国家或宗教，对被某个组织占领感到愤怒，以及为被敌人杀害的亲人的复仇。[36]

关系性攻击 回想一下，我把攻击定义为伤害他人的意图，"伤害"并不总是指身体对抗。女性比男性更容易参与更具社会性的攻击行为，尼基·克里克（Nikki Crick）和她的同事[37] 称之为**关系性攻击**，即通过破坏他人的名誉和关系来伤害他人。回避、散布虚假谣言和恶意流言蜚语、诽谤以及"荡妇羞辱"都是最好的例子，其后果可能是毁灭性的。[38] 关系性攻击中的一般性别差异开始得很早：在一项研究中，三到五岁的儿童三人一组玩耍，实验者要求孩子们用蜡笔给白纸上的图片上色。他们提供了三支蜡笔，但只有一支是彩色的（橙色），另外两支是白色的。当然，孩子们都想得到橙色的蜡笔。男孩们用身体攻击来得到它，用手击打或推搡那个有橙色蜡笔的孩子。女孩们则利用关系性攻击，散布用橙色蜡笔孩子的有关谣言，或者孤立她让她哭泣。[39]

关系性攻击的一种特别有害的形式是网络欺凌。随着互联网的出现，欺凌者不再局限于学校环境；受害者可能受到一周七天、每天24小时不间断的欺凌和骚扰。互联网给了关系性欺负者一个放大器；一个人的名誉可以通过鼠标点击而被广泛攻击，而老师和家长却无法察觉。[40] 网络欺凌可能是一次冲动行为或有计划的骚扰活动。菲比·普林斯（Phoebe Prince）是一名15岁的爱尔兰女孩，居住在马萨诸塞州，她因与学校里一个受欢迎的男孩的短暂关系而被一个被称为"刻薄女孩"的群体所攻击。四个女孩和两个男孩开始了一场无情的运动——针对她的言语攻击（包括在Facebook和其他社交媒体上称她为"爱尔兰荡妇"和"妓女"）和身体伤害的威胁。遭受了四个月的诽谤和骚扰后，普林斯在家中上吊自杀。

根据为政府提供的一份关于儿童安全和在线技术的审查报告，青少年在互联网上面临的最大危险来源不是色情制品（很多青少年，通常是男孩，都会寻求色情制品），甚至不是成年人诱拐，更不是色情短信。报告发现，无论是线上还是线下，未成年人面对的最常见威胁，都是来自同龄人的关系性攻击。[41]

宣泄：有效吗？

现在让我们谈谈人们普遍的看法，即某些类型的攻击行为可以起到有用的、也许是必要的作用：它们"释放了能量"。这种看法源于精神分析的**宣泄**或能量释放的概念。西格蒙德·弗洛伊德认为，攻击性的能量必须以某种方式释放出来，以免它持续积聚并产生疾病。他的理论建立在容器里水压的类比基础之上：除非攻击性被允许释放出去，否则它会导致爆炸。根据弗洛伊德的观点，社会在调节"死亡本能"和帮助人们升华"死亡本能"方面发挥着重要作用，也就是说，将破坏性能量转化为可接受的或有用的形式。[42] 最可接受的升华形式通常被认为是艺术和体育。精神病医生威廉·门宁格（William Menninger）[43]断言："竞技游戏为本能的攻击性提供了一个令人异常满意的出口。"

对宣泄的情感和身体益处的信仰，已经成为我们文化神话的一部分。在电影

《老大靠边站》中，比利·克里斯托（Billy Crystal）扮演一位精神病医生，被迫与一位黑手党老板和由罗伯特·德尼罗（Robert De Niro）扮演的杀人犯建立了治疗关系。德尼罗患有高血压，据说是由过度的愤怒和焦虑引起的。在他们的一次治疗中，比利·克里斯托的角色说："你知道我生气的时候会怎么做吗？我会击打枕头。你可以试试看。"对一个暴徒来说，当然，"击打"的意思是"杀戮"，所以德尼罗迅速地拔出他的枪，向枕头射出了几颗子弹。比利·克里斯托倒吸了一口冷气，强颜欢笑，接着说："感觉好多了吗？"

"是的，我感觉好多啦！"德尼罗说道。

诱人吗？是的。准确吗？非也。大量证据表明，比利·克里斯托的解决方案根本不起作用。在一次实验中，布拉德·布什曼[44]让他的帮手（一位同学）侮辱了被试，这让他的被试感到很生气。紧接着，被试分别被分配到三种实验条件中：在一种条件下，他们被允许花几分钟时间去击打一个沙袋，同时受到鼓励去想象那个让他们生气的学生；在第二种情况下，鼓励学生去击打拳击袋，并认为这项活动是体育锻炼；在第三种情况下，被试只需静坐几分钟，不必击打任何东西。实验结束时，哪些学生最有可能不生气？结果是那些只是坐着不动、什么也不击打的被试。

接下来，布什曼给了被试们一个机会，让他们用一种响亮的、令人不快的声音对侮辱他们的人进行攻击。那些在击打沙袋时想到过自己"敌人"的学生最具攻击性，对他进行攻击的声音最大、时间最长；那些在受辱后静坐不动的人最没有攻击性。布什曼的实验室实验得到了对高中足球运动员的现场研究的支持。亚瑟·帕特森（Arthur Patterson）[45]测量了一些足球运动员的总体敌意水平，并对他们在足球赛季之前、其间和之后的敌意水平进行了评级。如果作为足球运动一部分的激烈体育活动和攻击性行为减少了被压抑的攻击所造成的紧张，我们预测球员在整个赛季中会表现出敌意水平的下降。结果相反，随着足球赛季的推进，球员之间的敌意明显增加。

当攻击行为直接针对挑衅我们的人时会发生什么呢？这是否会满足我们攻击他人的需要从而减少我们进一步伤害他人的倾向？同样，系统的研究表明，就像在击打沙袋实验中一样，情况正好相反。在罗素·金（Russell Geen）和他的同事[46]的一项实验中，每位被试都与另一名学生配对（正如你可能想象的那样，此人是一个试验者帮手）。首先，这位帮手会激怒被试。在实验的这一阶段，被试就各种问题交换意见，当他的伙伴不同意他的意见时，他便会受到电击。接下来，在一项关于

"惩罚对学习的影响"的研究中,被试充当老师,而帮手则充当学习者。在第一次学习任务中,实验者要求一些被试在帮手犯了错误的时候对他施以电击;其他被试则只是记录了他的错误。(正如你可能想到的,到目前为止,他们实施的并不是真正的电击。)在接下来的任务中,所有被试都有机会向帮手施加电击。这里会发生什么事情呢?与宣泄假设相反,先前电击过那位帮手的人第二次会发出更为频繁、强度更大的电击。

在现实世界自然发生的事件中,我们也可以系统地观察到同样的行为,在这些事件中,口头攻击行为助长了进一步的攻击行为。在一项"自然实验"中,许多为某家公司工作的技术人员被解雇,因此可以理解,他们对自己的雇主会感到愤怒。之后,他们中的一些人有机会表达他们对前老板的敌意。后来,实验者要求所有的技术人员都来描述一下他们的老板。那些先前被允许发泄情感的人,在随后的描述中比那些没有发泄情感的人说得更为难听。[47]

这一信息是明确的:体育活动——如击打沙袋或攻击性运动——既不能驱散愤怒,也不能减少随后对挑起愤怒的人的攻击。事实上,这些数据把我们引向了相反的方向:人们越是用攻击性的行为发泄愤怒,他们便会越加愤怒,也就会变得越有攻击性。直接或间接、口头或身体上发泄愤怒并不能减少敌意,反而会增加敌意。有趣的是,类似的实验[48]发现,那些相信宣泄的人更有可能以攻击的方式试图让自己感觉好受些("对你大吼大叫,踢沙发帮助我摆脱困境"),但这只会让他们更愤怒,更有可能大吼大叫或踢翻东西。显然,你越相信攻击会让你感觉好些,你就越会积极地采取攻击行为,你内心也会越不平静。

报复、行为过度与升级 为什么表达愤怒会导致更大的敌意?一旦我们对他人表达了负面的感觉,一旦我们给前老板贴上了一个"没有良心的混蛋"的标签,那么用前后一致的声明和行动来跟进就会变得更加容易——尤其是当我们在公开场合报复的时候。此外,报复通常比最初的侮辱或攻击更为严重;我们倾向于行为过度,这为减少失调奠定了基础。

迈克尔·卡恩(Michael Kahn)[49]的一项实验表明,行为过度对我们不利。在卡恩的实验中,一名医学技术人员一边从大学生身上提取生理指标,一边贬低这些学生。在一种情况下,学生可以通过向雇主表达他们对技术员的感受来发泄他们的敌意,他们知道这样做会给技术员带来严重的麻烦,可能会导致他失去工作。在另一种情况下,他们没有机会对他进行任何攻击。那些有机会让技术员陷入困境的人后来更不喜欢他,对他表达了比那些没有机会发泄的学生更为强烈的敌意。

行为过度会导致失调最大化。犯事者对你的所作所为和你的报复之间的差异越大,心理失调就会越大。心理失调越大,你就越有必要诋毁他并为你对待他的方式辩护。[50] 回想一下我在第 3 章中描述的四个学生在反战抗议中被俄亥俄国民警卫队开枪打死的事件。不管那些学生做了什么(大声说脏话、取笑、嘲弄),都不应该被枪杀。然而,在他们被杀之后,警察和当地居民对他们的描述极为敌对。如果我杀的只是一个持不同意见的学生,或者我是一个相信法律和秩序并支持当地警察的人,那么我会努力说服自己他们是罪有应得,我将比他们被枪杀前更痛恨持不同意见的那些学生。

这种面对不公正或犯罪减少失调的方法是十分普遍的。你认为反美恐怖组织的成员和他们的同情者对 9·11 事件后的美国人有什么看法?你认为他们对成千上万无辜的受害者、救援人员和他们的家人感到悲伤和同情吗?你认为他们认为美国人已经难以忍受了吗?在大多数情况下,实施或宽恕暴力并不能减少暴力倾向。实施暴力行为会增加我们对受害者的负面情绪。最终,这就是暴力几乎总是滋生更多暴力的原因。

但是,假如我们能够以某种方式加以处理,不允许对挑衅者进行粗暴的报复,那将会发生什么呢?也就是说,如果报复的程度得到了合理的控制,使其不会比促成报复的行动更为严重,那将会怎么样?在这样的情况下,我会预测会很少或没有失调。"萨姆侮辱了我;我以同样的方式反击了他;我们扯平了。"实验证明,当报复与挑衅相匹配时,人们不会贬低或轻看挑衅者。[51]

这里有一个重要的问题必须强调:现实世界中的情况比这更复杂;报复几乎总是会超过最初的伤害。实验研究告诉了我们,为什么我们所遭受的痛苦总是比我们所造成的痛苦更为强烈。"别人断了腿是微不足道的,我们的指甲受损却是严重的"这个老笑话,最终被证明是对我们思考方式的准确描述。一组英国神经科医生[52]进行了反击的实验。每一对被试都被连接到一个对食指施加压力的装置上,他们要求每个被试在对方的手指上施加他们刚刚感觉到的相同的压力。研究人员发现,尽管被试们非常谨慎地进行反击,但他们无法完全相同的强度进行反击。每当一方感受到压力时,他就会以更大的力量进行"反击",认为他的反击与他所受到压力的力量相同。通过这种方式,以软接触开始的游戏迅速升级为严重的痛苦。研究人员得出结论,痛苦的升级是"神经加工的自然副产品"。这有助于解释为什么两个男孩开始在比赛中互相打闹,很快发现自己陷入了激烈的拳打脚踢,以及为什么国家之间的冲突频繁升级。每一方都为自己的所作所为辩护,认为自己只不过是扯平而已。

攻击的原因

正如痛苦会带来更为痛苦的反击一样,暴力的一个主要原因——除了明显的原因,如群体间的仇恨、报复或战争——就是暴力本身。当一个人实施攻击行为时,特别是使用了一种超出受害者可能已经采取的引发攻击行为的力量时,就会构建一种认知和动机力量,旨在证明这种攻击行为是正当的,从而打开了更多攻击行为的大门。让我们来看看导致攻击的一些主要原因。

酗酒 世界上许多人会高兴地摄入酒精这种药物。酒精会降低我们的抑制力,使喝酒的人更友好、更合群,但也会放松对实施攻击行为的限制,包括性侵犯。[53] 酒吧和夜总会经常会发生斗殴,家庭暴力也通常与酗酒有关。当然也有这样一种情况,即一些配偶为了有借口互相辱骂或进行身体虐待而喝酒。[54] 此外,实验室控制实验表明,当人们在合法饮酒的情况下喝足够多的酒时,他们对挑衅的反应往往比那些很少喝酒或不喝酒的人更激烈。[55]

这并不意味着酒精会自动增加攻击性;喝酒的人不一定要到处挑衅。相反,酒精可以起到抑制作用:它减少了社会抑制,使我们不那么谨慎,更容易冲动。但它不仅仅如此:酒精也会破坏我们通常处理信息的方式。[56] 醉酒的人通常会专注于社会状况最早和最明显的方面,并对其做出反应,而往往会忽略其中的细微之处。这意味着:实际上,如果你清醒,有人不小心踩到了你的脚趾,你很可能会意识到这个人不是故意的。但是,如果你喝醉了,你可能会错过一些微妙的暗示,然后做出反应,就好像他有意地踩在你的脚上。因此(尤其当你是男性的时候),你可能会用侮辱和攻击来报复。这正是一种模棱两可的情况,如果男性思维不清晰,他们可能会认为这是一种挑衅,而酒精会损害清晰的思维。酒精是导致声称性侵犯的男女之间普遍存在误解的主要原因之一,因为酒精会严重损害对另一个人的行为、性意愿以及对记忆的认知和理解。正如黛博拉·戴维斯(Deborah Davis)和伊丽莎白·洛夫塔斯所发现的那样,喝醉的男性不太可能准确地解释不同意的信息,喝醉的女性传达的拒绝信号也不那么明显。[57]

然而,酒精还有另外一种助长攻击性的方式,这就是所谓的"思考—饮料"效应：当人们期望酒精对他们有一定的影响时，这种影响往往会出现。事实上，当人们期望酒精能"释放"他们的攻击性冲动时，他们往往会变得更具攻击性——即使他们喝的是非酒精类的东西。在一项对116名年龄在18岁至45岁的男性进行的研究中，实验者向三分之一的男性提供了非酒精饮料，向三分之一的男性提供了引起适度血液酒精水平的饮料，向另外三分之一的男性提供了引起高度血液酒精水平的饮料。在这三组被试中，研究人员控制了饮酒者对饮酒量的预期。然后他们评估了这些人对一个侮辱他们的实验者帮手的行为。准确地说，这些人的实际饮酒的度数与他们的攻击行为的关系比实验者的预期要小。男人们越是相信他们喝的是酒，他们对帮手的态度就会越激烈。[58]

当然，酒精确实会对认知和行为产生很强的生理作用。但这些影响与人们对酒精的了解有关，比如酒精是否提供了攻击性行为或性行为的借口，以及他们在饮用后的感受。

痛苦、不适与饥饿 如果一只动物因为疼痛而不能逃离现场，它几乎总是会发起攻击；老鼠、仓鼠、狐狸、猴子、小龙虾、蛇、浣熊、短吻鳄，还有许多其他的动物都是如此。[59] 它们会攻击自己的同类、不同物种的成员，或者其他任何能看到的动物，包括毛绒娃娃和网球。你认为这类现象也适用于人类吗？片刻的思考也许能帮助你猜测这很有可能。我们中的大多数人在遭受剧烈的、意想不到的疼痛时变得易怒（例如，当我们使用锤子时砸到了自己的拇指），因此很容易对附近的目标发起攻击。在一系列的实验中，伦纳德·伯克维茨（Leonard Berkowitz）[60]展示了那些手浸在极度冰冷水中的学生对其他学生的攻击行为会急剧增加。

因此，其他形式的身体不适，如酷热、潮湿、空气污染和难闻的气味，会增加愤怒，从而降低攻击性行为的门槛。[61] 一种强有力的不适形式是伴随着低血糖的饥饿。布拉德·布什曼和他的同事们[62]招募了107对已婚夫妇进行了一项研究。他们首先评估了这些夫妻关系的质量，并教给他们如何测量血糖。然后，他让每个志愿者带着一个洋娃娃和51个别针回家，告诉他们这个娃娃代表了他们的配偶。每天晚上，他们都会用别针刺穿洋娃娃，这反映出他们那天对配偶有多生气——别针越多，就越生气。三周后，布什曼和他的团队评估了每个洋娃娃的损坏情况。与血糖水平最高的人相比，血糖水平最低的配偶在洋娃娃身上插针的数量是前者的两倍多。

那些愤怒的感觉是否转化成了攻击行为？在接下来的实验中，研究人员让夫妇们玩一个电脑游戏，在这个游戏中，胜利者用一种大多数人都讨厌的混合可怕的声音向他（她）的配偶开枪，比如指甲在黑板上刮擦、牙医钻孔和汽笛发出的声音。结果再一次显示，一个人的血糖水平越低，他（她）就越有可能攻击配偶。正如布什曼所言，丈夫们伤害妻子是因为他们感受到了愤怒和饥饿的毒害——他们"又饥又怒"。

炎热与全球变暖　鉴于我们所处的星球正在变暖，这会对攻击性预测产生什么影响呢？1967年，当越南战争和种族不公导致美国这个国家分裂时，国家领导人担心，暴乱和其他形式的公民骚乱在夏季的高温下发生的频率将高于秋季、冬季或春季。事实上，在后来被称为"1967年漫长炎热的夏天"期间，全美爆发了159起种族骚乱。炎热是一个影响因素吗？事实上，是的。在对1967年至1971年间79个城市发生的骚乱进行系统分析后，默瑞尔·卡尔史密斯和克雷格·安德森（Craig Anderson）[63]发现，在热天发生骚乱的可能性远高于冷天。在随后的研究中，安德森和他的同事[64]已经证实，一天中温度越高，人们实施暴力犯罪的可能性就越大。此外，酷热并没有增加盗窃和其他财产犯罪的发生率，因此强化了酷热和攻击（不仅仅是一般犯罪）之间的联系。

但是，如你所知，我们必须谨慎地解释发生在自然环境中的事件。你们中的科学家可能会忍不住问，攻击性的增加是由于温度本身，还是仅仅因为：与凉爽或多雨的日子相比，炎热的日子里会有更多的人倾向于待在户外，由此而导致相互妨碍！那么，我们如何确定是炎热本身引起了攻击，而不仅仅是更多的接触机会呢？我们可以把这一现象带入实验室，这是非常容易做到的。在一项实验中，威廉·格里菲特（William Griffitt）和罗伯塔·韦奇（Roberta Veitch）[65]只是给学生们做了一个测试，有些学生在一个常温的房间里进行测试，另外一些学生在一个温度可以飙升到32℃的房间里进行测试。在炎热的房间里，学生们不仅表现出更具攻击性，而且对一位要求他们进行描述和评价的陌生人表示出更多的敌意。来自自然界的更多证据支持了我们的观点，炎热是罪魁祸首：在大联盟棒球比赛中，在气温高于32℃的情况下，击球运动员被投球击中的可能性比在32℃以下时大得多；[66]在亚利桑那州的菲尼克斯沙漠城市，交通堵塞时，没有空调汽车的司机比有空调汽车的司机更容易按喇叭。[67]

如果热度加剧了敌意，全球变暖也会对攻击行为产生影响。有人对考古学、心理学和其他学科的60项研究进行了分析，数据可以难以置信地追溯到公元前

10000年,覆盖了世界各地。结果发现,气温升高会大大增加从家庭暴力、谋杀、强奸到暴乱和内战许多类型冲突的风险。[68]

拒绝、排斥与嘲弄　正如我们在第 2 章中提到的,社会疼痛在我们的大脑中以与身体疼痛相同的方式记录下来,它也会引发攻击性。1999 年,在科罗拉多州利特尔顿的哥伦拜恩高中,两名学生(埃里克·哈里斯和迪伦·克莱博尔德)暴跳如雷,杀害了一名教师和 14 名学生(包括他们自己)。这是在不到三年的时间里发生在校园里的 11 起此类事件中最具戏剧性和最具破坏性的一起,这些事件经常发生,部分原因是媒体报道了这些事件,从而激发了模仿者的灵感。[69]

是什么把哥伦拜恩杀手逼得走投无路？尽管后来得知哈里斯很可能是一个精神病患者,但故事的内容还不止于此。经过对形势的深入研究之后,我确信,疯狂的杀戮只是病态的巨大冰山的一角:这个国家许多高中普遍存在着不良的社会氛围——充满排斥、拒绝、嘲弄和羞辱的氛围。[70]在高中,有些铁板一块的团体,其中有运动员、学生干部、拉拉队员和"酷孩子"。在最下面的是那些被称为书呆子、哥特人、怪人、孤独症、同性恋的孩子——那些太胖、太瘦、太矮、太高、穿着不合适的衣服或其他什么打扮的孩子。接近最高阶层的青少年不断地拒绝、嘲弄和嘲笑他们下面的人。马克·里亚利(Mark Leary)和他的同事[71]对五年内发生的 15 起学校枪击事件进行了系统的分析,发现除了两起事件外,所有事件中都存在急性或慢性的排斥反应——排斥、欺凌或表白被拒。其他因素包括对枪支、炸药和撒旦崇拜的迷恋,以及诸如抑郁和冲动控制不良等心理问题。

简·腾格(Jean Twenge)、罗伊·鲍迈斯特和其他人[72]的研究表明,遭到拒绝会产生过多的负面影响,尤其是攻击性的急剧增强。在一项实验中,大学生们在一个小组中相遇并相识。然后,他们被要求指出他们将来想与哪些同学合作。随机抽取的被试收到的信息表明,没有人愿意与他们合作。"被拒绝者"在随后有机会攻击他人时,对拒绝者和中立者表现出比未被排斥者强烈得多的敌意。在另一项实验中,在网络球游戏中被拒绝的人比那些被接纳的人更有可能用很大的噪音来攻击拒绝者；如果被排除在外的被试在冲动控制方面的得分很低,那么他们的攻击性就更大。

横冲直撞的枪手们常常非常清楚地表达出拒绝的意思。哈里斯和克莱博尔德在他们大屠杀前录制的一段视频中,特别指责了那些拒绝和羞辱他们的同伴。这一点得到了哥伦拜恩小圈子里一名学生的证实,他在悲剧发生几周后接受采访

时说:

> 大多数孩子不想让他们待在那里。他们喜欢巫术,我们当然取笑他们了。但是你对那些带着奇怪的发型和帽子上的牛角来上学的孩子会有什么期望呢?如果你想除掉某人,通常你会取笑他们,所以整个学校都会称他们为同性恋。[73]

同样,艾略特·罗杰(Elliot Rodger)在圣巴巴拉杀死6人伤害23人之前,也写了一份"宣言",描述了他的许多抱怨。他写道,他在十年级时曾被欺负,并补充说:

> 我完全是一个外人。没有人认识我,也没有人伸出手来帮助我。我是一个无辜的、恐惧的小男孩,被困在一个充满恶意掠食者的丛林中,我没有得到任何怜悯。一些男孩在大厅里从我身边走过时,随意地把我推到储物柜上。一个高个子金发男孩当着他女朋友的面喊我"失败者"……我对任何有过性生活的人都产生了极度的嫉妒、仇恨和愤怒。我把他们视为敌人。我觉得自己注定要过一种孤独的独身生活,而其他男孩则可以体验性爱的乐趣,所有这些都是因为女孩不想要我。我感到自卑和不受欢迎。然而,这一次,我不能再无所作为、接受这样的不公正了。

当然,并非所有遭到拒绝和嘲弄的学生都会发动一场凶残的暴行。类似这种枪手的行为是极端情况下的病态举动,但肯定不是无法理解的。我的猜测是有成千上万的学生经历了同样的压力。他们可能默默忍受,但他们确实很痛苦。在哥伦拜恩惨案发生后的几周里,网上聊天室充斥着不开心青少年的帖子。尽管他们不宽恕枪手的行为,但绝大多数人声称自己能够理解,他们表达了自己对遭到拒绝和嘲笑的伤害和愤怒。他们发表的评论最有可能概括为:"当然,我不会射杀任何人,但我确实有过这样做的幻想!"

这种说法应该让我们静下来深入思考。我们能够做些什么来改变我们校园的社交氛围吗?的确是这样。我们将在本章结尾以及下一章中讨论一些经过验证的干预措施。

挫折、剥夺与攻击 在所有导致攻击的不愉快的因素中——愤怒、痛苦、过热、饥饿和拒绝——攻击的主要诱因是挫折。想象一下这样的情况：你必须开车穿过城镇去面试一个重要的工作。在你去停车场的路上，你意识到你的约会有点晚了，所以你快步跑了起来。当你找到自己的车子时，你沮丧地发现车子的轮胎漏气了。"好吧，我要迟到二十分钟，情况还不算太糟。"你一边说着，一边把千斤顶和扳手从后备箱里拿出来。经过多次拖拽，你卸下旧轮胎，装上备胎，拧紧螺丝——瞧，备胎也瘪了！你沮丧得怒火中烧，你跌跌撞撞地回到你的宿舍，进了你的房间。你的室友看到你站在那里，手里拿着简历，满身大汗，脏兮兮的，皱巴巴的。他立刻对情况做出了判断，幽默地问道："面试进行得怎么样？"问完话后，他该立刻准备躲起来吗？

如果一个人在实现目标的进程上遭遇到挫折，那么由此而产生的挫折会增加攻击反应的可能性。罗杰·巴克（Roger Barker）、塔玛拉·登博（Tamara Dembo）和库尔特·勒温[74]的一项经典实验证明了这种**挫败—攻击**关系。这些心理学家给孩子们看了一屋子吸引人的玩具，而这些玩具却放在他们够不到的地方，让他们感到沮丧。孩子们站在一个铁丝网外面，看着玩具，希望能玩这些玩具——甚至渴望能玩——但是他们却够不着。经过漫长的痛苦等待，孩子们终于被允许玩这些玩具了。在这项实验中，控制组的孩子们被允许直接玩玩具，而且最初不会感到沮丧。这组孩子玩得很开心。但是，当受挫组最终获得玩具时，却是极具破坏性的。他们中的许多人砸坏了玩具，把它们扔到墙上，然后踩在脚下，诉说着导致攻击的挫折感！

有几种因素可能会强化对挫折的愤怒反应。假如你正张嘴要吃一个"巨无霸"汉堡，有人却在你嘴边将它抢走了。这会比你在去麦当劳买"巨无霸"的路上被人拦住，更让你感到沮丧，你因此会更有可能做出攻击性反应。玛丽·哈里斯（Mary Harris）的一项现场研究证明了这种情况。[75]她让学生们在餐馆外面或超市收银台前排队买票的人面前加塞；有时他们加塞在第二个人前面，有时加塞在第十二个人前面。当学生加塞到第二个人之前时，排在加塞者之后的人们会做出更具攻击性的反应。当目标即将达到的时候，整个进程却被中止，这时人们的挫折感会大增。

正如詹姆斯·库利克（James Kulik）和罗杰·布朗（Roger Brown）[76]所做的一项实验证明的那样，当失败是意想不到的或感觉不合理的时候，挫败感会进一步增加。被试被告知，他们可以打电话向慈善机构捐款并通过获得认捐来赚钱。一些来电者预期成功率很高，他们被告知，过去的电话几乎有三分之二的成功了；其他来电者则预期成功率要低得多。当潜在的捐赠者拒绝捐款时,就像他们所有人一样(因为被试电话打给了实验者的帮手),期望很高的来电者说话更加严厉,并且会更加用力地挂断电话。实验人员还改变了帮手拒绝捐款的原因,有时让他们听起来合理("我负担不起捐款"),有时让他们听起来武断和不合理("慈善机构是浪费时间和敲诈")。听到那些似乎没有道理的反驳的人,会变得更加咄咄逼人。

令人沮丧的对不公平经历的体验,也会引发攻击性行为,这种非常基本的影响已经在猴子身上得到了证明。莎拉·布罗斯南(Sarah Brosnan)和弗兰斯·德·瓦尔(Frans de Waal)[77]用黄瓜片奖励卷尾猴,以换取它们做出某个动作。猴子喜欢黄瓜,所以这是一场愉快的交易。但假如附近的另一只猴子收到了一颗葡萄作为对它的奖励(猴子更喜欢葡萄而不是黄瓜),第一只猴子就会生气——考虑到奖品换作了葡萄,黄瓜便成了一个侮辱性的奖励。一些被激怒的猴子愤怒地将黄瓜扔向了实验者!

总而言之,当目标近在眼前,或者当期望很高,或者当公平规则被违反,或者当目标没有令人信服的理由而受阻时,挫折最为明显。这些因素有助于区分沮丧和匮乏。没有玩具的孩子(和没有葡萄的猴子)并不一定会变得愤怒或有攻击性。相反,正如玩具实验所表明的那样,正是那些有充分理由期望与玩具一起玩耍的孩子,当这种期望被挫败时,会感到沮丧;这种被挫败的希望正是导致孩子们表现出毁灭性行为的原因。

这些实验以及国家层面的社会学研究都发现,挫折往往不是简单剥夺的结果;而是**相对剥夺**(relative deprivation)的结果,当我们看到别人享有更好的条件,或者当我们失去了与我们期望相关的东西时,我们会感到被剥夺。如果你曾经乘坐经济舱旅行,你可能会更理解我的意思。在安检处排队等候,然后在登机口等其他乘客登机后,您现在必须通过头等舱才能到达您的座位。你开始担心你能否在头顶上为随身行李找到空间,更不用说在更小的座位上为自己的腿留出足够空间了,你恰好看到头等舱的乘客在相对豪华的环境中放松自如,享用着香槟和烤坚果和空中服务员的服务,表现出似乎特别享受乘坐飞机的感觉。此时,你会感觉如何?

根据有关"空中愤怒"的研究,航空公司的乘客会表现出敌意和虐待行为,(由此推理)你感觉不会太好;如果飞机上没有头等舱,你会更快乐。凯瑟琳·德雷克斯(Katherine DeCelles)和迈克尔·诺顿(Michael Norton)[78]从一家大型国际航空公司收集了他们几年里一套完整的空中愤怒事件,发现头等舱的存在诱发了经济舱乘客四倍的攻击事件。尤其是当经济舱的乘客不得不从前部登机并穿过头等舱时。当航空公司为每个人提供同样等级的服务时，就不会出现"相对的"剥夺——这一点是绝对的。不知何故，我怀疑航空公司是否会利用这一重要发现；一旦涉及大公司，短期利润几乎总是要压倒客户满意度。

相对剥夺解释了大多数社会革命中由来已久的一个谜团：它们通常不是从那些生活在最底层的人开始的。最常见的是那些最近摆脱了生活困境，环顾四周，发现有人生活得比他们更好而且感觉自己系统地受到不公平对待的人。在收入差距巨大的国家里，如果公民认为收入不平等是不公平的，那么杀人率和其他攻击性指标就会更高。[79] 20世纪60年代，非洲裔美国人最严重的骚乱不是发生在最贫困的地区，而是发生在洛杉矶和底特律。对黑人来说，在经济和社会方面，那里的情况几乎没有全国其他地区那么糟糕。但相比之下，黑人在这些社区中对白人的看法却是较差的。正如亚历克西斯·德·托克维尔（Alexis de Tocqueville）在150多年前所写的那样："邪恶在似乎不可避免的时候被耐心地忍受着，一旦有人提出要逃离邪恶的想法，邪恶就会变得无法忍受。"[80]

只要人们生活在不满意的期待之中，他们就会感到沮丧，从而导致攻击行为。要减少攻击行为，要么去满足人们的希望，要么让人们的希望破灭。绝望的人是冷漠的人。乌干达人生活在艾迪·阿明（Idi Amin）的暴政、镇压和肆意暴力的独裁统治下，不敢梦想改善条件或反抗阿明的统治。在南非，只要黑人不希望有更好的结果，他们就不会反抗种族隔离。显然，消除人们对更美好生活的希望是减少攻击行为的一种不可取的手段。至少理论上我们国家的可取之处在于这是一片充满希望的土地。我们明确或含蓄地教导我们的孩子，要充满希望和期待，并努力改善自己的生活。但是，除非有合理的机会实现这一愿望，否则动乱将不可避免，和平将难以实现。那些愤世嫉俗地提出一个民族的希望却没有探索实现途径的煽动者，正在播种革命的种子。

社会学习与攻击

现在我们来看看**社会认知学习理论**的一些发现。社会认知学习理论认为，人们通过诸如他们的信仰和对事件的感知等认知过程，以及通过观察和模仿他人，学习如何去行动——包括攻击行为或有益行为。

我注意到，痛苦、饥饿、酷热和挫折往往会引发攻击，但社会认知学习理论提醒我们,在挑衅和反应之间存在着人类大脑的作用:我们拥有估量他人意图的能力。考虑一下以下情况:(1)一个体贴的人不小心踩到了你的脚趾;(2)一个你知道对你漠不关心、满不在乎的人踩到了你的脚趾。让我们假设这两种情况下的压力和疼痛强度是完全相同的(而且你没有喝酒),我的猜测是:后一种情况会引起攻击性的反应,但前者很少或根本不会诱发攻击行为。

为了证明中介认知对行为的影响,沙巴兹·马尔利克(Shabaz Mallick)和博伊德·麦坎德斯(Boyd McCandless)[81]通过相应的处理让三年级的孩子感到沮丧:因为另一个孩子的笨拙使他们无法实现一个本来可以获得现金奖励的目标。这些孩子中的一些人后来得到了一个合理的解释,让他们理解了那个让自己陷入困境的孩子的行为。处于这种状态下的孩子比没有得到这种解释的孩子对阻挠目标实现孩子的攻击要少得多。此外,随后的一些研究[82]表明,当我们听到某人在事情发生之前而不是在事后为他的行为找到一个好的借口时,我们不太可能去报复他。如果我们清楚某个人的历史,我们就不太可能责怪他,也不太可能对他的错误感到愤怒。[83]

但是,正如这些解释可以减少一个受挫者的攻击性一样,攻击性刺激的存在可以增加攻击性。伦纳德·伯克维茨和他的同事们已经证明,如果一个人生气或沮丧,那么仅仅提到与挑衅有关的一个词或名字就会增加对这个人的攻击性。在一项实验中,[84]被试与另一名学生(实验者的帮手)配对,帮手要么被介绍为"大学拳击手",要么被介绍为"演讲专业学生"。帮手对被试施加了电击,以激怒他们;然后,他们中的一半人观看了一部暴力角斗场景的电影,而其他人则观看了一段激动人心但没有强力攻击的电影片段。当后来有机会电击那个帮手时,那些看过暴力电影的人实施的电击更多且更久。此外,那些与"拳击手"搭配的人比那些与"演讲专业学生"搭配的人对该目标发出的电击更多,而"拳击手"这个词正是一种攻击性刺激。

就像文字一样,物体也是如此。仅仅是与攻击有关的物体的存在——手枪、步枪或其他武器——都可以作为引发攻击性反应的信号。在这类**武器效应**的经典实验中,[85]一些大学生在一个房间里受到了侮辱(因此被激怒了),在这个房间里,一支步枪被放在一边(表面上是从先前的实验中留下来的);而其他人则被安排在另外一个房间里,在这个房间里,一个中性的物体(羽毛球球拍)取代了步枪。然后学生们有机会给某个同学施加电击。那些在步枪条件下生气的人比那些在羽毛球球拍条件下生气的人施加了更多的电击。[86]

实验发现，如果漫不经心把步枪（而不是网球拍）放在乘客座位上，人们开车时会更具攻击性。[87] 这一证据与汽车保险杠贴纸上经常看到的标语相矛盾："枪不会杀人，人才会杀人。"正如伯克维茨所说："手指会扣动扳机，扳机也可能牵动手指。"也许美国的暴力发生率如此之高，正是因为我们是世界上武器装备最精良的国家，所拥有枪支的数量比公民人数还要多。[88] 但同时也不断有线索激起好斗的想法。那些与攻击相关的暗示会不经意间火上浇油。

社会学习的某个方面往往会抑制攻击性，那就是大多数人必须对自己行为负责的倾向。但是，如果这种责任感被削弱了，会发生什么事情呢？菲利普·津巴多[89] 已经证明，匿名的人由于无法加以识别，往往比不匿名的人更具攻击性。在津巴多的实验中，作为"移情研究"的一部分，一些女学生被要求电击另一名学生。其中有些学生是匿名的，他们坐在灯光昏暗的房间里，穿着宽松的长袍，戴着宽大的头罩，不会有任何人提起他们的名字。其他人则很容易辨认；他们的房间灯火通明，没有长袍或头罩，每个女生都戴着写有名字的胸牌。正如所料，那些匿名的学生实施了更长时间和更严重的电击。匿名会导致**去个性化**（deindividuation），这是一种自我意识减弱的状态，减少了人们对他人如何看待自己的担忧，并削弱了对被禁止的行为方式的限制。当我们拥有自我意识时，我们倾向于维护自己的价值观（例如，"你不应伤害他人"）；当我们处于匿名且失去自我意识时，我们倾向于凭冲动行事。这就是为什么人们站在镜子前比坐在昏暗的剧院里吃下的爆米花要少的原因。[90]

由于是实验室控制实验的一部分，津巴多研究中的女性所表现出的那种攻击性，和通常与暴徒和治安法官有关的野蛮、冲动的暴力行为相比，显得相形见绌，但去人性化在这里却同样适用。布赖恩·马伦（Brian Mullen）[91] 分析了报纸上有关1899年至1946年间60名私刑犯的报道，他发现暴徒人数规模和暴力程度之间有着密切的关系：暴徒越多，暴行就越令人发指。当人们作为人群的一部分时，他们是"无个性的"，自我意识不强，也不太注意抑制个人的破坏性行为。因此，他们不太可能对自己的行为负责。在哈珀·李（Harper Lee）的《杀死一只知更鸟》中，一群白人聚集到林奇·汤姆·罗宾逊（lynch Tom Robinson）身边，他是一个被诬告强奸的黑人。罗宾逊的律师阿蒂克斯·芬奇（Atticus Finch）8岁的女儿斯科特（Scout）认出了其中的一个男人，并喊出了他的名字。这样做，她帮助他实现了个性化,使他对自己的行为负责。暴徒们逐渐解散,各自回家。

不过,而今你不必加入暴徒或帮派,就可以被去个性化;你只需要坐在电脑前。在互联网上,没人需要知道你是谁,结果是人们经常发表非常明显的恶意评论。为了应对网络去个性化所带来的攻击,今天许多网站都要求人们通过 Facebook 或真实姓名登录。然而,去个性化并不总是不可避免地使人们变得更具攻击性;它也会增加人们对群体规范的依从。春假期间在海滨木板小道上跳舞的那些自娱自乐者也会被去个性化,有人甚至会脱掉所有的衣服在桌面上跳舞,但如果自我意识尚存的话,他们的行为方式就不会如此了。[92]

社会认知学习理论的另一个重要组成部分是模仿的力量。在一系列经典的实验中,阿尔伯特·班杜拉(Albert Bandura)和他的同事[93]设计了一个基本的程序,一个成年人站在一个充气的塑料"波波娃娃"玩偶(那种被击倒后会自动弹回来的玩偶)旁边对她击打,而这一幕被小朋友们观察到了,后来他们也有机会自己来玩。有时,这个成人在对玩偶进行身体攻击时会伴随着语言辱骂。孩子们不仅模仿成人的攻击行为,有时是拳打脚踢,有时还会在对成年人观察一番之后表现出其他的攻击行为。简言之,孩子们不仅仅是模仿成年人;成年人的反应还会激发他们想出自己的攻击方式。为什么这些实验被认为如此重要呢?无论如何,谁会在乎"波波娃娃"遭受了什么呢?让我们继续。

暴力和大众媒体

大多数美国儿童通过电视、电影、视频游戏、流行音乐和说唱音乐、音乐视频、漫画和互联网,沉浸在暴力的画面中。沉湎其中?是的,他们已经深陷其中不能自拔了!他们会收看一连串的谋杀、强奸、殴打、爆炸、坏人的野蛮行为,以及正面人物采用暴力手段来抓住他们。自 1950 年以来,电影中的暴力行为增加了一倍多,自 1985 年以来,电影中的枪支暴力行为增加了两倍多。事实上,PG-13 级①影片中包含的暴力行为和 R 级②影片一样多。[94]

许多人(包括心理学家和普通大众)都担心从儿童和青少年身上所观察到的一些混乱现象;他们很清楚这些现象一定会产生重大的后果,首先让枪支看起来既酷

---

① 美国电影协会电影分级中的一个级别,又称特别辅导级,主要是针对 13 岁以下儿童。——译者注
② 美国电影协会电影分级中的一个级别,又称限制级,17 岁以下观众要求有父母或成人陪同观看。——译者注

又刺激。对他们来说，就像"波波娃娃"的那项研究一样，很明显孩子们会模仿他们在电视和电影中所看到的暴力行为，或者他们会受到情感上的影响。正如我们在第 4 章中所看到，亲社会角色模型和相关媒体报道可以增加所观察到的儿童（和成人）的有益行为，那么更为常见的反社会和暴力视频肯定会增加反社会和暴力行为。[95]

然而，对于其他多数人而言，这是一个没有问题的问题。他们会问，如果在同一年里，PG-13 级电影中的枪支暴力增加了三倍，而现实世界中的枪支暴力和年轻人的总体暴力犯罪会降到历史新低，那么媒体暴力会产生多大影响呢？此外，他们还补充说，媒体暴力包括"众所周知的"不实卡通故事和图像。[96] 事实上，这就是最高法院 2011 年所做裁定的理由。无论有多么暴力，视频游戏都可以卖给未成年人，包括广受欢迎的"格斗之王"（*Mortal Kombat*）和"侠盗猎车手"（*Grand Theft Auto*）系列。

所以争论还在继续，假如是你会如何面对呢？新闻报道似乎提供了一个令人信服的答案。例如，几年前，一名男子驾驶着他的卡车路过德克萨斯州基林市一家拥挤的自助餐厅。他从驾驶室走出来，开始随意开枪，打死了 22 人。在他的口袋里，警察找到了一张影片《鱼王》的票根，这是一部描述一个精神错乱的人向人群拥挤的酒吧开枪并打死了几个人的影片。再如，田纳西州的两个年轻人拿着枪，在高速公路上狙击过往的汽车，杀死了一名司机，因为他们想表演他们最喜欢的电子游戏，或许是"侠盗猎车手"？还有这样一个男人，在看过一部在银幕上展示女人跳舞的影片后，深信所有女人都是不道德的，理应去死。结果，在他被逮捕之前犯下了四起残忍的强奸谋杀案。具有讽刺意味的是，这部让他兴奋不已的影片竟然是《十诫》。

这样的轶事，无论多么有趣，都不足以回答媒体暴力的影响问题。不论以何种方式，挑选所需要的例子都太容易了；你可以选择那些玩过"偷车大盗"游戏然后去做家庭作业和上钢琴课的孩子。为此，研究人员进行了实验和现场研究，试图回答这个复杂的问题。

媒体暴力的研究 实验室实验的好处在于，它可以让我们确定媒体中的图像是否对随机抽取的人的行为产生任何影响。大多数早期的实验证据表明，观看暴力确实会增加攻击性行为、愤怒情绪和敌意想法的频率。[97] 但并非所有的研究都发现了这种"波波娃娃效应"（我们将很快看到原因）。今天，许多研究人员认为，当孩子们热衷于玩暴力电子游戏时,媒体暴力的影响最大。直接进行奖励的暴力游戏——例如,通过奖励分数或在"杀死对方"后将玩家上移一个级别,尤其可能会增加敌意、攻击性想法和攻击性行为。[98] 对 98 项研究近 37 000 名被试的元分析发现,暴力视频游戏和亲社会视频游戏对玩家都有直接影响。[99]

实验室可以让我们证明一些有意义的事情正在发生,但是实验不能及时捕捉一个每天玩几个小时的视频游戏并且多年来一直沉湎于暴力之中对一个人造成的影响。为了考察这种影响,我们需要进行纵向研究,对儿童进行为期一年或更长时间的跟踪研究。研究人员对所研究要素的控制程度较低,但这是确定儿童实际所受影响的更好方法。此外,与大多数实验室实验必须使用人工的攻击手段(如施加噪音或假电击)不同,纵向研究可以测量实际攻击行为。这种方法的缺点是,人们的生活中充斥着许多其他能增强或减弱媒体暴力影响的因素。

这就是为什么纵向研究的结果是复杂的。首先,这些研究发现,儿童观看的暴力行为越多,他们在儿童和青少年时期的行为就越具有攻击性。例如,一项研究跟踪了 430 名三年级至五年级的小学生。调查人员测量了三种类型的攻击——语言攻击、关系性攻击和身体攻击,以及在电视、电影和视频游戏中的暴力行为。他们在一年中两次测量孩子的攻击性行为和反社会行为,访谈孩子的同伴和老师,并直接观察孩子。他们发现,学生们一旦在学年初期受到媒体暴力的吸引,便会预示着这三种攻击性行为的发生率在当年晚些时候会变高,亲社会行为则会减少。[100]

但是在大多数纵向或调查研究中,解释数据所面对的最大挑战是理清因果关系。通常的假设是,观看暴力会使儿童和成人更具攻击性,但有暴力倾向的人也喜欢观看暴力。此外,还有一种完全独立的因素可能会导致上述两种情况发生。有些孩子生来就有暴力的心理或情感倾向;从虐待型父母或兄弟姐妹身上学习暴力,或者从其他方面发展为具有攻击性的人格特征。对于这些儿童来说,媒体的影响与更强有力的攻击行为预测因素相比显得苍白无力,这些攻击行为包括被同龄人群体排斥、成为身体虐待的受害者、加入支持和鼓励暴力的同龄人群体以及生活在一个以攻击为生活方式的社区。[101] 其结果表现在儿童表现出攻击性行为以及他们喜欢观看暴力节目或玩攻击性游戏。[102]

在一项研究气质与暴力接触之间相互作用的实验中,孩子们要么观看一部描述大量警察暴力的影片,要么观看一部关于自行车比赛的激动人心但非暴力的影片。随后,他们打了一场曲棍球。观看暴力影片的确增加了孩子们在曲棍球比赛中出现攻击性行为的次数,但这种情况主要发生在那些之前被老师评估为高度攻击性的孩子身上。这些孩子用棍子击打他人,用胳膊肘撞击他人,他们向对手大吼大叫,比那些被评估为"无攻击性"的孩子(他们也看了那部暴力电影)或那些被评为"有攻击性"的孩子(他们看了那部非暴力电影)要大得多。[103] 一些纵向研究表明,那些已经有暴力倾向的儿童,与接触媒体或视频游戏中的暴力行为具有最为密切的关系。[104]

媒体暴力难以预估的影响 还记得在本章的开头,当我的小儿子难过得流泪时,我问过:"难道我对人类的野蛮行为已经习以为常、对它们的存在已经无动于衷了吗?"有充分的证据表明,随着时间的推移,不断推出的有关暴力的图片和描述会让我们麻木。当我们看到人们受到越来越多的伤害时,我们所感受到的痛苦却会相对减少,这就是所谓的**脱敏**过程。人们可以通过收看晚间新闻的战争场景、每天玩几个小时的偷车游戏,或者通过目睹发生在父母之间的现实暴力,来让自己变得麻木。在有关这个问题最早的实验中,研究人员测量了年轻男子在观看血腥的拳击比赛时的生理反应。[105] 那些在日常生活中观看了很多电视节目的人似乎对拳击场上的搏斗不太感兴趣;他们几乎没有表现出兴奋、焦虑或其他形式激动情绪的生理证据。他们对暴力无动于衷。但是那些看电视相对较少的人却表现出了强烈的生理反应,暴力的确令他们激动不已。四十年前实验中的"血腥拳击赛",与今天的《权力的游戏》(Game of Thrones)或《行尸走肉》(The Walking Dead)相比,已经显得平淡无奇。暴力必须增加残酷的程度和强度,才能使观众做出与以往轻微暴力带来的相同的反应,这一事实也许是沉湎暴力的麻木效应的很好例证。

虽然精神上的麻木可以保护我们不感到沮丧,但它也会产生一些意想不到的影响,增加我们对真正的暴力受害者和其他需要帮助的人的冷漠。在一项实验中,布拉德·布什曼和克雷格·安德森[106]让被试分别玩一个20分钟暴力或非暴力的视频游戏,然后填写一份很长的问卷。在这样做的同时,让被试无意中听到隔壁房间发生的暴力事件。一场口头争论升级为推来搡去,然后是一场全面的身体对抗,之后被试可以听到其中一人离开,而另一人则在痛苦地呻吟,抱怨脚踝受伤而无法站起来。(当然,这一切都是由实验者策划的。)那些玩暴力游戏的人花了5倍多的时间才对隔壁房间的受害者做出回应。为什么会这样呢?后续数据表明,他们对这一事件的解释比玩非暴力游戏的被试要"轻微"得多。与电子屏幕上的极端暴力相比,隔壁房间的真正暴力事件显得并没有那么紧迫。毕竟,当你刚刚砍下了几个入侵军队中变种人的头颅时，你很难因为扭伤了的脚踝而变得激动起来！布什曼和安德森还进行了现场实验，发现那些刚看过暴力电影的人比那些看过非暴力电影或者还在等着看这两部电影的人会花更长的时间，去帮助一位挣扎着拿起拐杖的女人。

如果需要帮助的人不是"我们中的一员"，那么就要当心了。当你在玩一个暴力的电子游戏时，你很可能会把自己看成是一个英雄，消灭那些邪恶的生物。就目前而言这已经很有趣了，但一些研究表明，这可能会更进一步：一旦玩家养成了不人道对待"敌人"的习惯，这种习惯就可以延续到玩家如何看待现实中的人身上。在英国进行的两项实验中，研究人员发现，与那些玩亲社会游戏或中性游戏的学生相比，玩暴力电子游戏的年轻男女更倾向于将那些移民到英国的人非人化看待，认为他们比英国本土人更不像人类、更没有价值。[107]

根据教育心理学家道格拉斯·金特尔（Douglas Gentile）和罗纳德·金特尔（Ronald Gentile）的说法，玩电子游戏还有另外一个意想不到的后果。当你在玩电子游戏时，你通常会进行相同或相似的活动，但是当你提升到一个新的难度水平或完全不同的游戏时，背景会发生变化。这一过程加强并巩固了正在教授的任何概念；它最大限度地将学习从一种情况迁移到另一种情况。这意味着，如果你玩各种暴力的电子游戏，你很可能会在远离游戏的情况下想到暴力和攻击。金特尔等[108]对小学儿童和青少年进行的一项研究发现，随着时间的推移，那些玩过许多不同暴力游戏的人，更容易发展出被称为**敌意归因偏见**（hostile attribution bias）的倾向，以敌对的方式解释他人模棱两可的行为的倾向——而不是给予他人善意的怀疑。而且他们自己也承认，他们越来越多地与同龄人发生冲突。

最后，媒体暴力的另一个意外后果是对危险的放大。如果我在主屏幕上看到了所有的谋杀和暴力事件，我会得出结论说离开这个房子会不安全吗？特别是在天黑之后。这正是许多观众的结论。安宁伯格公共政策中心（Annenberg Public Policy Center）进行的一项研究，比较了1972年至2010年间黄金时段流行广播剧中所描绘的暴力数量的年度变化和盖洛普民意测验中有关犯罪恐惧的问题。研究人员发现，美国公众对犯罪的恐惧在统计学上与黄金时段电视上所描绘的暴力程度直接相关。即使将实际犯罪率的变化排除在外，人们对犯罪率的看法也随着电视暴力事件数量的升降变化而变化。每一小时的电视暴力事件从1972年的6.5起下降到1996年的1.4起，然后在2010年又上升到3.7起。在1个小时里每增加一个暴力事件,告诉盖洛普害怕自己晚上独自在自家街区行走的人就会增加 1 个百分点。[109] 在上一章,我注意到当地新闻是如何按照"如果新闻的内容充满了血腥,那么这则新闻总是会出现在头版"的原则运作的,似乎我们也可以说,如果新闻的内容充满了血腥,那么这则新闻也会产生误导。

综上所述,我得出如下结论:频繁地接触暴力媒体,尤其是暴力视频游戏,确实会对许多儿童和青少年产生影响,当然这种影响对那些已经形成暴力行为倾向的儿童和青少年影响最大。观看暴力似乎对那些易受伤害的观众影响更大,原因有以下五个:(1)它会增强生理性唤起("我想我真的很生气,而不是紧张");(2)它会诱导人们模仿敌对或暴力人物的倾向,削弱以往习得的禁忌("如果他们能做到,我也能做到");(3)它会引发潜在的愤怒、恐惧或挫败感("我最好在他抓住我之前抓住他!");(4)它能促进人的心理麻木,减少移情("呵呵,再来一次,还有什么?"),以及(5)当我们感到沮丧、愤怒或受伤时,它通常会示范我们认可的行为方式("哦,你就是这样做的!")。[110]

很显然,大多数人不会因为他们所观察到的事情而变得更有攻击性。正如社会认知学习理论预测的那样,人们对他们所观察的事物、他们的个性倾向和社会背景的解释都会影响到他们的反应。儿童和青少年观看许多不同的节目和电影,除了他们在媒体上所看到的,还有许多榜样可以观察——包括父母和同龄人。但不能否认的是,有些人受到暴力娱乐的影响,最终导致了悲剧。

攻击的要素:以性侵为例

我们现在可以考虑本章提出的主题中有多少可能适用于理解最令人不安和最持久的攻击类型之一:强奸和其他形式的性侵。几十年来,"强奸"的定义已经改变了;例如,法律曾经豁免已婚男子,他们在法律内被允许与妻子进行强制性行为。今天,司法部对强奸作出了包括以下内含的界定:未经受害人同意,将身体的任何部位或任何物体插入其体内。性侵是一个更广泛的术语,包括各种其他行为,但未经同意仍然是关键标准。请注意,这个定义并没有具体说明性别——男性也可能遭受性侵和强奸,尽管许多人都羞于承认这一点。

有些男人实施强奸是为了支配、羞辱或惩罚受害者。这种动机在战争期间强奸女性俘虏并经常杀害她们的士兵和强奸其他男人(通常是鸡奸)的男人中十分明显。[111] 后一种形式的强奸通常发生在青年帮派中,他们的意图是羞辱敌对的帮派成员;在监狱中,其动机除了指向明显的性行为外,还在于征服并贬低受害者。

当大多数人想到"强奸犯"时,他们会想象出一个暴力的陌生人或是累犯。有些强奸犯就是这样。他们往往无法同情女性,可能会对妇女产生敌意和蔑视,并感到有权与自己选择的任何女性发生性关系。[112]他们可能是地位很高的男性,包括体育明星(职业明星、大学和高中的运动明星)、有权势的政治家和名人,他们可以很容易地找到一拍即合的同伙。他们把权力的感觉等同于性,会愤怒地指责是妇女挑逗了他们并同意强奸,如"女人想要被强奸"。

然而事实上,大约85%的强奸或强奸未遂事件——被迫进行违背意愿的性行为——发生在彼此认识的人之间。强奸可能是由于身体力量相差悬殊、在实际或威胁的暴力下发生性行为;或者在对方丧失行为能力的情况下与受害者发生性关系——该受害者已被诱骗服用了迷奸药而处于昏迷状态,或者因酗酒或吸毒而神志不清。

性脚本和同意难题 所有人都知道,以公开的武力、暴力威胁或使用药品使妇女失去知觉而强奸妇女的性侵者,犯下的是严重的罪行。但是,由于自愿饮酒和服用其他药物而丧失行为能力,有更多的妇女受到了性侵,这又如何解释呢?一个答案可能在于:作为性别角色的一部分,生活在美国社会中的男性和女性学习了不同的性脚本。[113]性脚本因文化、性取向、种族、年龄以及地域的差异而有所不同,而且会随着时间的推移而发生变化。这些脚本塑造了女性和男性所学到的"正确"的性知识和受欢迎的性方式,主要来自于对榜样、同龄人、媒体形象和信息的观察。谁能约谁出去?在做爱之前有多少次约会?什么样的性爱?谁是发起者?婚前是否允许、劝阻或禁止任何形式的性行为?

在美国,对于年轻、异性恋的女性和男性来说,一个主要的脚本是女性的角色是拒绝男性的性行为,而男性的角色是坚持不懈去追求。[114]不幸的是,这个脚本或许可以解释为什么许多人对"不"这个词的含义争论得如此之多。反强奸组织反复传达的信息是:"你不明白'不'的哪一部分?"这似乎显而易见。然而,研究一再发现,女人说"不"和男人听"不"一样难。许多遵循传统性脚本的男人认为"不"意味着"也许"或"过一会儿"。一些女人遵循的性脚本是"想要性是可以的,但要小心不要过早地说'是',否则他们会叫你荡妇"。由此产生的困惑也可以解释,为什么一些大学女生觉得她们需要大量饮酒作为性生活的前奏。如果她们喝醉了,她们便不会说"是",如果她们没有明确地说"是",就没有人会指责她们是荡妇。

更为复杂的是,大多数夫妻通过暗示、肢体语言、眼神交流和其他非语言行为来传达性兴趣和意图,包括不发生性关系的愿望。黛博拉·戴维斯和她的同事们[115] 称这种间接的交流是一种"模棱两可的舞蹈",它保护着双方:他的自我受到保护,以防她拒绝;她可以接受,而不必明确承认这是她想要的,不必拒绝求欢者,也不必激怒他。

乔舒亚的一个本科生写过一篇短文,很好地描述了当一个女人的脚本(通常是基于浪漫的幻想)与一个男人的脚本(通常是通过看色情片获得的)冲突时会发生什么。它传达的是对性和女性"想要"的不准确的想法:

> 弗兰克·西纳特拉(Frank Sinatra)是我虚构的男朋友。他的歌声里充满了浪漫,充满了被爱和珍惜的想法——就像我想象中父母年轻时代的女人。在大学里,我的第一个真正的男朋友给我发了一条短信,上面有一个色情影片的链接。短信上说:"你真的需要做口交。看看我最喜欢的色情明星,观察她的技巧并学会怎么做。"于是,我观察了,我观察到了我的男朋友对"我是谁"、"我想要什么"、"我感觉什么好"以及他想要什么样的性和浪漫的看法源自那里。结果是毁灭性的。我的想法和他的想法都是谎言——西纳特拉的幻想和Pornhub一样多。我和朋友们谈过了。她说从来没有一个女人想让男人做那样的事情。然而,色情片中几乎每一个场景都是这样总结的。男人的快乐就是一切,男人似乎喜欢看到女人跪着而不是坐着。没有什么前戏,谈话有辱人格,最糟糕的是,女性似乎享受粗暴的对待,往往一次被不止一个男人对待。我现在的前男友几乎完全是从色情片中了解有关性的想法。我真希望那件事发生的时候我就知道一切,这样的话痛苦和绝望就会少多了。

她的故事不是关于强奸或殴打,但她不知道如何与一个严肃的男朋友"讨论这事"。如果她不能讨论"这事",那么要对她不想接受的性要求说"不"会有多困难呢?

今天,高校管理人员和学生们正在为"模棱两可的舞蹈"所带来的问题而苦恼——何时接受受害女性的报案、何时以及如何惩罚罪犯、如何处理双方酗酒后的性行为不端问题——我认为这是一个非常重要的问题。社会心理学研究的发现,可以引导我们走向更清晰和公平。例如,正如心理学家黛博拉·戴维斯和伊丽莎白・洛夫塔斯所写到的,在一种"他说或她说"的情况下,双方都可能是对的,双方也都可能是错的。[116] 在他们看来,已经完成脚本的性舞蹈会导致双方都提供"诚实的虚假证词":她真的认为他知道该停下来了,他真的认为她同意了。研究发现,有时年轻女性会按照某个脚本说她们应该"温和",而不是冒犯或激怒发起者,试图用非语言的方式表达"不",比如后退几英寸,不抵抗但不同意,或者假装没有注意到对方。他们认为,许多男人都有动机将女性的非言语行为高估为性兴趣的表现,而不是友好的调情,或者仅仅是友好。他们会为自己的主动辩护。

其他社会心理因素,也会在大学校园强奸和性侵问题中发挥作用。文化和社会规范决定了男人是否有权攻击一个不情愿的女人,或者这是否会被同龄人视为可鄙的行为。大学、兄弟会或国家是否认可某种"强奸文化",让男人摆脱麻烦——尤其是当男人是运动明星时?狂饮文化是如何影响女性对性的决定的,而"想喝"又是如何影响女性的呢?因此,可能最重要的减少约会强奸和相识强奸的步骤是:(1)两性都清楚地理解规则和规范,决定他们是要遵守还是抵制;(2)两性都要确保他们遵循的是同一脚本;(3)两性都要学会直接表达自己的愿望;男人要意识到一个醉酒的女人是不能依法决定自己是否同意性行为的,而与一个无行为能力的人发生性行为是不道德和非法的——即便她主动选择喝醉。

如何减少暴力

如果我们认为减少攻击倾向是一个有价值的目标,那么我们应该怎么做?寻找简单的解决方案是很有诱惑力的。很久以前,美国心理学会的一位前主席建议我们开发一种抗残忍药,以供人们(尤其是那些承担重大决策使命的人)服用,作为一种普遍减少暴力的方法。[117] 寻求这样一种解决办法是可以理解的,甚至有些感人,但极不可能开发出一种既能减少残忍又不会让使用者失去活力的药物。药物不能区分心理过程。温和、爱好和平的人,也可能是精力充沛、富有创造性、勇敢和足智多谋的人,是先天能力、经验和习得的价值观结合在一起的产物。很难想象一种药物可以针对这种结合的一个方面而不是另一个方面。此外,对人类行为的医学控制具有奥威尔式噩梦的性质。我们可以信任谁来管理这种药物?如果无法配制"抗残忍药",让我们根据目前所学习的知识来推测一些可能性。

惩罚 对于普通公民来说,减少攻击的一个明显方法就是惩罚。如果一个人抢劫、殴打或杀害另一个人,就把他送进监狱。当然,生活在监狱的严酷、限制性的环境中会阻止该人犯罪,但一旦被释放,情况又会怎样呢?然而,我们很难确定监禁的具体效果;在大多数情况下,不可能将被监禁的效果进行单独的分析,因为涉及的其他因素太多。[118]让他们蹲在监狱里,锁定他们的犯罪倾向性,以让他们在获释后减少再犯的可能性,或者让他们回到一个支持他们违法行为的世界,哪种情况会产生更大的影响?

虽然这些可能性很难检验,但一项自然条件下实验的证据表明,监狱本身并不能阻止被释放的因犯犯罪。最高法院的一项判决将监禁对再犯的影响加以分离,使得这项实验成为可能。1963年,吉迪恩(Gideon)诉温赖特案(Wainwright)裁定,如果没有得到律师的帮助,人们就不能被判重罪,佛罗里达监狱的一些因犯在服满刑期前被提前释放。这些因犯和仍在监狱中服刑的因犯之间唯一的系统性区别是,获释的囚犯以前没有代理律师。因此,研究人员可以比较两组近乎相同的罪犯:一组是提前释放的,另一组是在服刑期间受到惩罚和"管教"的。两组因犯之间出现了惊人的差异:服满刑期的因犯返回监狱的可能性,是提前获释因犯的两倍。[119]

这是否意味着监禁不会减少犯罪?不一定。这项研究确实提供了有说服力的证据,证明长期监禁并不能阻止被释放因犯未来的犯罪行为,但也不能完全排除有这样一种可能性:仅仅是严厉惩罚的前景可能会抑制那些从未被定罪的人的犯罪倾向。惩罚的威胁一开始就可能阻止许多潜在的罪犯去违法。

虽然从理论上说是可能的,但我认为现实中不太可能。一方面,可能受到的惩罚远不止这些;另一方面,受到最严厉惩罚的州(谋杀罪可以判处死刑)比没有死刑的州有着更高的谋杀率。[120]我所知道的是,虽然严厉的惩罚在迅速实施时,往往会导致遵从,但很少会达到内化。如果一个年轻女孩动手打了自己的父母、兄弟姐妹或同龄人,我们可以打她的屁股,朝她尖叫,剥夺她的特权,或者让她感到内疚。这里的假设是,这种惩罚将"给她一个教训",她会"三思而后行",在她再次做出不端行为之前,处罚得越严厉越好。但是惩罚可以暂时有效,从长远来看往往会产生相反的效果。[121]并不是说所有被打的孩子都会变得暴力,但是父母在孩子社会学习时怎么做却有着重要的教训,不应当教导自己的孩子:"哦,那就是我应该做的。当我生某个人气的时候:对他大喊大叫或动手打他。"

如果人们要建立长期的非攻击性行为模式,作为孩子,他们必须内化一套反对攻击性反应的价值观。在第3章曾详细讨论过的我和默瑞尔·卡尔史密斯所做的实验，以及随后要介绍的乔纳森·弗里德曼[122]的实验都表明，对年幼儿童来说，威胁给予轻微惩罚要比威胁给予严厉惩罚有效得多。尽管这些实验只涉及儿童对玩具的偏好，但他们强烈建议，温和(而非严厉)惩罚的威胁，也会以同样的方式遏制攻击行为。

正如我们在第3章中所建议的，它发生作用的机理如下：假设一位母亲威胁要惩罚她的小儿子，以诱使他暂时克制对他小妹妹的侵害。如果她成功了，她的儿子会经历失调。"我喜欢揍我妹妹"的认知与"我克制住不去揍我妹妹"的认知不一致。假如他受到了严重的威胁，他就有充分的理由克制自己；他可以通过讲出"我克制这样做的原因"来减少失调：如果我打了她，我就会被妈妈狠揍一顿。

然而，假设他的母亲威胁要采取一种温和而不是严厉的惩罚，这种惩罚勉强可以让孩子停止攻击。在这种情况下，当他问自己为什么现在不打他的妹妹时，他便不能再用威胁来减少失调。也就是说，他不能轻易地说服自己，如果他打自己的妹妹，他会被狠揍一顿，因为这不是真的——但他必须证明他没有打她是正确的。换句话说，他的外在正当性(威胁的严重性)是最小的。因此，他必须增加内在正当性来证明自己的克制。例如，他可能会说服自己，他不再喜欢打他的小妹妹，而且，打比自己弱小的人是错误的。这不仅可以解释、证明他暂时平静的克制是合理的；更重要的是，这会降低他将来打他妹妹的可能性。简言之，他会将反对攻击的价值观内化。他会说服自己，对他来说，打某人既不可取也无趣。

这种普遍的观念在校园的现实世界中成功地得到了应用。在挪威学校系统工作的丹·奥维斯(Dan Olweus)，[123]通过培训教师和管理人员对问题保持警惕，并采取迅速但温和的惩罚性措施，能够将欺凌的发生率减少50%。总的来说，这项研究表明，如果对攻击性行为的惩罚既及时又适度，那么尚未形成价值观的儿童更容易对攻击性产生厌恶。

对攻击性榜样的惩罚 是否有可能通过向儿童展示攻击性榜样的坏结果来减少攻击性？这里的理论假设是，只要孩子们看到暴力行为受到惩罚，他们实际上就会因自己的攻击行为而受到替代性的惩罚，并因此变得不那么咄咄逼人，也不太倾向于模仿他们所观察到的攻击行为。不幸的是，证据并不支持这种广为流传的观点。实验研究提供了一幅更精确、更复杂的画面。通常，在这些实验中，孩子们会观看一部影片，影片中出现一个具有攻击性的人，他随后会因为其攻击性行为而受到奖励或惩罚。之后，孩子们有机会在类似影片所展示的情境中表现出攻击行为。

这些研究的一致发现是,那些从影片中看到攻击者受到惩罚的孩子,没有比那些从影片中看到攻击者受到奖励的孩子表现出更多的攻击性,他们所表现出来的攻击性比那些看到影片中的攻击性人物既未受到惩罚也未受到奖励的人也要少。[124] 另外,特别关键的一点是,看到一个因攻击而受惩罚的榜样,并没有使他们的一般攻击性水平降低到低于一群不接触攻击性榜样的孩子。换句话说,这些研究似乎意味着:(1)看到攻击者得到奖励会增加儿童的攻击行为;(2)看到攻击者受到惩罚不会增加或减少儿童的攻击行为。完全不让孩子接触攻击性榜样也会起到同样的效果。

对攻击的替代性奖励 另一种被研究者关注的可能性是,当一个孩子表现出攻击性时冷落他(她),而当他(她)没有表现出攻击性时奖励他(她)。这一策略的部分依据是,有证据表明,幼儿(以及成人)经常表现出攻击性,以此来引起人们的注意。对他们来说,受到惩罚比被忽视要好。自相矛盾的是,对攻击行为进行惩罚可以被解释成一种奖励——"嘿!每次我打我妹妹的时候,妈妈都会关注我。我想我会再来一次的。"

保罗·布朗(Paul Brown)和罗杰斯·艾略特(Rogers Elliot)[125]在一所幼儿园所做的实验验证了这一推测。实验者要求幼儿园的老师们忽略孩子们所有的攻击性行为,同时也要非常关注孩子们,尤其是当他们做一些与攻击性不相容的事情时,比如友好地玩耍、分享玩具以及与他人合作。几周后,他们的攻击性行为明显下降。在一个更为复杂的实验中,乔尔·戴维茨(Joel Davitz)[126]证明了挫折不一定会导致攻击性行为;相反,如果事先的训练使这种行为具有吸引力,它可能导致建设性行为。在这项研究中,孩子们被允许四人一组玩耍。其中一些小组因建设性行为而获得奖励,而另一些小组则因攻击性或竞争性行为而获得奖励。随后,戴维茨故意让孩子们失望,因为他们期望自己能看到有趣的电影,并能从中得到乐趣。事实上,他甚至开始放映一部电影,并分发糖果供日后食用。但随后他又在最有趣的地方突然终止了影片并拿走了糖果,在实验中制造了"挫折感"。然后孩子们被允许自由玩耍。正如你所了解到的,这是一个预期的攻击行为发生机制。但是,那些被训练成具有建设性的行为的孩子,比另一组的孩子更具有建设性,攻击性也更少。

这项研究是鼓舞人心的,但我认为有必要说明我的坚定信念:我们不能天真地期待,我们社会中的许多儿童自发地选择建设性解决方案,而不是攻击性地去解决冲突和令人沮丧的环境。美国社会向我们提供了各种证据，表明暴力解决冲突和挫折是有价值的。无论是以复仇的动作英雄的名义，还是以充满异国情调和娱乐性表演置人于死地的温文尔雅的特工的名义，这些银幕英雄都明确地或含蓄地向孩子们展示了社会的价值和奖赏。不用说，我们接触到的暴力问题解决方案不仅仅局限于电影和电子游戏，这些事件也主宰了晚间新闻。因此，孩子们认为成年人经常诉诸暴力来解决他们的冲突也就不足为奇了，许多人甚至不知道其他的解决办法是可行的或是适宜的。如果我们希望自己的孩子在成长过程中喜欢非暴力策略，那么为他们提供关于这些技巧的具体培训以及鼓励他们使用这些技巧可能是个好主意。正如我们不久将会看到的，没有理由不能在家里和学校都提供这种培训。

提供非攻击性榜样 遏制攻击的一种重要手段就是清楚地表明这样做是不适当的。最有效的标准是社会——也就是说，在同样的情况下，其他人选择和解而不是报复。在罗伯特·巴伦（Robert Baron）和理查德·凯普纳（Richard Kepner）的一项研究中，[127] 被试遭到了实验者帮手的侮辱，然后观察到有人在另一个人的手上施加电击。这个人要么受到强烈的电击，要么受到非常轻微的电击。对照组则没有观察到某种施加电击的榜样。随后，每个人都有机会通过电击折磨他们的人。那些目睹一个人对他施加强烈电击的人比那些处于控制状态的人施加的电击更强；那些目睹一个人施加轻微电击的人比那些处于控制状态的人施加的电击更弱。这个范例看起来很熟悉吗？攻击行为的表达，就像任何其他行为的表达一样，都可以被看作是从众行为，也就是说，在一种模棱两可的情况下，人们会寻求通过他人来界定什么是合适的。

在第4章中，我描述过假定你在一个自由主义者的餐桌上打嗝的情境。在这里我提出如下假定：如果你和你的朋友感到沮丧或愤怒，而你周围的人都在向折磨你的人扔雪球，这将增加你扔雪球的可能性；如果他们只是愤怒地声讨，那你愤怒声讨的可能性也会增加；如果他们将球棒砸向折磨他们的人头上，这也会增加你拿起球棒并和他们一起攻击的可能性。

培养同情心 想象一下下面的场景：在一个繁忙的十字路口，有一长串的汽车停在交通灯前。此时，灯变绿了。第一辆车的司机犹豫了15秒钟。会发生什么？当然，喇叭声的爆发——不仅仅是一个小小的嘟嘟声，意在向第一辆车的司机提供灯光变化的信息，但是第一辆车后面沮丧的司机会持续不断地长时间按喇叭，以此来发泄他们的烦恼。事实上，一项实验发现，在这种情况下，大约90%的第二辆车的司机会以一种攻击性的方式鸣笛。作为同一个实验的一部分，一个行人在第一辆车和第二辆车之间穿过街道，而司机前面的灯仍然是红色的，并且他在灯变绿时已经离开了十字路口。尽管如此，在第二辆车的司机中，有近90%的人在灯变绿时仍然按了喇叭——没关系，第一辆车的司机可能想确保这个行人安全通过。但是当那个行人拄着拐杖时会发生什么？显然，看到一个拄着拐杖的人会引起一种同情心的反应；同情心的感觉压倒了攻击性的欲望，按喇叭的人比例会显著下降。[128]

同情心对人类生活至关重要，它是非人性化的解药。正如我们所看到的那样，如果大多数人将受害者非人化，以此作为对他们实施攻击行为的理由，那么通过在人们之间建立同情心，攻击行为将变得更加难以实施。的确，诺玛·费什巴赫（Norma Feshbach）和西摩·费什巴赫（Seymour Feshbach）[129]已经证明在儿童的同情心和攻击性之间存在着负相关：同情心的强度越高，表现出攻击性行为的可能性就越小。诺玛·费什巴赫[130]在小学率先进行了同情心教学，为孩子们设计了一个30个小时的同情心训练项目。孩子们不得不认真思考一些问题，比如，"如果你像猫一样小，这个世界对你来说会是什么样子？"再如，"什么生日礼物能让你的家人最开心？"对答案的思考拓展了儿童把自己置于他人处境的能力。孩子们还会听到一些故事，然后从每个故事中不同角色的角度来复述这些故事。孩子们扮演每个角色，他们的表演被录制下来。然后让孩子们观看录像带，讨论人们表达不同感受时的表情和声音。在节目结束时，学生们不仅学会了更多的同情心，而且拥有更高的自尊，更为慷慨，也比没有参与节目的学生更少表现出攻击性。

乔治娜·哈莫克（Georgina Hammock）和黛博拉·理查德森（Deborah Richardson）[131]在对大学生的研究中也证明了同情心类似的好处。在这种情况下，要求被试给某个学生施以电击。那些学会了关心别人感受的人比那些没有同情心的人施加的电击要小。小渊健一（Kenichi Obuchi）和他的同事[132]对日本学生的实验得出了同样的结果。作为学习实验的一部分，小渊让被试对另一个学生施以电击。在一种情况下，在受到电击之前，受害者首先披露了自己的一些个人信息，从而打开了形成同情心的大门。在控制条件下，受害者没有机会自我披露。处于披露状态的学生比处于非披露状态的学生受到的电击要轻得多。

培养利他主义和专注力 利他主义——为他人做一些事情，即使是以我们自己直接的舒适或快乐为代价——是对付攻击的一剂强力解药。利他主义会给人们带来很好的感受。当我们看到别人痛苦时,利他主义能减轻我们的不愉快情绪,而且不断地发现给予他人比给予自己更能改善我们的情绪。例如,事实证明,在幸福和快乐方面,人们如何花钱至少和他们挣多少钱一样重要。劳拉·阿克宁(Lara Aknin)和她的同事[133]使用三种不同的方法研究了这个问题。第一种方法是全国的代表性抽样调查;第二种方法是纵向的现场研究,调查人们如何花费意想不到的"意外"收入。在这两项研究中,把钱花在别人身上的人比花在自己身上的人更快乐。但这一结果当然可能存在两种方向的作用机制:利他主义会带来快乐吗?还是快乐的人会表现得更加利他?因此,研究人员设计了一项实验,在这个实验中,被试被随机分配到为自己花钱或将钱花在他人身上两组。这一次,他们验证了二者之间的因果关系:利他的行为会产生更大的快乐。

正如我们在讨论社会认知学习理论时所看到的,我们如何看待事件——我们如何感知、理解和解释某些通常会让我们感到恼火、沮丧或愤怒的事情——是决定我们如何回应的关键中间环节。

这就是我想提到的可以最终解决攻击性的办法:专注和冥想,它教会人们把注意力集中在当下。在练习专注和冥想的过程中,人们会减少对感知到的挑衅或侮辱的反射性、攻击性的反应,给人时间思考和决定如何更冷静地并更有建设性地作出反应。那些所谓头脑清醒的人会不同意这样的说法,"似乎我是在'自动运行',而没有太多意识到我在做什么",而目的恰恰是要让他们能够意识到。在实验中,即使是一个短暂的专注力训练,也能减少"走神",即那些妨碍密切关注手头任务能力的不集中思想。虽然偶尔做白日梦是美好而愉快的,但习惯性的走神则预示着情绪更糟、压力更大、自尊心更低、对他人的幸福关心更少。[134]因此它会给人们带来身体上的(应激荷尔蒙水平降低)、情绪上的(敌对情绪降低)和行为上的(攻击性减少)好处。[135]

冥想也有同样的好处。冥想者被教导要关注当下的感觉,而不是被有关过去或未来的记忆或影像所纠缠,这些记忆或影像通常会产生愤怒或焦虑。众多随机对照组试验中的一项研究发现,针对年轻人的冥想计划降低了他们的血压和心理痛苦感,并帮助他们更积极地应对。[136]通过使身心平静下来,冥想可以在受到挑衅时减少人们进行严厉报复的冲动。[137]

关于人性本质的终极思考

在本章开始时，我们注意到哲学家和科学家针对人类是"天生"富有攻击性还是"天生"善良展开的争论。在查尔斯·达尔文（Charles Darwin）杰出的发现和理解行为的进化论兴起之后，钟摆转向了"天生攻击"的一面。理由是，个人之间和群体之间的攻击对生存是有益和必要的，因为支配和伤害他人是人们获得资源和性伴侣的有效途径。动物学家康拉德·洛伦兹（Konrad Lorenz）[138]认为，攻击是"维持生命的本能组织的重要组成部分"。

但其他一些科学家对此持怀疑态度。人类学家阿什利·蒙塔古（Ashley Montagu）[139]认为，过度简化和对进化论的错误解释给大众提供了一种错误的观念，即冲突是司空见惯的，因为冲突是必要的，这是自然法则。蒙塔古认为这一观点是一个方便的借口，富裕的实业家可以用它来为剥削工人辩护：毕竟，生活是一场斗争，因此最强壮和最具攻击性的人生存下去是很自然的。蒙塔古说，危险的是，这种推理会导致自证预言，并导致我们忽视或淡化非攻击性和非竞争性行为显而易见的生存价值。

一百多年前，俄罗斯科学家和社会改革家彼得·克罗波特金（Peter Kropotkin）[140]——一位出生在贵族家庭的王子——得出了结论，合作和互助对大多数生命形式都有很大的生存价值。他写道："我们必须学会合作，共同生活，就像许多社会性动物一样，我们在积极进取的同时也进化出了亲社会的倾向。"克罗波特金的思想在很大程度上被忽视了，也许是因为它们不符合时代的潮流或者那些从工业革命中获利者的需求。但事实证明他是对的。诸如白蚁、蚂蚁和蜜蜂等社会昆虫的合作能力已经得到了充分的记载，[141]而且正如我们在第2章中所看到的，今天我们知道，合作同攻击一样根植于我们的生物性之中。

然而，我们的语言和解决问题的方法中仍然包含着攻击是适应性的和有益的这样的信念，使我们对合作的替代品视而不见。人们认为，驱使人类杀人的同一机制也在驱使一些人去"征服"外层空间，"埋头"钻研一个困难的数学方程，"攻克"一个逻辑问题，对毒品发动一场"战争"，与疾病"战斗"，或"主宰"宇宙。但这种推理是基于对攻击的夸张定义。把高度的成就和进步等同于敌意和攻击，就是混淆了这个问题。一个问题或技能可以在不伤害他人的情况下，甚至在不试图征服他人的情况下被掌握。把寻找治愈可怕疾病和解决根深蒂固的社会问题方法的努力转化为"战争"的隐喻，最终以错误的方式定义了问题，从而限制了我们解决问题的能力。

这对我们来说是一个很难理解的区别，因为我们美国人被训练去把成功等同于胜利，把成功等同于攻击。作为一种文化，我们在竞争中茁壮成长；我们奖励成功者，鄙视失败者。两个世纪以来，我们的教育制度一直以竞争力为基础。除了少数例外，大多数学校都不会教导我们的孩子热爱学习，我们教他们在 SAT 上争取高分。[142] 当体育记者格兰特兰·赖斯（Grantland Rice）说出"这不是你赢还是输，而是你如何玩游戏"时，他当然不是在描述美国生活中占主导地位的主题；他是在表达一种希望，希望我们能以某种方式摆脱对不惜一切代价赢得比赛的病态的专注，转而专注于有尊严、有能力的和慷慨的精神。从一个在球队被击败后泪流满面的小联盟球员，到足球场上高喊"我们是冠军！"的大学生；从前总统林登·约翰逊——他在越南战争中的判断力几乎肯定被他"不想成为第一个输掉战争的美国总统"的愿望所扭曲——到嫉妒和鄙视她的同学在算术考试中表现优异的三年级学生，我们认为这些都是错误的。"对胜利的文化迷恋真是妙不可言。"绿湾包装工队的传奇教练文斯·隆巴迪（Vince Lombardi）总结了这一点，他说："胜利不是一切，它却是唯一。"这种哲学意味着，胜利的目的就是证明我们所用的手段是正确的，即使这只是一场足球比赛——毕竟，足球最初是一种娱乐活动。

当然，在某些情况下，竞争和攻击是适应的。但是，当我们环顾四周，看到的是这样一个世界：充满国际、种族和部落间仇恨和不信任、毫无意义的屠杀、恐怖主义、每天的大规模枪击、足够多的核弹头漂浮在世界各地足以多次毁灭世界人口，此时我觉得质疑目前这种行为的生存价值是有道理的。人类学家洛伦·艾斯利（Loren Eiseley）[143] 向我们的远古祖先表示敬意，但他写道："现在需要的是一个更温和、更宽容的人，而不是那些面对着严寒、老虎和狗熊为我们赢得胜利的人。"

一个振奋人心的消息是，尽管现代武器使人类更具破坏性，但现代社会似乎使我们比我们的祖先更不容易在心理上采取攻击行为。现代性使我们能够与自己的家庭、部落和国家之外的人合作和贸易；我们购买他们的产品，品尝他们的美食，阅读他们的文学作品。这些社会和文化交流使我们能够以人性化的方式了解陌生人的生活，从而使他们更难受到伤害。也许我们可以找到其他方法呼唤和追随亚伯拉罕·林肯所说的"我们天性中更好的天使"。

本图来源于《生活艺术》1949年。
Saul Steinberg, *Untitled drawing*, ink on paper.
Published in Steinberg, *The Art of Living*, 1949.
© The Saul Steinberg Foundation/Artists Rights Society (ARS), New York

7

偏见

当我还是一个年轻的教授时,我听到瑟古德·马歇尔(Thurgood Marshall)在电台接受采访,他讲了一个对我影响很大的故事。当马歇尔还是一名年轻的律师时,曾经为全国有色人种进步协会(NAACP)工作,他被派往南方的一个小镇,为一名被指控犯有严重罪行的黑人辩护。当他到达时,得知被告已经被愤怒的白人暴徒用私刑处死,他感到震惊和沮丧。马歇尔怀着沉重的心情回到火车站,等待返回纽约的火车。等车的时候,他意识到自己饿了,注意到站台上有一个小食品摊。走到摊位前,他盘算着是直接走到前面点一个三明治(这是他的合法权利),还是绕到看台后面(这是当时南部非洲裔美国人的常见做法)。但当他走到摊位前时,一个高大魁梧的白人向他走来,这个白人满眼狐疑地看着他。马歇尔把他看成了某种类型的治安人员,因为他走路的样子颇具权威的神气,裤子口袋里有一个鼓起的东西,极像手枪。

"嘿,孩子,"那人对马歇尔喊道,"你在这里干什么?""我在等火车。"马歇尔回答。

那人皱着眉头,走近几步,凶狠地瞪着他说:"我没听见你说的话。你说什么,孩子?"

马歇尔意识到自己最初的回答不够恭敬。

他说:"对不起,先生,我在等火车。"沉默了很长时间,那人上上下下仔细地打量了一下马歇尔,然后说:"你最好尽快赶上火车,孩子。因为在这个镇上,太阳从来没有落在一个活着的黑鬼身上。"

正如马歇尔后来回忆的那样,在那一刻,他关于如何得到三明治的盘算被证明太过书生气了。他决定不吃什么三明治了,而是抓紧赶上最快一班火车离开——不管它开往哪里。而且,不知何故,他也不再感到饥饿了。[1]

瑟古德·马歇尔后来成为全国有色人种进步协会的首席顾问。1954年,他在美国最高法院就布朗诉教育委员会一案进行了辩论。他的胜诉结束了公立学校种族隔离的合法化。随后,马歇尔被任命为最高法院法官,他在最高法院任职,直到1991年退休。我不知道那个口袋里鼓鼓的人后来怎么样了。

什么是偏见?

偏见是人类经验中最常见和最令人不安的固定习惯之一,但人们对它却知之甚少。许多白人认为,马歇尔的故事代表了过去,现代社会已经发展到了"后种族"、"去肤色"和公正的时代。毕竟,我们选举了一位黑人总统;奥普拉(Oprah)、碧昂丝(Beyoncé)和勒布朗(LeBron)是如此成功,几乎可以说是无人不知;现在几乎禁止使用"N"开头的那个单词。因此,在接受调查时,许多人说,我们不必再担心是否有保护弱势少数民族免受偏见和歧视的政策;事实上,如果我们变得过于敏感,就过于"政治正确"了。[2] 在2013年,社会上展开的不仅仅是一场学术辩论。那一年,最高法院废除了1964年《选举权法案》中的重要保护条款,使得各州禁止非洲裔美国人投票成为非法,歧视成了争论的焦点。[3]

毫无疑问,我们有很多值得庆祝的进步:巴拉克·奥巴马的当选在瑟古德·马歇尔时代是不可想象的,当时有色人种和女性都被限制在附属的角色中,而异族婚姻也被法律禁止,男同性恋和女同性恋被认为是"变态"或是精神病患者,在一些州可能会被监禁,私刑在南部各州仍被用来恐吓黑人。20世纪60年代进行的调查发现,白人迫切希望最大限度地与非裔美国人保持距离——近80%的人说,如果黑人家庭搬进来,他们会搬出自己的社区。今天,84%的白人对异族婚姻感到满意,异族夫妇的数量在稳步上升。[4]

然而,尽管取得了这些进展,但没有任何社会心理学家相信人类可以是"后种族化",或者像脱掉大衣那样简单地摆脱他们的偏见。正如我们将看到的那样,偏见是人类生存条件的基础。在一个非常真实的意义上,我们是为偏见而生的。因为偏见存在于所有的文化中,所以有理由得出这样的结论:偏见使我们从事狩猎采集的祖先对陌生人保持警惕,从而帮助他们生存下来。在危险的世界里,把陌生人当作潜在的攻击者来对待,比把他们当作朋友是更好的生存方式。因此,尽管随着社会规范的改变、随着集团间关系的普遍改善和反歧视政策的实施,我们许多偏见的态度和行为都发生了变化,但我们与诸如20世纪60年代、19世纪60年代或13世纪60年代一样,仍然会自然而然地倾向于偏见。

奥巴马当选后,仇恨组织的数量激增了三倍,这表明了对日益壮大的非洲裔美国政治力量的强烈反对。在网上,数十万自认的白人民族主义者骄傲地表达了他们对穆斯林、同性恋、黑人、墨西哥人、犹太人和自由主义者的蔑视。[5]在国内外,恐怖分子谋杀了数以千计无辜的受害者,他们宣誓效忠伊斯兰国,并造成了广泛的影响,滋生了对穆斯林群体的普遍恐惧和怀疑。[6]2015年,一位21岁的白人至上主义者在南卡罗来纳州的一次祈祷会上枪杀了9名非洲裔美国人,此前他发布了一份带有自己与邦联旗帜合照的仇恨宣言。正如奥巴马总统在枪击事件发生后对采访者所说的那样:"这并不是一个在公众场合说'黑鬼'是不礼貌的问题。这不是衡量种族主义是否仍然存在的标准。这不仅仅是一个公开歧视的问题。社会并不会在一夜之间就把200到300年前发生的所有事情一笔勾销。"[7]

事实上,最近的美国历史有力地提醒着人们,种族主义、性别歧视和许多其他的歧视并不会消失。只要我们持有偏见,就会有政客愿意利用这些偏见——通过他们树立的榜样影响其他人,使他们感到仇恨是正当的。唐纳德·特朗普的竞选活动和总统任期的特点是对妇女、穆斯林、西班牙裔和残疾人的公然敌意辱骂。他这样解释他的言论:"坦率地说,我没有时间完全正确地处理政治问题。老实说,这个国家也没有时间。"[8]这个国家显然在倾听。以下是一些美国偏见的例子,这些偏见在大选后的几个月里成为了新闻:

- 2017年2月,加州大学洛杉矶分校(UCLA)法律系学生达因·苏(Dyne Suh)在爱彼迎(Airbnb)①上预订了一间小木屋,以便和朋友度过一个非常需要的假期。在一场严重的暴风雪中,她驾车前往小屋,却在最后一刻收到了小屋主人的短信,取消了她的预订。当苏抱怨并发了租赁协议的截屏短信时,她的房东回答说:"即便你是地球上最后一个人,我也不会租给你的。一个词就说明一切:亚洲人。"当苏威胁要向Airbnb投诉遭到歧视时,这位房东回答说:"去投诉吧!……这就是我

---

① Air Bed and Breakfast("Air-b-n-b")的缩写,一家联系游客和有空房出租房主的服务型网站。——译者注

们拥有特朗普的原因。"⁹

- 绞索是偏执和仇恨的象征，2017年一种针对非洲裔美国人的绞索在激增。奴隶制被废除后，绞刑架被私刑于成千上万的黑人，这种做法直到20世纪60年代末才停止。他们的再次出现给非洲裔美国人传递了一个可怕的信息：我们恨你，希望你死。选举结束后，人们发现许多公共场所都挂着绞索，包括：国家购物中心的一个博物馆；非洲裔美国人历史文化国家博物馆的一个画廊；小学；中学；黑人兄弟会大楼外；在第一位黑人女性担任学生会主席前一天的美国大学校园内。[10]

- 2017年5月，在俄勒冈的波特兰，在斋月（穆斯林最神圣的月份）的第一天，杰里米·约瑟夫·克里斯蒂安（Jeremy Joseph Christian）发现两个女人坐在通勤车上，其中一个人戴着头巾，他开始愤怒地对她们进行辱骂，大喊反穆斯林的口号。当有两个人介入并试图使他冷静下来时，他刺死了他们，并打伤了第三个人，然后跳下了火车。[11]

- 2017年7月，总统单方面宣布禁止所有变性人以任何身份在军队服役，这推翻了五角大楼2016年的政策，即解除对公开服役的约16 000名变性男女的长期禁令。

- 2017年8月，在弗吉尼亚州夏洛茨维尔，新纳粹党、三K党、右派和其他白人至上主义者组织了一场集会。举着带有纳粹党和南方联盟标志的横幅，"团结右派"的游行者发誓要从他们所鄙视的所有种族和族裔中"夺回国家"。一名新纳粹分子将他的车撞向一群反示威者，造成1名妇女死亡，19人受伤。

与攻击一样，偏见也是人类本性的特有现象；它随着社会条件的变化而改变；会伴时代变迁而循环。它的外在表现可能会受到文化规范和反歧视法的限制——或者受到公众对他人的偏见的助推——但它从未完全消失。我们越能理解它的本质，就越有机会减少我们人类的偏见倾向。什么是偏见？它到底是怎么回事？它对人们有什么影响？我们能做些什么来减少偏见？社会心理学给出了一些有用的答案。

让我们从定义开始吧。社会心理学家对偏见的定义有多种不同的形式，但我将**偏见**定义为对一个可区分的群体中的所有成员的一种消极态度——仅仅依据的是他们是该群体的成员。偏见是复杂的,就像任何态度一样,它部分是认知的,部分是情感的,部分是行为的。因此,当我们说一个人对同性恋有偏见时,我们的意思是他(她)对他们有先入为主的看法,对他们有负面的情感,并且倾向于带着成见或敌意来对待他们。和任何态度一样,偏见也会影响我们的行为并受到行为的影响。

偏见的认知成分:刻板印象

有些偏见主要是认知上的,植根于错误的信息,它们通常相对容易改变。比如说,你对去冰岛有偏见,因为那里很寒冷并被冰雪覆盖。但如果我告诉你这是一个美丽的岛屿,覆盖着绿色的连绵起伏的山丘,它名字的由来是因为登陆那里的挪威探险家不希望他们的追捕者跟随他们,你的偏见可能会消失。不幸的是,大多数偏见并不容易改变。

正如我们在心理上把物质世界分为不同的类型一样,我们也会根据一些重要的特征对人进行分类。按关键特征对物体或人进行分组称为分类,这是认知的基本过程。婴儿几乎一出生就开始分类。[12] 新生儿对某个种族或另外一个种族的面孔没有偏好,但如果他们生活在一个"单一种族"的环境中,到三个月大的时候,他们就会对自己种族的面孔有偏好。[13] 然而,如果他们反复遇到两个或两个以上种族的面孔,他们就不会产生偏好。因此,我们并非天生就能按种族对人进行分类,相反,我们似乎更倾向于被像我们这样的人所吸引,对与我们不同的人持警惕态度。社会动物的基本类别是我们或他们。在很小的时候,我们可以根据性别、年龄和种族进行分类,我们很容易从视觉上确定。后来,我们学会了使用种族、性取向、宗教、政治意识形态和其他不那么直观但有意义的类别来决定谁是我们、谁是他们。分类不会自动产生偏见,但它可能是迈向偏见的第一步。

一旦我们将世界划分为不同的类别,我们就会对它们标签化来总结群体的本质——这是一种刻板印象。**刻板印象**(stereotype)反映了这样一种信念:一个特定的属性是群体整体的特征,而不管群体成员之间的实际差异如何。沃尔特·利普曼(Walter Lippmann)是第一个使用这个术语的杰出记者,他描述了现实——"外面的世界"——和"我们脑中的镜像"之间的区别。[14] 刻板印象就是让这些镜像支配我们的思维,产生期望,塑造我们构建的关于人们及其行为的叙述。想想高中拉拉队队长、计算机专家、黑人音乐家,或者恐怖分子这些术语带给我们的印象吧——很简单,对吧?我们都会带着各种人的形象在脑海里搜寻。在特定的文化中,这些图像通过社会互动和媒体共享形成。因此,如果你对计算机专家的印象和我的大不相同,我会感到惊讶:他很有可能是个男人,很可能是个书呆子,很可能是个内向的人。如果你想象中的计算机专家是个拉丁美洲人,或者你想到的黑人音乐家正在指挥交响乐团,或者恐怖分子是来自南卡罗来纳州的白人少年,我会感到惊讶。

如果我们仔细想想,我们应该理解一定会有男性拉拉队队长,拉丁裔计算机专家,黑人古典音乐家和本土的白人恐怖分子。然而,我们并不经常想到这些;我们是认知吝啬者,他们会根据我们认为是规范或典型的东西,迅速地对其他人进行分类。因为这个世界太复杂了,我们不能对任何事物和任何人都有高度分辨性的态度,所以我们对我们自己的群体以及我们所看到的其成员的所有变化进行优雅、准确的叙述,同时对其他群体形成简单、粗略的想法。精心控制的实验证实了刻板印象的节能功效。其中一个例子是,加伦·博登豪森(Galen Bodenhausen)[15] 要求一组"习惯早起的人"(这些人通常在早上思考最为清晰)对考试中可能作弊的案例进行评估。如果作弊者被认定为运动员,被试更有可能声称他有罪——因为主要在晚上对他们进行测试,这时他们的精神欠佳。"夜猫子"们则表现出相反的效果,如果在早上进行测试,他们更有可能依据"运动员是坏学生"的刻板印象。

与传统的观点相反,刻板印象往往是准确的,因此可以是一种适应的、简短的处理复杂问题的办法。[16] 正如李·朱西姆(Lee Jussim)和他的同事们[17] 所指出的,刻板印象的准确性被证明是社会心理学中最有力和最可靠的发现之一——尽管人们经常认为刻板印象总是把我们引入歧途。这是有道理的;如果刻板印象总是导致我们犯错误,为什么它会作为认知功能的一个核心特征保留下来?许多刻板印象很好地捕捉了现实,足以帮助我们适应,使我们远离麻烦。例如,到目前为止,世界上大多数暴力行为都是青年男子所为。因此,如果你在深夜独自走在黑暗的小巷里,听到身后有脚步声,如果脚步声是属于一个年轻人而不是一个老人或女人,那么你就完全有理由感到更害怕。同样,某些群体在学校里往往比其他群体表现得更好,如果我们使用种族刻板印象来预测平均哪个群体做得更好,我们通常会作出正确的预测。

尽管如此,这些预测虽然准确,但可能是令人遗憾和不完整的,因为它们没有说明导致所观察到差异的根本原因。如果你的种族刻板印象引导你预测亚洲学生在SAT数学课上可能比拉美学生做得更好,你可能是对的。作为一个群体,亚洲学生在数学考试中的得分往往高于拉美学生(以及黑人和白人)。但如果你的刻板印象让你相信这些分数反映了智力或数学能力上不可改变的遗传差异,那你就大错特错了。[18]

此外,当我们把刻板印象适用于个别的群体成员时,它也可能使我们误入歧途,这可能是不公平的,而且可能是有害的——即使刻板印象是积极的。亚裔美国人通常被认为是"模范少数民族",源自一种勤奋、有抱负、聪明和数学优秀的文化。但是,如果某个亚洲学生不喜欢数学,或者在通过这门课程时需要一些帮助,会出现什么情况呢?[19] 乔舒亚的一个学生承认,作为一个讨厌数学的亚洲男性,他曾遭受过无数的耻辱、尴尬和"特别愚蠢"的体验,这要归咎于其他人对他"天生"数学优越性的期待。老师们常常认为他很无聊或懒惰;在数学或科学的考试中,同学们会尽量坐在他旁边抄他的答案——这让他们最终感到十分懊恼。另一位亚洲学生说:"人们看我的眼神就好像我在学习上没有什么困难,就像我是一个没有感情和问题的机器人,就像我感受不到痛苦。这是令人难以置信的孤独。"因此,即使是一般的善意或良性的刻板印象有时也会产生误导,因为没有任何刻板印象是每个团体成员都具有的。

实验表明,一旦我们掌握了关于某个人的明确的和具体的信息,我们就会轻易地抛弃用那些刻板印象来引导对这个人的看法。[20] 一旦我们了解到我们的亚洲朋友讨厌数学并且不擅长数学,我们就不会在想到他时使用数学刻板印象。毕竟,人类具有理解他人的动机,而个人特有的信息往往比我们用某个"类别"来引导我们的互动模式更有价值。在我们对一个人知之甚少的情况下,对他所归属群体的刻板印象会影响我们的判断。对他们的性格或行为的评价,以及对某一特定团体成员的刻板印象不准确的程度,都会给双方造成误解并带来麻烦。

这就是为什么尽管刻板印象一般是准确和有用的,但社会心理学家更多地关注刻板印象的阴暗面:当一个族群认为另一个族群是"懒惰"或"暴力"时,刻板印象会扭曲现实、为歧视辩护、引发冲突或煽动偏见。此外,把所有的"安哥拉人"、"亚洲人"、"西班牙人"或"黑人"归为一类,人们常常会不自觉地犯另外一类错误。有20个讲西班牙语的国家,每个国家都有自己的文化、身份和骄傲之处,但是来自西班牙、波多黎各、秘鲁、古巴或多米尼加共和国的美国人通常被认为是墨西哥人。因此,在其他人看来,看似良性甚至是积极的刻板印象会剥夺我们的个性、文化和人性。

实验室实验显示,人们的刻板印象会有多么根深蒂固。在一次实验中,杰夫·

斯通(Jeff Stone)和他的同事[21]让大学生们听20分钟的大学篮球比赛。大学生们被要求将注意力集中在其中某个球员身上，这个球员名字叫"马克·弗利克(Mark Flick)"，允许他们查看一个文件夹，里面含有关于他的信息，包括一张照片。其中一半的被试看到了一张非洲裔美国男性的照片；其他人看到了一张白人男性的照片。听过比赛之后，学生们给弗利克的表现打分。他们的评分反映了有关刻板印象流行的观点：看到弗利克是非洲裔美国人的学生，认为他天生拥有更强的运动能力，并认为他比白人学生篮球打得更好。那些看到他是白人的被试则认为他更勤奋和有更高的篮球智商。

即使我们所依赖的刻板印象是有关我们自己的群体，刻板印象也会对我们产生影响。比尔特·邓肯(Birt Duncan)[22]在一场辩论中向人们展示了一部黑人和白人的电影。在影片的某一时点上，一个男人推搡了另一个男人。邓肯发现人们对"推搡"的解释会明显不同，这取决于推搡的人是谁。如果黑人搡开白人，他们更可能认为这是攻击性的；如果白人搡开黑人，他们更可能认为这是在开玩笑。这种偏见——当一个黑人做出同样的手势时会变得更加暴力——甚至当解释这部电影的人自己就是黑人时也会出现。

刻板印象、性别歧视和性别　每个人都持有对男性和女性的刻板印象——有些是积极的，有些是消极的。女性被认为更有同情心、更为健谈，男性更具能力和攻击性。[23]但如同所有刻板印象一样，性别刻板印象也夸大了两类人之间的差异，并倾向于忽视各类人的性格特征和能力的差异。[24]女性真的比男性"更有同情心"吗？是哪个女人？她同情谁？女人对自己所感知的敌人不会比男人更有同情心，男人对受伤的孩子也会有同情心。当在各种条件下系统地观察女性和男性的实际行为时，两性在感觉和表达对他人的同情心的能力上没有差异。[25]我们还可以考虑一下颇为流行的刻板印象心理，即女性比男性"更健谈"。詹姆士·潘尼贝克(James Pennebaker)和他的同事们[26]用录音机对一组男女在日常生活中的对话进行了跟踪。结果发现，男性和女性平均每天都会使用16 000个词汇。显然，有些人确实比其他人说得多，但整体上不存在性别差异；"女孩说话更多"的刻板印象是完全错误的。

即使是对女性的正面刻板印象也可能是贬低人的，并且会产生负面影响。在针对19个国家15 000名男女的研究中，彼得·格里克(Peter Glick)和苏珊·菲斯克[27]发现，在世界各地，性别歧视有两种基本形式，他们称之为敌对的性别歧视和仁慈的性别歧视。敌视的性别歧视者对女性持消极的成见：女性比男性差，因为她们天生就不聪明、不称职、不勇敢、不擅长数学和科学等等。仁慈的性别歧视者对女性持积极的刻板印象：女性比男性更善良、更有同情心、更有教养。然而，这两种形式的性别歧视都假定女性是弱者：仁慈的性别歧视者倾向于把女性理想化，用浪漫的方式看待她们，把她们看作厨师和母亲，并希望保护她们。格里克和菲斯克发现，两种形式的性别歧视都能使歧视女性合法化，使她们沦为传统的刻板印象角色——毕竟，她们需要"保护"，由此可以证明男性在工作和政治中的主导地位是正当的。[28]

对女性的刻板印象会产生令人惊讶的，甚至是潜伏的后果。在1950年至2012年间，在以女性命名的飓风中死亡的人数是以男性命名的飓风中死亡人数的两倍。为什么会这样？在金(Kiju Jung)和他的同事[29]看来，与那些以男性名字命名的飓风相比，人们似乎不太害怕用女性名字命名的飓风，因此采取的安全措施也比他们应该采取的要少。这个假设很有趣，但是研究的结论却存在致命的缺陷，主要有两个原因：(1)研究包括只使用女性名字的某个时期(1950—1978年)的飓风；(2)死亡的性别差异仅基于少数非常致命的飓风。因此，现实世界的数据仅具启发性，但几乎没有定论——正如你所知道的，这就是我们进行实验研究的原因。为了通过实验来验证他们的理论，研究人员让被试预测了10次飓风的强度，一半以女性命名，一半以男性命名。评估者认为男性飓风比女性飓风更强烈。他们认为亚历山大飓风(Hurricane Alexander)比亚历山德拉(Hurricane Alexandra)飓风更具威胁性，并且他们声称，如果一个即将来临的飓风被命名为克里斯托弗(Christopher)而不是被命名为克里斯蒂娜(Christina)时，他们将更有可能逃离家园。

偏见的情感成分：直觉和仇恨

戈登·奥尔波特(Gordon Allport)在他的经典著作《偏见的本质》中，提供了以下对话来描述偏见的一个基本问题：

X先生：犹太人的问题是他们只关心自己的团体。

Y先生：但是公益活动的记录显示，与非犹太人相比，基于他们的人数比例，他们对社区的慈善团体给予了更多的捐助。

X先生：这表明他们总是试图讨好别人，并且干涉教会事务。他们只想着钱,这就是为什么会有那么多犹太银行家。

Y:但是最近的一项研究表明,犹太人在银行业中的比例是微乎其微的,远远低于非犹太人。

X 先生:的确这样;他们不会去做体面的生意,他们只会经营电影业或夜总会。[30]

事实上,持有偏见的 X 先生是在说:"不要用事实来烦我,我的想法是确定的。"他没有试图反驳 Y 先生提供的证据。他要么歪曲事实以支持他对犹太人的憎恨,要么无视他们,然后转向新的攻击方向。一个有着深深偏见的人实际上会对与他(她)所珍视的刻板印象不符的信息免疫。著名的法理学家奥利弗·温德尔·福尔摩斯(Oliver Wendell Holmes)曾将偏执狂的思想比作眼睛的瞳孔:"你往它上面洒下的光越多,它就越收缩。"[31]

为什么会这样? 偏见的第二个成分是情感,植根于抵制理性论据的直觉。正如奥尔波特所说:"尽管可能在智力上被击败,偏见在情感上依然存在。"这就是为什么试图说服人们摆脱偏见往往是徒劳的;这种信仰很少有逻辑基础,因此他们很少借助逻辑。事实上,偏见的情感根源往往导致刻板印象和相互矛盾的归因。例如,在纳粹德国和阿根廷,犹太人被视为共产主义者受到迫害,而在共产主义苏联,他们被认为是贪婪的反共产主义资本家。迫害他们的人憎恨他们过于世俗化,也憎恨他们过于神秘化,憎恨他们软弱无能,憎恨他们(不知何故)强大到足以主宰世界。[32] 偏见的直觉掌控他们的思维之舟,逻辑原因随浪起浪落而摇摆不定。换句话说,人们并不是因为他们是共产主义者而决定憎恨和攻击犹太人;他们称犹太人为共产主义者是因为他们恨他们。因此,刻板印象可以被认为有两个截然不同的目的:它们提供快捷的信息渠道,并在事实发生后对偏见情绪加以合理化。[33]

社会神经科学家研究大脑的哪些部位可能与形成刻板印象、持有偏见信念、对某个种族或受侮辱群体感到厌恶、愤怒或焦虑有关。[34] 在伊丽莎白·菲尔普斯(Elizabeth Phelps)和她的同事[35]所进行的系列研究中,在向非洲裔美国人和美国白人展示黑人和白人照片的同时,对他们的大脑进行了扫描。他们发现,当被试看到其他组成员的照片时,杏仁核(与恐惧和其他负面情绪相关的大脑区域)的活动增强,但当人们看到本组成员的照片时,反应却很小。这些差异会引起一种担心或危险的感觉,我们有意识的大脑会对这种感觉加以评估并使之合理化。然而,这样的研究并不意味着这些被试对其他群体的成员有"偏见",也不意味着杏仁核是大脑的"偏见"中心。在一项类似的实验中,当被试将脸部进行单独登记或作为简单的视觉测试的一部分,而不是作为黑人成员时,他们的杏仁核没有检测出增强的激活水平。看来,大脑可能只是被用来记录差异,但与这些差异的任何负面关联都取决于背景和学习。[36]

我们所有人都存在一定程度的偏见,无论是对某个民族或种族的人、对与我们性取向不同的人、对作为特定居住地的国家,甚至对某些种类的食物。在我们的文化中,大多数人不吃昆虫,可能觉得这个想法很恶心。假设 Y 先生告诉你毛毛虫或地蜈蚣是蛋白质的重要来源,并且在精心烹制时味道会十分鲜美。你会赶回家煎一些吃吗?我对此持怀疑态度。就像 X 先生一样,你对吃昆虫的直觉反应可能会促使你找到其他偏见的原因,比如昆虫很丑。毕竟,在我们的文化中,我们只吃美丽的动物——就像龙虾!

偏见的行为成分:歧视

偏见往往会导致对受鄙视群体成员的歧视和不公平对待。尽管在美国,学校和工作场所的大多数形式的明确歧视都是非法的,但偏见仍然可以以微妙但重要的方式表现出来。各种各样的人都可能成为被歧视的对象:矮人、老人、残疾人和胖子。尽管美国有近 40% 的人口属于肥胖,[37] 但体重过重的人常常成为被取笑、骚扰和羞辱的对象;他们比苗条的人更不容易被雇用和晋升;而且他们不太可能从医生那里得到适当的治疗。据称,体重歧视是剩下的为数不多的"可接受的"偏见之一,这可能是因为人们通常会错误地认为一个人是可以控制自己的肥胖的。[38]

即使对某一群体的歧视成为非法,这种歧视也可能以其他形式继续存在。2015 年,最高法院发布了一项允许同性婚姻的裁决,这是 LGBTQ① 运动寻求全面接受的一个值得商榷的进步。然而,男同性恋者、女同性恋者和变性人仍然是偏见和歧视的受害者。在 2016 年进行的一项调查中,男同性恋和女同性恋高中生在约会时被强奸或成为受害者的可能性是异性恋学生的三倍左右;超过三分之一的学生报告在学校受到欺凌;40% 的人曾认真考虑过自杀,29% 的人在接受调查的那一年曾尝试过自杀。[39]

---

① 女同性恋者(Lesbians)、男同性恋者(Gays)、双性恋者(Bisexuals)、跨性别者(Transgender)、酷儿(Queer)的英文首字母缩略字。——译者注

种族歧视 从美国早期开始,种族歧视就一直困扰着这个国家。如前所述,尽管情况在许多方面都有了很大改善,但歧视仍然存在,而且通常以不明显的方式存在。在学校里(即使是在学前班),黑人儿童被退学的比率几乎是白人儿童的三倍,但这并不是因为他们的行为更具攻击性或破坏性。[40] 导致黑人学生被退学的行为往往没有白人学生那么严重,而且更加模糊。例如,黑人和白人学生都更有可能因具体的违法行为而受到处罚,例如吸烟、未经允许离开学校、使用淫秽语言和破坏财产,黑人学生更容易由于不尊重他人、制造过多噪音、威胁态度等主观过错而惹上麻烦,老师们常常用他们对黑人孩子的负面刻板印象来决定他们学生的模棱两可的行为比实际更糟糕。[41] 在一项实验中,研究人员给老师们看了一段视频,里面有四个学生在玩耍:两个黑人男孩和女孩,两个白人男孩和女孩。他们被告知要寻找潜在的问题行为,这些行为实际上并没有在影片中出现;孩子们在整个视频中一直在正常地玩耍。眼睛跟踪技术精确地显示了教师的注意力集中在哪里,它揭示了所有教师——无论是白人还是黑人——花在观察黑人孩子上的时间都要多得多,尤其是黑人男孩。[42]

不幸的是,种族歧视在执法中十分猖獗。非洲裔美国人比白人更容易因同样的罪行而被逮捕、定罪和监禁。因此,持有强效可卡因在非洲裔美国人社区更易被抓获,对其惩罚比持有粉末可卡因(在白人社区使用更多)更为严厉,尽管这两种毒品的化学成分都是相同的。[43] 白人滥用毒品的频率远远超过其他少数族裔,但他们被逮捕、起诉和惩罚的频率要低得多。[44] 在大约140万被监禁的美国人中,40%是黑人,30%是西班牙裔;[45] 事实上,在法学教授米歇尔·亚历山大(Michelle Alexander)的新书《新种族隔离:色盲时代的大规模监禁》中报告说,如今在监狱里或刑事司法系统监视下的黑人男子比1850年还要多。[46] 对警方记录的研究发现,[47] 黑人和拉美裔嫌疑人被拦截、殴打、戴上手铐的要近四倍于有同样"可疑"行为的白人嫌犯。在菲利普·高夫(Philip Goff)主持的一项研究中,大学生和警察对年轻的黑人、白人或拉美裔犯罪嫌疑人进行了评估,并要求他们估计他们的年龄和行为的罪责。黑人男孩被认为比白人男孩年龄大得多,也不那么清白,被认为更应该受到警察的惩罚。乔舒亚的另一个非洲裔美国学生,一个在纽约市一所特许学校上学的普通学生,描述了他与警察的关系:"如果天气暖和,我只是穿着校服,他们几乎不理我。但如果天气变冷了,我穿上连帽衫,突然间我便成了一个黑帮分子,他们在我身上到处搜查毒品和枪支。"

现场实验显示了种族身份在雇佣中的重要性。当申请一份工作时，像德肖恩(DeShawn)或奎尼莎(Queenisha)这样带黑人名字的求职者比像艾米丽(Emily)或格雷格(Greg)这样名字的求职者更不容易在雇主那里得到面试机会——即使他们提交了相同的简历。[48] 社会学家德瓦·佩吉尔(Devah Pager)[49]派遣了一对训练有素、说话得体的大学毕业生，带着相同的简历，访问了密尔沃基地区350多个招聘初级职位的雇主。申请者中一半是白人，一半是黑人。他们被教导要对所有的雇主都彬彬有礼。在每一组人中，一半人在工作申请表上声称，他们因持有可卡因而在监狱服刑18个月。哪些人会得到面试通知呢？其中，声称有清白记录的白人申请者是声称有清白记录黑人申请者的三倍。对于那些声称有犯罪记录的人，雇主联系白人申请者的频率是黑人申请者的两倍。事实上，雇主对白人罪犯的偏好要高于有清白记录的黑人！

性别歧视 就像种族问题一样，许多人认为在美国性别歧视已不再是女性的障碍。毕竟，与大多数发达国家的情况一样，女孩在学校的大多数科目中的表现都比男孩好，而且更有可能上大学并顺利毕业。[50] 尽管如此，她们仍然受到歧视，因为人们有偏见地认为她们比男性能力差。当要求顶尖大学的理科教授评估申请理科实验室管理职位学生的简历时，无论男性教授还是女性教授都认为男性申请者比女性申请者更优秀，认为他们更有能力、更值得被录取，他们更应该得到更高的起薪和职业指导。然而，这些简历呈现的是相同的技能和成就；唯一的区别是随机分配了男性或女性的名字。

1963年，国会通过了《同工同酬法》，要求在同一工作场所的男女要同工同酬。然而，男女薪酬差距依然存在。在2014年，在同等情况下，典型的美国男性能赚取1美元，而典型的美国女性只能赚取约77美分。非洲裔美国人和拉美裔妇女的收入差距更大，非洲裔美国人妇女的收入为64美分，拉美裔妇女的收入仅为56美分。[51] 即使考虑到人们所做的工作以及学历、经验等因素，薪酬差距依然存在。[52]

要考察招聘中是否存在偏见的影响，一个方法就是看看当人们可以申请或面试一份暴露自己种族或性别的工作时会发生什么。1970年，在我们最好的乐团里，只有5%的音乐家是女性。交响乐团成了由男性导演和委员会管理的男性俱乐部。在那些日子里，任何一位参加交响乐团的人都有理由相信，应该更多是男性在管弦乐队演奏，因为他们更有音乐天赋。当交响乐团开始用屏幕来进行试听时——这样指挥对被试听的音乐人的性别也就无从知晓了——主要交响乐团雇佣的女性人数激增。今天,在很大程度上由于这种不需见面的试听,大多数交响乐团的男性和女性各占一半。[53]

对无意偏见的识别

过去,人们把偏见写在脸上会感觉更舒服,在 20 世纪 60 年代和 70 年代,社会心理学家如果简单地问人们,他们对不同群体的成员有什么感觉,他们会非常坦率地告诉你,他们有多不喜欢"那些人"。随着民权运动的兴起,人们在言语或行为上表达明显的偏见已经越来越成为禁忌;他们可能会因此而失去工作和朋友。尽管许多人现在认为自己的偏见"在政治上不正确"(当然是在互联网上),但社会科学家认为,相当多的人仍然持有偏见,但他们在隐藏这种偏见——甚至对自己也会有所隐藏。

对内隐偏见的测量 据称,一种检测内隐偏见的方法已经引起了全世界的关注。马扎林·巴纳吉(Mahzarin Banaji)和安东尼·格林沃德编制了内隐关联测验(IAT),测量人们与目标群体的积极关联和消极关联的速度。[54] 它的操作程序如下:你坐在一个控制台上,看到一系列你必须尽快分类的面孔,比如说,出现黑人面孔按左键,出现白人面孔按右键。现在你必须对一系列积极或消极的单词做同样的事情:按左键表示积极的词(如胜利、快乐、诚实),按右键表示消极的词(如魔鬼、蛆、失败)。一旦你掌握了这些分类任务,面孔和单词就会结合起来。现在,当你看到一张黑人面孔或一个肯定的词时,你必须尽快按左键;当你看到一张白人面孔或一个否定的词时,你必须按右键。你会得到一组快速的组合:黑色＋胜利,黑色＋毒药,白色＋和平,白色＋仇恨等。随着时间的增加,配对会变得越来越困难。

研究一再发现,当白人的脸与正面的词配对,而黑人的脸与负面的词配对时,人们的反应会更快。这种速度差异据说是衡量他们对非洲裔美国人含蓄态度的一个指标,因为他们的潜意识很难将非洲裔美国人与积极的词汇联系起来。IAT 的版本已经使用了许多目标群体,包括年轻人或老年人、男性或女性、亚洲裔或白人、残疾人或非残疾人、非同性恋者或异性恋者、肥胖者或消瘦者。世界各地 1 500 多万不同年龄和不同行业的人在网上、学校或在工作场所参加了测试,大多数人都认识到自己持有潜在的偏见。[55]

巴纳吉和格林沃德[56] 报告说,当人们被告知他们存在自己没有意识到的偏见时,他们常常感到惊讶和震惊。巴纳吉本人是一位在印度出生和长大的有色人种妇女,她说自己"失败的"种族内隐关联测验,揭示了她存在有意识否定的反黑人的联想。他们描述的一位同性恋活动家惊讶地发现,她自己的思想中"同性恋是坏的"联想多于"同性恋是好的"联想。年轻人对"老年人+坏"联想的反应比对"老年人+好"联想的反应快,但绝大多数老年人也是这样。作家马尔科姆·格拉德威尔(Malcolm Gladwell)是个混血儿,同样震惊于他在内隐关联测验中的反应。研究人员引用了他接受奥普拉·温弗瑞(Oprah Winfrey)采访时所说的话:"我生命中最爱的人(他母亲)是黑人,我在这里接受了一项测试,坦率地说,我对黑人并不太残忍,你知道吗?"

别那么急于澄清,马尔科姆! IAT 可能意味着你有偏见,但它也可能意味着你没有。心理科学家们对围绕测验解释的模糊性进行了辩论。如果马尔科姆对"黑人+好"联想的反应比"黑人+坏"联想慢几毫秒,那可能意味着他有一种无意识(隐含)的偏见。但这也可能意味着 IAT 并不总是测量它所声称的测量内容。[57] 一些研究人员认为,它只是捕捉到了一种文化联想或刻板印象,就像人们更容易将"面包+黄油"配对而不是"面包+鳄梨"一样。因此,老年人可能和年轻人一样对其他老年人持有偏见,但也可能是老年人和年轻人对老年人或任何其他群体有着相同的文化刻板印象和联想。[58]

判断 IAT 有效性的一种方法是看高分是否能预测老年人、胖人、非洲裔美国人或其他群体的实际行为。这项研究的发起人坚持认为,一个人的 IAT 分数越高,他(她)就越有可能在某种程度上歧视目标群体;例如,一项研究发现,在 IAT 上显示出种族偏见的白人倾向于认为黑人不太值得信任。[59] 另一项研究发现,在职业环境中,分数高的白人与黑人的交流并不像与白人的交流那样热情。[60] 然而,总体而言,将 IAT 分数与公开行为联系起来的证据是薄弱的。这意味着,如果任何一个给定的个人接受 IAT 并获得高分,并不一定意味着此人持有偏见。这甚至不意味着几周后个人会得到相同的分数。[61]

此外,当亚当·哈恩(Adam Hahn)和他的同事[62] 直接要求人们预测他们在 IAT 上对五个不同群体的反应时发现,人们的预测"惊人地准确"——不管他们是否被告知内隐态度是"真正的"偏见或文化上的联想。研究人员得出的结论是,"研究结果使人们对 IAT 所测量的态度或评价必然反映无意识态度的信念产生了怀疑"。

内隐偏见与行为 虽然还不清楚 IAT 是否真的能够测量无意识的偏见,但我相信巴纳吉和格林沃德正在试图探索一些重要的问题。我们知道,许多真诚地认为自己没有偏见的人,在某些情况下,他们的行为会带有偏见。[63] 当这些人与他们对之持有内隐负面情绪的人交往时,他们可能会感到不舒服,并且以微妙的方式表达这种不舒服,而这种方式是接受者能够感觉到但却无法清晰地加以辨别的。

人们更容易暴露他们偏见的一个条件是精神疲劳,也就是当人们疲倦、喝醉、分心、害怕、愤怒或做任何消耗或分散他们认知资源的事情的时候。在这种情况下,人们倾向于借助他们的刻板印象——即使他们有很强的动机去做正确的事情。

例如,人们在生气的时候更容易暴露自己的偏见。在一项实验中,[64] 一些白人学生被告知他们将对另一名学生"学习者"施以电击,他们被告知这名学生或者是白人,或者是非洲裔美国人,这是一项明显的生物反馈研究的一部分。最初,学生们对黑人学习者的电击程度低于白人学习者,这反映了一种愿望,也许是为了向实验者证明(也许是为了说服自己)他们没有偏见。之后,学生们无意中听到了学习者对他们的贬义评论,这自然让他们很生气。现在,实验者为他们提供了另一次施以电击的机会,与黑人学习者一起工作的学生比与白人学习者一起工作的学生实施的电击强度更高。在考察说英语的加拿大人对说法语的加拿大人、非同性恋者对同性恋者、非犹太学生对犹太人、男人对女人的行为时,也出现了同样的模式。[65]

克里斯蒂安·克兰德尔(Christian Crandall)和艾米·埃什勒曼(Amy Eshleman)[66] 认为,由于抑制偏见需要付出努力,人们可能特别被那些证明他们的消极感觉是正当的信息所吸引,并促使他们表达出这种感觉。一个不喜欢某个团体的正当理由使我们能够表达偏见而不觉得自己是个偏执狂,从而避免"我是一个公平、公正、没有偏见的人"和"但我真的不喜欢那些人"所造成的认知失调。大卫·弗雷(David Frey)和塞缪尔·盖尔特纳(Samuel Gaertner)[67] 通过研究白人可能向需要帮助的黑人提供帮助的条件来证明这种冲突。在研究中,他们发现白人被试和白人学生一样愿意帮助黑人学生,但是只有当需要帮助的人表现出足够的努力时才会提供帮助。当白人学生被引导相信这个学生在工作中不够努力时,他们更有可能拒绝黑人学生而不是白人学生的帮助请求。当询问者证实了他们的懒惰,因此认定他们不值得帮助时,这些白人学生觉得拒绝帮助是正当的。

证明我们持有偏见的另一个关键因素是,我们是否相信一个人可以控制他(她)的处境。我早些时候提出,反肥胖偏见是最后一种"可接受"的偏见,因为大多数人相信肥胖的人可以控制自己的体重。(今天科学家们知道,虽然人们可以控制相对较小的体重,但肥胖是完全不同的,不是"意志力"的问题。)另一种可以接受的说法是"容易合理化"。我们越容易使我们的偏见合理化，我们就越有可能坚持并采取行动。如果我相信那令人讨厌的性格是你自己的错，那么我对歧视你的感觉会好一些。伊登·金（Eden King）和她的同事[68]进行的一项实验检验了这一逻辑。一位年轻的女士被派到百货公司对售货员进行访谈。其中一半的时间，她被要求看起来肥胖——在她的衣服下面加穿一套"肥胖套装"；另外一半的时间，她看起来是平均体重。在其中一些访谈中，她喝的是无糖苏打水；在另外一些访谈中，她喝的是奶昔。当她看起来较胖但似乎有动力通过喝无糖苏打水来减肥时，销售人员对她就像对待她看起来瘦的时候一样好。但当她喝奶昔时，她的肥胖似乎是她个人做出的选择，尽管销售人员没有对她表现出明显的敌意，但他们对她微笑的次数更少，与她眼神交流的次数更少，与她交谈的方式也更为唐突和不友好。

偏见的原因

什么因素会导致偏见？是什么鼓励和支持了偏见？我们在这本书中反复看到，作为部落动物，我们倾向于用"我们—他们"的角度来看待这个世界。在第 2 章中，我花了很长篇幅来讨论"我们—他们"思维，展示了在实验室里创造一个"我们"是多么的轻而易举（"你是在'x 组'还是'w 组'？"）、在体育赛事（"我们的球队是最好的！"）、对主要群体的宗教和国籍的差异，以及其他更深层次的社会认同。一旦一个人把我们和他们区别开来，就会出现刻板印象、偏见、歧视和随之而来的合理化。群体保护机制和由此产生的**群体偏见**是一种生物的生存机制，促使我们偏爱自己的亲属和部落，并对外人保持警惕。由于地理上的障碍，几乎可以肯定的是，我们的远古祖先从未见过其他种族的陌生人，这就是为什么我们没有进化为"种族主义者"，而是"其他主义者"。

然而，无论何种进化以及进化的倾向会如何，社会心理学家都知道，偏见的具体内容必须通过建立态度和行为规范的习俗、模仿和遵从他人的态度和行为，以及我们构建自己的心理现实的方式来加以了解。

在这一部分，我将探讨导致偏见的四个基本社会心理原因：（1）经济和政治竞争或冲突；（2）替代性攻击；（3）维持地位或自我形象，和（4）符合现行社会规范。这些原因并非相互排斥的——事实上，它们可能同时起作用——但确定每个原因的重要性将是有益的，因为我们为减少偏见而建议的任何行动都将取决于我们认为主要原因是什么。我最初被社会心理学吸引的原因之一便是，这是一个研究变化和进步的领域。如果我相信偏见在很大程度上是由于根深蒂固的人格特征造成的，我可能会在绝望中承认失败，并得出这样的结论：如果没有深度的心理治疗，大多数有偏见的人总是会遭遇偏见。这将使我对通过降低竞争性或试图抵消从众的压力以减少偏见的努力不抱任何希望。让我们还是仔细地看看这四个原因吧。

经济与政治竞争 偏见往往是经济和政治力量造成的。根据这一观点，由于资源有限，占支配地位的群体可能试图剥削少数群体以获取某种物质利益。当群体为相互排斥的目标发生冲突时，会导致偏见的增加。无论目标是经济的、政治的还是意识形态的，这都是事实。因此，在过去的一百年里，美国白人对犹太人、日本人、德国人、爱尔兰人、伊朗人、墨西哥人和许多其他人都表现出了仇恨，这都是因为他们被指控在特定的时期偷走了我们的工作。在约翰·多拉德(John Dollard)[69]对一个工业小镇偏见的早期经典研究中，他记录了这样一个事实：尽管最初对刚到那里的德国人没有明显的偏见，但随着工作机会变得稀缺，这种偏见增加了："人们对这些德国人表达了轻蔑和贬低的意见，当地的白人对自己产生了一种令人满意的优越感……允许对德国人采取进攻性行动的主要因素是对当地木器厂的工作机会和地位的竞争。"

或者考虑一下，在整个19世纪，美国对中国移民的态度是如何在很大程度上受到经济竞争变化的刺激而剧烈波动的。当中国人试图在加州开采黄金、与大批涌入的白人竞争快速致富时，他们被描述为"堕落而邪恶……粗俗的贪食者……嗜血而不人道"。[70]然而，仅仅十年后，当他们愿意接受危险而艰巨的建设横贯大陆铁路的工作时（这是美国白人不愿承担的工作），他们被普遍认为是冷静、勤劳和守法的。事实上，西部铁路大亨查尔斯·克罗克(Charles Crocker)写道："他们堪与最优秀的白人相媲美……他们非常值得信赖，非常聪明，并且履行了他们的合同。"然而，铁路建成后，就业机会变得越来越少；内战结束后，大批复员士兵涌入本已紧张的就业市场。紧接着，对中国人的负面态度急剧上升。这种刻板印象又变成了犯罪、奸诈、诡计多端和愚蠢。

这些资料表明，竞争和冲突会滋生偏见。在20世纪70年代进行的一项调查中，大多数反黑人偏见的人群在社会经济地位上只比黑人高一点。而这种趋势在白人和黑人竞争激烈的情况下最为明显。今天，对墨西哥人的负面情绪——他们被错误地认为是在竞争美国白人的工作——呈上升趋势。

然而，在解释这些资料时存在着一些模糊之处，因为在某些情况下，竞争变量与其他因素交织在一起，如教育水平、家庭背景、识字水平和工作技能。为了确认竞争本身是否造成偏见，就需要进行实验研究。这样的实验是由穆扎法尔·谢里夫和他的同事[71]在一个叫做"强盗洞穴"的童子军营地的自然环境中进行的。一些健康的、适应良好的12岁男孩被随机分配到"鹰"或"响尾蛇"两个小组。在每个小组中，通过让小组成员从事高度相互依赖的活动，教导年轻人进行合作：为游泳设施建造一块跳板、准备小组餐、建造一座绳桥等。

在这两个小组都形成了强烈的凝聚力之后，冲突的舞台已经准备好了。研究人员安排了一系列比赛——足球、棒球和拔河比赛——并向获胜的队伍颁发奖品。这种安排在比赛期间引起了球队之间的敌意和恶意。此外，调查人员还设计了一些相当恶劣的情况，迫使这些小组陷入冲突。其中一种情况是，研究人员安排了一个营地聚会，以便"鹰"能够比"响尾蛇"更早到达。点心包括两种截然不同的食物：大约一半的食物新鲜可口，正是男孩们喜欢吃的；另一半则被压扁、难看、让人倒胃口。也许是因为已经存在的普遍竞争，早期到达者收起了大部分吸引人的点心，为他们的对手留下了不那么可口的食物。当"响尾蛇"最后到达时，看到他们是如何被利用便十分恼火，他们开始用极不友好的方式喊叫"鹰"的名字。而"鹰"则认为这是他们应得的（先到先得），他们讨厌受到这样的辱骂，并做出了相应的反应。叫骂升级为向对方扔食物，在很短的时间里，一场全面的骚乱开始了。

事件发生后，谢里夫和他的团队取消了其余比赛，让孩子们聚在一起。然而，一旦敌意产生，仅仅停止竞争是不足以将其消除的。事实上，即使这两组人只是坐在一起看电影，他们的负面情绪也在不断升级。最后，研究人员还是成功地减少了"鹰"和"响尾蛇"之间的冲突，他们最终是如何做到的呢？我将在本章稍后给出答案。

替代性攻击：替罪羊理论　在前一章中，我指出攻击行为部分是由挫折和其他诸如痛苦或无聊的厌恶状态引起的。在那一章中，我们看到受挫的人有一种强烈的倾向，他们会猛烈抨击导致自己受挫的原因。然而，通常情况下，一个人遭受挫折的原因要么太强大，要么太模糊，不可能直接报复。例如，如果一个6岁的男孩被老师羞辱，他怎么能反击？老师的权力太强大了。但是这种挫折可能会增加他对一个不太强大的旁观者进行攻击的可能性——即使这个旁观者与他遭受的羞辱毫无关系。同样的道理，如果存在大规模失业，那么，那些沮丧的失业工人会反对经济体系吗？这个体系太过强大，太不具体化了。因此，失业工人可能会试图找到某个人或某个群体来承担责任。

古代希伯来人有一个解决办法。在赎罪的日子里,一个牧师把手放在一只山羊的头上,诉说着人们的罪恶,象征着把罪恶和邪恶从人们身上转移到山羊身上。然后,山羊被驱逐到荒野,从而让罪恶的群体得到了净化。这只动物被称为"替罪羊"。在现代,"**寻找替罪羊**"一词指的是把我们的麻烦归咎于无辜和无能为力的人的过程。全球化把你的工作外包了吗?通货膨胀把你的银行账户抽干了吗?你不能痛打总统或经济体系,但你可以找到"替罪羊"。在整个人类历史上,受害者不是被驱逐到荒野,就是遭受残酷的折磨甚至死亡。在纳粹德国,"替罪羊"是犹太人;在19世纪的加利福尼亚,他们是中国移民;在南部的农村,他们是非洲裔美国人。

实验室实验[72]表明,个人,特别是当他们感受到挫折时,会把攻击性转移到那些不受欢迎的、可以接触到的、相对无力的群体身上。尽管虐待外来群体本身可能是攻击性的产物,但它的形式取决于社会背景,即什么是允许或认可的。例如,对非洲裔美国人的私刑和对犹太人的大屠杀(有组织的屠杀),只有在占主导地位的文化或次文化认可这些暴力行为,甚至要求采取这些行为时才会发生。[73]当社会规则强调礼貌和仁慈时,人们可以持有许多偏见,但会保持克制。反之,富有鼓动性的政客或传教士可能会煽动追随者打破这些规则,鼓励任何偏见无耻的、明目张胆的表达。这就是煽动者所做的,政客通过利用人们的偏见、恐惧和怨恨来寻求权力,把这些感觉传递给"替罪羊"——少数群体,"敌人"之外——这些人被指责是所有问题的罪魁祸首。1949年,两位社会心理学家分析了历史上许多煽动者所发表的大量演讲。[74]他们发现这些人的演讲中有着惊人的规律性:

- 你被骗了。你在社会中的地位是不安全的,这并非因为你个人的过错。
- 存在着一个广泛的阴谋,这个系统是针对我们的。
- 像我们这样的好人总是被愚弄。
- 我们的敌人是低等动物:爬行动物、昆虫、非人。
- 我们不能相信外国人,他们抢走了我们所有的工作。
- 我们也不能相信我们自己的政府,它是腐败的。公民自由其实是"愚蠢的自由"。
- 我们正在走向灾难,厄运即将来临。像你这样真诚、单纯、善良的人需要一位领导者。看呐,那就是我!我要改变这一切!
- 所有人都反对我——媒体、犹太人、臭名昭著的官僚们都试图让我闭嘴。敌人密谋夺走我的生命,但上帝会保佑我。让我来引导你。

上述文字写于 1949 年! 你可能在最近世界各地的选举中会听到这些言论的回音。煽动者在焦虑和不确定的条件下出现,特别吸引那些认为自己落后或在社会秩序中失去地位的人。[75] 例如,未受过教育的白人男子由于经济变得更加知识驱动而失去了机会,自动化和全球化减少了产业工人的就业机会。对这些人来说,煽动者的说法是,这个制度对他们不利,他们的失败不是他们自己的错,而是外国人和移民的错,这些人威胁到了他们的繁荣和安全。这在心理上是一种安慰。

自我形象和地位的维持 偏见的一个强有力的决定因素是我们需要为我们的行为和自我意识辩护。我们已经看到,如果我们对一个人或一群人做了一些残忍的事情,我们中的大多数人都会试图责怪或诽谤那个人以证明我们的残忍是正当的。如果我们能说服自己,一个群体是无用的、不人道的、愚蠢的或不道德的,我们就可以任意地去奴役该群体的成员,剥夺他们接受体面教育的权利,或对他们进行攻击,而不去质疑我们自己的道德感。然后,我们可以继续感觉自己是一个好的基督徒、犹太人或穆斯林,因为我们没有伤害一个体面的人,而是一个"非人"。如果我们足够圆滑,我们甚至可以说服自己:野蛮地杀害老人、妇女和儿童是一种宗教美德。这就是几百年前基督教十字军在前往圣地的途中屠杀欧洲犹太人时的所作所为,然后他们以和平王子的名义屠杀了数千名穆斯林。这就是伊斯兰国今天的所作所为,屠杀基督徒、犹太人和其他不加区分的穆斯林——以"最仁慈的人"真主安拉的名义。我们再一次看到,这种自我辩护的形式加剧了随后的暴行。它维持了人们的自我形象,但也导致对目标个体或群体敌意的增加。

相反,如果我们的社会经济地位较低,那么一个被压迫少数群体的存在会让我们觉得自己比别人优越。一些研究表明,一个预测偏见的很好因素是一个人的社会地位是高还是低。例如,詹妮弗·克罗克(Jennifer Crocker)和她的同事发现,与地位较高的女生联谊会成员相比,地位较低的女生联谊会成员对其他女生联谊会表现出更多的偏见和蔑视。同样,当研究人员在调查白人对黑人的偏见或非犹太人对犹太人的偏见时发现,社会地位低或下降的人比社会地位高或上升的人持有更多偏见。史蒂文·费恩(Steven Fein)和斯蒂芬·斯宾塞(Stephen Spencer)发现,对自尊的威胁往往会增加偏见。在他们的实验中,如果在一个假定的智力测试中得到一个较低的分数,反犹太教学生对一个他们认为是犹太女人的评价会变得特别有偏见。因此,可以确切地说,对他人持有偏见会增强我们的自尊心。

从众导致的偏见　对某些人来说,偏见可能源于童年冲突、对榜样的观察、个人体验以及各种性格特征(其中有些我们在第5章已经讨论过)。但许多人只是按照他们所生活社区的普遍准则,从其他人那里学习。一个著名的例子来自于对南部种族隔离合法时代西弗吉尼亚州一个采矿小镇煤矿工人的研究。[76] 黑人矿工和白人矿工形成了一种生活方式,他们在地下时完全融合,在地上时完全隔离。我们如何解释这种不一致? 个性特征无法解释,经济竞争也无法解释。如果你真的憎恨某人,你想远离他;为什么要和他在地下、而不是在地上交往呢? 托马斯·佩蒂格雷(Thomas Pettigrew)得出的答案是从众。在这种情况下,白人矿工在他们的社区里生活,假如是在地上,他们会依从有偏见的规范;但是到了地下,他们一起工作,彼此平等地尊重对方,便会依从没有偏见的规范。

许多有偏见的行为都是由人们对社会规范的从众所驱动的。我们如何来确定从众所发挥的作用呢? 一种方法是观察当人们移居到这个国家的不同地区时,他们的偏见会发生什么变化。假如从众是导致偏见的一个因素,我们会预期当个人移居到规范更具偏见性的地区时,他会变得更有偏见;当个人移居到偏见的规范特征不太明显的地区时,他也会变得不太有偏见。这恰恰是研究所证实的。在一项研究中,珍妮·华生(Jeanne Watson)[77] 发现,最近搬到一个大城市并与反犹太人直接接触的人自己变得更加反犹太人。在20世纪50年代进行的另一项研究中,佩蒂格雷发现,随着南方人加入军队并接触到一套不那么歧视性的社会准则,他们对黑人的偏见会相应降低。

正如阿希实验(见第4章)所展示的,与你的同事以及你同事所持偏见相符的压力,可能是显而易见的;但也可能是因为没有准确的证据和存在大量误导性信息。例如,克里斯托弗·马洛(Christopher Marlowe)的戏剧《马耳他的犹太人》和威廉·莎士比亚(William Shakespeare)的《威尼斯商人》都把犹太人描绘成放纵、贪财的懦夫。我们可能会得出这样的结论:马洛和莎士比亚曾与讨厌的犹太人有过一些不幸的经历,这导致了他们勾勒出一些痛苦而不讨人喜欢的肖像画——除了一件事情:这些作品写于犹太人被驱逐出英国大约三百年前。因此,马洛和莎士比亚似乎符合当时大多数英国人持有的对犹太人的成见。

即使是偶然接触偏见也会影响我们的态度和行为:仅仅是不经意间听到别人使用种族或族裔的绰号,也可能增加人们对被贬低群体负面看法的一致性。莎丽·柯克兰(Shari Kirkland)和她的同事[78] 要求人们阅读一份刑事审判的笔录,其中一名白人被告由一名黑人律师代理，他的照片附在了笔录上。在阅读过程中，被试无意中听到了两个实验者的同伙之间的简短交流。一些人听到第一个同伙用卑劣的种族污蔑来形容这位黑人律师，而另一些人听到这位同伙发表了与律师种族无关的嘲弄性评论。在这两种条件下，第二个同伙表示同意第一个同伙对黑人律师的贬损意见。在设计了这种从众倾向的背景下，实验者要求每个被试对这位律师和被告进行评估。那些无意中听到种族歧视的人对这位黑人律师的评价比无意中听到嘲弄的评论的人更为负面。对有偏见的规范的依从甚至延伸到那位可怜的被告身上，他们从那些听到种族歧视黑人律师的人那里得到了更为严厉的裁决。

最后，偏见也可能源自基于社会制度的法律和习俗。一个倡导种族隔离的社会，会支持某个群体劣于另外一个群体的观点。在南非实行种族隔离的日子里，一位调查人员对南非白人进行了考察，试图找出形成他们种族偏见的根源。他发现典型的南非白人相信绝大多数罪行都是黑人犯下的——这是一种错误的观念。这种误解是如何产生的呢？受访者报告说，他们看到许多黑人罪犯会在公共场所工作；而在那里他们从未见过任何白人罪犯。这不是证明黑人罪犯比白人罪犯更多吗？不，事实上，那里的法律规定禁止白人罪犯在公共场所工作！

这就是一个社会如何创造带有偏见观念的原因：人们依从了一些重要社会机构的公认惯例。在我们最近的历史上，法律和习俗迫使黑人坐在公共汽车的后部；迫使妇女远离俱乐部、大学和职业机构；阻止犹太人住在高档酒店，所有这些都通过从众而延续了偏见。如果规则要求我们这样对待"那些人"，那我们就要继续下去。我的国家、我的俱乐部、我的职场，还有这家优雅的酒店，一定有理由这样做，对吗？

刻板印象与归因

刻板印象是一种特殊的归因形式。正如我们在第 2 章所看到的，我们是能够进行解释的物种；我们一直在通过归因来解释我们自己和他人的行为。在模棱两可的情况下，人们倾向于按照自己的偏见来构建叙事逻辑。假如比格特（Bigot）①先生看到一个穿着考究的白种盎格鲁-撒克逊人星期三下午 3 点坐在公园长椅上晒太阳，他不会有任何想法。但假如他看到一个衣冠楚楚的黑人在做同样的事情，他

---

① 意为"老顽固、有偏见的人"。——译者注

很可能会得出结论：这个人失业了，而比格特先生很可能会因此而气恼，因为在他看来自己辛辛苦苦赚来的钱被征税以支付那些不思上进的、懒惰的人充足的福利补贴，而且让他们能够穿上考究的衣服。如果比格特先生经过盎格鲁先生的房屋，发现一个垃圾桶被打翻，垃圾被弄得到处都是，他很容易得出结论：是一只流浪狗在寻找食物。如果他路过拉丁诺（Latino）①先生的家，注意到同样的事情，他会很生气，认为，"那些人生活得像猪一样"。不仅偏见会影响他的归因和结论，而且他的错误结论也会证明和加剧他的负面情绪。因此，整个归因过程得以螺旋式上升。

到目前为止，在这一章中，我一直从持有偏见人的角度来考虑偏见。那么，受到偏见的影响又会是什么？那些"无中生有"被用来制造偏见的原因的影响又会是什么？例如，如果人们对女人持有偏见，认为女人天生不如男人能干，那么他们如何解释女人在艰难任务中表现出色的证据呢？珍妮特·斯威姆（Janet Swim）和劳伦斯·桑拿（Lawrence Sanna）分析了50多个实验，发现了显著一致的性别效应：如果一个男人在某项任务上取得成功，观察者往往将他的成功归因于自然能力；如果一个女人在同一项任务上取得成功，观察者则倾向于将她的成功归因于努力工作（也就是说，这对她来说不是"自然的"）。如果一个男人在某项任务上失败了，观察者倾向于将他的失败归因于运气不佳或努力不足；如果一个女人失败了，观察者认为这项任务对她的能力水平来说太难了——她"没有能力"。

那些关于成功或失败的归因会如何影响其他人看待自己的方式？贾尼斯·雅各布斯（Janis Jacobs）和雅克琳·埃克尔斯（Jacquelynne Eccles）[79]探讨了母亲的性别刻板印象对这些妇女感知11岁和12岁子女能力方式的影响，以及她们的印象可能对孩子就自身能力感知产生的影响。那些有着最强烈的性别刻板印象的母亲也相信自己的女儿数学能力相对较低，而他们的儿子数学能力相对较高。而那些没有传统观念的人，并不认为他们的女儿"天生"比他们的儿子数学能力差。这些观念反过来又对他们的孩子产生了影响：具有强烈性别刻板印象妇女的女儿开始相信她们不擅长数学；没有性别刻板印象妇女的女儿们则没有表现出这种自我挫败的观念。

归因模糊性 解释别人的行为往往充满了不确定性。那个人喜欢我还是他们想从我这里得到什么？偏见使这个问题复杂化，因为我们的社会身份为一个特定

---

① 意味"（居住在美国的）拉丁美洲人，拉丁美洲人后裔"。——译者注

个体的行为设定了更多的潜在原因。假设你是非洲裔美国人,你的教授是白人。你很想知道为什么上一篇论文的成绩不好,是你的老师不喜欢你的作品,还是对黑人学生有偏见?假如你上一篇论文的成绩很好那又意味着什么?你的老师真的认为你的作品很棒了吗?或者她是在曲意逢迎表示她没有偏见吗?这种额外的复杂性被称为**归因模糊性**(attributional ambiguity),它给少数派群体成员解释自己得到的工作反馈带来了困难。

这是一个实实在在的问题,尤其是当老师或雇主没有准确地给出诚实的反馈以避免被视为种族主义者或其他偏见持有者时。肯特·哈伯(Kent Harber)[80]让白人大学生阅读和评估那些写得不好的论文,这些论文可能是其他学生在写作研讨会上完成的。其中一半的评价者被引导相信论文的作者是黑人;另外的评价者则认为作者是白人。你可能会期望那些设定的黑人作者会得到过分严厉的反馈,但事实并非如此。相反,评估者不遗余力地对黑人作者论文的内容发表积极的看法。在这里,他们愿意表现出毫无偏见是件好事,但他们不愿意诚实却不是件好事。如何让每一个学生、每一个种族的人在没有得到诚实反馈的情况下也能够得到改进和提高呢?

玛琳·特纳(Marlene Turner)和安东尼·普莱特肯尼斯(Anthony Pratkanis)展示了"平权法案计划"不幸的副作用如何导致归因模糊性。平权法案计划总体上是有益的,因为它为有才能的妇女(和其他少数民族)创造了就业机会,这些妇女在申请高级别工作时曾被忽视。不幸的是,其中的一些项目无意中使有才华的女性产生了一种错觉,认为她们被选中主要是因为她们的性别而不是她们的才能。这对相关女性会产生什么影响呢?在一项控制良好的实验中,[81]特纳和普拉卡尼斯让一些女性相信,她们之所以被选入工作岗位是因为公司需要雇用更多的女性;而另一些女性则接受了一项艰难的测试,然后告诉她们,她们被选入工作岗位是因为她们所取得的好成绩。那些被告知是因为性别(而非成绩)而被选中的女性后来贬低了自己的能力——更糟糕的是,她们不再像那些相信自己是根据成绩被选中的女性一样,努力地在一项艰巨的任务上取得成功。

自证预言 我们对他人的刻板印象不仅影响我们对他们的行为,而且使我们的行为方式能够从其他人那里获得我们所期望的特征和行为。这便是我在第2章中描述的自证预言。它是这样发挥作用的:想象一下你和我从未见过面,但是我对你所属群体的偏见让我怀疑你会充满敌意或冷漠。当我们终于有机会见面时,我可能会保持距离，不愿尝试和你进行生动的交谈。即便你通常是热情外向的，我的行为也不会给你机会让我知道你是多么的好。为了回应我的冷漠，你可能会和我保持距离，我对"你是一个冷漠和不友好的人的期望"会被你对我对待你的方式的自然反应所证实，也许会证实我的偏见期望。"你看，"当你以敌意或冷酷的态度面对我的敌意或冷酷的态度时，我可能会对自己说，"关于那些人，我的看法一直都是对的。"

当我们对他人持有某种看法时，自证预言会确保我们创造出符合我们期望的社会事实。例如，如果我们相信女人比男人"更情绪化"，我们会注意到并回忆起一些例子，这些例子证实了刻板印象的类型，而不是去统计一下我们看到男性在足球比赛中愤怒或兴奋地咆哮的次数，或者女性 CEO、政客和乘务员对自己情绪控制的次数。

刻板印象的威胁 具有讽刺意义的是，自证预言的一个意想不到的结果是，那些消极刻板印象的目标人群最终会通过试图让偏见落空反而将这些偏见坐实。考虑一下非洲裔美国人和白人大学生在学业成绩上的平均差距。尽管对这种差距有许多可能的历史和社会解释，克劳德·斯蒂尔(Claude Steele)和乔舒亚·阿伦森[82]认为，这些解释不能说明这样一个事实，即相对没有准备的人来说，那些有很好学术准备的学生的差距竟然是如此之大(根据先前的年级考试成绩)。似乎某些事情将那些聪明、动机强烈、有充分准备的黑人学生，和同样水平的白人学生区分开来了。

在研究这个问题时，斯蒂尔和阿伦森推断，一个主要的因素可能涉及黑人学生对黑人自奴隶制以来所遭受的"智力低下"的负面刻板印象的忧虑。斯蒂尔和阿伦森称这种担忧为**刻板印象威胁**，他们假设对刻板印象的担忧可能会影响黑人学生在测试中表现出良好的能力。在一项实验中，[83]一组学生分别对黑人和白人大学生进行了一项困难的语言测试(研究生入学资格考试)。其中一半的学生被引导相信研究者对测量他们的智力感兴趣；另一半则被引导相信研究者只是为测试而测试，对评估他们并不感兴趣。

结果是富有戏剧性的：不管白人学生是否相信测试被用来测量他们的智力，他们的表现都同样好。然而，黑人学生却受到了考试描述方式的影响。对情境的评价方式激发了他们头脑中的刻板印象，使他们焦虑不安，那些相信测试是用来评价他们的黑人学生，其表现只有那些认为测试并不是用来评价他们的学生一半好。

这就是刻板印象的力量;当人们认为自己的行为可能证实他们自身或他们所属团队的负面声誉时,由此产生的焦虑会影响他们的表现。

刻板印象威胁也困扰着其他群体,如进行数学测试的女性、进行语言能力测试的拉美裔人以及进行记忆测试的老年人,因为刻板印象在数学方面将女性描绘成不如男性,拉美裔人在语言能力方面不如盎格鲁人,老年人在记忆方面存在一些困难。[84] 事实上,任何一个被刻板印象认定为不如其他群体的人都会在一定程度上受到刻板印象的威胁——即使按照所有客观标准,其所属群体在相关领域均表现出色。乔舒亚·阿伦森和他的同事[85] 对一组白人男性工程学专业的学生进行了测试,他们所有人的数学 SAT 成绩都接近完美——这是一个很难的数学测验,并告诉他们该测验将测量他们的数学能力。但这些天才工程师中有一半面临着某种刻板印象威胁:实验者告诉他们,他正试图理解为什么亚洲人似乎具有优秀的数学能力。这组学生在测试中的表现明显比那些没有考虑亚洲人数学"优越性"的同龄人差得多。白人工程专业学生所面临的情况——与一个被认为优越的群体进行一场不会令人满意的比较——在黑人和拉美裔学生中是司空见惯的,因为他们一直在谈论亚洲人数学的优越性。几乎每天在任何一个多元化的学术环境中都在进行着这样的比较。在面对刻板印象威胁时,如此聪明而有成就感的工科学生在考试中也会犹豫不决,这一点应该引起我们的思考,由此而不要轻易地假设:黑人和拉美裔人的表现较低,表明他们缺乏能力。

这项研究也有利好消息。毕竟,如果仅仅考虑一个消极的刻板印象就抑制了一个人的表现,那么某种与刻板印象相反的思维方式应该能够提高人们的表现水平。马修·麦格龙和乔舒亚·阿伦森[86] 巧妙地提醒那些即将接受空间能力测试的年轻男女,他们是来自优中选优大学的学生。这一提醒足以完全消除他们在控制条件下观察到的男女差距:在这种情况下,考生只会被提醒他们是"东北部的居民"。"我是一所名校的优秀学生。"这样的心态有效地消解了"女人不擅长数学"的成见。同样,让黑人考生看到成功的非洲裔美国人榜样的形象或想法——比如伟大的知识分子威廉·爱得华·伯格哈特·杜波依斯(W. E. B. Dubois)①和著名的天体物理学家奈尔·德葛拉司·泰森(Neil Degrasse Tyson)——或者让一名黑人专业人士来管理考试,都可以缓解他们的表现焦虑。[87] 同样地,提醒少数民族学生,

---

① 第一位获得哈佛大学博士学位的非洲裔美国人。——译者注

他们的能力是可以提高的而不是固定不变的、或者在标准化考试中的焦虑在刻板印象群体中是完全正常的,也会有助于减少考试焦虑,[88] 提高考试成绩。[89]

刻板印象威胁和其他有关自我概念的威胁很相似,因为它们可以通过关注自我有价值的方面来加以抵消。因此,在一项研究中,当受到刻板印象威胁的女性(她们被告知参加一项"数学智力"的测试)首先肯定了自身的重要性时,她们的得分和处于无威胁控制状态的男性和女性一样高。[90] 自我肯定使人们感到更加自信。杰弗里·科恩和他的同事[91]把这些发现带进了学校,发现少数民族学生在接受了一些写作作业后提高了成绩——在作业中他们解释了为什么某些价值观对他们如此重要。淡化自我概念,专注于让你感觉良好、特别的和有价值的东西,可以抵消刻板印象对个人表现和学习的负面影响。

指责受害者　对于从未经历过偏见的人来说,完全理解成为偏见的目标并不是一件容易的事情。那些占多数的相对安全的成员,并不容易产生同情心。他们可能会同情并希望不是这样,但通常情况下,一种自我正义的暗示可能会潜入他们的态度,并产生一种将责任归咎于受害者的倾向。这可能是一种"咎由自取"的形式。它表现为如下的逻辑:"如果犹太人在他们的历史中遭受了伤害,他们一定是做了错事";或者"如果那个女人被强奸了,她一定是做了某些性挑逗的事情";或者"如果那些人(非洲裔美国人、拉美裔人、土著美国人、同性恋者)不想惹上麻烦,为什么他们不做点什么(避开头条新闻、闭嘴、避免去不欢迎他们的地方)"。这样的想法构成了某种要求,即其他人必须遵守比大多数人为自己设定的标准更为严格的标准。

自相矛盾的是,把受害者的困境归因于受害者的个性和缺点,这种倾向往往是受到一种将世界视为公平公正愿望的驱使。正如梅尔文·勒纳(Melvin Lerner)和他的同事[92]所表明的那样,人们倾向于将任何不公平的结果归因于个人责任,否则便很难解释。例如,如果两个人在同一项任务上同样努力工作,其中一个人得到了相当丰厚的报酬,而另一个人却什么也没有得到,大多数观察者会认为这个不幸的人工作不那么努力。同样,对穷人和失业者持消极态度——包括责备他们个人的困境——在那些坚信世界是公正的人中间更为普遍。[93]

敏锐的读者可能已经注意到,这是我们倾向于轻视受害人的一种更温和的方式。在第 3 章和第 6 章中,我们看到,当一个人伤害另一个人时,攻击者倾向于责怪攻击目标,将受害者非人化并再次对其伤害。现在我们看到,如果一个人注意到另一个人是仇恨信息和其他偏见表达的接受者,他(她)不知何故觉得受害者一定做了他们值得受惩罚的事情。显然,我们觉得生活在这样一个世界上是很可怕的:人们不因自己的过错而被剥夺他们应得或需要的东西,不管是同等的工作报酬还是生活的基本必需品,甚至是生命——如果600万犹太人因没有明显的理由被消灭,那么除了他们是犹太人,相信他们一定做了某些事情以导致他们咎由自取。这给我们带来某种感觉:我们可以控制自己的命运。

通过接触和熟悉减少偏见

1954年,美国最高法院宣布,按照定义,隔离而平等的学校是不平等的。用首席法官沃伦(Earl Warren)的话来说,当黑人儿童与白人儿童仅因种族而隔离时,会"对他们在社区中的地位产生一种自卑感,这种自卑感可能会以一种不太可能被改变的方式影响他们的心灵和思想"。在我们还没有完全意识到这一点的情况下,这个决定使我们的国家开始了有史以来最为激动人心的大规模社会实验。

在做出这一历史性决定之后,许多善意的人,包括政治家和学校管理人员,都反对以"人道主义"为由合并学校。他们预测,如果黑人和白人被迫在学校混杂在一起,那将是一场灾难。他们说,法律不能强迫人们彼此相处,这与杰出的社会学家威廉·格雷厄姆·萨姆纳(William Graham Sumner)的观点一致,他在半个世纪前曾说过:"国家不能改变民俗。"萨姆纳的意思是,你不能通过立法来要求道德或宽容。许多人敦促在人们的态度改变之前推迟消除种族隔离。他们相信,一旦你能让固执的白人成年人减少对黑人的偏见,那么他们就更有可能让自己的孩子去上混合学校。

早期改变美国公众心灵的努力是基于这样一种想法,即用正确信息与错误信息作斗争。如果有偏见的人认为黑人的变化很少而且懒惰,那么你所要做的就是给他们看一部把黑人描绘成勤劳、正派的人的电影。如果大多数南非白人相信黑人犯下了几乎所有的罪行,给他们看所有的白人罪犯,他们就会改变自己的看法。如果事情这么简单就好办了。是否出现偏见主要是经济冲突、依从社会规范、地位维持需要或者替代性攻击的结果——当它反映了深刻的情感敌对时——它不容易通过宣传活动加以改变。一部电影无法改变某种在某个国家的历史上一直存在思想和行为方式。

此外,正如本书的读者现在所知道的,在涉及重要问题的地方,信息宣传活动通常会失败,因为人们不愿意坐在那里接受与他们的信仰和态度不一致的信息。保罗·拉扎斯菲尔德(Paul Lazarsfeld)[94]描述了1940年代早期的一系列无线电广播,这些广播旨在通过以热情、同情的方式呈现关于各个民族的信息来减少偏见。一套节目是专门描述波兰裔美国人,另外一套节目专门描述意大利裔美国人,等等。是谁在收听?关于波兰裔美国人的节目的主要听众是波兰裔美国人。猜猜意大利裔美国人节目的观众中谁占了大多数?正如我们所看到的,如果人们被迫收听与其根深蒂固的态度不相符的信息,他们就会拒绝它、歪曲它,或者故意忽略它——就像X先生不顾Y先生的矫正性信息,仍然对犹太人持否定态度一样。(在今天社交媒体上的"过滤泡沫"中,同样的方式也在起作用——这种方式被放大得更多。)当然,有时,与其根据新证据改变他们的成见,不如通过创建一个子类别来减少失调,比如"有能力的女性"或"我钦佩的非洲裔美国人"——让人们在保留刻板印象的同时,能够看到面前的人是一个罕见的例外,甚至可能是"为了证明规则的例外"。

因此,对大多数人来说,偏见在他们自己的信仰体系中根深蒂固,与他们的日常行为过于一致,从他们周围的人那里得到了太多的支持和鼓励,以至于他们无法被一本书、一部电影或者某个播客所推翻。那么,怎样才能有效消除偏见呢?

接触假说　1954年最高法院的判决也许让许多门外汉感到震惊,但它在社会心理学家中却带来了兴奋和乐观,他们早就知道行为的改变会影响态度的改变。他们预测,一旦黑人儿童和白人儿童能够直接接触,持有偏见的儿童和他们的父母将会遇到现实中的人,而不是刻板印象,最终会带来更多的相互理解和友谊。这种观点被称为接触假说。

他们的乐观是有充分理由的,因为它不仅在理论上是有意义的,而且经验证据也支持两个群体之间的联系能力。早在1951年,莫顿·德伊奇(Morton Deutsch)和玛丽·艾伦·柯林斯(Mary Ellen Collins)[95]在两个不同种族融合程度的公共住房项目中考察了美国白人对非洲裔美国人的态度。在一个项目中,黑人和白人家庭被随机分配到同一项目的不同建筑里。另外一个项目,黑人家庭和白人家庭住在同一栋楼中。几个月后,混合住房区的白人居民报告说,他们对黑人邻居的态度比隔离住房区的居民的态度发生了更多的积极变化——尽管前者最初并没有选择住在混合住房区。

接触假说得到了实验室和现实世界中许多研究的支持:年轻人对老年人的态

度,健康人对精神病患者的态度,非残疾儿童对残疾儿童的态度,异性恋者对男同性恋和女同性恋的偏见。[96] 事实上,今天的多民族大学校园是接触假说的鲜活实验室。拥有不同种族和民族背景的室友、朋友和关系的白人学生往往会减少偏见,发现共同点。[97] 跨群体的友谊有利于少数群体,也减少了他们的偏见。吉姆·斯达纽斯(Jim Sidanius)和他的同事们[98]发现,随着时间的推移,加入少数民族学生组织的少数民族学生,倾向于发展出我们可能预期的更强的民族认同和自豪感,但他们也倾向于发展出更多的民族受害感。就像住在白人兄弟会和姐妹会的白人学生一样,他们开始觉得自己和其他民族的共同点越来越少了。但当鲁道夫·门多萨–丹顿(Rodolfo Mendoza-Denton)和伊丽莎白·佩奇·古尔德(Elizabeth Page-Gould)[99]在以白人为主的大学对黑人和拉美裔学生进行纵向研究时,他们发现与白人学生的友谊增加了他们的归属感,减少了他们对学校的不满情绪。对于之前由于担心作为少数群体成员而被拒绝感到不安全和敏感的学生来说,情况尤其如此。

虽然在大学里各族裔群体之间的接触显然对双方都有利,但是在最高法院判决之后,突破公立学校的种族隔离并没有像社会心理学家预期的那样顺利。相反,它通常会在课堂上引起紧张和动乱,甚至增加种族群体之间的偏见。如果你拍了一张大多数被废除种族隔离学校校园的空中照片,你就会发现种族之间几乎没有什么融合:白人儿童倾向于与白人儿童聚集在一起,黑人儿童倾向于与黑人儿童聚集在一起,拉美裔的孩子往往和拉美裔的孩子聚集在一起。显然,在这种情况下,接触并不像所预期的那样有效。

这里出了什么问题呢?为什么去除隔离的住房比去除隔离的公立学校更有效?为了回答这些问题,我们需要更仔细地研究接触是有效的,还是无效的。[100] 当人们的偏见主要是来自己不熟悉的另一个群体时,接触是减少他们不知道如何表现或说不出什么的尴尬表现的好方法。但是,为了减少偏见和增进友谊,接触必须在黑人和白人地位平等的情况下进行。纵观历史,许多白人与黑人有过大量接触,但通常是在黑人扮演搬运工、洗碗工、洗手间服务员和家庭佣工等卑微角色的情况下进行的。这种接触会延续白人的成见,助长他们的偏见,同时增加黑人的怨恨和愤怒。在美国历史上,由于我们社会中的教育和职业不平等以及居住隔离的原因,基于平等地位的接触少之又少。

现在想象一下美国学校废除种族隔离时发生了什么。白人和少数民族之间的接触(特别是在高中之前)通常是不平等的。在全国所有地区,大多数少数族裔社区的学校的设施、设备和教学条件都比白人社区的学校差。一个来自贫穷黑人或拉美裔家庭的十年级男孩,在接受二流教育后,突然闯入了一个以白人为主的中产阶级学校的学习环境,这所学校由白人、中产阶级教师授课,在那里他发现自己必须与白人竞争。中产阶级的学生被教育要持有白人中产阶级的价值观。实际上,他被推入了一个自己毫无准备的、高度竞争的境地,在这种情况下,规则不是他的规则,决定结果的是他尚未发展的能力。他是在一个在心理上远离自己条件的背景下竞争。这些因素往往会削弱他的自尊心,而这正是影响最高法院判决的首要因素。瓦尔特·斯蒂芬(Walter Stephan)[101]在分析有关消除种族歧视的研究时发现,没有研究表明黑人儿童的自尊显著增强,而他所研究的25%的研究表明,在消除种族歧视之后,他们的自尊显著下降了。此外,白人的偏见没有大幅度减少;斯蒂芬发现,白人偏见增加与减少的案例数是一样的。可以理解的是,少数族裔学生会试图通过团结起来、抨击白人、维护他们的个性和拒绝"白人"的教育价值观来提高他们的自尊。

接触显然是第一步,但这还远远不够。下一步该做些什么?让我们对此详细地加以分析。

通过合作和相互依存减少偏见

问题不仅仅是让不同民族和种族背景的年轻人进入同一所学校,重要的是他们进入同一所学校后所发生的事情。经常伴随着学校取消种族隔离的紧张气氛可能会让你想起穆扎法尔·谢里夫和他的同事在夏令营实验中的行为。回想一下,两个群体之间的敌意是在冲突和竞争的情况下产生的。一旦敌对情绪建立起来,就不能再简单地通过消除冲突和竞争来减少。事实上,一旦不信任被牢固地建立起来,在非竞争的情况下把这些群体聚集在一起会增加敌意和不信任。"鹰"和"响尾蛇"即便是仅仅坐在一起看电影,也会为彼此带来麻烦。

谢里夫最终是如何成功地减少了他们之间的敌意呢?通过将这两组男孩安排在一起完成他们必须合作才能实现的目标。[102]其中一次,研究人员通过破坏供水系统创造了紧急情况。唯一能够修复系统的方法就是所有的男孩立即合作。另一次,当孩子们在野营旅行时,露营车抛锚了。为了让卡车继续行驶,他们必须把它拉到一个相当陡峭的山上——这项任务只有他们所有人齐心协力才能完成,不管他们是"鹰"还是"响尾蛇"。最终,男孩们对以前"敌人"的敌意消退了,他们在不同的群体中结交了朋友,开始相处得更好,并开始自发地合作。

关键因素似乎是在实现共同目标方面的**相互依存**:这是一种个人需要彼此才能走向成功的局面。一些研究人员已经证明,在严格控制的实验室实验中相互依存的好处。例如,莫顿·多伊奇[103]指出,当出现合作的气氛时,解决问题的团体要比竞争气氛浓厚时更友好、更专注。同样,帕特丽夏·基南(Patricia Keenan)和彼得·卡内维尔(Peter Carnevale)[104]的研究表明,团体内部的合作也可以促进团体之间的合作。也就是说,在一个群体内部建立起来的合作关系常常会在该群体后来被要求与另一个群体互动时继续存在。在他们的研究中,参与合作任务的团体在随后与另一团体的谈判中,比最初以竞争方式工作的团体更加合作。

拼图课堂的开发 不幸的是,合作和相互依存并不是大多数美国课堂(甚至在小学阶段)教学过程的特征。相反,在这个国家的大多数课堂上都有激烈的竞争。当得到在德克萨斯州奥斯汀公立学校的一次重大危机中进行干预的请求时,我有机会近距离观察到这一点。那是1971年,取消种族隔离的行动刚刚开始出现,并引发了一些丑恶的事件。因为奥斯汀是被隔离的,不同民族和种族的年轻人第一次相遇,带来的是他们的怀疑和成见。这种接触使事情变得更糟;嘲弄经常升级为斗殴。那里的态势既丑恶又危险,打破了我们对取消种族隔离会自动减少偏见的幻想。

当学校负责人请求帮助时,我和我的研究生来到了这个学校——不是为了消除这种不愉快,而是为了看看我们是否可以做些什么来帮助他们取消种族隔离,实现一些预期的积极目标。我们做的第一件事是系统地观察在不同教室里发生的动态情境。我们观察到的最常见的事情是在六年级的一个课堂上的这一情景:老师站在教室前面,问一个问题,等待学生给出他们所知道的答案。最常见的情况是,6到10名年轻人在座位上举起双手,有些人用力挥动双手,试图吸引老师的注意。其他学生则静静地坐着,目光漂移,好像试图让自己消失在人们的目光之外似的。

当老师点到其中一个学生时,那些热切地举起手却没有被点到的学生的脸上出现了失望、沮丧和不快的表情。如果学生给出了正确的答案,老师会微笑并点头表示赞同,这会给学生带来巨大的奖励。然而,在那一刻,从那些试图被点到却最终被忽略的年轻人身上,可以听到一种明显的呻吟声。他们很沮丧,因为他们错过了向老师展示自己聪明才华的机会。

通过这个课程,除了所涉及的材料之外,学生还可以学到很多东西。首先,他们了解到课堂上只有一位专家:老师;回报来自于通过积极展示他们的聪明才智来取悦老师;与同伴协商不会得到回报。事实上,很多人都知道他们的同伴是他们的敌人,要击败他们。此外,大多数教师在课堂上都不赞成合作,他们认为这是具有破坏性的。

在这种竞争激烈的状态下,如果你知道正确答案但老师叫到了你同伴,你很可能会希望他(她)会给出错误的答案,这样你就有机会向老师展示你有多么聪明。那些在被点到时失败的人,或那些甚至没有举手参加竞争的人,往往会怨恨那些成功的学生。而成功的学生,往往会蔑视那些不成功的学生;他们认为这些人是愚蠢无趣的。这个过程不利于友善和理解,甚至在同一种族群体的学生中也会产生敌意。当这种竞争性的课堂状态,与已经因种族间不信任而紧张的情形叠加在一起时,便可能为我们在奥斯汀遇到的那种骚乱创造条件。

虽然当时在课堂上竞争几乎是普遍存在的,但作为社会心理学家,我们意识到课堂并非一定要如此。部分基于穆扎法尔·谢里夫在"强盗洞穴"的实验,我们推测合作过程可能正是这种情况所需要的。但如何去做呢? 实际上,并不困难。几天之内,我和我的研究生成功地开发了一种专门为课堂设计的简单合作方法。事实证明,我们的方法几乎是万无一失的。我们设计出这种方法是为了让学生们在材料学习以及在即将到来的考试中做得更好,学生们必须一起工作并进行合作。个人试图获胜会变得功能失调。我们把我们的方法称为**拼图课堂**,因为它就像一个拼图游戏。[105]

我们可以通过一个例子对其加以说明:在五年级的教室里,孩子们正在研究一些美国名人的传记。马上要开始的课程恰好是著名记者约瑟夫·普利策(Joseph Pulitzer)的传记。首先,我们将学生分为六个小组,并确保每个小组尽可能多样化(在种族和性别方面)。然后我们构建了一部普利策传记,传记由六个段落组成。第一段是关于普利策的祖先以及他们是如何来到这个国家的;第二段是普利策的孩童时代,他是如何成长的;第三段是普利策的青年时代,他的教育经历以及他早期的工作;第四段是关于他的中年时代以及他如何创办自己的第一份报纸等等。约瑟夫·普利策的主要生活经历,都包含在一个单独的段落中。我们复制了所制作的约瑟夫·普利策传记,将每份传记的副本分成六个独立段落,并向每个六人学习小组中的每个孩子分发了有关普利策生活经历的某个段落。因此,每个学习小组都有约瑟夫·普利策的整本传记,但每个学生手里的故事都不会超过整本传记的六分之一。为了全面了解整本传记,每个学生都需要仔细聆听小组中其他学生的讲述。

老师会告诉学生,他们有一定的时间将自己的知识传达给对方。她还会告诉他们,将在这段学习时间结束时对他们的知识进行测试。

通过几天学习,学生们了解到,如果没有团队中每个人的帮助,他们都不会取得好成绩。他们学会了尊重这样一个事实,即每个成员(不分民族、性别或种族)对自己理解所学的名人以及随后的测试表现都具有独特而重要的贡献。现在,已经不是只有一位专家(老师)了,每个学生都是他(她)自己的专家。他们没有相互嘲弄,而是开始互相鼓励,因为确保他们的同学能够以最佳方式传达他们的材料符合每个学生的最佳利益。

这种新方法需要花费几天才能够奏效,合作行为不会一下子出现。我们实验组的学生已经习惯于学校里多年来一直强调的竞争环境。在最初的几天里,他们中间大多数人都试图相互竞争——尽管这种竞争是不正常的。以下是一个真实的例子,展示的是孩子们偶然走向学习合作过程的方式:在我们的一个小组中有一个墨西哥裔美国男孩,我将其称为卡洛斯(Carlos)。卡洛斯的任务是报告约瑟夫·普利策的年轻男子气概。他知道这些材料,但他很紧张,为此他度过了一段困难期。在之前的几个星期里,一些英国学生嘲笑他的口音,他担心那些孩子会继续这样做。

他表现出吞吞吐吐、犹豫不决、坐立不安。果然,圈内的其他孩子都没有向他提供帮助。他们精通的是竞争课堂上的那些乱战策略,他们知道当孩子面临困难时该做什么,特别是他们认为是卡洛斯是个愚蠢的孩子:他们会嘲笑他。一个我称之为玛丽(Mary)的孩子说:"哦,你不知道,你好笨,你真蠢。你竟然不知道自己在做什么。"在我们最初的实验中,研究助理一组接一组地对实验组进行了监控。当这件事发生时,我们的助理给予了一个简短的干预:"好吧,玛丽,如果你愿意的话,你可以这样跟卡洛斯说话。这对你来说可能很有趣。但这并不能帮助你了解约瑟夫·普利策的青年时代。顺便说一下,考试将在不到一个小时内进行。"请注意这种强化应急措施是如何促使她转变的。玛丽不再从讥讽卡洛斯这件事上获得任何收益;相反她如果坚持那样做将会失去很多。

有过一些类似的经历之后,卡洛斯小组的学生们明白,他们唯一能够了解卡洛斯试图教他们那部分内容的方法是关注卡洛斯所说的话。渐渐地,他们开始转变为优秀的听众。有些人甚至成了很好的面试官。他们在与他沟通他所知道的内容时,没有忽视或嘲笑卡洛斯,而是开始提出温和的探究性问题——这些问题让卡洛斯更容易回答。卡洛斯以更加放松的状态来回应其他孩子对待他的这种新方式；随着他的放松，他的沟通能力得到了提高。几个星期后，其他孩子意识到卡洛斯比他们想象的要聪明得多。因为他们正在关注，他们看到了他身上以前从未见过的品质。他们开始喜欢他。就卡洛斯而言，他开始更多地享受到学校的乐趣，并开始认为自己团队中的白人学生并不是落井下石者而是乐于助人的朋友。此外，随着他开始在课堂上感到越来越自在并对自己越来越有信心，他的学习成绩也有所提高。恶性循环已经逆转，导致他陷入螺旋式下降的元素发生了变化——螺旋现在开始向上移动。短短几周之内，那个课堂上的整体氛围都发生了变化。

之后，我们随机为拼图条件分配了几个课堂，并将它们与传统课堂进行比较。我们对结果感到非常满意：拼图课堂上的孩子们在客观考试中表现得更好，彼此更喜欢，而且比传统课堂上的孩子更喜欢上学并拥有更强的自尊，他们的旷课率也明显下降。拼图课堂里儿童之间的友谊超越了民族和种族障碍，这也导致了偏见和陈规式的刻板印象急剧下降。我们在几个城市的几十个课堂里重复了相同的实验，总是得到类似的结果。[106]

多年来的研究表明，拼图方法的有效性不仅限于美国人或者幼儿。拼图方法在欧洲、非洲、中东和澳大利亚都取得了巨大成功——参与的学生从小学到大学遍布各个年级。[107] 研究人员还将拼图方法应用于人们持有的其他偏见，如对身体和情感缺陷的人。在其中的一项实验中，[108] 一些大学生与一名被描绘为前精神病患者的同学互动。这些互动是结构化学习情境的一部分，一些学生在拼图小组中与"前精神病人"互动，而其他学生则在更传统的学习环境中与他互动。拼图小组中的人很快就放弃了他们的陈规式刻板印象期望；他们更喜欢他，并且比在传统的学习环境中遇到他时更喜欢与他交往。此外，一般来说，那些经历过与"前精神病患者"的拼图的人，在随后被要求对精神病患者进行描述时也会更为积极。

拼图方法发生作用的原因 为什么拼图方法会产生如此积极的效果？这项技术成功的一个原因在于，参与合作的过程打破了内群体与外群体的感知，并允许个体发展"一体"的认知范畴：我们是一体的。[109] 取得这种有效性的一个主要原因是，这种合作策略使人们处于有利于做事的状态。也就是说，一个群体中的每个人，通过与其他成员分享他（她）的知识，会向他们提供帮助。正如迈克·莱佩（Mike Leippe）和唐娜·艾森斯塔德（Donna Eisenstadt）基于认知失调理论预测所做的一项实验显示的那样，[110] 个人以一种有益于他人的方式行事，后果对他们更为有利：

"如果我在帮助他们,那一定是因为他们值得我这样做。"

塞缪尔·盖尔特纳(Samuel Gartner)和他的同事在一项实验中阐明了一种不同但互补的机制,[111] 表明合作通过改变人们使用的认知类别来降低群体之间的障碍。换言之,合作导致了我们将外部群体从"那些人"归类为"我们的人"的倾向,但这是如何从"那些人"转变为"我们的人"的呢?我相信这种转变过程就是移情,即体验团队成员正在经历的事情的能力。在竞争激烈的课堂上,首要目标就是让老师知道你有多聪明,这样你就不必太过关注其他学生了。但是拼图的情况则不同。为了有效地参与拼图课堂,每个学生都需要密切关注小组中任何一个成员正在讲述的内容。在这个过程中,参与者了解到,如果他们以一种适合自己特殊需要的方式接近每个同学,就会取得好的成绩。例如,爱丽丝(Alice)可能会知道卡洛斯有点害羞,需要稍加鼓励,而菲莉丝(Phyllis)则很健谈,可能需要偶尔控制一下;彼得(Peter)可以开玩笑,而瑟琳娜(Selena)只接受严肃的建议。

如果这种分析是合理的,那么应该得出的结论是:在拼图小组中的工作将导致年轻人普遍移情能力的提高。为了验证这一观点,黛安娜·布里奇曼(Diane Bridgeman)[112] 对一些10岁的孩子进行了一项聪明的实验,其中一半孩子花了两个月的时间参加拼图课堂,另一半则参加了传统的课堂。在实验中,布里奇曼向孩子们展示了一系列卡通人物,旨在测试孩子的移情能力——把自己置于卡通人物的立场上体验问题。在一幅漫画中,第一个小组展示了一个小男孩在机场向他的父亲挥手道别时看上去很悲伤;在下一幅漫画中,一位邮差将一个包裹发送给男孩;在第三幅漫画中,男孩打开包裹,发现里面有一架玩具飞机,然后大哭起来。布里奇曼问孩子们,为什么他们认为小男孩一看到飞机就哭了。几乎所有的孩子都能正确回答:因为玩具飞机提醒他有多想自己的父亲。接着,布里奇曼问了一个关键问题:"当邮递员看到那个男孩打开包裹开始哭的时候,他是怎么想的?"

这个年龄的孩子大多数都会犯一个始终如一的错误,他们认为每个人都知道自己所知道的。因此,来自传统课堂的孩子们认为,送信人会知道这个男孩很伤心,因为这礼物提醒他父亲要离开了。但是参加拼图课堂的孩子们的反应却不同。由于他们在拼图方面的经验,他们培养了从邮差的角度看问题,并把自己放在他的立场上体验的能力。因此,他们意识到,看到男孩因为收到一份好礼物而哭泣,他会感到困惑,因为他没有看到机场的告别现场。

乍一看,这似乎并不重要。毕竟,谁在乎孩子们是否有能力弄清楚卡通人物的想法呢？事实上，我们都应该关心，这一点非常重要。回顾我们在前一章中对哥伦拜恩悲剧的讨论。在那一章里，我们提出了同情心在抑制攻击中的重要性。年轻人在多大程度上能够从另外一个人的角度看待世界，这对他们所有的关系都有深远的影响。当我们发展出理解他人所经历事情的能力时，这就增加了我们对他人敞开心扉的可能性。一旦我们的心扉向另一个人敞开，就几乎不可能对那个人产生偏见，去欺负那个人，去嘲笑那个人，去羞辱那个人。我的猜测是，如果在哥伦拜恩高中（或与哥伦拜恩有关联的中小学）使用拼图策略，悲剧便可能得以避免。[113]

我和我的研究生在1971年开发了拼图技术，从那时起，其他人也研制了类似的合作方法。[114] 多年以后这项工作的意义才变得更加清晰。如果你想减少偏见，那就让人们组成一个有共同目标的团队。即使是无意识持有的"内隐态度"，也可以通过团队合作和同情心来加以改变。杰伊·范·巴维尔（Jay van Bavel）和威廉·坎宁安（William Cunningham）[115] 让来自一个混合种族组（六个黑人和六个白人）的一些被试和来自一个相同种族组的其他被试，进行了一项类似IAT的内隐联想测试。让一个对照组的白人成员只是观看无关联的面孔，以揭示熟悉的IAT效应，结果显示白人的种族偏见大于黑人。但是，被分配到混合种族组的被试对本组黑人成员的自动评价比对他组白人成员的自动评价更为积极，由此而显示出对本组的偏好超过了对他组的诋毁（"他们在我的团队中！"）。安德鲁·托德（Andrew Todd）和他的同事[116] 进行的5项系列实验表明，让被试参与每一个观察性的活动——积极地思考他人的经历，或者其他被称为移情的方式——会明显地减少种族偏见的自动表达。

总之，本章所描述的惊人结果已在这个国家所有地区的数千个课堂里重复出现。约翰·麦考纳（John McConahay）[117] 是种族关系领域研究的著名专家，他称合作学习是改善种族隔离学校种族关系的最有效方法。不幸的是，尽管大多数教师都学习拼图和其他形式的合作教育，但这些方法的使用频率远低于人们的预期。与所有行政机构一样，教育系统倾向于抵制变革，标准的竞争性课堂结构仍然是常态。

多样性的挑战

一个国家、一个城市、一个社区或一个学校的多样性可能是令人兴奋的事情，也可能是动荡的根源。废除种族隔离使我们有机会从这种多样性中受益。但是为了使这些收益最大化，我们必须学会以尽可能和谐的方式跨越种族和民族界限相互联系在一起。不言而喻,在这个国家能够实现任何事情都完全和谐之前,我们还有很长的路要走。

普利策奖获奖记者大卫·希普勒(David Shipler)[118]以图片的形式描绘了一个民族多元化国家所面临的挑战,他们走遍了美国的东西南北,采访了各色人等,就人们对种族的情感和态度进行了采访。他在自己的著作《陌生人的国家》中得出了相当暗淡的结论。希普勒观察到,大多数美国人与其他民族、宗教和种族群体的人没有建立起密切的关系;因此,存在着大量的怀疑和误解。阅读希普勒的书时让我想起了德克萨斯州的一位校长,他告诉我,他的学校在种族隔离问题上面临的一些问题:"教授,您看,政府可以强迫黑人孩子和白人孩子进入同一所学校,"他说,"但是没有人可以强迫他们享受彼此的闲暇。"(我感觉到他应该没有读过威廉·格雷厄姆·萨姆纳的作品,但他们的观点却是如此一致。)

好像是为了强调他的观点,就在同一天,在午餐时间,当我在校园里徘徊时,我没有看到一所融合性学校;相反,我所看到的只是几个自我隔离的群体:黑人青少年聚集在一起;拉美裔年轻人集合在一处;白人青少年则聚集在另一群体中。发现同一民族和种族的人可能更喜欢彼此的陪伴,这并不奇怪;而且,就其本身而言,当然没有任何问题——除非这种偏好固化为排他性行为。在同一所学校开始拼图技术几个月后,我碰巧在校园里散步,突然意识到几乎所有那些学生群体都完全融合在一起了。没有人"强迫"这些年轻人相互喜欢;他们实际上是在选择相互联系,跨越种族和民族的界限。拼图经验明显减弱了之前存在的一些不信任和怀疑。

希普勒无疑是对的,我们是"一个陌生人的国家",也许我们一向如此。但是,那些经历过合作学习的数万名儿童给了我们对未来的希望——希望他们最终能够成长为懂得享受多样性并从中受益的成年人,学会彼此喜欢和尊重,并且能够成为理解"他们是我们的一部分"的人。

伟大的人道主义者们一再试图传递这类信息。纳尔逊·曼德拉(Nelson Mandela)因其为结束南非种族隔离运动所采取的行动而被判27年监禁。当监禁结束后,他当选了南非第一任黑人总统,此时他并没有寻求复仇或血腥报复;他与白人前总统德克勒克(F. W. de Klerk)建立了工作关系,将南非带入一个全面的多种族民主国家。曼德拉写道:"没有人会因为自己的肤色、背景或宗教信仰生来憎恨他人。""人们只是学会了恨,如果他们能够学会恨,便可以学会爱。因为爱比爱的对立面来得更为自然。"

本图来源于《纽约客》1962年6月30日。
Saul Steinberg, *Untitled drawing*, ink on paper.
Originally published in *The New Yorker*, June 30, 1962.
© The Saul Steinberg Foundation/Artists Rights Society (ARS), New York

喜欢、爱与联系

1946年百老汇音乐剧《飞燕金枪》(*Annie Get Your Gun*)是根据传奇神枪手安妮·奥克利(Annie Oakley)的真实故事改编的。1875年,15岁的她打败了26岁的神枪手弗兰克·巴特勒(Frank Butler),巴特勒也是"水牛比尔狂野西部秀"的当红明星。在音乐剧中,安妮立刻爱上了她英俊的对手,但她相信自己高超的射击技术会威胁到他的自尊心。她意识到自己必须在拍摄成功和获得爱情之间做出选择。在唱完"你不能得到一个持枪的男人"之后,安妮故意在第二场射击比赛中输给弗兰克,弗兰克恢复了男性的骄傲,立刻爱上了安妮;从狂野西部秀明星回归之后,他们一直幸福地生活在一起。

这部戏曾轰动一时,激发了好莱坞电影和电视连续剧的灵感,充分地利用了其中的一些关键事实。真正的安妮和弗兰克从此过上了幸福的生活,但弗兰克从不羡慕安妮的枪法;他对两人的选择感到高兴,并愉快地放弃了自己的明星地位,支持安妮并担任她的业务经理和舞台助理。这对夫妇游览了美国和欧洲,在这些地方安妮用她的步枪令观众眼花缭乱:击灭点燃的蜡烛,击打高高抛在空中的小硬币,在一次对安妮的枪法和弗兰克的信任进行考验的令人毛骨悚然的测试中,她射中他嘴唇边一支点燃的香烟。弗兰克和安妮婚后幸福地生活了五十年,直到她死于贫血。安妮死后,弗兰克显然受到了沉重的打击,失去了活下去的意愿,停止进食,并在她葬礼后的第十八天去世。[1]

为什么这部音乐剧没有讲述真正的爱情故事?这部音乐剧的虚构版本反映了当时(以及几十年后)普遍存在的性别刻板印象,在这种刻板印象中,女性应该让自己变得漂亮、甜美;最重要的是,要避免超过那些天赋或才智较低的男性。音乐剧里的虚拟安妮做了所有这些事情来吸引弗兰克。他们的故事在本章中有很多要讨论到——有关吸引力、友谊、爱和人际关系。是什么导致人们之间相互吸引呢?是什么激发了爱、激情和我们称之为爱情的更神秘的东西？为什么像安妮和弗兰克这样的夫妇会陪伴一生直到老死，而有些人会很快中断关系，或者像半数婚姻那样在历经八年之后走向终点？

"谁喜欢谁"这个问题由来已久。第一位生活在山洞里的业余社会心理学家无疑想知道，他能做些什么来让住在邻近山洞里的人更喜欢或者更不喜欢他——或者，至少，让他不要将棍子敲向自己的头。也许他带来了一些剑齿虎肉作为礼物，希望能做到这一点；也许他尝试了一种新的方式来展示他的牙齿——不是用咆哮、威胁的表情，而是用一种更柔和、更温顺的方式——这种方式最终演变成了我们称之为微笑的表情。[2]

在满足了基本的生存需求之后，我们最强有力的动机是与他人建立有意义的联系。[3] 除了让我们自己快乐外，良好的人际关系确实让我们得以生存。想想哈佛大学的一项引人注目的研究，该研究花了七十五年的时间跟踪了波士顿地区的两组男性（一组是哈佛大学的富裕男性，第二组是工人阶级男性），从他们的青春期直到老年。因为这项研究是在女性被允许进入哈佛大学之前开始的，所以只有男性被试。这项研究的目的是为了确定那些可以预测身体健康、心理健康和晚年幸福感的因素（包括经验、资源和生活条件）。他们得出了何种结论？根据这项研究的现任主任罗伯特·沃丁格（Robert Waldinger）的说法，"我们从这项七十五年的研究中获得的最清晰的信息是：良好的人际关系能让我们保持幸福和健康"。[4] 在哈佛的这项研究中，最幸福的人不是那些取得骄人成就的人，不是那些获得最多金钱的人，也不是那些童年最快乐的人，而是那些优先考虑与他人关系的人。这些人最有可能活到 80 岁或 90 岁，而且会享受生命的乐趣。

许多研究证实，提供支持、陪伴和爱的关系有益于健康，不管是在压力状态下还是在欢乐岁月里。[5] 相比之下，孤独并不会产生更多的压力事件，但它是压力源转化为疾病的一个危险因素。人们发现，孤独的人睡眠模式效率较低，血压较高，受到伤害时，他们比那些不孤独的人痊愈得要慢。[6] 然而，重要的是，不要将这些数据解释成为什么人们必须结婚或建立一种稳定的浪漫关系——为了从这种关系中获得长期利益。单身生活是完全健康的，造成问题的是孤独和孤独感。[7] 个人可能在被他人包围的情况下，体验到孤独；他们也可能在独自生活的状态下，拥有丰富的社会生活。在 20 世纪 50 年代，大多数人认为喜欢单身的成年人是"不道德的"或"神经质的"，但如今这种耻辱感已经消失；一半的美国成年人选择单身，这个数据是20世纪50年代的两倍多。事实上,单身生活有其自身的社会和身体优势：与已婚或同居的人相比,单身者更有可能与朋友外出吃饭、去锻炼身体、去上艺术和音乐课、去听讲座、去做志愿者工作。[8] 你不必拘泥于保持忠诚的关系。换句话说,你所需要的仅仅是保持联系。[9] 正如那位孤独的鳏夫弗兰克·巴特勒(Frank Butler)所说过的,也是哈佛大学健康研究院前任主任乔治·瓦利安特(George Valliant)在论及这项研究时所提及过的,"整场射击比赛其实就是联系"。[10]

喜欢：别人用什么吸引我们,他们又因何喜欢我们？

当我寻问一些人为什么他们比其他人更喜欢自己的一些熟人时,我得到了各种各样的回答。最为典型的是,他们喜欢那些信仰和兴趣与自己相似的人；那些拥有对我们有用的技能或能力的人；那些具有愉悦或令人钦佩的品质,如美丽、魅力、机智、忠诚、诚实和善良的人；那些同样也喜欢他们的人。

所给出的这些理由很有道理。它们与戴尔·卡内基(Dale Carnegie)[11] 在他的书中给出的建议也颇为一致,该书的标题是"如何赢得朋友和影响他人"。这本人际关系手册似乎正是人们所想要的。该书于1937年首次出版,至今仍在再版,并被证明是有史以来最畅销的书之一。这并不令人奇怪。人们想有归属感,觉得自己很重要；我们期待被人喜欢。几十年来对高中生的民意调查显示,[12] 他们最关心的是别人对他们的反应方式,他们压倒性的愿望是让人们更喜欢自己。这种担忧在青少年时期可能是最大的,因为同龄人群体具有极大重要性,被喜欢的愿望当然不仅限于美国青少年。寻找一种吸引他人的通用公式是可能的。毕竟,戴尔·卡内基的书已经被翻译成35种语言,并且仍在全球范围内畅销。

卡内基的建议非常简单：如果你想让人们喜欢你,就要和蔼可亲,假装你喜欢他们,假装对他们感兴趣的事情感兴趣,给他们以赞扬,要表示赞同,不要试图批评,而且要确保尽可能多地使用他们的名字,因为"普通人对自己的名字比对世界上所有其他名字更感兴趣"。换句话说,卡内基确信我们大多数人都像虚构的弗兰克·巴特勒；如果你想赢得我们的爱或影响我们,那么尽你所能让我们感觉良好,避免做一些让我们感到不舒服的事情,就像在射击比赛中打败我们一样。

这是真的吗？这些策略有效吗？在一定程度上是这样,至少是在相互认识的早期阶段。实验室实验表明,与那些具有不愉快特征的人相比,我们更喜欢具有令人愉快特征的人；[13] 我们更喜欢同意我们意见的人,而不是不同意我们的人；我们更喜欢那些喜欢我们的人,而不是那些不喜欢我们的人;我们更多喜欢与我们合作的人,而不是与我们竞争的人;与那些批评我们的人相比,我们更喜欢那些赞美我们的人。吸引力的这些方面可以归纳为一个笼统的概括:我们喜欢那些以最低成本为我们提供最大回报的人。[14]

一般来说,我们知道我们喜欢那些让我们在某种程度上感觉良好的人,但除了这些相当明显的理由之外,还有什么会让人们相互吸引呢?约翰·蒂鲍特(John Thibaut)和哈罗德·凯利[15]很久以前一直认为,我们计算一个人作为朋友或浪漫伴侣的价值,部分是通过将他们带给我们的东西,与我们从其他潜在朋友或浪漫伴侣那里得到的东西进行比较。简而言之,吸引力部分地取决于我们对替代品的比较水平。马克斯(Max)是个好人,但罗杰(Roger)更可爱,受教育程度更高,和我住得更近。如果我认为自己有足够的魅力赢得罗杰的爱或友谊,马克斯便可能会看起来不那么有吸引力。

但是,关系并不总是那么简单,并不总是能够进行成本效益计算。人们期待感觉良好,但他们也有其他动机,长期友谊和浪漫关系也不只是让人们彼此感到高兴。因此,我们需要的不仅仅是用一种简单的吸引力奖励理论,来理解吸引力、友谊和爱情复杂且有时令人困惑的本质。

现在,我将讨论对我们选择朋友和爱人有深远影响的五个相对稳定的因素:我们倾向于喜欢生活在离我们较近地方的人;我们喜欢与我们相似的人;我们喜欢那些喜欢我们的人;我们喜欢具有吸引力的人。在此基础上,我将添加一个由我们的高科技世界创造的相对较新的现象,一个深刻影响我们会喜欢谁、我们会选择谁、我们是否会留下来的因素:所谓的选择悖论。

距离接近 你之所以发现某个人有吸引力并且萌生对他进行了解的可能性,往往是从他与你的生活距离开始的。有什么更为明显的证据吗?当要求人们说出他们最喜欢的人时,那些宿舍被随机分配的大学生中约有一半会将他们认定为隔壁邻居。[16]人们很难与不认识的人交朋友,却很容易与附近的人保持友谊,所以这是有道理的:以小的代价获取友谊作为回报。但是,近在咫尺增加了吸引力,原因却不仅仅是便利和实用。距离越近,我们就越有可能反复接触;而且,在所有其他条件相同的情况下,人们彼此之间越是熟悉就会变得越发可爱和越有吸引力。就像我们一遍又一遍听着某一首歌一样,随着时间的推移我们对这些人会越加喜爱。此外,正如我在第3章中所指出的,当我们希望将来与他们互动时,人们会对我们更具吸引力；当我们知道我们将会与某人相处一段时间时，认知失调会帮助我们看到他们的优良品质，忽视或淡化他们的缺点。[17]

距离接近一向是婚姻中的一个重要因素。詹姆斯·布罗萨德（James Brossard）[18]分析了20世纪30年代费城的婚姻记录，发现大多数婚姻都与居住接近有关：三分之一的婚姻出现在彼此居住在5个街区内的人之间；六分之一的生活在同一街区；八分之一的来自同一栋公寓楼；只有五分之一的婚姻来自不同的城市。当喜剧演员阿齐兹·安萨里（Aziz Ansari）和社会学家埃里克·克林伯格（Eric Klinenberg）[19]在纽约市的养老院中设立焦点小组时，他们对这些老年人遇见自己生活伴侣的一致性感到震惊。安萨里写道："人们与生活在同一个社区、同一条街道，甚至同一栋楼里的人结婚。""看起来有点奇怪。我说，'伙计们，你们住在纽约市。'你有没有想过，'哦，也许我所居住的那栋楼外也会有人？'为什么要限制自己？他们只是耸耸肩说，这不是他们想要做的。"[20]

与以往没有说明不同，今天无可争辩的事实是，在地理上离你最近的人最有可能成为你最亲爱的人。这打破了浪漫的神话：只有一个人在外面（可能是在亚祖城或者保加利亚!）等待你的出现。自古至今，人们最喜欢和住在邻近山洞或者自家附近，或在附近学习或在同一家商店、办公室或工厂工作的人一起生活。即使在这个交友软件风行的互联网时代，接近仍然是找到爱情的第一步：你和你的"唯一"必须同时选择同一个交友网站，而你们之中的一位必须在一个懒散的下午（或"某个迷人的夜晚"）遇到另一位。有足够的时间和动机来发送一篇迷人的文本。然后，另一方必须阅读并记住隐没在其他潜在追求者发送的浩如烟海文本中的这个文本并加以回复。你在亚祖城的真爱现在可能更容易得到，但他（她）只是众多数字人群中的百万分之一，这意味着你只有生活在亚祖城，你才能够找到你的爱人。其他人则会选择离自家住处较近的人。

相似性　林恩参加一个聚会，并被人介绍给苏珊娜。虽然他们只聊了几分钟，但事实证明，他们完全同意对方对乔治·布什、乔治·克鲁尼（George Clooney）、乔治·艾略特和英格兰国王乔治三世的看法。两个人都回到各自的宿舍，并告诉他们的室友，自己刚刚遇到一个很棒、很聪明的人。林恩和苏珊娜会发现自己置身于成百上千的实验之中，这些实验表明：在你看来，一个人在态度、观点和兴趣上越相似，你越喜欢他。与自己在上述方面对立的人可能也会吸引人，但最终不会走到一起。

307 　　为什么感知到的相似性使人更具吸引力？至少有两个主要原因。第一，对我们大多数人来说，在重大问题上分享我们态度和观点的人都是非常聪明和体贴的，与聪明和体贴的人相处总是有益和有趣的。他们当然具有吸引力，因为他们赞同我们！第二，他们为我们的信仰提供了社会验证；也就是说，他们满足了我们感觉正确的愿望。

　　此外，我们人类对态度相似性与喜欢之间的关系是确定无疑的，如果我们碰巧因为一些不相干的原因喜欢某个人（比如说，我们都对共同的发现感兴趣），我们会假设我们对政治、宗教和电影也有相同的态度。因此，因果关系在两个方面都会起作用：我们喜欢态度与我们相似的人，如果我们喜欢某个人，我们将他（她）的态度归因于与我们相似。[21] 如果我们感知到与另一个人的相似性，这就足以增强他的吸引力。[22] 这一原则适用于所有人以及各种关系，并且已被证明是一种有效的营销方法。电话营销人员经常接受培训，以确定并指出与人们的某些相似之处（"嘿，我也是一名学生！"），因为我们更可能从我们喜欢的人和我们认为与我们相似的人那里购买东西。[23]

　　亨特·格尔巴赫（Hunter Gelbach）和他的同事[24]甚至利用相似性和喜爱效应来改善学生和老师之间的关系。一所大型高中的老师和学生填写了一系列主题广泛的调查，包括他们对业余时间喜欢做什么的偏好。研究人员将这些答案随机分配给老师和学生，让他们了解其中的五个相似之处。一半的学生知道他们的老师和他们的方式是相似的，他们的老师也得到了同样的信息。这种小小的干预（了解到你们有共同的兴趣，即使是与你某位神秘的老师或学生），增加了相互的喜爱和尊重。在少数民族学生中，这种关系的改善尤其明显，这表明认识到我们在活动、价值观和技能方面的共同点，可以克服我们对民族和种族感知的重要差异。

308 　　**个人特征：能力**　　当人们在民意调查或约会网站上被要求描述他们喜欢的人的性格特征和其他特征时，他们会愉快地列出真诚、能干和聪明等品质。但是在这类研究中，很难确定是否具有因果关系：我们喜欢具有愉快特质的人，还是一旦我们喜欢他们，我们便确信他们具有愉快特质？二者很可能是互为因果关系。为了找出原因，有必要在比调查问卷更受控制的条件下检验这种关系。在这里，我们将研究两个最重要的个人特征：能力和身体吸引力。

　　很明显，一个人越有能力，我们就会越喜欢他。所谓"能力"，指的是一系列的品质：聪明、做事的能力、明智的决定等等。如果我们身边的人都知道他们在做什么,并且有很多东西要指导我们,那么我们便会有更好的机会完成好生活中的任务。但是研究所得到的证据是自相矛盾的:在解决问题小组中,被认为最有能力和最有想法的被试往往不是最受欢迎的人。[25] 为什么呢? 一种可能是,尽管我们喜欢和有能力的人在一起,但是那些能力太强的人会让我们感到不舒服。他们看起来不可接近、遥不可及,这让我们看起来很糟糕(感觉可能更糟)。假如这种推断是正确的,那么当看到一些人存在某些易犯错误的证据时,我们可能更喜欢他们。例如,如果你的朋友是一个杰出的数学家、优秀的运动员或美食厨师,那么如果他们偶尔搞砸了,你可能会更喜欢他(她)。

1961 年,约翰·F·肯尼迪总统作出了一个可怕的决定,要入侵古巴的猪湾,企图推翻菲德尔·卡斯特罗(Fidel Castro),这促使我对这一假设进行了实验研究。这次入侵是一个惊人的错误,并且至今仍被公认为"猪湾惨败"。但是,这次入侵并没有令肯尼迪的声望骤降,反而让人们更喜欢他了。我想知道为什么会这样。有一种可能是肯尼迪"太完美了",那一年,肯尼迪的魅力达到了顶点。他几乎已经成了某本故事书里的标志性人物——事实上,他被称为总统卡米洛特。他年轻、英俊、聪明、机智、迷人,而且运动健美。他是一位如饥似渴的读者,一本畅销书的作者,一位长期遭受身体疼痛而没有抱怨的战争英雄。嫁给他的是一位才华横溢、美丽动人的女人,她会说几门外语,拥有一双可爱得不能再可爱的儿女,是一个富有、显赫、关系密切的家族中的一员。换句话说,他是令人羡慕的完美。是否有一些可靠性的证据,比如负责某次重大的战术而出现了错误估计,由此可能会令他在公众眼中变得更加人性化、因此也更可爱?

正如你现在所知道的,现实世界中无法检验这样的假设。在现实世界中,太多事情同时发生,任何一件事都可能增加肯尼迪的声望。例如,在惨败发生之后,他没有试图找借口或推卸责任;他承受了全部责任。仅此一项行动,也便可以使自己在民众心目中更具吸引力。

我对肯尼迪的受欢迎程度出现激增感到好奇,于是我和我的同事本·威尔曼(Ben Willerman)、乔安妮·弗洛伊德(Joanne Floyd)对这个问题进行了实验研究。[26] 我们告诉一些男性大学生被试,我们希望他们对那些正在代表他们学校参加一项类似课堂冒险游戏的智力竞赛节目的选手进行评估。他们要做的是评估对这些选手的印象,以及他们看起来有多么可爱。然后,他们会听到一位年轻人(刺激者)和一位提问了一系列难题的访谈者之间的访谈录音。我们有四个版本的录音采访。在第一盘录音中，这位选手表现出了很强的能力，实际上他似乎也非常完美，回答了92%的问题。当被问及他在高中的活动时，他谦虚地承认自己曾是一名优秀学生、年鉴编辑和田径队员。在第二盘录音中，这位选手被认为是一位能力一般的人：他只答对了30%的问题，在访谈中他承认自己在高中时获得的只是平均成绩，在年鉴工作中只是担任校对员，参加了田径队的选拔但没能成功。在另外两盘录音中，"优秀"选手和"平庸"选手都犯了一个尴尬的错误：笨拙地将一杯咖啡洒在自己身上。（我们通过记录骚动和碰撞的声音，椅子的刮擦声，以及选手所发出的痛苦叫声显示他把咖啡洒在了自己的新衣服上，设计了这样一个有"破绽"的版本。）

结果证实了我们所说的**破绽效应**：犯错误的优等生被评价为最有吸引力；犯同样错误的普通人被评价为最没有吸引力。完美的人（没有错误）在吸引力上名列第二位，平庸的人（没有错误）排在第三位。显然，洒一杯咖啡本身没有什么吸引力。虽然这确实为完美的人增加了一个讨人喜欢的维度，使他更具吸引力，但同样的行为也会使平庸的人显得更平庸，因此也更不具有吸引力。这个实验给我们提供了证据以支持我们的论点：尽管较高的能力确实会使我们更具吸引力，但一些易出错的证据有时会进一步增强我们的吸引力。

这种普遍现象也被扩展到了长期关系中。亚伯拉罕·特塞（Abraham Tesser）[27]发现，我们从能力很强的朋友和亲戚中获得极大的满足感和自尊。接近有能力的人是值得的；我们可以向他们学习，享受他们的荣耀和成功。[28]然而，如果他们在那些对我们而言重要的领域比我们更有能力，因此通过比较使我们感到自己无能或存在缺憾时，他们在我们心目中的吸引力便会减弱。特塞的研究表明，如果兄弟姐妹、亲密朋友和恋人在不同的领域表现卓越，他们可能会更容易保持亲密关系。现实中的弗兰克·巴特勒放弃了神枪手的职业生涯，转而帮助安妮·奥克利打理事务，朝着确保一生的亲密关系迈出了明智的一步。他不再是她的竞争对手，这样他便可以沐浴在她的光辉之中而不被削弱。

个人特征：身体吸引力　想象一下你刚刚约会过。快到晚上了，你要决定是否要和这个人再出去。你约会对象的哪些特征最重要：热情、敏感、智慧、富有同情心？还是好看的外貌？你一定会猜中！

大多数人不希望这是真的。人们更愿意相信美貌只是肤浅的，因此，它是决定喜爱与否的一个微不足道的因素。而且，这似乎是不公平的；为什么像身体吸引力这样的东西,在很大程度上超出了一个人的控制,会有那么重要吗?尽管许多人认为外貌吸引力对男性比女性更重要,但一项对29 000多人的分析发现,外貌吸引力对男性和女性同样重要。[29] 在对大学生和普通人群的真实行为进行研究之后发现,外貌对他们来说是非常重要的。[30] 伊莱恩·瓦尔斯特和她的同事[31]随机匹配明尼苏达大学的新生。学生们以前接受过一系列的个性测试。在他们的许多特征中,哪一种会决定他们是否彼此喜欢:智力、男子气概、女性气质、支配力、顺从、依赖、独立、敏感、真诚?结果显示,决定一对情侣是否喜欢对方并重复约会的一个因素是他们的外貌吸引力。Tinder① 和其他约会应用程序的成功,摒弃了"个性档案"和"你理想伴侣的个性",这表明我们可以多么迅速而彻底地仅凭一张照片就将另一个人拒之门外。

但是,正如相似效应所表明的那样,人们倾向于在相同的吸引力水平上配对。在这项由瓦尔斯特和她的同事进行的研究中,如果一个英俊的男人和一个漂亮的女人配对,他们很有可能希望再次见面。[32] 格雷戈里·怀特(Gregory White)在加州大学洛杉矶分校研究了年轻情侣之间相对长期的关系。在情侣们开始约会的许多个月后,那些外表匹配良好的情侣比那些不匹配的情侣更加深入地融入彼此。甚至电影中美女的野兽最终也会展现出他英俊的一面。

美貌也会影响到我们对他人作出的许多归因。卡伦·迪翁(Karen Dion)和她的同事们[33]向大学生们展示了三个大学生的照片:一个长得漂亮,一个相貌平平,还有一个有些难看。被试被要求基于27种不同的性格特征给每个人打分,并预测他们未来的幸福程度。到目前为止,身体有吸引力的人被赋予了最理想的性格特征,并被预测会得到最大程度的幸福。无论是男性评价男性或女性,还是女性评价男性或女性,结果都是如此。

一些进化心理学家认为,人们认为"美丽"的某些方面是与生俱来的,反映出人们对看起来健康、没有疾病的伴侣的偏爱。[34] 但是,这是一个引起相当大争议的问题,因为在汤加(Tonga)②圆脸和丰满的身体被认为是很漂亮的,但在塔拉哈西(Tallahassee)③却可能被认为是没有吸引力的,而在某个种族或族裔群体中被认为性感的特征可能是人们所不熟悉的,因此对其他群体的成员没有吸引力。尽管如

---

① 国外的一款手机交友APP。——译者注
② 太平洋岛国,位于南太平洋西部、国际日期变更线西侧。——译者注
③ 美国佛罗里达州州府所在地。——译者注

此，西方人对美好与美好的联想始于他们童年的经历和文化联想：迪士尼电影和流行动画片教会孩子们，白雪公主、灰姑娘、睡美人、小美人鱼等白人女主角，以及最近的一些少数民族女主角，如蒂亚娜（Tiana）①、波卡洪塔斯（Pocahontas）②、奥罗拉（Aurora）③、木兰、茉莉和莫阿娜（Moana），④以及吸引和赢得她们的王子们，都拥有这样的个性特征：小鼻子、大眼睛、嘴唇匀称、肤色无瑕疵、身材苗条健美。他们都像芭比娃娃和肯娃娃。然而，邪恶的继母、继姐妹、巨人、巨魔和邪恶的皇后又是被如何描绘的呢？

然后是广告，连续不断的宣传攻势，旨在推销这样一种观念：瓶中女人⑤会让我们变得更有吸引力，在社会上获得成功，从而变得快乐和完整。接触这些画面的确会对人们产生影响，尤其是对青少年而言。在一项实验中，女高中生观看了15个赞美美容产品的广告；[35] 另一组青少年观看了15个与美容产品无关的广告。随后，所有的年轻女性被要求对10项特质的相对重要性进行排名，包括性感、智慧、漂亮的脸蛋和勤奋。与对照组相比，看过美容广告的年轻女性更有可能认为美貌比其他品质更重要。

可悲的是，美貌偏见意味着没有魅力的孩子要为他们的外表付出代价。卡伦·迪翁[36] 要求女性评估课堂捣乱的报告，显然是由老师写的。每一份报告都附有一张孩子的照片，据说是他(她)引起了麻烦。在一些照片中，这个孩子很有吸引力，而在另一些照片中则没那么有吸引力。这些女性倾向于把更多的责任推给那些不太漂亮的孩子，并推断出这一事件是他们日常行为的典型表现。然而，当孩子脸蛋漂亮时，她们往往会原谅孩子的捣乱行为。正如其中一位女士所说："她和每个人都相处得很好，但就像其他人一样，糟糕的一天也可能会出现。她的残忍……不必当真。"当一个不那么漂亮的女孩以同样的方式被描绘同样情况下的所作所为时，一个典型的回答是："我认为这个孩子太调皮，可能会给老师带来麻烦。她可能会和其他同龄的孩子打架……总之，她会成为一个真正的麻烦。"因此，我们似乎倾向于相信有魅力的孩子是无辜的，他们的错误行为是可原谅的。我们不会让不那么有魅力的孩子轻易地摆脱责任；他们的错误行为被归因于稳定的、消极的人格倾

---

① 迪士尼动画《公主和青蛙》中的黑人公主。——译者注
② 迪士尼动画《风中奇缘》中的印第安公主。——译者注
③ 迪士尼动画《睡美人》中的公主。——译者注
④ 迪士尼动画《莫阿娜》中的大洋洲公主。——译者注
⑤《瓶中女人》是根据真实故事改编的影片，在此作者指代那些做过美容的女人。——译者注

向。类似的效应在各个年龄段以及商业环境中都有发现。在商业环境中,吸引人的工人往往会得到更好的报酬,晋升的频率也更高。[37]

美貌赋予人们以力量,但美貌也有一个缺点:人们会对批评自己长相漂亮的人更为苛刻。在我与哈罗德·西格尔(Harold Sigall)[38]所做的一项实验中,一位女性被扮扮成具有吸引力或不吸引人的样子(穿着不合身的衣服,戴着丑陋的假发),接下来她对几位男性大学生进行了访谈。之后,她给每个学生提供了他们本人的评价。一半的学生得到了很好的评价,另外一半学生得到了不好的评价。当评价者打扮得不吸引人时,男生们似乎不太关心他们从她那里得到了一个好的评价,还是得到了一个差的评价;在这两种情况下,他们都挺喜欢她。然而,当她打扮得很吸引人,当她给他们一个有利的评价时,他们会非常喜欢她,但是当受到她的批评时,他们会比任何时候都更讨厌她。

考虑到所有这些研究,我们必须面对一个事实,那就是漂亮不仅仅是肤浅的。我们更喜欢漂亮的人,我们对他们更友好,我们认为他们比长相平平的人更温暖、更性感、更令人兴奋。此外,在不确定谁应该为不幸事件负责的模棱两可的情况下,我们倾向于假定他们是无辜的。这种"美貌偏见"从很小的时候就开始了,不幸的是,随着时间的推移,它会产生一种自证预言,正如马克·斯奈德、伊丽莎白·德克尔·唐克(Elizabeth Decker Tanke)和爱伦·博施德[39]在一项经典实验研究中所展示的那样。在他们的研究中,要求被试把自己置于一个典型的男性大学生的位置上:你自愿参加了一项关于"人们如何相互认识"的调查,你与另一个房间里的一名女学生搭配,表面上是因为你们两人被分配到了研究的"非语言交流"状态。尽管你没有看到你的搭档,但你已经收到了一个包括她的照片在内的信息包。当你通过对讲机与她交谈时,你认为照片中女人的外在魅力会影响到你对她的印象吗?

正如你可能怀疑的那样,这张照片呈现的并非被试的真实搭档。对其中一半人来说,照片上是一个非常迷人的女士;而对其他人来说,照片上的女士则相对缺乏吸引力。与那些认为自己在和一位不太漂亮的女士交谈的男性相比,那些认为自己在和一个漂亮女士交谈的男性会认为她更镇定、更幽默、更擅长社交。到目前为止,这正是我们所期望的。但令人吃惊的是,当独立观察者只听到录音中女性谈话的部分(不看照片)时,他们对那些男性搭档认为自己外表迷人的女士印象要深刻得多。这意味着,当男性搭档认为他在和一位漂亮的女士交谈时,他会用一种能够展现她最好品质的方式和她交谈。当独立观察者听到她的谈话时，他们认为她比伴侣认为她不那么漂亮的女人更有吸引力、更自信、更活泼、更热情。这项研究为自证预言提供了一个生动而感人的例子：不管一个人的外表是否漂亮，当人们把他们当作有吸引力的人来对待时，就会把那些令人向往的品质展现出来。

我想强调的是，有关"美"的讨论集中在视觉美上。我们的感知机制对我们的情感和行为以及我们决定谁更有吸引力的方式有着极其保守的影响。但是还有其他种类的美。在 20 世纪 60 年代和 70 年代，当敏感性训练小组处于最受欢迎的时候，许多人自愿参与非视觉感官体验。在我领导的一个小组中，有 50 位参加者被要求闭上眼睛，在房间里四处走动，仅仅通过触摸和相互交谈来相互认识。在参加这个练习之后，小组成员通常报告他们以前的刻板印象已经被粉碎。如果你看不到其他人，你就不能认为他们是"丑"的，因此你不能假定他们具有"丑"人所具有的特征。当参与者随后睁开眼睛时，他们常常惊讶地发现，例如，站在他们面前的长着大鼻子和粉刺的滑稽男子，正是五分钟前（闭上眼睛时）给他们留下了难以置信的温暖、温柔、敏感印象的人。这是一个让许多参与者永远不会忘记的经历。

在我们的许多判断中，我们的心会追随着我们的眼睛。但随着时间的推移，我们的眼睛也能跟随着我们的心。我们许多人都知道，当我们对一个人的好感增加时，我们会发现这个人会变得更漂亮，这不仅仅是因为我们把他的长相和其他品质平均到了一个整体的评价中去了，而且是因为我们对他的感觉增强了，所以我们认为他更漂亮了。[40] 相反的情况也会发生：我们认为很帅或很漂亮的人，随着我们对他的了解变得不那么漂亮了，不喜欢他那令人讨厌的个性或令人讨厌的信仰。美的东西是好的，但好的东西也会变成美的。[41] 社会神经学家乔恩·弗里曼（Jon Freeman）[42] 指出，我们给自己对面孔的感知带来了大量的"心理包袱"。如果我们像在 Tinder 上所做的那样，主要用眼睛来评估潜在的伴侣，我们就很容易错过一些潜在的极好的人，他们的美丽绝不是一眼就能欣赏到的。对弗兰克·巴特勒来说，这无疑是真的；安妮·奥克利长得并不漂亮，但让他一生倾心的并不是她的容貌。

讨人喜欢 决定我们是否喜欢某个人的最有力的因素之一，是相信某人喜欢我们。这一点是如何起作用的呢？想象一下，在一位共同的朋友介绍我们相识之后，你和我在一个聚会上进行了一次简短的、相当平静的谈话。几天后，你在校园里遇到了我们的朋友，她告诉你，派对结束后，我向她说了一些赞美你的话。你觉得下次你和我碰巧见面时你会怎么做？我的预感是，你知道了我喜欢你，可能会导致你喜欢我，并会采取进一步的行动，让我知道你也喜欢我。相比你还不知道我喜欢你，你可能会笑得更多，更多地展示自己，表现得更热情、更有兴趣、更讨人喜欢。你认为你的行为会对我产生什么影响？面对你热情可爱的行为，我对你的喜爱无疑会增加，反过来，我也会用更讨人喜欢的方式来表达我对你的喜爱。

但想想看：假如我们共同的朋友没有说实话呢？如果她预计，如果我们俩相互了解得越多，我们相互喜欢的可能性会越大，为了推动这一好事，她告诉你我喜欢你，即使我一个字也没说，结果会怎么样？她的善意计划成功的可能性会有多大？好吧，如果你和我像丽贝卡·柯蒂斯（Rebecca Curtis）和金·米勒（Kim Miller）[43] 所做实验的被试一样，她的计划就会非常奏效！这些研究人员让一些人相信另一个人喜欢他们，让另一些人相信同一个人不喜欢他们。在随后的互动中，那些认为自己被喜欢的人表现得更讨人喜欢：他们比那些认为自己不受欢迎的人透露更多有关自己的信息，不那么提出反对意见，而且通常对他人表现得更热情、更愉快。此外，那些认为自己被喜欢的人，事实上，后来也被另一个人喜欢；而那些认为自己不受欢迎的人，也不会被另一个人喜欢。这是自证预言的又一个例证。我们的信念，无论对错，都在塑造现实中扮演着重要的角色。

因此，被人喜欢会让两颗心变得更亲密。此外，我们的不安全感和自我怀疑越强，我们就会越喜欢那个喜欢我们的人。伊莱恩·瓦尔斯特（Elaine Walster）[44] 做了一项有趣的实验，一些女大学生在等待性格测试结果的时候，遇到了一位圆滑、英俊的年轻男子，他实际是实验者的帮手。他开始和每个学生交谈，表示他喜欢她，然后开始约会。这时，实验者走进来，把每个学生领进一间办公室，告诉她的测试结果。一半的学生得到了非常正面的描述，旨在暂时提升她们的自尊。另一些人则收到了一些负面的描述，旨在暂时降低她们的自尊。最后，学生们被要求对她们喜欢的各种各样的人（老师或朋友）进行评分："既然我们还有点空闲，为什么不评价一下你在等的那个人呢？"收到负面反馈的学生比收到正面反馈的学生更喜欢自己的男性崇拜者。简而言之，我们喜欢被人喜欢——我们越没有安全感，就越喜欢那些喜欢我们的人。

这个实验的一个含义是，对自己有安全感的人不那么"需要帮助"；也就是说，他们不太可能接受任何主动提出的建议。就像一个饥肠辘辘的人会接受几乎任何类型的食物，一个营养充足的人可以拒绝一份新鲜的奶酪三明治，一个没有安全感的人会接受几乎所有表示感兴趣的人，而一个有安全感的人会更加挑剔。此外，一个没有安全感的人甚至会找一个不那么有吸引力的人来减少被拒绝的可能性。[45] 萨拉·基斯勒(Sara Kiesler)和罗伯塔·巴拉尔(Roberta Baral)在一项实验中验证了这一观点。他们让男性大学生相信他们在智力成绩测试中做得很好或很差。然后在他们稍事休息之后，实验者和这些学生一起喝了杯咖啡。当他们进入咖啡店时，实验者"认出"一个单独坐在桌旁的女学生，邀请她加入，并向她介绍了男被试。当然，这名女学生是一名帮手，故意让她出现在那里。有一半的时间，她打扮得很迷人；在另一半时间里，她看起来很普通。研究人员观察了男被试所表现出的浪漫兴趣的程度：他们是要求再次见到她，主动为她付咖啡钱，询问她的电话号码，还是试图让她多待一会儿。那些对自己有安全感的人(即那些被引导相信自己在测试中表现良好的人)对"有吸引力"的女人表现出更多的浪漫兴趣；那些被诱导感到不安全的人对"没有吸引力"的女人表现出更多的浪漫兴趣。

虽然不安全感确实增加了我们与任何我们所期待的人联系的欲望，但是在约会的条件下，我们往往更容易被那些似乎只喜欢我们的人所吸引——只有我，而不是所有其他成千上万的人，在等待着这样一次机会。那些看上去喜欢所有人的人，似乎对他们的感情不那么挑剔，因此他们远不如那些挑剔的人更受欢迎。保罗·伊斯特威克(Paul Eastwick)和伊莱·芬克尔[46]在一项实验中研究了这一现象，其中一组青年男女参加了一项多次速配的约会。之后，他们被要求评估自己所经历的每次约会的可取性、吸引力、是否产生了化学反应、是否会同意另一次约会；而最有趣的，是让他们评估自己心目中的选择对象，以及他们希望约会对象答应其他人约会邀请的数量。对所有约会都感兴趣的人在约会时也很可能会对所有潜在的第二次约会说"是"。但他们的约会伙伴认为，这些热情、容易获得满足的参与者不那么受欢迎，对他们个人来说，他们的化学反应也不那么强烈。当参与者认为他们的伴侣只想和他们第二次约会时，他们会更乐意做出回应。这项研究或许可以解释，当调情进展顺利时，人们会有一种令人兴奋的感觉，感觉房间里除了你和那个特别的人，没有其他人。这是一种令人兴奋、令人振奋和建立自尊的感觉，远远好过看着那个"特别的人"在最终接近你之前、先和房间里的其他人搭讪。

选择的悖论 所以现在你找到了自己的真命天子：住在你附近的某个人；他(她)和你有很多相同的价值观和信仰；这是一个喜欢你的人，而且他(她)所喜欢的人只有你；他(她)是一个长相英俊或漂亮的人。现在怎么办呢？你会说："我找到了我的人生伴侣！抓住这个机会吧！"或者你会说："嗯，等等——这真的是最适合我的人吗？也许我很快会遇到更好的人？"

现代世界扩大了我们在生活各个领域的选择范围。曾经有一款名为莱维斯（Levis）蓝色调品牌的牛仔裤，这款牛仔裤要么适合你，要么不适合。现在有数不清的品牌，每一个品牌都有几种选择，像靴型、直腿型、修身型、休闲型、高腰型、低腰型或撕裂型。以前你可能从几种谷物中做出选择，现在在你一下子拥有了400多种不同的选择，在超市里可以摆满整个通道。正如巴里·施瓦茨（Barry Schwartz）[47]所指出的，人们认为拥有更多的选择总是比拥有很少的选择好，所以当你问他们时，他们总是说想要更多的选择。但是施瓦茨发现，拥有太多的选择可能会产生一个悖论：能够在多种选择中作出选择固然很好，但当所有这些选择一起妨碍我们作出任何决定时，情况就不那么好了。如果我们看得足够久，我们会想，我们总能找到一条完美的牛仔裤、麦片粥、学校、工作……或者伴侣。随着选择的增多，我们对完美的期望也越来越高，这意味着我们常常会这样想：如果我们观察得更久，是否会作出更好的选择。施瓦茨认为，由此而导致的结果是，我们变得更加挑剔，对最终的选择不会太满意；为了追求完美，我们不得不权衡和评估如此之多的选择，这让我们疲惫不堪。有时我们只是被众多的选择所麻痹，最终什么也没有做。

希娜·艾扬格（Sheena Iyengar）和她的同事[48]走进一家超市，摆了一张桌子，上面摆着免费的果酱样品。每隔一段时间，他们就会从提供24种果酱切换到提供6种果酱。24种选择令人印象深刻，不少人会受到吸引：60%的顾客会停下来，而仅有20%的人会在只有6种选择困境的情况下停下来挑选。不管桌上果酱的数量有多少，停下来的顾客通常会品尝两种果酱。顾客品尝完后，会得到一张打折1美元的优惠券。问题是，谁会去购买果酱呢？尽管更多的选择吸引了更多的顾客，但只有3%的人最终选择了购买某种罐装果酱。在选择范围较少的顾客中，却有超过30%的人带着果酱离开了商店。

像我们的祖父母一样，安妮·奥克利在牛仔裤、果酱或浪漫前景方面没有太多的选择。她就像一个在选择实验中遇到6个选项的购物者；你会面临许多选择，如果你发现他很有魅力，你便会走向他，并充分利用他。你可能会把他和你见过的几个人作比较（"弗兰克比路上那个无聊的牧羊人更令人兴奋！"——的确如此），但你没有将他和其他所有可能的伴侣进行比较。如今，与人见面变得更容易了，因为科技可以让我们立即与更多住在我们附近的潜在伴侣联系起来,这比我们的祖父母一辈子可能遇到的人还要多。但是,就像顾客们面对果酱一样,无休止的选择也可能会导致他们不去做任何选择。

昨日在寻找自己的另一半时,我们可能会问:"和这个人在一起我会快乐吗?"而今的应用程序可以让我们看到自己当前的选择,我们会问:"我能有更好的选择吗?"阿齐兹·安萨里(Aziz Ansari)讲述了"德里克"(Derek)的故事,他是一个相当无聊的人,"根本不具备一下子就能将人吸引过来或令人着迷的魅力"。

> 通过我们在曼哈顿的在线约会焦点小组,德里克登录了OKCupid,①让我们看看他是如何选择的……他点击的第一位女士非常漂亮,她有一个亮丽的个人资料展示页面:拥有一份好工作,还有很多大家都可能有的兴趣,包括对体育的热爱。在浏览了一分钟左右之后,德里克说:"好吧,她看起来不错。我还想再搜搜。"我问他出了什么问题,他回答说:"她喜欢波士顿红袜队。"我完全惊呆了。我简直不敢相信他竟然这么快就离开了。想象一下20年前的德里克,发现这个美丽迷人的女孩一定有约会的可能。如果她在酒吧里对他微笑,1993年的德里克便可能会融化。他不会走上前说:"哦,等等,你喜欢波士顿红袜队吗?!不,谢谢!"然后转身离开。但2013年的德里克只是在网页浏览器的标签上点击了一个×,便毫不犹豫地删除了她。看着他所浏览的资料,很明显,如今在网上,任何一个笨蛋都有可以成为一匹种马。[49]

正如巴里·施瓦茨所概括的那样:"这是痛苦的约方。"施瓦茨和其他人的研究发现,由大量选择产生的这种思维方式,会导致人们对最终作出的选择不太满意——即使按照客观标准,他们的选择符合他们所说的、他们想要的关系或职业。[50]

不可避免的人类社会比较过程让选择悖论变得更糟,因为似乎每个人都找到了自己的梦中情人,而你却没有。安萨里说,他去参加朋友的婚礼,听这对夫妇说到他们"彼此最特别、最可爱的地方"。比如,"你是一个棱镜,把生命之光变成彩虹。""你是润肤露,滋润我的心。""没有你,我的灵魂会起湿疹。"婚礼结束后,他发现其中的四对夫妇分手了,原因可能是他们觉得自己缺乏那些誓言中所表达的爱。

---

① 一家在线征婚交友和社交网站。——译者注

"他们是不是分手得太早了？我听到那些话也感到担忧。我拥有他们所拥有的那种爱吗？"[51] 我们在行动中的确存在着选择悖论：无限的选择让我们把当前的选择比作幻想。没有人能与幻想抗衡。

赞扬和施惠的效果

戴尔·卡内基建议他的读者，赢得朋友的一个好方法就是"慷慨地给予赞扬"。这似乎是一个很好的老式常识，但它总会奏效吗？常识还表明，在某些情况下，批评可能比表扬更有用。假设你是一家科技公司的新员工，正在向你的团队提交一份提案。一位同事被你的话迷住了，微笑着点头，然后他告诉你，你是个天才，这是他听过的最聪明的想法。当然，听到这个消息感觉会很好。相比之下，另一位同事在你的演示过程中一直摇头、愁眉苦脸，然后她告诉你，你的提案有几个方面没有价值。那天晚上，当你反复思考他们所说的话时，你意识到虽然你不喜欢，但第二个人的评论确实包含了一些有效的观点，这迫使你重新思考你的一些假设，并改进你的提议。这两个人你会更喜欢哪一位？这一点很难确定，因为尽管表扬会带来显而易见的回报，但是能够带来改进的批评还会带来其他的回报。

一些研究表明，消极的评价通常会增加我们对评价者的钦佩，只要他（她）所评价的不是我们自己！在一项实验中，特蕾莎·阿玛贝尔[52]要求大学生阅读两篇专业的小说评论的摘要。两篇评论在写作风格和质量上都很相似，但一篇是非常正面的，另一篇则非常负面。学生们认为，与积极的评价者相比，消极的评价者尽管不太讨人喜欢，但却聪明得多、能干得多，而且是专家。

有时候，人类追求准确和共同理解的动机，会超越被喜欢、被欣赏、被赞美的欲望。我们当然希望得到爱和赞扬，但同样重要的是，我们也希望被了解和理解。[53]

因此，对赞美原因的了解，会影响我们对赞美我们的人的反应。詹森·劳伦斯（Jason Lawrence）和他的同事[54]让黑人女大学生参加一项难度较大的测试。在一半的时间里，评价测试的白人女性只是简单地在测试中写下正确的数字（12/14）；但在另一半时间里，她会补充道："干得好！"尽管表扬会让学生对自己的表现感到满意，但她们似乎对给予表扬的评价者很谨慎，认为她的礼貌程度明显低于只记录分数的评价者。加上一句"干得好"表明，她们的评价者对自己的出色表现感到惊讶，这或许体现的是种族偏见。从某种意义上说，表扬起到了奖励的作用，但它似乎也破坏了这些学生对评价者的信任。

正如你所看到的,人们喜欢被表扬,也倾向于喜欢那个表扬他们的人,但他们也不喜欢被欺骗或虚假赞扬。如果赞美太过慷慨("这是我一生中读过的最好的文章!"),如果它暗示着惊喜("干得好——我不知道你很聪明!"),或者如果赞美者似乎是在迎合别有用心的动机,那么赞美可能适得其反。在爱德华·琼斯的一项实验中,[55] 被试更喜欢表扬他们的评价者,而不是那些消极的评价者,但他们对那些赞美可能是别有用心的评价者的喜爱程度会急剧下降。因此,"阿谀奉承不会给你带来任何好处"这句老话是错误的。正如琼斯所说,"奉承会让你有所收获——但并非无所不能"。

施惠,像赞扬一样,也可以被视为奖赏,我们倾向于喜欢那些施惠于我们的人——但是,就像表扬一样,如果我们认为这些恩惠带有附加条件的话,就不是这样了。这种关系构成了对接受者自由的威胁。[56] 如果人们觉得有义务归还东西,他们不一定喜欢礼物;他们不喜欢从有能力施以恩惠的人那里得到好处。如果你是一名教师,你可能会喜欢从你的学生那里收到礼物,如果你觉得他们这样做是出于尊重、感情或乐趣;但是如果一个差生在你即将给他(她)的学期论文评分之前送给你一份昂贵的礼物,你可能会感到不舒服。

对于一只饥饿的老鼠或一个饥饿的人来说,一碗干粮是一种奖赏——无论它是来自男人还是女人,在白天还是晚上,在冬天还是夏天。对于溺水者来说,在任何情况下,施以救援都是一种奖赏。这类奖赏是跨情境的。但是,在我们生活的大部分领域中,赞美和恩惠是否被作为奖赏取决于具体情况;有时,赞美者或施惠者的吸引力,会比他们默不作声或袖手旁观时的吸引力小得多。这就是为什么戴尔·卡内基的建议并不总是正确的。如果你想让别人喜欢你,那么作为一种讨好别人的手段帮他们一个忙,可能不会奏效。相反,你可以试着让别人帮你一个忙。回想一下,在第 3 章中,我描述过一种现象,叫做为残忍辩护。如果某个人伤害了另外一个人,他们通常会试图通过责备或诋毁受害者来证明自己的行为是正当的。但是辩护过程是与善意行为相伴而行的。如果你帮了某人一个忙,你会试图说服自己,你所施恩惠的接受者是一个有吸引力的、可爱的、应该得到帮助的人,以此来证明你的行为是正当的。实际上,你会对自己说:"为什么我要为威尔付出这么多努力(或者花这么多钱,或者花这么多时间帮他搬家)?因为威尔是个很好的人——这就是我这样做的理由!"

这种观念并不新奇。1869 年,世界上最伟大的小说家之一列夫·托尔斯泰

(Leo Tolstoy)在他的小说《战争与和平》中写道:"我们爱人们,不是因为他们对我们做了好事,而是因为我们对他们做了好事。"在托尔斯泰观察到这一点之前的一个世纪,本杰明·富兰克林[57]将此用作政治策略,并取得了明显的成功。由于受到宾夕法尼亚州议会议员政治上的反对和敌意的影响,富兰克林开始争取他的支持。

> 我的目的不是为了讨好他,对他卑躬屈膝地表示敬意,过了一段时间,我采取了另外一种方法。我听说他的图书馆里有一本非常稀有而有趣的书,便写了一封信给他,表示我想细读那本书,并请求他能赏光借给我几天。他立刻回了信并把书寄来。大约一个星期后,我又把书寄了回去,并附上另一封信,强烈地表达了我的感激之情。我们之后在那所房子里再次见面的时候,他很有礼貌地跟我交谈(他以前从来没有这样做过)。从那以后,他在任何场合都愿意为我服务,所以我们成了好朋友,我们的友谊一直延续到他去世。这是我学到的一句古老格言的另一个例子,这句格言是:"曾经帮助过你的人,将比你自己帮助过的人更愿意帮助你。"

本杰明·富兰克林显然为他策略的成功感到高兴,但科学家们并不完全信服,因为目前还不清楚他的成功是由于他的"让他们帮你"的策略,还是因为他性格中许多迷人的方面。要搞清个中原因,有必要进行一个控制良好的实验。在富兰克林借阅了那本书 230 年之后,乔恩·杰克(Jon Jecker)和大卫·兰德(David Landy)[58]进行了这样一项实验。学生们完成了一项任务,使他们能够赢得一大笔钱。实验结束后,实验者找到一些被试,解释说他是在用自己的钱做实验,而且快没钱了,这意味着他可能会被迫停止实验。他问道:"作为对我的特殊照顾,你介意把你赢的钱还给我吗?"系里的秘书联系了另外一组被试,问他们是否愿意把这笔钱作为对心理学系研究基金的特殊帮助退还给他们,因为心理学系的研究基金已经所剩无几了。剩下的被试没有被要求归还他们的奖金。最后,所有的被试都填写了一份问卷,其中包括一个有机会陈述他们对实验者感受的题目。那些被哄骗来特别帮他忙的人最喜欢他;在帮了他这个忙之后,他们更愿意把他看作是一位体面的、值得为之付出的人。

吸引力的得失理论

想象一下,你在酒吧遇到了 OKCupid 上的联系人,你们彼此都很喜欢。你们正在进行一场生动的谈话。过了一会儿,你找借口去洗手间,当你回来的时候,你无意中听到这个人在电话里谈论到你。于是,很自然地,你会停下来倾听。如果你听到这个人说你聪明、机智、迷人、性感,我猜你会更喜欢这个新朋友。如果你听到这个人说你沉闷、无聊、不性感,我猜你对他的喜欢会减少。这并不奇怪,因为你总是知道,我们听到的关于自己的好事越多,我们就越喜欢谈论者(除非谈论者试图欺骗我们),而我们听到的关于自己的坏事越多,我们就越不喜欢说这些话的人。似乎每个人都知道这一点,但这恰恰是不真实的。

几年前,我提出了一个人际吸引理论,叫**得失理论**,它给出了不同的预测。[59] 我的理论表明,他人积极的、有回报行为的增加对我们的影响,比那个人不断有回报的行为对我们的影响更大。我们会喜欢一个人,由于他对我们的喜欢随着时间的推移在增加,而不是一直喜欢我们善良的老弗雷德(Fred)或莫莉(Molly)——他们一直喜欢我们。即使善良的老弗雷德或莫莉实际上比新朋友提供了更多的奖赏、帮助与表扬。同样,我们也会不喜欢某个人,他对我们的尊重会随着时间的推移而减少,而不是像弗兰克(Frank)或莫伊拉(Moira)那样一直不喜欢我们。该理论预测,在"得"情况下,你会最喜欢一个人(在这种情况下,这个人一开始讨厌你,逐渐会变得喜欢你),而在"失"的情况下,你会最不喜欢这个人(在这种情况下,这个人一开始喜欢你,逐渐开始讨厌你)。

为了检验我的理论,我需要进行实验模拟。至关重要的是,被试必须绝对确定,评价她的人完全不知道被人偷听。(如果被试怀疑评价者故意恭维,那么实验就失败了。)与达温·林德(Darwyn Linder)[60] 合作,我提出了一个可信的方案:在相对较短的时间内,被试与预先设计好的帮手进行互动,随后被试有机会偷听到帮手与第三者之间对被试的评价,被试与帮手进行另一次对话,再次窃听,再次交谈,再次窃听,依次类推。试验有几轮,要提供一个合理借口以防止人们产生怀疑似乎是不可能的,但我们凭借想象力和坚持不懈做到了。

我们设计了四个实验条件:(1)积极评价——帮手对每位女性的连续评估都是高度积极的;(2)消极评价——连续评价均为高度负面的;(3)得——前几次评价为负,但逐渐变得更加积极,达到与积极评价相同的水平;(4)失——最初的几次评估是正面的,但逐渐变为负面的,在与消极评价相同的情况下趋于稳定。

结果证实了我们的预测:在实验后的访谈中,处于"得"状态下的女性比处于积极状态的女性更喜欢实验帮手;处于"失"状态的女性比处于消极状态的女性更不喜欢实验帮手。总的来说，一次"得"对喜欢的影响比一组积极的事件更大，而一次"失"对喜欢的影响比一组消极的事件更大。大约三百年前，哲学家巴鲁赫·德·斯宾诺莎（Baruch de Spinoza）[61] 观察到：

> 完全被爱所征服的恨，会转化为爱，因而这种爱会比先前没有经由恨而获得的爱，更为深刻。一个人爱上某个他以往憎恨或者感到痛苦的东西，他便会从爱本身体验到快乐。除了爱所带来的快乐，还有因帮助消除恨所带来的痛苦而产生的快乐。

要使得失效应发生作用，需要两个条件。第一，不只是一系列积极或消极的陈述构成了某个得失；必须有一个完整的系列来暗示某种真正的变化。[62] 如果你告诉我你认为我是愚蠢的和虚伪的，后来你又告诉我你认为我慷慨、有运动天赋，根据我的定义，这并不构成"得"。但是如果你告诉我你认为我是愚蠢和虚伪的，但后来说你改变了主意——你现在相信我是聪明和真诚的——这是一个真正的"得"，因为它表明了一种逆转，用相反的态度代替了消极的态度。第二，态度的变化必须是渐进的。如果你突然告诉我你对我的看法改变了180度，我很可能会产生困惑和怀疑，特别是如果我看不到有任何理由让你改变对我的看法。"我们头三次见面时你认为我很傻，但现在你觉得我很聪明？你到底想从我这里得到什么？"逐渐的改变是有意义的，可以让我放心，能增加我对你的喜爱。[63]

我从来没有想过得失理论最终会被用作一种诱惑技巧，但它确实被利用了。几年前，记者尼尔·施特劳斯（Neil Strauss）深入了"撩妹达人"（pick-up artists）的圈子。这些人成功地引诱迷人的女性——尽管他们缺乏浪漫吸引力的大部分特征：自信、外表、财富、地位、魅力，或者对施特劳斯而言，还包括头发。在他所著的《游戏》一书中，他详细介绍了诱导女性忽视这些缺陷的技巧，并对没有立即吸引到她们的男性说"是"。其中一个特别的策略"否定"引起了我的注意，因为它正是基于得失效应。否定某人意味着以一种温和的侮辱开始接触，通常是恭维的形式。例如，"哇，这些鞋子一定很舒服，因为它很难看。"理论上，否定有两种效果。首先，它将交谈者与所有其他追求者区别开来，后者以恭维的方式接近这个女人；这让他看起来很有趣。其次，这对女人的自尊心是一个打击，这会令她希望得到侮辱者的认可，反过来又激励她花更多的时间和他在一起，从而获得认可。当她能把他对自己的低评价转变成高评价时,她会感到一种温暖的满足。施特劳斯说,这是一种狡猾的伎俩,可以用来和女人搭讪,甚至让她跟男人一起上床。但这是建立良好关系的基础吗？我不这么认为。事实上,在施特劳斯这本书的结尾,他爱上了一个女人,部分原因是她对他的任何策略都没有反应。

没错。我认为依赖于技巧而非真实性的关系注定会失败,施特劳斯在讨论他《游戏》一书的续集时指出了这一点,他称之为《真相》:"《游戏》一书是关于处于这种权力关系中的——好吧,你是安全的,因为你处于控制之中,所以你不会脆弱。"他补充说:"你可能会感到安全,但你无法从中获得亲密感。"[64]

共有关系与交换关系

人际关系在各个方面都不尽相同,从你从未见过面的脸书(Facebook)"朋友"到你从幼儿园就认识的终生朋友,再到亲密的生活伴侣;我们在所有这些关系中的行为也因此而不同。假设你和一个普通朋友杰基(Jackie)合租一间公寓。杰基几乎从不洗盘子,不倒垃圾,也不整理客厅。如果你想要一个干净整洁的房子,你通常需要自己做这些事情。我猜,过段时间,你可能会心烦意乱,觉得自己被骗了。但假设杰基是你一个非常特别的朋友。你还会觉得被骗吗？也许会,但也许不会。这取决于我们所说的"非常特别"的意思。假如杰基是你的终身伴侣情况又会如何呢？

玛格丽特·克拉克(Margaret Clark)和贾德森·米尔斯[65] 对两种根本不同的关系类型——交换关系和共有关系进行了重要区分。在**交换关系**中,相关人员关心互惠关系,并确保实现某种公平,在分配给每个合作伙伴的报酬和成本时会保持公平性。在这种类似贸易的关系中,如果存在严重的失衡,两个人都会变得不快乐;贡献过多的人会感到愤怒或沮丧,贡献不足的人通常会感到内疚。[66] 相反,**共有关系**是双方都不计较的关系。而且,一个人会倾向于对他人的需要作出回应,当他(她)感到自己需要帮助时,他(她)也会很乐意得到同样的照顾。

尽管共有关系中的合作伙伴并非完全不关心实现总体上的公平——重要的是双方都认为这一关系是公平、平衡和互惠的[67]——他们对此感到放松,并相信,从长远来看事情将是平和的。这些问题很难进行科学研究。然而,克拉克和米尔斯,以及大卫·科克伦(David Corcoran),[68] 做了一些巧妙的实验,成功地抓住了这一区别的本质。在一项实验中,每个被试都与一位非常亲密的朋友或陌生人配对,然后搭档被带到另一个房间去完成一项复杂的任务。其中一半的被试被告知,如果他们的伴侣需要帮助,他们会通过触碰一个开关来发出信号,这个开关会改变被试房间里的灯光模式。另一半则被告知,信号只意味着他们的搭档做得很好,不需要任何帮助,很快就会完成任务,获得双方可以分享的奖励。然后,实验人员观察了被试看灯光的频率,看他们的伴侣是否在给他们发信号。如果对方是陌生人(交换关系),当他们被告知这意味着他们可能会得到奖励时,他们会花更多的时间看灯;如果对方是亲密的朋友(共有关系),而灯光意味着他们的搭档可能需要帮助时,他们会花更多的时间看灯。简言之,即使在这样一种科学环境中,调查人员也能够证明,处于共有关系中的人渴望对他们伴侣的需求作出反应。

好朋友和伴侣之间的关系越亲密,就会越有可能形成共有关系。克拉克和米尔斯建议,在婚前协议中,即将结婚的人应准确地说明他们对伴侣的期望,以防关系失败;而且,随着关系的建立,他们对伴侣的期望越来越高,这样也就更有可能破坏婚姻。即使是在非浪漫的友谊关系中,对公平的明确关注也会对感情产生消极影响。我的一个朋友有一次和一位新朋友吃饭,玩得很开心,他期待这是一段美好友谊的开始。"当账单送来的时候,我开始伸手去拿钱包,打算把整张支票都结了,心想,'我们现在是好朋友了,下次见面时他会去结账的。'"我的朋友告诉我。"'但后来他又开始翻阅账单,把我们每人的消费额记下来,并注意到我点了一杯更贵的饮料,吃的寿司比他多,所以我消费的不止一半。'这完全毁了我对他的感情。"一个人把自己付出的每一件小事和得到的每一件小事都记在心里,这是在告诉对方,他们想要的是一种交换关系,而不是一种共有关系。

爱:是什么以及如何产生

考虑到能够吸引人们的所有因素,现在让我们来看看我们称之为爱的复杂而美妙的经历。既然喜欢与爱有着一些相同的重要前提,这是否意味着爱只是一种更为强烈的喜欢?爱情是否有什么特别之处?

几乎所有的爱情研究人员都将两种基本类型的浪漫爱情区分开来:激情型和陪伴型。[69] **激情型爱情**的特点是强烈的情感、兴奋、无法抑制的性欲和对所爱的人的强烈关注。许多人把激情之爱形容为一种意识状态的改变,就像大麻或酒精所产生的那种状态。[70] 事实上,这对夫妇处于吸毒高峰:大脑中充斥着多巴胺,这是可卡因释放出来的同一种神经递质,会产生兴奋、不安、失眠、无精打采、食欲不振。

"坠入爱河"引起的生理学上的反应与吃巧克力和中彩票没有多大区别；事实上，当赌徒赢了或人们正在进食他们最喜欢的巧克力时，他们的大脑在富含多巴胺的区域表现得更为活跃。[71]

不过，就像所有毒品一样，激情四射的爱情在1年到18个月后便会消退。如果这段关系是牢固的，**陪伴型爱情**就会取代它，这是一种更温和、更稳定的体验，以相互信任、可靠和温暖的感觉为特征。与通常短暂的浪漫激情相比，**陪伴型爱情**通常持续时间更长，并随着时间的推移而加深。陪伴型爱情的双方可以自由地谈论任何事情，并感到彼此之间深深地理解。因此，如果激情型爱情像可卡因，那么陪伴型爱情就更像一杯美酒——美味可口，令人愉悦，很少有心悸和躁狂。

处于浪漫的爱情状态当然是令人兴奋的，但你可能不想在爱情的影响下做出长久、深远的决定！事实上，乔纳森·海特（Jonathan Haidt）[72] 在他的《幸福假说》一书中指出了每段浪漫关系中的两个危险点。第一个危险点在激情之爱阶段的顶峰，此时处于极度兴奋状态的伴侣们会一头扎进去。充满激情的爱，每一秒都想待在一起，他们会闪电般地搬到一起同居乃至结婚。有时，这些夫妻能够从激情阶段过渡到陪伴阶段。但是，如果在这个关键时刻，他们相信唯一真正的爱是由痴迷、性刺激和激情所定义的，他们可能会在最初阶段的吸引力消退时（这最终是必然的）便决定不再相爱了——他们会不断地处于失望之中。哲学家罗伯特·所罗门（Robert Solomon）[73] 认为："我们错误地设想了[爱]……我们期望那种爆发在一开始时便足够强大、能够推动爱情经历所有的起伏，而不是把爱视为一个我们可以控制的过程，这一过程往往会随着时间的推移增强而不是减弱。"

因此，第二个危险点出现在热恋开始消退的时候。当情侣们从最初的兴奋中走出来时，他们开始注意到心爱伴侣的缺点，而不知何故，他们之前竟然设法忽略了这些缺点。他们不再发送调情或充满激情的短信，只是提醒她要喂猫之类的琐事。海特认为，当一对夫妇到了这个阶段，他们必须要有足够的耐心。幸运的是，如果他们允许自己在他人身上投入更多，他们可能会发现自己有了一个真正美好的生活伴侣。但我认为这需要的不仅仅是运气，我不认为伴侣之爱需要牺牲激情。是什么因素让你从最初的、强烈的浪漫情怀，顺利过渡到一段充满激情、令人满意、亲密无间的终身恋情？

为了回答这个问题，让我们避开有关信息素和爱情药剂的自助书籍和广告，考虑以下三个不太明显的研究领域的发现：我们的内隐爱情观念的影响；我们是否有能力发展成安全型依恋关系的影响;我们能做些什么来弥补最初阶段的强烈欲望的丧失。

对爱情的内隐观念 当我十几岁的时候,我和我的朋友们持有一种浪漫的观念,那就是我们只有一个真爱,我们注定要和她一起生活在充满激情的幸福之中。(正如我之前提到的,我们没有办法在约会应用程序上与那么多人见面。)这种信仰受到了当时的流行歌曲的影响。所以我知道"某个迷人的夜晚",我会"在拥挤的房间里碰到某个陌生人","一旦我找到她,我就不会放过她"。然后我可以和她跳舞,拥抱着她,在她耳边低吟:"我是为你而生的,你是为我而生的;我很满足,天使是为我而生的。你一定是被派来的,他们指定你只为我而来。"

我和我的朋友们大多对爱情持有"灵魂伴侣"的看法,我们相信有一天完美的人一定会到来,那是理想的人生伴侣。那个时代很多年轻人都有这种信念,而今很多人仍然如此。这就是我们关于爱和关系的内隐观念,它支配着我们的行为和我们的浪漫表现。其他夫妻(和文化)有着不同的内隐观念:有些人认为爱情是一种随着时间而加深的东西,你必须"解决"问题,而关系更多的是成长和努力,而不是从一开始就完美匹配。这当然是包办婚姻背后的假设,在包办婚姻中,夫妻们假定爱情是在结婚很久以后才发展起来的。[74] 正如安萨里对他在印度父母的包办婚姻所描述的那样:

> [我爸爸]告诉他的父母他该结婚了,所以家人安排他与三个邻家女孩见面。他说,第一个女孩"有点太高了",第二个女孩"有点太矮了",之后他遇到了我的妈妈。他很快认定她是合适的身高(最后的选择!)。他们聊了大约30分钟。他们认为这是可行的。一周后,他们结婚了。
>
> 35年后,他们仍然生活在一起。令人高兴的是,他们可能比我认识的大多数没有包办婚姻的人更幸福。

大量的研究发现,安萨里的父母并不罕见;[75] 和大多数包办婚姻的夫妻一样,他们最终和那些在浪漫激情的狂热中开始的夫妻一样幸福,他们的眼里闪烁着光芒,随时可以看到对彼此之间性的欲望。

事实证明,我们内心隐含的爱情观念可以增强或伤害我们之间的关系。斯派克·李(Spike W. S. Lee)和诺伯特·施瓦茨(Norbert Schwarz)[76] 比较了那些把爱视为一体的"灵魂伴侣"("我们是为彼此而生的","她是我的另一半"),以及那些把爱描绘成一次旅行的人("看我们走了多远","我们一起经历了所有这些事情")。他们发现,这两种思考关系的方式会影响伴侣如何处理冲突的潜在破坏性影响。毕竟,如果两个人真的是天造地设的一对,如果他们属于"一个灵魂",他们为什么会有任何冲突呢?如果他们真的有冲突,那一定意味着他们根本不是一个灵魂。在一项实验中,李和施瓦茨让长期交往的人完成一项知识测验,其中包括与团结或旅程有关的表述,然后回忆与恋人之间的冲突或庆祝活动,最后评估他们之间的关系。正如预测的那样,回忆冲突会让那些持一体心态的人对他们的关系感到不那么满意,但对于那些看到自己在一起旅行的人来说,冲突不会影响他们的满意度。

雷蒙德·尼(C. Raymond Knee)[77]的一项纵向研究发现,对于那些相信浪漫命运的人来说,满足感和在一起的时间长短之间联系更强,但它也与应对压力时的逃避策略有关。"命中注定"的关系在风平浪静的时候是最幸福的,但当狂风暴雨袭来时,他们的爱情小舟却会搁浅。这些夫妻发现,当他们的伴侣不可避免地不再符合他们的理想标准时,他们很难在关系中保持满意。相比之下,那些认为爱情是随着年龄增长而增长的夫妻在应对策略上投入了更多的努力。随着时间的推移,他们会更满意——即使他们的伴侣不再满足他们最初的理想。他们期望自己的伴侣随着时间的推移而改进和变化,他们对关系衰退的暂时性有更好的理解。对于"让我们一起解决"的夫妻来说,冲突与他们对关系质量的评估没有关系;相反,他们会积极地与伴侣讨论问题,并修复彼此之间的裂痕。

安全型依恋　一旦你找到了你所爱的人,你会感到幸福和安全吗?还是会立刻开始担心这个人会在星巴克把你抛弃?根据菲利普·舍沃(Phillip Shaver)、辛迪·哈桑(Cindy Hazan)和马里奥·米库林塞(Mario Mikulincer)的研究,[78]成年人在依恋关系中可能是安全的、焦虑的,或者是逃避的。安全型恋人很少嫉妒或担心被拒绝。他们比那些没有安全感的人更富有同情心,更乐于助人。如果对方做了一些轻率或令人讨厌的事情,他们会更快地理解并原谅对方。焦虑的情侣总是对他们的关系感到焦虑;他们想要亲近,但又担心伴侣会离开他们。其他人经常形容他们"黏人",这可能就是为什么他们比有安全感的情侣更容易抱怨自己遭受单相思的痛苦。逃避型的人不信任别人,常常完全避免亲密的依恋。如果他们正在谈恋爱,他们往往会疏远对方,发出信号让对方走开——而且这可能恰恰发生在亲密关系对他们最有帮助的时候,比如在受伤、受到挫折或工作失败之时。[79]

根据爱的依恋理论,人们特有的依恋类型部分源于父母对他们的关怀。[80] 在他们最初的几年里,孩子们形成了内在关系"工作模式":我能信任他人吗?我值得被爱吗?我父母会离开我吗?如果一个孩子的父母冷漠、拒绝,很少或根本没有情感和身体上的抚慰,那么这个孩子就会学会期望其他的关系也是如此。相比之下,如果孩子与父母形成安全、信任的依恋关系,他们就会变得更加信任他人,并期望在成年后与朋友和爱人形成其他安全的依恋关系。[81] 然而,儿童本身的气质和遗传倾向也有助于解释从小到大依恋风格的一致性,以及童年时期形成关系的工作模式。[82] 性格上害怕或难以相处的孩子甚至可能拒绝最仁慈的父母的安慰。因此,孩子可能会在他(她)的成人关系中感受到焦虑或矛盾。

明尼苏达风险和适应纵向研究[83]对从出生到成年的大量儿童进行了跟踪调查,以了解早期依恋类型如何对成人关系产生级联效应(cascading effects)。那些受到虐待和缺乏安全依恋的孩子最终可能会走上一条使承诺关系变得困难的道路。作为孩子,他们很难控制负面情绪;作为青少年,他们很难应对和从与同龄人的冲突中恢复过来;作为成年人,他们倾向于通过成为关系中不那么忠诚的伴侣来"保护"自己。在这一过程中,他们创造了自己的自我实现的预言:我没有安全感,导致我怀疑你真的爱我,所以我没有注意到你为我做了多少善良和支持的事情,因为你没为我做善良和支持的事情,我的判断一定是对的——你不爱我。[84] 没有安全依恋的人对真诚的赞美持怀疑态度,并倾向于对轻微的过失进行猛烈抨击。随着时间的推移,他们的伴侣往往会厌倦重复听到那些没有保证的承诺。通过这些自我实现的动力,对被拒绝的恐惧进而增加了被拒绝的机会,这反过来又强化了这个人不值得去爱的观点。

然而,对于那些没有安全感的成年人来说,一切并不暗淡。如果他们足够幸运地与一个安全型伴侣建立起关系,那么他们在维持稳定伙伴关系方面的弱点就可以被克服。[85] 心理学家伊莱·芬克尔多年来一直在研究亲密关系,他讲述了自己的逃避型依恋风格:

虽然艾莉森(Alison)不会期待有一位逃避倾向的丈夫,但她不得不适应。她的依恋倾向很牢固,所以当她所爱的人受到伤害时,她的自然冲动就是去接近和抚慰。她学会了做和我相反的事情——给我空间,让我自己痊愈。这些年来,如果我因为手指被门重重地挤到而痛苦地弯下身子,或者在工作中遇到挫折后闷闷不乐,她会与我保持一定的距离。我们在一起的最初几年里,我在压力下形成的强烈独立性伤害了她,但她慢慢地明白这与她无关。衡量她有多理解和爱我的一个标准是,她愿意让我在这类情况下自己恢复过来。随着时间的推移,她这样做的能力也让我不再那么逃避。她愿意在我需要的时候给我空间,这使我在保护自己的独立性方面不那么有戒心了。[86]

在芬克尔随后与西梅娜·阿瑞加(Ximena Arriaga)等人进行的研究中,[87] 他们发现了信任伴侣的能力——"相信他(她)会在我们脆弱的时候,以一种对我们的需要敏感的方式来对待我们",预示着随着时间的推移,逃避倾向会减少。芬克尔的例子得到了许多研究的支持,表明对于不安全的人来说,找到一个有安全依恋史的伴侣是一个不错的选择,但正如我们将看到的,这并不是他们唯一的补救办法。

刺猬困境　与一段充满激情的恋情的起起落落相比,一段伙伴关系中更稳定、更可预测的节奏会带来特别的回报。一段历久弥坚的长期关系带来的好处包括情感上的安全感,以及被一个既了解你的优点也了解你的缺点的人接受所带来的可贵的舒适感。

然而,除了这些巨大的好处,长期亲密的关系也有潜在的黑暗面。[88] 有句经典的讽刺:"你总是伤害你所爱的人。"为什么会这样呢？回想一下我们之前对得失理论的讨论,一个相当令人惊讶的事实是,当一个人最初对我们的消极情绪逐渐变得积极时,我们会发现这种情况比那个人对我们的感觉一直都是完全积极更有价值。相反,当一个曾经积极评价我们的人慢慢地以消极的眼光来看待我们时,我们往往会发现,这比他(她)自始至终地表达对我们的负面情绪更有害。

这一过程表明,一旦我们对长期伴侣的奖励行为有了一定的了解,作为奖励来源的那个人可能会变得不如陌生人那么重要。我们知道收益是很重要的,但长期的爱人或配偶的行为可能接近上限水平,因此,不能给我们带来更多收益。但是一个深爱着的人很有可能会因为放弃支持、欣赏和其他奖励而伤害我们。这种关系越紧密,过去那种长期的尊重和回报的历史越久远,他们的退缩就越具有毁灭性。事实上,长期的恋人更有能力造成损失,而不是提供额外的收益,从而伤害他(她)

所爱的人。

设想一下,多汀(Dotings)①夫妇已经结婚20年了。当他们穿好衣服和朋友出去吃饭时,他称赞她的外貌:"嘿,你看起来很棒!"她听到了他的话,这很好,但并不会让她感到特别高兴。她已经知道自己的丈夫认为自己很有魅力了;很可能她在第1 000次听到这个消息时已经不再心动了。另一方面,如果溺爱她的丈夫(过去总是充满恭维)告诉自己的妻子他开始觉得她不那么吸引人,她会感受到严重的伤害,因为他的评论代表了他对她的积极感情的丧失。所以他不再恭维她,她开始觉得被忽视了。幸运的是,世界上的其他人可能会称赞她,让她对自己感觉良好,从而增加她对自己的积极感受。哈维(O.J.Harvey)[89]发现人们对陌生人的恭维反应比对朋友的恭维反应更积极,为什么会这样呢?来自陌生人的认可是一种收益,根据得失理论,它会让我们感觉更好。

这些结果表明,人类的境况相当悲惨;我们似乎总是在陌生人的眼中寻求帮助,而对我们最亲密的朋友和爱人的熟悉却使我们受到伤害或失望。正如罗马政治家西塞罗(Cicero)早在公元前46年所建议的,解决办法是将这些损失和伤害的感情转化为令人兴奋的收获和新的理解。那么,怎样才能做到呢?

一对夫妇要做的第一件事就是解决刺猬困境:渴望在保持不受伤害的同时获得深度亲密。这个词来自哲学家亚瑟·叔本华(Arthur Schopenhauer)著名的寓言:

> 在一个寒冷的冬日,一群刺猬挤在一起,互相取暖以防受冻。但很快它们就感觉到了彼此的刚毛,于是分开了。每当为了取暖促使它们再次亲近时,这第二种邪恶就会再次出现,使它们在这两种痛苦之间来回辗转,直到它们发现一个可以忍受的距离……可以肯定的是,这只是一种对相互取暖需要的不完美的满足,但它也能防止一个人受到刚毛伤害。[90]

心理学家调查了人们如何尝试找到一种既满足亲密需求又满足安全需求的解决方案。[91]我们想要感觉到我们的伴侣真正地、深深地理解和接受我们;并且知道这一点的同时不用担心,如果他们"真的"了解了我们最深层、最卑鄙的缺点和错

---

① dotings,意为"溺爱的、宠爱的"。——译者注

误,我们会被拒绝或抛弃。缺乏安全感的人很难找到这种平衡。那些自尊心低、对拒绝高度敏感、因而觉得自己不值得被爱的配偶也会这样。桑德拉·默里(Sandra Murray)和约翰·霍姆斯(John Holmes)[92]发现,由于这些人害怕被拒绝,他们倾向于将自我保护置于自我表露之上;他们竖起了"刚毛",因此失去了他们渴望拥有的那种温暖关系。

与另一个人一起生活需要做出无数的牺牲和妥协,从看什么电影到如何抚养孩子。当发生可能引起不和谐的事件时,我们对伴侣对我们的看法会影响到我们的反应:后退一步,保护自己的利益,还是承认自己的脆弱,寻求沟通?情侣们必须在两种选择之间作出选择,一种是走一条风险更大但更诚实的道路,加深与伴侣的关系,并带来许多新的情感收获;另一种是走一条保护自己免受进一步伤害的道路,但会增加进一步受损的可能性。在人际关系中,就像生活中的许多事情一样,风险越大,潜在回报就越多。[93]

尽管多汀先生有很大的力量通过批评来伤害他的妻子,但由于彼此之间关系的重要性,多汀太太更倾向于仔细倾听并对这样的批评做出反应,并且会倾向于做出一些改变来重新获得丈夫的兴趣。反之亦然:如果多汀太太突然改变了她对多汀先生的高度评价,多汀先生很可能会密切关注,并最终采取行动重新获得她的认可。一段关系会变得真正有创造力,当双方都不是通过掩盖冲突来解决问题,而是通过努力以创造性的方式成长和改变冲突时,这段关系会继续发展。在这个过程中,真实性——与伴侣自由分享真实感受和看法(甚至是负面的)是避免陷入停滞的关键。它减少了一段关系最终陷于停滞的可能性,就像多汀夫妇所追求的那样。当人们压抑自己的烦恼,把自己的负面情绪和真实想法隐藏起来时,他们往往会陷入一个看似稳定和积极的脆弱平台,但这一平台可能会被情绪的突然反转所摧毁。

一段现实生活中的夫妻不会达到那个水平。相反,围绕着一个相对较高的相互尊重点,人们的情绪会不断地曲折前进。在这种关系中,伴侣之间的关系与得失实验的增益条件相当接近。将自己私密的方面(无论是正面的还是负面的)与对方交流,是必要的。一般而言,当我们披露了一些有关自己的重要信息(即使这些信息是令人讨厌的),而且他们通过透露一些关于他们自己的亲密和消极的信息以示对我们的尊重时,我们会更喜欢这个人。[94]

维持爱的一个重要因素是相信我们的伴侣理解和支持我们;他们信任我们,关心我们,和我们在一起会感到安全,知道什么对我们重要,并积极帮助我们满足需要,最为根本的是,对我们的内心了如指掌。这使我们不仅能够爱对方,而且能够以一种方式感受到对方的爱,即使对方不在我们身边,我们也能与对方建立联系。这种被理解的基本感觉比实际的行为指标(如谁在家里做什么)可以更好地预测幸福感、安全感和舒适感。[95]

在被需要和有压力的时候互相支持的人比不支持的人,更有可能建立起一种健康的关系。但是如果事情进展顺利呢?事实证明,对处于亲密关系中伴侣的幸福感的一个强有力的预测因素是,无论是困难还是成功的时候彼此都能守在对方身边。雪莱·盖博(Shelley Gable)和她的同事[96]发现,当人们描述最近的一次成功时,从他们的浪漫伴侣那里得到了积极的回应("多么棒的消息啊!我知道你能做到!我们马上去庆祝吧!")。几个月后,他们的关系比那些得到不太热情回应的人("干得好,亲爱的。晚餐吃什么呢?")更幸福。这是有道理的。在许多关系中,伴侣的成功会带来复杂的情感;这种喜悦可能带有一丝嫉妒。盖博的研究表明,当夫妻之间的快乐远远地掩盖了嫉妒时,他们才是最幸福的。

总而言之,数据表明,随着一段关系朝着更亲密的方向发展,真实性对于持续的激情、承诺和成长变得越来越重要:即便不情愿,我们也会放弃努力给人留下好印象的能力,并开始揭示有关我们自身的诚实的关系。真实性意味着愿意在适当的情况下,以表露出我们关心的方式,向我们的朋友和所爱的人表达各种各样的感情。

亲密、真实与沟通

尽管与所爱的人坦诚交流有很多益处,但这个过程并不像听起来那么容易。就像我说过的,诚实的交流需要分享消极的感受,以及我们自身那些会增加我们脆弱性的令人生厌的一面。它需要诚实地告诉对方,你对你们之间关系中的某件事、他(她)的行为或正在发生的问题感到不快或气恼。使用亲密的、非攻击性的、直接的冲突解决方法的婚姻伴侣,对婚姻的满意度更高。[97]不过,对此也是说起来容易做起来难。

约翰·戈特曼(John Gottman)多年来一直在研究已婚夫妇,随着时间的推移,他对他们进行跟踪研究,看自己能否预测哪些婚姻会长久,哪些会破裂。事实证明,他能够做到这一点。[98]他特别指出了四种破坏性的、但又比较普遍的沟通方式,它们都是婚姻失败的强有力指标。

1. 敌对的批评。在批评中,每个人都用愤怒的"你总是"或"你从不"来指责对方。"你总是迟到!你从来不听我的话!""不,我不是!我也是!"伴侣会感到受到攻击,并做出防御反应。双方都不会感到被倾听或被证实。

2. 防卫性。指接受批评的人以反诉的方式答复,而不是试图听取他人的真实关切。"迟到了?迟到了?你就是那个痴迷于提前两天到达目的地的人!"

3. 轻蔑。这是最具破坏性的信号,一方用丑陋的名字嘲笑另一方,厌恶地嘲笑,或使用贬低和蔑视的语言和非语言的手势。临床心理学家朱莉·戈特曼(Julie Gottman)曾为一对愤怒的夫妇做过心理治疗。当她问:"你们俩是怎么认识的?"妻子满含轻蔑地说,"在学校里,我误以为他很聪明。"[99]

4. 阻断。指的是听者简单地退出,拒绝交谈,甚至拒绝呆在同一个房间里。

在接下来的讨论中,我想提出一种方法来代替这种毫无结果的、通常是无休止的争论。如果你愿意,想象一下下面的场景:菲尔(Phil)和爱丽丝正在洗碗。他们请了几个朋友过来吃晚饭,朋友们走了,菲尔和爱丽丝正在打扫卫生。晚上,爱丽丝还是一如既往地迷人、机智、活泼。但是通常会为她的魅力而高兴的菲尔,现在却感到自己受到了伤害,而且还有点生气。看来,在一场有关政治问题的讨论中,爱丽丝不同意他的立场,而是站在了汤姆(Tom)一边。此外,在那天晚上,她似乎对汤姆表示了极大的热情。事实上,她的行为是轻浮的。

菲尔在想:"我太爱她了。我希望她不会做那样的事。也许她对我失去了兴趣。天哪,如果她离开我,我不知道我会怎么办。她真的被汤姆吸引住了吗?"但是菲尔不愿意和别人分享他的弱点,所以他说:"你今晚肯定是在向汤姆投怀送抱,每个人都注意到了这一点。你真把我当傻瓜了。"

爱丽丝很爱菲尔。她觉得那天晚上她说了一些很有意思的话,特别是在有关政治问题的讨论中,她觉得菲尔没有认可她在智力方面的天赋。"他认为我只是个无趣的家庭主妇。他可能对我感到厌烦。"接下来是他们之间的谈话:

爱丽丝:我不知道你在说什么。你很生气,因为我恰好不同意你有关总统税收提议的看法。汤姆同意我的分析角度。我想我是对的。

菲尔:是他在用你的分析角度看问题!你在开玩笑吗?他还能做出什么事情来?你几乎坐到他的腿上了。其他的客人都很尴尬。

爱丽丝(开玩笑):为什么这么说,菲尔,我真的有点相信你是在嫉妒了!

菲尔：我不嫉妒！我真的一点也不在乎。如果你想表现得像个荡妇，那是你自己的事情。

爱丽丝（愤怒地）：啊，你该不会是个老古董吧？看在上帝的分上，你说话就像维多利亚时代的人！你一向如此！

菲尔（冷冰冰地）：这说明你对我了解得太少了。我比你更像一个女权主义者。和我一起工作的女人都认为我棒极了。

爱丽丝（讽刺地）：是的，我相信你办公室里所有的女人都很适合你。

菲尔：你这是什么意思？

爱丽丝陷入了冷冰冰的沉默之中。菲尔多次试图得到她的回应，但都失败了，然后他冲出房间，砰地一声关上门。怎么会这样？这可是两个相爱的人。他们之间是如何出现如此恶毒、互相伤害的争论呢？

人类与其他生物相区别的一个重要特征，是我们具有交流复杂信息的能力。我们的语言给了我们真正令人敬畏的谈话能力，然而误解也会经常发生的，即使是在亲密的和相互关心的人际关系之中。虽然前面的案例是假设性的，但我所描述的发生在菲尔和爱丽丝之间的谈话却是实际存在的；相反，作为一名顾问，我听到过数百次这样的对话，试图帮助夫妻们理清彼此之间错综复杂的、间接的以及误导性的谈话方式。

菲尔和爱丽丝都有一个重要的担忧，但都不能或不愿意以直接的方式表达出来。对爱丽丝来说，最重要的是她的智力。她害怕菲尔认为她无言以对或者无聊；在这场争论中，她含蓄地抱怨菲尔没有承认她在有关政治问题讨论中所陈述的观点，他似乎在暗示：汤姆关注她的唯一原因是性吸引力。结果，菲尔的评论伤害了她，威胁到了她的自尊，让她很生气。然而，她没有表达出自己所受到的伤害。爱丽丝非常愤怒，但没有表露出来。相反，她采取了攻势，对菲尔发起了攻击，暗示他是古板和无趣的。

菲尔的担心源自另一种不安全感。虽然他欣赏爱丽丝的活泼，但他担心随着年龄的增长，他可能会失去自己的性吸引力。因此，他认为爱丽丝在政治上同意汤姆的观点，就像她站在汤姆一边反对他一样——而他因为自己的不安全感，就把和性有关的问题与之联系在一起。当爱丽丝认为他"守旧"时，他似乎主要是在听"守旧"，他很快就为自己的男子气概和性感做了辩护。

这种争论在居住在一起的人中间很常见。双方都有自己的感受和担忧，但与这些人公开讨论并正确加以识别，其结果是这些感受反而升级为敌意，只会加剧最初引发讨论的伤害和不安全感。如果认为那些本应关心彼此的人之间所有的愤怒、分歧、伤害和敌意都是缺乏沟通或不充分沟通的结果，那就太愚蠢了。通常，处于亲密关系中的人有着不同的需求、价值观、欲望和目标，关于工作、金钱、孩子、性、家务、生活的价值观，以及无数其他问题都存在差异。这些自然的差异产生了压力和紧张，这些压力和紧张必须通过接受、妥协、让步或关系的破裂来加以解决。但问题的关键在于沟通不畅。菲尔和爱丽丝如果换种沟通方式会有什么不同呢？

假设你是菲尔。爱丽丝，一个你爱的人，走近你，用一种不责备也不加评判的语气说了下面这段话：

> 亲爱的，让我解释一下。我对自己的智力感到不安，或者这至少是人们对我的看法，因为我不像你那么有学问。既然你是我世界上最重要的人，如果你能承认我说过一些你认为聪明和有价值的话，我会很高兴的。当我们在一个实质性的问题上意见不一致而你对我的观点或不予理会、或对我失去耐心时，我感到没有安全感，感到没有受到尊重。今天晚上早些时候，在我们有关政治问题的讨论中，如果你能赞赏我的一些想法，并且愿意说出来，我会感觉很好。

想象一下，现在，你是爱丽丝，菲尔以下面的方式开始了晚餐后的交流：

> 听着，亲爱的，这对我来说很难启齿，但我想试试。我不知道我最近是怎么了，但今晚我感到有些嫉妒。这说起来并不容易，但事实是：你和汤姆在智力上和身体上似乎都很接近，而我感到受伤和孤独。你可能没有意识到这一点，但我行动上在变得缓慢，感觉很累，出现了便便大腹。我需要一些安慰。你还觉得我好看吗？如果你能用今晚看汤姆那样的眼神看着我，我会很高兴的。

我的猜测是，大多数人都会接受并对爱人的直言不讳做出反应。**直言不讳**，我指的是一个人在不指责、不抱怨、不评判或不嘲笑另一个人的情况下，清楚地表达出自己的感受和关切。直言不讳之所以有效,就是因为直言不讳能让接受者无偏见地倾听。

直言不讳似乎很容易做到,而且也很有效。为什么人们不经常这样做呢?在一个竞争激烈的社会中长大,我们中的大多数人都学会了如何保护自己,让自己变得相对坚不可摧——又是保护性的"刚毛"。因此,当我们受到伤害时,我们学会了不表现出来。相反,我们学会了要么回避伤害我们的人,要么用愤怒、判断力或嘲笑猛烈抨击他(她),正如戈特曼所观察到的那样,这反过来会让对方采取防御或反击的态度,争论便会升级。

此外,当我们忙于批评时,我们往往不能允许对方持怀疑的态度。正如我们所看到的,一个人判断另一个人可以采取倾向性归因(将这个人行为的原因归因于他们的个性缺陷)或情境性归因(将原因归因于工作或在其他外部环境发生的情况)。当你不知道为什么自己最好的朋友或生活伴侣的行为怪异或令人不快,或者当他们说他们会回复你时,你会有这样一个选择:你可以采用一个充满敌对的、有个性的归因("她又少想了!""他是只自私的猪!");或者你可以等着看他们为什么会那样做,然后给他们一个情境性归因("她压力很大。""我希望他妈妈不要再生病了。")。弗兰克·芬查姆(Frank Fincham)和托马斯·布拉德伯里(Thomas Bradbury)[100] 对 130 对新婚夫妇进行了长期的研究,发现那些在婚姻早期就做出性格归因的夫妻对他们的配偶越来越不满意。相比之下,那些说话直率、视情况而定的夫妻对自己的婚姻越来越满意。

向你的死敌透露你的弱点是不明智的,他会利用这些来攻击你。但几乎可以肯定的是,向一个爱你的朋友和关心你的人隐瞒你的弱点,也是不明智的。如果爱丽丝和菲尔意识到了对方的不安全感,他们两人的行为方式本可以让对方放心。因为他们中的任何一位都过度受到了"攻击对方而不可暴露自己"的误导,他们无意中把自己置于一个冲突的过程中。

通常,人们遇到的问题甚至比本例中的问题更为复杂。爱丽丝和菲尔知道他们的感受是什么,他们陷入严重的冲突主要是因为他们难以沟通。事实上,人们往往很难充分意识到自己的需求、欲望和感受。相反,他们很可能持有一种模糊的不舒服或不快乐的感觉,他们无法轻易确定。他们常常误解这种模糊的感觉。起初,菲尔责怪艾丽丝的轻浮行为,而实际情况是他对自己即将步入中年感到不安。因此,如果我们不了解自己的感受,不能把这些感受表达出来,我们就不能把它们传达给任何人。这里的关键问题是敏感性。我们能学会对自己的感觉更加敏感吗？我们能学会对他人敏感吗？由此一来，当人们让自己变得脆弱时，我们便能以关心和尊重的态度对待这种脆弱吗？

即时反馈的重要性 为了能够在亲密关系中有效地进行沟通，我们必须就我们的言语和行为如何被理解给予并接受即时的反馈。这将为我们提供所需要的信息，以洞察我们的行动和表达的影响，并考虑我们满足自己和合作伙伴需求的选择。

假设我做了一件让我最要好的朋友气恼的事情，她恰好也是我的妻子。如果她不表达这种愤怒，我可能永远不会意识到我所做的事情已经让她生气。假设她立即给我反馈：假设她告诉我，我的行为让她产生了什么样的感觉。现在我至少有两个选择：我可以继续这样做，继续让她生气；或者我可以停止那样做。这是我的选择。或者我所做的事情对我来说可能很重要，所以我不想放弃。或者相反，我妻子的感觉可能对我很重要，所以我选择停止做那些让她生气的事情。如果我不知道我的行为会让她有什么感觉，我将无从选择。此外，准确地了解她对某一特定行为的感受，可能会让我找到一种不同的方式来满足我和她的需求。

即时反馈的价值并不局限于接受者。通常，在提供反馈的过程中，人们会发现一些与自己有关的事情。例如，如果莎伦(Sharon)认为以任何方式表达愤怒都是有害的，她可能会抑制这种感觉。当她知道她表达这种感觉是合法的，她就有机会把它公开地说出来，审视它，意识到她愤怒的表达并没有导致世界末日。此外，情感的直接表达有助于防止难以解决的冲突升级。如果我的妻子学会了不通过大喊大叫或指责来表达她的愤怒，而是直接说出她的感受和委屈，那么我们就可以随时讨论这些问题。如果她抑制住了愤怒，但这些愤怒以其他方式在不同的时间和不同的情况下泄露出来，或者如果她退缩并看起来闷闷不乐，我便会搞不清楚她的敌意来自哪里，我会变得困惑、受伤或愤怒。

感觉和判断 人们往往不知道如何提供建设性的反馈，而是以一种激怒或惹恼接受者的方式来进行反馈，从而导致出现比他们需要解决的问题更多的问题。让我举一个功能失调反馈的例子，然后展示人们如何学习加以修复（不稀释其内容），以最大限度地沟通和理解。这是我为公司高管举办的一次沟通研习班上发生的一个真实事件。

在研习班举办的过程中，其中一位成员(迈克)当面对另一位成员(戴夫)说：

"戴夫,我已经听你讲了一天半,一直在观察你,我想给你一些反馈:我认为你是个骗子。"

这是一个相当严重的指责。戴夫该如何回应?他有几种选择:(1)同意迈克的观点;(2)否认指责,表明自己不是骗子;(3)通过报复来表达愤怒,告诉迈克他认为自己有什么问题,或者(4)为自己感到难过而生闷气。这些反应都不是特别有效。但是迈克难道没有权利表达自己的意见吗?毕竟,他不过是坦率和诚实而已。难道我们不应该重视公开性和真实性吗?

这听起来像是一个两难的选择。有效的沟通需要坦诚,但坦诚可能会伤害到对方。解决的办法是敞开心扉,同时,以一种最少痛苦、最大限度地提高接受者理解你抱怨能力的方式表达自己。有效沟通的关键在于我们愿意表达感觉,而不是判断。在这种情况下,迈克并没有表达自己的感觉,他在解读戴夫的行为并作出判断。"感觉"这个词有几种含义。在这种语境下,我不是说"预感"或"假设",而是说"我觉得自己是对的"。我说的感觉,具体地说,是愤怒或快乐、悲伤、烦恼、恐惧、不适、温暖、伤害、嫉妒、兴奋等等。

在研习班上,我首先寻问迈克对戴夫有什么感觉。迈克思考了一会儿说:"嗯,我觉得戴夫是个骗子。"不用说,这不是我刚才定义的那种感觉;这是带有感情色彩的意见或判断。判断只不过是一种没有被充分理解或表达的感觉。为此,我进一步确认迈克的感受,迈克仍然坚持认为戴夫是个骗子。

"这对你有什么影响吗?"我问道。

"这让我非常恼火。"迈克回答说。

"戴夫做了什么让你不高兴的事?"我问。

他回答说:"我对他在人群中虚情假意地去吸引他人感到十分恼火。"

经过进一步调查发现,真正惹恼迈克的是戴夫对女性所具有的特别的吸引力。最后,迈克坦白了他真正的嫉妒之情;他真希望自己也能像戴夫那样魅力十足,人缘好。

请注意,迈克最初掩盖了这种嫉妒的感觉;相反,他通过表示出轻蔑,说戴夫是个骗子来发泄自己的情感。他是在保护自己的自尊。因为我们生活在一个竞争激烈的社会,迈克多年来已经明白,如果他承认嫉妒,可能会让他显得脆弱和软弱。然而,通过表达蔑视和愤怒,迈克试图把自己塑造成一个坚强和自信的人。

虽然他的行为作为一种自我保护手段是成功的,但这并没有帮助迈克理解他自己的感受以及导致这些感受的原因。这当然无助于迈克去理解戴夫,也无助于戴夫去理解迈克。作为自我防御措施,迈克的行为具有适应性;作为一种交流方式,它又是不适应的。尽管让迈克承认他在嫉妒戴夫这个事实会让他感到受伤,但这为更好的沟通和相互理解打开了大门。

对于我们所有人来说,听到用感觉来表达的反馈("我很难过。")比听到用判断或指控来表达的反馈("你是个轻佻的混蛋!")更容易。当迈克告诉戴夫他是个骗子时,迈克是在告诉他(戴夫)是什么样的人。一般来说,我们有充分的理由认为人们讨厌别人告诉他们是什么样的人,因为这种归因纯粹是猜测。迈克对戴夫行为的性格归因可能反映了实际情况,也可能与实际情况相悖;这只是迈克对戴夫的猜测。只有戴夫知道自己是否是一个虚伪的人,迈克只是猜测。但是迈克说他感到嫉妒或愤怒不是一种猜测或看法,而是一种绝对的事实。迈克不是在猜测自己的感受。他很清楚这一点。戴夫可能关心也可能不关心迈克的判断,但如果他想成为迈克的朋友,他可能需要了解迈克的感受,以及他(戴夫)做了什么从而触发了这些感受。现在戴夫有了一个选择:他可以改变自己的行为,或者继续做他所做的事情,同时认识到他的行为可能会引起别人的嫉妒、故意和挑战。

迈克和戴夫不是情侣。他们只是一个小组里的两个成员,他们在试图提高自己的沟通技巧。当人们学会在不判断对方是错误的、不敏感的或漠不关心的情况下表达自己的感受时,事态很少会升级。有效的沟通对每个人都是有用的,但对维持我们与家人、朋友和情侣之间最亲密、最重要的联系尤为重要。

研究婚姻的过去和未来的社会学家和历史学家发现,现代婚姻的某些方面比以往任何时候都好,也有一些方面比以往任何时候都差。[101] 在过去,婚姻更多的是一种商业安排,组合家庭、整合资源或生儿育女来加以经营,而不是为了爱情。今天的爱情婚姻在很多方面肯定更好:性别角色变得更加平等和灵活,家庭劳动分工不再那么刻板。世界上的安妮·奥克利夫妇们不必为了追求爱情而放弃他们的才华和雄心壮志;世界上的弗兰克·巴特勒们不必固守男性主导的观念,也不必维护他们对伴侣的权利。但是现代婚姻,因为基于爱与平等而非商业运作,也常常承担着过高的期望和责任:我们期望生活伴侣能够提供友谊、性、激情,能够帮助抚养孩子和操持家务,拥有一份收入,以及冒险、自由和自我表达。我相信,那些能够摆脱对现代爱情不切实际期望的人,在关注亲密关系和联系的持久利益的同时,能够获得比人类历史上任何时候都更持久的爱情和更美好的婚姻或关系。或许披头士在他们的歌曲《The End》中说得最好：

> 最终，
> 你所得到的爱
> 等于你能够提供的爱。

本图来源于《纽约客》1960 年 9 月 10 日。
Saul Steinberg, *Untitled drawing*, ink on paper.
Originally published in *The New Yorker*, September 10, 1960.
© The Saul Steinberg Foundation/*Artists Rights Society* (*ARS*), New York

9
作为一门科学的社会心理学

在大学学习期间,我第一次对社会心理学感兴趣,因为它涉及人类最令人兴奋的方面:爱、恨、偏见、攻击性、利他主义、社会影响、从众等等。在那个时候,我并不太在意这套令人印象深刻的知识体系是如何形成的,而只是想知道大家从中得到了些什么知识。直到考入研究生院,我才突然意识到我可以不仅仅是这些知识的消费者,也可以成为生产者。一个全新的世界向我打开了:科学社会心理学的世界。我学会了如何提出有意义的问题,并通过实验研究来找到这些问题的答案,以我的绵薄之力,为我在学生时代接触过的相关知识体系作出自己的贡献。从那时起,我便热情地投入到这项活动之中。

阅读这一章的内容并不会帮助你成为一位科学家。我不敢有如此奢望,但这样的期待无疑是重要的。我的目标是帮助你提高科学地思考我们的社会世界中正在发生事情的能力。我一直觉得这是一件很有用的事情,但有时也会令人大失所望。几年前,我曾拿起一本《纽约客》,读到詹姆斯·库宁(James Kunen)[1]撰写的一篇有关监狱里大学教育项目的内容丰富的佳作。库宁热情洋溢地描绘了这类项目的有效性。随后,他又谴责了这样一个事实,即国会中主张进行普遍惩罚的多数派将这些项目定性为浪费和对罪犯的放纵,并正在试图取消这些项目。

库宁的文章中包含了一些生动的案例,讲述了一些囚犯在狱中完成大学学业,获释后继续过着有意义生活的故事。这个案例是令人感动的。但是,作为一名科学家,我想知道是否有系统的数据可以用来评估这个项目的整体效果。噢,是的。库宁报道了纽约州惩教署的一项研究,该研究发现,在获释四年之后,在监狱中完成一年或多年高等教育的男性囚犯的再犯率比所有男性囚犯的平均水平低20%。

听起来不错,对吧?让我们仔细思考一下。作为科学家,我们需要质疑一个基本而且重要的问题:在参加这个项目之前,那些报名参加这个项目的囚犯是否同那些没有报名参加的囚犯类似？是否有可能是那些报名参加并完成了一年课程的囚犯与那些没有报名的囚犯一开始便存在差异（比如，动机、能力、智力、先前的教育、心理健康状况等等）？如果他们一开始就不同于一般的囚犯，那么即使没有上过任何课程，他们的再犯率也很可能（或者至少是有可能）较低。如果是这样的话，那么并非这个项目导致了较低的再犯罪率。

当我阅读库宁的文章时，我身上的"人文主义者"对这项研究的结果感到兴奋。如果有令人信服的数据证明教育囚犯是有回报的，那将是非常了不起的。但是，唉，我体内的"科学家"主宰了我，对此持怀疑态度。因此，通过科学家的眼光看待社会世界需要我们面对自己的偏见和偏好。但它也使我们能够将小麦和谷壳分开，这样，作为利益相关的公民，我们可以要求对创新项目进行适当的评估。通过这种方式，我们可以在一定程度上清晰地确定：在数千个可能的项目中，哪一些值得我们投入时间、精力和金钱。事实是，正如你将看到的，在大多数情况下正确地进行实验研究并不困难。

什么是科学方法

科学方法——无论是应用于物理学、化学、生物学还是社会心理学——是我们人类满足对知识和理解渴望的最好方法。我们试图利用科学方法揭示事物之间的合乎规律的联系，无论这些事物是化学物质、行星，还是导致人类偏见或爱的原因。

科学过程的第一步是观察。在物理学中，一个简单的观察可能是这样的：如果我孙女的玩具马车里有一个橡皮球，她把马车向前拉，那球似乎滚到了马车的后面（它实际上并没有向后滚动，只是看起来是那样的）。当她突然停下马车时，球就冲到马车的前面。在社会心理学中，一种简单的观察可能是这样的：当我在餐桌上等待的时候，假如碰巧我心情不错，我对顾客微笑似乎要比我心情不好、不太微笑的时候多一些。

下一步是猜测为什么会发生这种情况；这个猜测是我们试图揭示我所提到的"合乎规律的联系"。第三步是把这个猜测变成一个可检验的假设。最后一步是设计一个实验（或一系列实验），以证实或推翻假设。如果一系列设计完美且实施良好的实验不能证实这一假设，我们便会放弃它。正如我最喜欢的物理学家理查德·费曼（Richard Feynman）[2]曾经说过的那样："无论猜测有多完美，猜测者有多聪明、多有名望都无关紧要；如果实验不能证明猜测，那么猜测便是错的。我个人认为,这既是科学的本质,也是科学的魅力。科学中没有神圣不可推翻的真理。"

在我看来,科学和艺术是相容的,在我们的科学中有足够的空间可以容纳艺术。我相信这两种过程——艺术和科学——是不同的,但却是相关的。帕维尔·塞莫诺夫(Pavel Semonov),[3] 一位杰出的俄罗斯心理学家,对二者之间的差异作了很好的界定:作为科学家,我们仔细观察我们的环境,试图以一种明智而有意义的方式组织未知的事物;作为艺术家,我们重新组织已知的环境,以创造出一种全新的事物。对于这一观察,我要补充一点,一个好的实验常常需要来自这两个领域的技能。确定无疑的是,作为实验者我们需要利用艺术来丰富我们的科学。我相信在社会心理学实验中尤其如此。

为什么这种艺术与科学的结合,在社会心理学中尤为重要呢?在社会心理学中,我们并没有研究烧杯里的化学物质或玩具马车里的橡胶球的运动变化;我们正在研究的是那些一生都生活在社交世界中的成年人的行为,以及他们带给这个世界的所有情感、感知、信仰、偏见和经历。不用说,就像研究他们的实验者一样,作为我们实验被试的人,对于是什么导致了他们的感受和行为,以及他们周围的人的感受和行为,已经形成了自己的想法和理论。当你用化学物质、实验动物,甚至在非社交环境下用人类做实验时,情况则完全不同。

事实上,我们面对的是具有社会经验的人,这也是社会心理学作为实验研究课题如此令人着迷的原因之一。与此同时,如果实验者有机会得出有效和可靠的研究发现,这种情况也需要大量的技巧。在本章中,我将尝试准确地说明这一切是如何做到的。

从推测到实验

在第 8 章中,我讲述了约翰·F·肯尼迪总统的故事,在犯了一个代价巨大的错误后,他的声望反而迅速上升。在他被称为"猪湾惨案"的悲剧性误判之后,盖洛普的一项民意调查显示,人们对他的喜爱程度反而比发生那件事之前更高。像大多数人一样,我被这个事件惊呆了。他把事情搞砸了,我们怎么会更喜欢他呢?作为一名科学家,我可以推测出是什么导致了这种转变。我的猜测是,因为肯尼迪以前被认为是一个近乎完美的男人——英俊、热情、迷人、机智、能干——犯错误可能会让他显得更有人情味,从而让普通人产生对他的亲近感。

这是个有趣的猜测,但果真如此吗?我们该如何去找出答案呢?我们可以简单地问人们,为什么他们现在比前一周更喜欢肯尼迪。这听起来很简单。不幸的是,这并不容易做到,因为社会心理学家已经认识到,人们往往不知道为什么自己会以某种方式行事,或者为什么会改变自己的信念。所以,在一种复杂的情况下,仅仅要求人们解释他们的行为,通常不会产生可靠的结果。[4] 这正是社会心理学家进行实验的原因。但我们怎样对约翰·F·肯尼迪的受欢迎程度进行实验研究呢?我们做不到这一点。在这种情况下,我们会尝试对深层的现象进行实验,而不是针对具体的案例。事实上,真正让我感兴趣的是深层的现象,而不是具体的事件:犯错是否会增加一个近乎完美的人的受欢迎程度?

因此,我和我的同事们设计了一项实验,[5] 让我们能够控制无关变量,并在不太复杂的情况下考察错误对吸引力的影响,在这种情况下,我们可以控制错误的确切性质,以及犯错误的人的类型。在一种简单的情况下,正如我们所预测的那样,我们发现"近乎完美的人"在犯错误后会变得更有吸引力,而"相当普通的人"在犯了同样的错误后会变得不那么有吸引力。(在第 8 章中我描述过这个实验的细节。)

正如你所看到的,在进行控制的过程中,实验者必须把他(她)的想法从纷繁复杂的现实世界中剥离出来,带到实验室相当纯净的环境中。这通常需要策划一个与最初产生这个想法的实际情况几乎没有相似之处的场景。事实上,经常有人会批评,实验室里的实验是不现实的,是对人类互动的人为模仿,根本不能反映真实世界。这种批评有多准确?

也许回答这个问题的最好方法是详细地剖析一个实验室实验,能够通过它来分析实验室实验的优点和缺点,并考察另外一种可能用于研究同一问题的更现实的方法。我与贾德森·米尔斯[6] 合作进行的启动实验非常适合这个目的,因为它包含了实验室的许多优点和缺点。你可能还记得,米尔斯和我假设,如果人们经过努力才得到的东西,他们可能会更加珍惜。之后,我们设计并实施了一项实验室实验,在实验中,我们发现那些花费大量精力(通过严格的入会仪式)获得团体成员资格的人,比那些几乎没有或根本没有努力成为团体成员的人更喜欢团体。下面便是我们对这个实验的设计。

聚焦阿伦森-米尔斯实验 63 名大学女生参与了这项研究,她们最初自愿参与了几次关于性心理学的讨论。每个学生都单独接受了测试。一开始,我向她们解释这是一项有关"小组讨论过程的动力学"的研究。我告诉大家,讨论的实际话题对我来说并不重要,但因为大多数人对性感兴趣,所以我选择了这个话题,以确保有足够多的被试参与。我还解释说,我在选择性作为讨论主题时遇到了一个很大的阻力:不少人会很害羞,很难在群体中讨论性。因为任何阻碍讨论进程的因素都可能使结果严重失效,所以我需要知道女性是否对讨论性感到犹豫。当她们听到这些话的时候,每个人都声称自己不会有困难。

这些详尽的说明为活动的开展奠定了基础。到目前为止,所有被试所听到的指导语都是相同的。现在我们可以给每一位处在不同实验条件下的女性不同的体验了——我们的实验人员相信这些体验会带来不同。

我们事先将被试随机分为三种条件下的一种:(1)三分之一的被试会经历严苛的入会仪式;(2)三分之一的被试会经历温和的入会仪式;(3)三分之一的被试不需经历任何入会仪式。在没有入会仪式的条件下,被试们只是被告知现在她们可以加入讨论小组了。但是,在严苛的和温和的入会仪式条件下,我会告诉每一位被试,由于必须确认她能否公开地讨论性问题,我们编制了一套筛选工具——窘迫测验,稍后我会让她进行这项测验。这个测试会形成启动效应。在严苛的入会仪式条件下,测验会令她十分窘迫。它要求被试背出 12 个淫秽词语以及从当代小说中节选的两段有关性行为的详细描述。这听起来可能不像是一个"严苛"的入会仪式,但请相信,很多年前当我们实施这项研究的时候,大声说出这些话是令人痛苦的。处于温和入会仪式下的被试只需背出一组与性有关但并不淫秽的词语。

在这项研究中,被试所分配到的三种条件构成了独立变量(independent variable)。每个研究者在设计和进行实验时的目标都是确定被试的行为是否对他们的反应产生影响。我们的目标是确定加入仪式的严苛程度——独立变量——是否导致被试行为出现的系统性差异:经历过严苛入会仪式的被试与经历温和入会仪式或完全没有入会仪式被试的行为是否存在差异?

那么以何种方式来诱发被试的差异性行为呢?入会后,每位被试都被允许偷听她刚刚加入组织成员间正在进行的讨论。为了控制这些材料的内容,我们使用了录音带,但告诉这些女生她们听到的是一场现场讨论。通过这种方式,我们确保所有被试——不管她们是否经历过严苛的入会仪式、温和的入会仪式或没有经历入会仪式——都听到了相同的讨论。这场讨论非常枯燥乏味。录音带上的人发言时会停顿很长时间,结结巴巴,支支吾吾,断断续续,语无伦次,口齿不清。内容涉及低等动物的第二性征,诸如鸟类羽毛的变化、某种蜘蛛交配舞蹈的复杂性,等等。

在讨论结束时,我带着一套等级量表回来,请每位女生对讨论的有趣程度和价值进行评分。这个反应被称为因变量(dependent variable),因为从字面上讲,这个反应被假定为"取决"于被试所分配到的特定实验条件。因变量是实验者用来评估自变量所造成影响的指标。简言之,如果自变量是原因,那么因变量就是结果。

研究结果支持了我们的假设:经历过温和入会仪式或根本没有经历入会仪式的女生听到了小组讨论的内容,并将其评为枯燥乏味。但是那些为了被接纳而遭遇过尴尬的人却认为所听到的一切很令人兴奋。不要忘记,所有学生都在对完全相同的一场讨论进行评价。

为什么要进行实验研究? 设计和实施这个实验是一个相当费力的过程。米尔斯和我花了数百个小时进行策划,创造一种可信的情境,为小组讨论的录音撰写脚本(这是十分有趣的一件事情),对小组成员角色的扮演者进行排练,构建启动程序,准备测量工具,招募志愿者作为被试,对程序进行试测,让被试参与并完成实验,最后还要向她们解释实验的真正目的(对她们进行欺骗的原因,整个研究的全部含义,以及我们希望了解的内容)。我们发现,那些经历过严苛入会仪式的人比那些经历温和入会仪式,或根本没有入会仪式的人更喜欢这个组织。

一定会有更简单的方法! 的确如此。你可能已经注意到我们的实验程序与其他入会仪式之间的相似性,例如一些大学兄弟会和其他高级俱乐部或组织使用的入会仪式。那么,我们为什么不利用现实生活中的情境呢?现实生活中的情境不仅更容易研究,而且更为生动、更具现实性。让我们来看看它的优点。现实生活中的入会仪式会更加严苛(例如,它们会对成员产生更大的影响);我们不需要花费如此大的精力来设计一场让被试信服的组织讨论;社会互动是在真实的人之间进行的,而不是磁带上录下的声音;我们还可以避免以科学的名义进行欺骗以及给被试带来困难和不愉快经历所造成的道德问题;最后,这一切都比实验研究花费更少的时间。

因此,当我们审视自然环境的表面优势时,如果我们研究现实的兄弟会,米尔斯和我的工作会简单得多,这便是我们可能会做的。我们本可以根据每个兄弟会入会仪式的严苛程度对其入会程序进行评价,随后对其成员进行访谈。如果那些经历过严苛入会仪式的成员比那些经历温和入会仪式或没有入会仪式的成员更喜欢他们的兄弟会,那么这个假设便会得到证实。让我们仔细分析一下为什么人们还会费心费力去进行实验研究。

当我让我的学生指出实验室实验最重要的特点时,大多数人都说是"控制"。

实验的优势是对环境和变量的控制,这样每个变量的影响就可以被精确地加以考察。通过把我们的假设带到实验室,米尔斯和我消除了现实世界中存在的许多无关变量。严苛的入会仪式是同等的;如果我们使用了几种严苛程度兄弟会加入仪式,这种情况将很难匹配。此外,对所有被试来说,小组讨论是相同的;然而,在现实世界中,兄弟会成员可能会对兄弟会进行评级,事实上,这两者是不同的。假设我们发现了新成员对严苛入会仪式的兄弟会与温和入会仪式的兄弟会喜爱程度不同,我们怎能知道这种区分是由加入仪式造成的,还是在兄弟会中已经存在相似性差异的组织成员本身所固有的?在实验中,唯一的区别是启动(入会仪式的严苛程度),所以我们可以知道任何差异都是源自我们所设计的那个仪式。

随机分配的重要性

控制是实验室实验的核心环节,但不是主要优势。一个更重要的优势是被试可以被随机分配到不同的实验条件下。这意味着每个被试在研究中处于任何条件下的机会都是同等的。事实上,对被试条件的随机分配是实验方法和非实验方法的关键区别。将人们随机分配给条件的最大好处是:理论上,任何没有完全控制的变量都是随机分布在不同条件下的。这意味着这些变量绝对不可能对研究结果产生系统性的影响。

我们可以通过一个例子来说明这一点。假设你是一位科学家,你有这样一个假设:与聪明女人结婚的男人比与不那么聪明女人结婚的男人更幸福。你会如何检验这个假设?假设你继续寻找1 000个娶了聪明女人的男人和1 000个娶了不那么聪明女人的男人,然后你让他们回答一份幸福感问卷。你看,娶了聪明女人的男人比那些娶不聪明女人的男人更幸福。这是否意味着娶一位聪明的女人会让一个男人快乐?未必如此,也许快乐的男人更可爱、更幽默、更容易相处,因此,聪明的女人会寻找这类男人并嫁给他们。所以幸福可能会导致男人娶聪明的女人。然而,问题并未就此结束。也有可能是第三个因素导致幸福以及去娶一位聪明的女人。其中一个因素可能是金钱;也许富有会让男人快乐,富有才是吸引聪明女人的原因。所以这两种因果关系都可能不是真实的:幸福不会导致男人娶聪明的女人,聪明的女人也不会导致男人幸福。

实际上问题更为复杂,因为我们通常不知道第三个因素是什么。在有关幸福的研究中,既可能是财富,也可能是某种成熟的人格,使得男人感到幸福并且吸引那些聪明的女人。发挥作用的还可能是社交风度、运动能力、权力、声望、使用合适的牙膏、穿着酷炫，或者是可怜的研究人员不知道、也不可能解释的上千种品质中的任何一种。但假如研究者进行一项实验研究，他（她）就能够将被试随机地分配到不同的实验条件下。尽管这种方法不能排除诸如金钱、社交风度、运动能力或着装风格之类的变量所造成的差异，但是通过将这些特征随机地分布在各种实验条件下，便可以将这些差异抵消。也就是说，如果被试被随机地分配到各种实验条件下，处于某种实验条件下的富人，与其他实验条件下的人数接近；处于某种实验条件下社交能力强的人，与其他实验条件下差不多相同；处于某种实验条件下的运动能力强的人，与其他条件下的运动能力强的人数量相似。这样，假如我们的确发现不同的实验条件之间存在差异，那么这种差异便不可能是个体在某一特征上的差异所造成的，因为所有的这些特征都平均地（或接近平均地）分布于各种实验条件之中。

诚然，聪明的女士和她们幸福的丈夫这样的特例，是不容易在实验室实验中加以控制的。但让我们想象一下，如果存在这种可能的情况下我们会如何去做：理想情况下，我们会选取 50 个男人，随机分配其中 25 人娶聪明的女人，25 人娶不聪明的女人。几个月后，我们再回来对他们测试幸福问卷。假如那些被指定与聪明的女人结婚的男人，比那些被指定与不太聪明的女人结婚的男人更幸福，我们便会搞清楚是什么导致了他们的幸福。我的确做到了这一点！简言之，他们的幸福并不能轻易地归因于社交风度、英俊、金钱或权力；这些特征都是随机分布在各种实验条件中的。几乎可以肯定，妻子的性格是导致他们幸福的原因。

这个例子纯粹是虚构的。即使是社会心理学家也一定不能按科学目的安排婚姻！但这并不意味着我们不能在受控的实验室条件下测试有意义的相关事件。本书中有许多这样的例子。让我们将其中之一作为对实验方法优势的一种阐释：儿童通过电视观看暴力的时间与他们选择积极解决问题的倾向之间的相关性（见第 6 章）。

这是否意味着在电视上观看攻击性节目会导致青少年变得好斗？未必如此，但有可能。这也可能意味着好斗的孩子喜欢观看攻击性节目，如果他们整天看芝麻街，他们也会同样好斗。但是后来，正如我们所看到的，一些实验者证明观看暴力节目会增加暴力。[7] 他们是怎样研究的呢？研究人员随机将一些孩子分配到一种情境中，让他们观看一段暴力电视剧的视频，在这段视频中，人们互相殴打、撕咬、拳击、加害，持续了25分钟。作为对照组，实验者随机将其他孩子分配到另外一种情境中，让他们观看同样长度的体育赛事。这里的关键是：每个孩子都有同等的机会被选择观看暴力视频和非暴力视频；因此，在这两种实验条件下，孩子们在人格倾向方面的任何差异都被抵消了。最终，研究发现，观看暴力视频的青少年比观看体育赛事的青少年后来变得更具攻击性，这有力地证明，观看暴力节目可能导致暴力。

你可能回想起，这正是我在本章开头所描述的监狱高等教育项目评估的问题：那些自愿参加该计划的犯人，可能在很多方面与没有意愿参加的犯人存在差异。因此，将二者的再次犯罪率进行比较是一种误导。这种比较可能让这项计划看上去比实际效果更好。那么，如何来解决这个问题呢？一种方法是尽可能多地吸引两倍的志愿者参加这个项目。然后你可以随机选择一半的志愿者参加这个项目，并将另外一半置于控制条件下。如果选择真正做到了随机，对这两组犯人的再次犯罪率进行比较，便可以让你得到有意义的数据。

让我们回到初始实验。如果我们进行了一项调查，发现严苛入会条件的兄弟会成员比温和入会条件的兄弟会成员更喜欢对方，那么我们就有证据表明，入会条件的严苛程度与对其他成员的喜爱是正相关的。这意味着入会条件越严苛，会员越喜欢他的兄弟会。然而，无论这两个变量之间的相关性有多强，我们不能仅依据我们的调查数据便得出结论：严苛的入会条件会导致会员对群体的喜爱。从这类调查中我们只能得出结论：这两个因素是相互关联的。

极有可能在一个兄弟会中，严苛的入会条件和对其他成员的喜爱之间存在正相关，这不是因为严苛的入会条件使成员更喜欢他们的团体，而是因为相反的原因。这可能是因为该组织的高个人吸引力导致了严苛的入会条件。如果团队成员将自己视为精英，他们可以通过维持团队的精英性来保持这种势头。他们可能会试图通过要求严苛的入会条件来阻止那些缺乏活力者的加入以维持群体的精英性。仅从我们的调查数据来看，我们不能得出这样的结论：这种解释是错误的，严苛的入会条件的确会导致人们的珍惜。这些数据没有给我们作出选择的依据，因为它们所提供的不是一种因果关系。

此外，正如我们所看到的，第三个变量可能导致严苛的入会条件和好感。有谁愿意施加或者接受严苛的入会条件呢？当然是那些有着强烈虐待狂倾向的人。这样的人可能彼此喜欢，不是因为入会条件，而是因为"鸟以群分"（在本例中是非常残忍的鸟)倾向于彼此喜爱。虽然这听起来可能是一个奇怪的解释,但这的确是一种可能。更让研究者痛苦的是他(她)甚至根本不会想到的无数其他解释。实验方法基于对实验条件的随机分配技术,可以将这些问题一下子破解。本实验中的虐待狂患者被分配到没有入会仪式的概率与严苛入会条件的概率相同。而在现实世界的研究中,他们之中几乎所有人都会将自己分配到严苛入会条件下,从而使结果变得不可理解。

社会心理学实验的挑战

并非所有的实验都令人欢欣鼓舞,实际上进行实验面临着一些严重的问题。控制原本是实验的重要优势之一,但要完全控制人类被试的环境是不可能的。许多心理学家研究老鼠而不是人的原因之一是,研究人员能够控制被试从出生到实验结束所发生的几乎所有事情:气候、饮食、运动、与玩伴的接触程度、没有创伤经历,等等。社会心理学家不会将人类被试关在笼子里来控制他们的体验。虽然这样做可以为被试创造一个更快乐的世界,但以这种方式进行科学研究则不免有些草率。

控制与影响　由于个体之间在细微之处存在无数差异,控制会进一步受到限制。社会心理学家试图对人们的行为作出说明。当然,我们指的是大多数人在给定条件下的大部分时间里所做的事情。如果我们的结果中存在着无法测量的个体差异,那么我们的结论便可能并不适用于所有人。态度、价值观、能力、个性特征和近期经历的差异会影响人们在实验中的反应。因此,即使我们有能力控制实验情境本身,同样的情境可能不会以完全相同的方式影响每个人。

此外,当我们成功地控制了实验环境,使每个人的实验环境都完全相同时,我们就冒着使情况变得枯燥无味的风险,以至于被试不愿意认真对待它。"纯净"一词至少有两种含义:(1)无菌;(2)无效或乏味。实验者应努力使实验环境尽可能"纯净",而不使其变得乏味或对被试不利。如果被试没有发现实验中的事件有趣且引人入胜,他们的反应很可能不会是自发的,因此,我们的结果也将毫无意义。

所以,除了控制,实验必须能够对被试产生影响。他们必须认真对待这个实验并参与其中,否则便不可能对他们的行为产生影响。社会心理学家面临的困难是,影响和控制这两个关键因素往往从相反的方向起作用:随着一个因素的增强,另一个因素往往会减弱。实验人员面临的困境是如何在不牺牲对情境控制的前提下最大限度地影响被试。在设计和构建实验情境时,解决这一困境需要相当强的创造力和独创性。这便引出了现实性的问题。

现实性　在本章开头,我提到了对实验室实验的一种常见的批评,那就是它们是对世界的人为操作和人为的模仿——它们不是"现实的"。我们所说的现实是什么意思?几年前,在撰写有关实验方法的文章时,我和默内尔·卡尔史密斯[8]试图准确界定现实的含义。我们的理由是,一个实验可以通过两种不同的方式获得现实性:第一,如果一个实验对被试产生影响,迫使他们认真对待这个问题,并让他们参与到实验中,我们可以说它已经实现了实验的现实性;第二,如果实验室实验与外界经常发生的事件相似,我们可以说它已经实现了世俗的现实性。通常,实验现实性和世俗现实性之间的混淆,导致了对实验是人为的和毫无价值的批评——因为它们不能反映现实世界。

这两种现实性之间的区别可以用一个例子来很好地加以说明,这个例子是一个高水平的实验现实性且低水平的世俗现实性研究。回想一下斯坦利·米尔格拉姆在第 4 章中所做的实验。在那个实验中,每个被试都被要求向另一个人施以强度越来越大的电击,而这个人被认为是连接在相邻房间的电子设备上。现在,老实说,在日常生活中我们会被要求给人们施以电击吗?这种设计在日常生活中是不可能发生的。这个过程是否具有实验的现实性——也就是说,被试是否全神贯注于其中,他们是否在认真对待它,这种安排是否对他们产生了影响,在那个时刻所发生的一切是否是他们现实世界的一部分?或者他们只是在演戏,没有认真对待,在装腔作势、敷衍了事?米尔格拉姆报告说,他的被试经历了很大强度的紧张和不适。但在这里我想让米尔格拉姆用他自己的话来描述,一个典型的被试是怎样反应的。

> 我观察到一个成熟的、最初沉着的商人微笑着、自信地走进了实验室。不到 20 分钟,他便受到了严重的伤害,他抽搐、结巴,正迅速接近神经崩溃的边缘。他不停地拉扯耳垂,搓揉双手。有一次,他把拳头按在前额上,咕哝道:"天哪,让我们停下来吧。"然而,他仍然对实验者的每一句话都做出了回应,并一直服从到最后。[9]

这看起来不像是一个人在脱离现实情境下的行为。在米尔格拉姆被试身上的所发生的事情是真实的,尽管他们在日常生活中并没有发生。因此,如果在现实世界中发生了一系列类似的事件,那么得出这样一个结论似乎是可靠的:这个实验的结果是对人们反应方式的相当准确的展示。

欺骗 对于实验现实性的重要性,怎么强调也不过分。达到这一基本质量要求的最佳方法是设计一个对被试有吸引力和趣味性的环境。同时,还经常有必要掩盖研究的真实目的。为什么需要加以伪装呢?

在这本书的开头,我曾提到几乎每个人都是一个业余的社会心理学家,从这个意义上说,我们都生活在一个社会世界里,并不断形成对发生在我们身上的事情的假设。对于那些参与我们实验的人来说也是如此。因为他们总是想弄清楚事情的真相,如果他们知道我们想得到什么,他们可能会倾向于以符合他们自己假设的方式行事,而不是以对他们来说自然和平常的方式行事。因此,实验者试图向被试隐瞒实验的真实性质。因为我们几乎总是和聪明的成年人打交道,这不是一件容易的事情;但在大多数实验中,如果我们有机会获得有效和可靠的数据,这便是一种绝对需求。

这一需求将社会心理学家置于一位电影导演的位置,他在为演员们的表演搭建舞台,却不告诉演员们这部戏的全部内容。这样的场景被称为掩饰性情节(cover story),旨在通过创造一种被试可以自然行动的场景来增加实验的真实性,而不是因为知道研究的是哪种行为而受到制约。例如,在阿伦森-米尔斯的入会仪式研究中,我们告诉被试,她们正在参加一个尴尬测试,以筛选她们是否可以加入某个讨论性心理学的小组。这是掩饰性情节,纯粹是欺骗。在现实中,我们让她们参加一个入会仪式,看看这会对她们喜欢这个团体产生什么影响。如果被试在参与之前就知道研究的真正目的,那么结果将完全没有意义。

事实上,有关这个问题的研究已经表明,如果被试知道了实验的真正目的,她们不会表现得很自然,而是试图以一种让自己处于良好状态的方式来表现,或者试图以一种能够帮助实验者的方式来"帮助"实验者。最终,实验结果所展现的恰恰是被试所预期的。这两种结果对实验者来说都是灾难性的。实验者通常可以成功地抑制被试帮助他人的欲望,但却难以抑制被试展示自己好的一面的欲望。大多数人不想被认为是顺从的、软弱的、不正常的、依赖的、不吸引人的、愚蠢的或疯狂的。因此,如果有机会搞清楚实验者的研究目的是什么,大多数人都会努力让他们自己看起来很好,或者表现得像他们自己所认为的那么"正常"。例如,在一项专门研究这种现象的实验中,[10] 当我和同事告诉被试某种结果意味着他们具有良好的人格特质时,与让他们知道同样的结果表明他们具有不良的特质相比,他们会更多地做出导致这种结果所必需的行为。尽管这种行为是可以理解的,但它的确会妨碍我们得到有意义的结果。因此,实验者发现有必要对被试隐瞒实验的真实性。

为了说明这一点,让我们再来看看所罗门·阿希[11]关于从众的经典实验。回想一下,在这项研究中,一个学生被分配了一项简单的任务来判断几条线段的相对长短。但是其他几个学生(他们是实验者的同伙),故意做出了一个错误的判断。在这种情况下,相当一部分被试屈服于隐含的群体压力,作出了错误的判断。被试被欺骗了:他们以为自己是在参与一项有关感知的实验,但实际上他们是在研究从众。这种欺骗有必要吗?我想是的。让我们设想一下没有欺骗的情况:想象着你在参与这项研究,实验者对你说,"我对研究你在面对群体压力时是否会从众很感兴趣",然后他告诉你接下来会发生什么。我猜你不会从众。我的猜测是,几乎没有人会随大流,因为随大流被认为是一种软弱和没有吸引力的行为。实验者会得出什么结论呢?人们倾向于不墨守成规?这样的结论将是错误的,并会造成误导。这样的实验毫无意义。

在米尔格拉姆有关服从的实验中,大约65%的普通市民愿意按照实验者的命令给另一个人施加强烈的电击。然而,每年当我向我班上的学生描述实验情况并问他们是否会服从这样的命令时,只有1%的学生表示自己会服从。这是否意味着我的学生比米尔格拉姆的被试更友善呢?我不这么认为。我认为这意味着,假如有一半的机会,人们会努力让自己看起来更好。因此,除非米尔格拉姆使用欺骗手段,否则他得出的结论根本不能反映出人们在被引导相信自己身处真实情境时的行为方式。如果我们给人们一个机会,让他们坐下来,轻松自如地猜测他们在某种情况下会如何表现,我们看到的将是人们希望自己怎么表现,而不是人们实际怎么表现。

重复问题 科学探究不会在实验结束时终止。很少有一个实验能给我们最终的答案,哪怕是一个结构完美、结果清晰的实验。科学过程的下一步是重复,在重复过程中,其他实验室的其他研究人员将会重复最初的研究。重复有助于澄清研究,确定它适用的条件和不适用的条件,以及它最适用的对象。例如,它是否只适用于年轻人、美国人和大学生,或老年人、欧洲人和蓝领工人?重复也可以确定这种现象是稳健的、持久的还是偶然的。如果科学家无法重复原始结果,有两个必居其一的原因：他们没有准确或适当地进行重复，或者原始研究者的结论是有局限的或错误的。

在本章早些时候我说过，完成一项好的实验既是艺术问题也是科学问题。举个例子，当我和同事们一起做失调实验时，我花费了大量时间来把事情做得恰到好处，就像我所说过的，我们既像电影导演也是科学研究人员。"科学"部分比"艺术"部分更容易重复。毕竟，我可以在餐馆里吃到美味的蛋奶酥，对厨师的创意印象深刻，所以我马上买了他的食谱，指导自己如何做出完美的蛋奶酥。我可以用他的配方来尝试"重复"这个创意，但我保证我的配方看起来（和尝起来）更像一块砖头，而不是他那轻软蓬松的糕点。理论和程序就像食谱。有时，失败的重复是技术的失败，是对配方的误读，而不是假设的错误。

有时，重复会在原始实验者的程序、数据分析甚至无意的偏见中发现错误。20世纪70年代进行的一项出色的、确实令人难以抗拒的研究表明，新生婴儿会模仿成年人的面部表情（例如，实验者伸出舌头，婴儿也会伸出舌头），这表明婴儿生来就有模仿的能力。但是，最近进行的一项控制得更好的实验发现，这种模仿技巧是婴儿从大约6个月大的时候开始习得的。[12]

最后，有时虽然重复会失败，但这样做揭示了一个以前未知的、缺失的成分，该成分对最初的研究至关重要，但在重复研究中却不起作用。考虑一下这样一项研究：少数族裔学生在撰写描述个人重要价值的文章后，比另一组撰写有关他人价值文章的学生获得了更高的分数。[13] 这是一个戏剧性的发现，所以有很多人尝试重复，但只有一些人成功了。这是否意味着原始研究是错误的？绝非如此。事实证明，这种干预措施并非对每一所学校都有效；只有在对少数族裔学生有很大偏见的学校里才会被成功地重复。[14]

然而，在社交媒体的推动下，所有科学领域都出现了一个新问题：而今一些"热门"发现立刻会引起人们的关注（通常是在一场 TED① 演讲之后），而当其他研究人员试图重复这些发现时，这些"热门"发现往往会冷却下来。以下是一些研究的例子，这些研究在网上流传，但没有得到其他实验者的支持：阅读一份与年龄相关的单词列表会触发"老年人"的形象，让年轻人走得更慢；洗手会让你感到不那么内疚；在你工作的房间里张贴一张男人眼睛盯着你的海报，会让你更诚实；嗅一嗅

---

① 环球会议名称，每年3月，TED大会在北美召集众多科学、设计、文学、音乐等领域的杰出人物，分享他们关于技术、社会、人的思考和探索。——译者注

"拥抱荷尔蒙"催产素会让你更有同情心,而捧着一杯温暖的咖啡会让你感觉更被爱。其中最受欢迎的是所谓的"力量姿势":双手放在臀部,伸展姿势会让人感到更大胆、更有自信,甚至会增加睾丸激素水平。不久前,一位研究人员写了一本畅销书,并发表了一场 TED 演讲,成为 TED 历史上最受关注的话题之一:"你的肢体语言塑造了你自己。"(事实上,这一观点变得如此流行,如果全世界有数百万人这样做,我也不会感到惊讶。)很不幸,这项研究的许多重复都没有产生明显的效果,特别是有关睾丸素水平的说法及其持续性效果。约瑟夫·西蒙斯(Joseph Simmons)和乌里·西蒙索恩(Uri Simonsohn)[15] 对随后发表的 33 项研究进行了统计分析,这些研究使用了比原始研究大得多的样本,所得出的结论是:"现有证据太弱,不足以……提倡人们为改善生活而摆出力量姿态。"

不幸的是,如今许多流行的社会心理学"发现"引起了公众的注意,却没有通过重复研究。[16] 但这并不意味着社会心理学实验的基本方法是错误的——这意味着科学正在按照它应该的方向前进——纠正它的错误,并推广那些站得住脚的发现。然而,这也意味着,公众应该警惕那些耸人听闻的、不可能的或过于简单的发现,要善于质问:"它们是否得到了重复?"

伦理问题

使用欺骗可能是获得关于人们在复杂情况下行为方式有用信息的最好(通常也是唯一的)办法,但它确实给实验者带来了三个伦理问题。

1. 说谎是不道德的。在当今充斥着"假新闻"和政客们明目张胆谎言的世界里,社会科学家们能够为当前存在的欺瞒之风作出辩解吗?

2. 欺骗经常导致侵犯隐私。当被试不知道实验者真实的研究目的时,他们就无法给出他们的知情意见。例如,在阿希的实验中,如果一些学生事先知道阿希感兴趣的是考察他们从众的倾向,而不是他们的感性判断,他们可能不会同意参与。

3. 实验过程通常包含一些不愉快的经历,如痛苦、无聊、焦虑或尴尬。

即使不使用欺骗手段和极端的实验程序,也会出现伦理问题。有时候,看起来最人性化的程序,也能以一种难以预料的方式深刻地影响到少数被试——即便实验者特别谨慎、对他们特别关心。我们可以罗宾·道斯(Robyn Dawes)、珍妮·麦克塔维什(Jeanne McTavish)和哈丽特·沙克莉(Harriet Shaklee)[17] 所做的关于"社会困境"的系列实验为例,通常被试面临着与伙伴合作或"逃离"的选择。

如果每个人都合作,那么人人都会从经济上受益;但如果一个或多个被试选择逃离,他们将获得高额回报,而选择合作的人经济则会受到损失。回答是匿名的,在整个研究过程中都是匿名的。在实验开始时,会向所有被试充分解释游戏规则,并不加以隐瞒。这种情况看起来是无害的。

但在一次实验之后 24 小时,一名男子给实验者打来了电话。他是这群人中唯一的逃离者,赢得了 190 美元。他想把赢来的钱退还给其他被试(那些选择合作的人,这样每人只赢了 1 美元。他说,他对自己贪婪的行为感到痛苦,整晚都没睡。在一个类似的实验之后,一位曾经合作过而其他人逃离的妇女报告说,她觉得自己容易上当受骗,并了解到人们不像她认为的那样值得信任。因此,尽管研究人员进行了周密的计划,但这些实验对被试产生了难以预料的强大影响。我的观点很简单但却很重要:没有某种道德规范可以预见所有的问题,尤其是当被试在参与过程中感受到自己或他人的不愉快体验时所产生的问题。

实验社会心理学家非常关注伦理问题,这是因为他们的工作是建立在伦理困境之上的。让我来对此加以解释。这种困境是基于大多数社会心理学家所认同的两种相互矛盾的价值观。一方面,他们信奉自由从事科学研究的价值;另一方面,他们信奉人类的尊严和隐私权。这是一个真正的困境,无论是虔诚地捍卫人类尊严的重要性,还是宣誓效忠科学事业,都不能忽视这一困境。社会心理学家必须正视这个问题,不仅是针对一次具体的实验,而是每次他们设计和进行实验时都必须正视这个问题,因为没有一套具体和普遍的规则或指导方针能够指导每一场实验。

很明显,一些实验技术比其他技术表现出更多的问题。一般来说,使用欺骗的实验是值得关注的,因为欺骗行为本身是令人反感的,即使欺骗是为了揭露真相。而导致痛苦、尴尬、内疚或其他强烈感觉的实验程序,程序会带来明显的道德问题。

当被试自身面临着一些不愉快或消极的感受时,会产生更为微妙但却是不太重要的伦理问题。我们可以回想一下道斯、麦克塔维什、沙克莉实验中一些被试的感受。所罗门·阿希实验中的许多被试知道,他们在面对群体压力时会去从众;我们(阿伦森和梅蒂[18])实验中的许多被试知道,他们会在纸牌游戏中作弊;米尔格拉姆的大多数被试也知道,即使自己的服从会明显对他人造成伤害,他们也会去服从权威。

可以说,这种自我发现对被试有治疗或教育上的益处;事实上,许多被试自己已经提出了这一点。但这本身并不能证明这些方法是正当的。毕竟,一个实验者怎么能事先知道它是治疗性的呢？此外，任何一位科学家都会傲慢地认为，他（她）有权利或技能在未经事先许可的情况下为人们提供治疗经验。

鉴于这些问题，社会心理学研究的目的是否可以证明这些方法的合理性？这是一个有争议的问题。有些人认为，无论这门科学的目标是什么，无论取得了多大成就，如果人们被欺骗或感受到一些不适，他们都不值得这样去做。另一些人则坚持认为，社会心理学家正在发现可能对人类有深远意义的东西，因此，我们几乎值得为这些结果付出任何代价。

我个人的观点介于两者之间。我相信社会心理学的科学研究是有价值的，我也认为实验中被试的健康和福利应该自始至终受到保护。当决定某种特定的实验方法是否合乎道德时，我认为成本效益分析是合适的。也就是说，我们应该考虑做实验会带来多大的好处，会给实验被试带来多大的伤害。换言之，将科学和社会价值与被试的成本进行比较，并将此比率输入决策推演中。不幸的是，这样的比较很难进行，因为在实验之前，我们永远无法完全确定实验的收益或危害。

考虑一下服从实验。表面上看，这毫无疑问是一个艰难的过程。但米尔格拉姆在实施实验之前，无法确切地知道这会有多困难。在我看来，这也是一个极具启发性的实验，它教会了我们很多关于人类行为的知识。总的来说，我很高兴米尔格拉姆继续这样做。然而，我知道不是每个人都会同意我的观点。这项实验结果发表后，立即受到大众媒体和严肃科学家的谴责，理由是该研究是否合乎道德。

在公布自己的研究结果几年后，斯坦利·米尔格拉姆带着遗憾和几分苦涩向我透露说，他认为大部分批评都是因为他所取得的结果，而不是他所采用的实验方法，这让我感到很难过，甚至有点痛苦。这本身就引发了一个有趣的问题：如果没有一个被试实施了超过中等强度的电击，那么对米尔格拉姆实验伦理的批评会不会不那么激烈？十多年后，伦纳德·比克曼（Leonard Bickman）和马修·扎兰托内洛（Matthew Zarantonello）[19]发现，米尔格拉姆的反思是正确的。他们做了一个简单的小实验，让100个人阅读米尔格拉姆实验的方法部分。与那些被告知几乎没有人完全服从的人相比，那些被告知米尔格拉姆的被试中有很大一部分会完全服从的人，认为这个方法更有害（因此，更不道德）。

从更为一般的意义上，我想说的是，当实验结果告诉我们人性中一些令人愉快或讨人喜欢的发现时，任何实验的伦理问题似乎都要比告诉我们一些我们不想知道的发现时少。当然，这并不意味着我们应该把我们的研究局限于发现那些迎合人们观点的结论。米尔格拉姆的服从实验就是一个很好的例子。我相信,如果一位科学家对研究一个人盲目服从权威会在多大程度上伤害他人感兴趣,那么他就没有办法在不引起某种程度不适的情况下做到这一点。

总之,社会心理学家决定是否去进行一项特定的实验取决于其对潜在成本和效益的评估。我一直建议我的学生遵循以下五条准则。

1. 如有可能,应尽量避免采用导致强烈疼痛或不适的实验方法。根据正在检验的假设,有些不适可能是不可避免的。

2. 如果被试的不适感变得过于强烈,实验者应当给予他们退出实验的真正选择自由。

3. 在使用隐瞒程序时,实验者应当保持警惕。如果能够找到其他可行的程序,应当予以采用。

4. 实验结束时,实验者应花相当多的时间与每一位被试交流,仔细解释实验的细节、真实目的以及欺骗或导致他们不适的原因。在"纾解"(debriefing)阶段,他们应该设法保护被试的尊严,避免让他们觉得自己愚蠢或容易上当受骗。他们应该确保被试在离开现场时情绪良好,对自己和他们在实验中的角色感觉良好。任何一位真诚的实验者,只要愿意投入时间和精力(用信息和体贴)来回报每个被试在科学事业中发挥的重要作用,都可以做到这一点。

5. 最后,实验者不应该去实施那些靠欺骗或制造不适感的实验,在进入实验室之前,实验者应该确定他们的实验是正确的和值得的,他们正在寻找一个有趣的问题的答案。应当以谨慎、合理的方式对问题进行考察。

社会心理学实验者会尽可能满足被试的敏感需求。尽管许多实验都涉及一些可能引起某种程度不适的程序,但绝大多数程序都包含对被试的许多保障措施。让我们再次回到服从实验,因为从被试的角度来看,它是本书中令人感到压力最大的程序之一。米尔格拉姆在实验结束后做了相当多的努力,使得整个实验过程对他的被试而言是一个有益和令人兴奋的过程,他的努力得到了回报。实验几周后,84%的被试声称他们很高兴参加了这项研究;15%的被试报告他们感觉中立;只有1%的被试认为自己很遗憾参加了这项研究。(然而,我们应该谨慎地看待这些发现。第3章中关于认知失调的讨论告诉我们,人们有时会通过改变原有的态度来为自己的行为辩护。)更有说服力的证据来自后续研究:该实验项目完成一年之后,一位大学精神病学家随机抽取了被试的样本,没有发现任何有害影响的证据；相反，他们的典型反应是，参与实验是有益的和充实的。[20]

被试的贡献 我一直在讨论实验方法的优点，并展示了在社会心理学中设计实验室实验的复杂性和挑战性。我已经分享了我在克服困难时所感受到的一些兴奋，并讨论了确保我们实验被试的幸福和在参与实验中的学习提高。本书所描述的对人类社会行为的知识、信息和见解是基于本章讨论的技术和方法。它们也建立在数以万计的人类个体合作的基础上，这些个体允许我们在全世界的实验室里研究他们的行为。我们亏欠他们很多。最终，我们对人类的复杂性的理解依赖于我们在开发学习行为技巧方面的独创性，这些技术具有良好的控制力和影响力，而不会损害那些通过充当实验被试以增进我们理解的个体的基本尊严。

假如我们的发现被滥用

还有一个需要考虑的伦理因素：科学家对他（她）的研究发现负有道德责任。在整本书中，我一直在强调一些有说服力的关键性的先决条件。尤其是在第 3 章中，我讨论了诱导自我说服的技巧，在后面的一些章节中，我讨论了这些技术的应用。自我说服有一种强大的力量，因为被说服者永远不知道是什么对他们发生了作用。他们开始相信某件事情是真的，不是因为某些煽动者、广告或 Facebook 的朋友说服他们这是真的，而是因为他们已经自己说服了自己。更重要的是，他们经常不知道为什么或如何相信它。这使得这种现象不仅强大而且令人恐惧。只要我知道自己为什么开始相信 X，我就可以相对自由地改变主意；但是，如果我所知道的只是 X 是正确的（那就是它的全部），我更有可能坚持这种信念——即使面对一系列不确定的证据。

我所描述的机制可以用来让人们用牙线剔牙、停止欺负弱小的人、减轻痛苦，或者喜爱他们的邻居。许多人可能会认为这些结果是好的，但它们同样具有操控性。此外，同样的机制也可以用来让人们购买特定品牌的牙膏，或许还可以投票给特定的政治候选人。在这个充斥着政治策划师、宣传者和推销员的时代，运用强大的社会影响技术难道是道德的吗？

正如我的读者现在想必已经了解的那样，作为一个生活在现实世界中真实的个人，我有许多价值观，而且没有刻意隐瞒它们，它们可以在任何地方得以展现。例如，如果我掌握了权力，我将使用最人性化和最有效的方法来结束偏见和残忍；我同样意识到，一旦提出了这些方法，其他人可能会利用它们来达到我可能不同意的目的；我们人类发明的每一种工具都可以用于行善或作恶、建设或毁灭。这种认识引起了我的极度关注，我知道会有其他人不认同我的价值观。

与此同时，我在本书中所描述的现象既不是全新的，也并非仅仅局限于社会心理学的领域。毕竟，并不是社会心理学家让兰德里先生迷上了万宝路或发明了低价进入式竞争策略；不是社会心理学家诱使士兵为肆意杀害平民辩护；不是社会心理学家指导纳粹如何使用"弥天大谎"来操纵德国民众。他们只是做了属于他们领域的事情。

社会心理学家正试图了解这些现象以及世界上每天都会发生的几十种其他现象，并且从远古开始，便在更好地帮助人们了解自身如何以及为什么做我们要做的事情。这个目标并不能使我们摆脱道德责任。我们的研究经常产生容易实施的社会影响技术，有些人可能为了个人利益而使用这些技术，控制他人，甚至在煽动者的手中，把我们的社会变成一场噩梦。我不打算宣扬社会心理学家的责任。我只能厘清自己应当承担的责任：教育公众如何利用社会心理知识和技术来获得更大的利益；对滥用社会心理知识和技术保持警惕；促进良好的研究旨在加深我们对社会性动物的理解——我们是如何思考的，我们是如何行为的，是什么让我们具有攻击性，是什么让我们充满了爱。坦率地说，我认为没有比这更有趣、更重要的事情可做了。

术语表

攻击性(aggression):旨在伤害或造成身体或心理痛苦的故意行为。

利他主义(altruism):任何有益于他人但不利于帮助者的行为,往往涉及帮助者的一些个人成本。

杏仁核(amygdala):与攻击行为相关的脑核心区域。

态度(attitude):一种特殊类型的信念,包括情感和评价成分——从某种意义上说,是对特定对象的一种好的或坏的评价。

归因理论(attribution theory):描述人们解释自己和他人行为原因的理论。

归因模糊(attributional ambiguity):被污蔑群体的成员在解释他们自身的工作或行为的反馈方面表现出困难的现象。

真实性(authenticity):我们放弃给人留下好印象并呈现出自己真实一面的能力。

易得性便捷判断(availability heuristic):人们在认知判断时所形成的一种心理体验规则,指的是基于我们很容易想到具体例子的判断。

善意的性别歧视(benevolent sexism):对女性看上去有利的一种态度,但实际上是一种应对之策;表面上对女性持积极的刻板印象,但却隐含着女性是较弱和不称职的假定。

偏见盲点(bias blind spot):认为我们比大多数人更客观、更少偏见的信念。

归咎于受害者(blaming the victim):责怪受害者的倾向,将他们的困境归因于他们自己的性格、残疾或行为。

旁观者效应(bystander effect):当另一个旁观者或其他旁观者倾向于抑制有益的行为时发生的情况。

宣泄(catharsis):具体来说,就是释放能量。弗洛伊德认为,除非人们被允许表现出攻击性行为,否则攻击性能量将集聚,压力将增加,由此产生的能量将寻求出口,导致暴力或精神疾病的症状。

说服的中心路径(central route to persuasion):包括权衡论点、考虑相关事实和数字、系统地思考问题并作出决策的路径。

认知失调(cognitive dissonance):当一个人同时持有两种不一致的认知(思想、态度、信仰、观点)时,便会出现的一种紧张状态。

认知吝啬者(cognitive misers):人们寻找保存认知能量方法的考量;他们通过尝试采用简化复杂问题的策略来做到这一点。

共有关系(communal relationship):双方都不算计的关系,感觉从较长时期看会达成公平的现象。

伴侣之爱(companionate love):一种更温和、更稳定的经历,以相互信任、可靠和温存为特征。

合规性(compliance)：描述一个人的行为，其动机是想得到奖励或逃避惩罚。

证实偏见(confirmation bias)：寻求确认最初印象或信念的倾向。

从众(conformity)：由于一个人或一群人的真实或想象的压力而导致的某个人的行为或观点的变化。

对比效应(contrast effect)：根据对比对象的品质，一个对象似乎比它更好或更差。

可信度(credibility)：如果一个沟通的来源是专家和值得信赖的人，那么这个来源很可能会对听众信念的形成产生影响。

纾解(debriefing)：在实验结束时，向被试解释研究目的和实际发生的事情的过程。

非人性化(dehumanize)：将受害者视为非人类的过程，由此而降低了对攻击行为的抑制，也使持续攻击变得更容易和更有可能。

去个性化(deindividuation)：一种自我意识下降、对社会评价的关注减少、对受禁止行为的约束减弱的状态。

因变量(dependent variable)：假定对特定实验条件"依存"的响应。

脱敏(desensitization)：当看到人们受到伤害时，我们的痛苦变得越来越少的过程。

责任扩散(diffusion of responsibility)：其他见证人的存在导致旁观者采取行动的责任感扩散的现象。

歧视(discrimination)：对受污蔑群体成员的不公正对待。

气质说(dispositional view)：假定一个人的行为是他(她)的性格(气质)的产物，而不是受到外部情境压力的影响。

情绪传染(emotional contagion)：情绪或行为在人群中的快速传播。

移情(empathy)：理解或分享他人感受的能力。

诱设(entrapment)：人们作出一个小决定，证明它是正当的，随着时间的推移，发现自己越来越深地陷于某种信念或活动的过程。

性爱(eros)：弗洛伊德提出的人类所具有的生的本能。

交换关系(exchange relationships)：人们希望确保实现某种公平的关系，以及对每个合作伙伴的收益和成本的公平分配关系。

实验的现实性(experimental realism)：当实验过程对被试产生影响时，会迫使他们认真对待实验，并切实参与到实验过程中。

外部正当性(external justification)：一个人认为自己的失调行为是由外部情境决定的。

登门槛技术(foot-in-the-door technique)：利用让人们提供较小的帮助来向他们进一步提出更大帮助请求的过程。

挫折—攻击(frustration-aggression)：当一个人在通往目标的道路上受到挫折时，挫败感会增加攻击性反应的可能性。

基本归因错误(fundamental attribution error)：人们在描述或解释社会行为的原因时，出现的高估与情境或环境影响相关的人格或性格因素重要性的倾向。

得失理论(gain-loss theory)：该理论认为，他人增加积极的、有益的行为会比持续的有益行为对我们产生更大的影响；而他人减少积极的、有益的行为会比持续的消极行为对我们造成更大的影响。

团体思维(groupthink)：一种以现实的方式维护群体一致性而不对事实进行仔细考量的思维。

光环效应(halo effect)：偏见的一种形式，当持有这种偏见时，对某个人的有利或不利的总体印象会影响人们对这个人的特定推论和未来的期望。

便捷式思维(heuristics)：提供一般经验法则以指导问题解决和决策的思维捷径。

事后聪明偏见(hindsight bias)：一旦我们知道某一事件的结果，我们就会高估我们的预测能力的倾向，这种高估通常是错误的。

敌对的性别歧视(hostile sexism)：体现为对女性的强烈厌恶；对女性持刻板的看法，认为女性不如男性。

伪善(hypocrisy)：当人们实际所做和口头所说之间产生差异时，会通过否认将自己与这种不一致区分开来。

认同(identification)：对社会影响的一种反应，由一个人想成为影响者的愿望引起。

内隐联想测验(Implicit Association Test，IAT)：测量人们对目标群体的积极和消极联想的速度。

自变量(independent variable)：实验者改变或操作的变量，看它是否对其他变量有影响。

内群体(ingroup)：人们认同并感觉自己所属的群体。

群体内偏见(ingroup bias)：当人们偏爱自己的群体而不是另一个群体时所产生的偏见。

接种效应(inoculation effect)：使人们对改变态度的企图进行免疫的过程，最初是让他们暴露在反对他们立场的小范围争论中。

相互依存(interdependence)：为达到目的，个体之间彼此需要的情形。

内在正当性(internal justification)：通过改变自己的某些方面（例如，一个人的态度或行为）来减少失调。

内化(internalization)：对社会影响最根深蒂固的反应；内化一种特定信念的动机。

拼图课堂(jigsaw classroom)：一种合作的课堂结构，旨在减少种族、民族和性别偏见，并通过让孩子们在较小的、种族混合的、合作的群体中活动来提高他们的自尊和自信。

努力的理由(justification of effort)：当一个人为了达到某个目标而经历了困难或痛苦的过程，从而使该目标更有吸引力。

损失厌恶(loss aversion)：当人们面对选择的时候，他们更倾向于避免损失而不是试图获得收益的一种现象。

虚报低价(lowballing)：一种不道德的策略，顾客同意以极低的价格购买产品，之后销售人员声称价格是错误的，然后抬高价格，最终顾客往往同意以虚报的高价购买。

世俗的现实性(mundane realism)：实验事件与外界频繁发生事件的相似性。

意见(opinion)：一个人认为是正确的观点。

外群体(outgroup)：一个我们不认同的群体；我们倾向于认为其成员都是相同的。

激情之爱：一种以强烈的情感、性欲和对所爱之人的强烈关注为特征的爱。

说服的外围途径(peripheral route to persuasion)：一个人对简单的、通常是不相关的提示作出反应的途径，这些提示暗示了一个论点的正确或错误，但没有给予足够的考虑。

说服(persuasion)：一个人为改变另一个人的观点、态度或行为所进行的交流。

多元无知(pluralistic ignorance)：对他人模棱两可行为造成的虚假规范的集体信仰。

出丑效应(pratfall effect)：一种值得关注的现象，即使一个人有很高的能力，一些易犯错误的证据也会增加他（她）的吸引力。

偏见(prejudice)：基于错误或不完整信息所概括出来的，对一个可区分群体的敌对或消极态度；包含认知、情感和行为成分。

首因效应(primacy effect)：当第一次得到的信息比随后的信息对我们的印象或信念的影响更大时所产生的效应。

启动(priming)：最近遇到的或经常被激活的想法更容易被想到，基于这一概念的过程便是启动，往往被用于解释社会事件。

接近性(proximity)：决定我们是否喜欢或爱一个人的主要因素之一是他们身体上的亲近

度;我们更可能爱上住在我们镇上或附近的人,或我们同一所大学的人,而不是住在很远地方的人。

随机分配(random assignment):所有被试在实验的任何条件下都有平等机会的过程;通过随机分配,理论上,未完全控制的任何变量在不同条件中随机分布。

反抗(reactance):当我们的自由感受到威胁,我们试图恢复它。

参照群体(reference groups):我们属于并认同的群体。

关系性攻击(relational aggression):一种更具社会性、非物质性的攻击形式,旨在伤害他人,通过破坏名誉以及与同龄人的关系,例如散布虚假消息和恶意流言蜚语。

相对剥夺感(relative deprivation):当人们注意到其他人比自己拥有更多或做得更好,并且相对于他们周围的人制度不公平地对待他们时所产生的感觉。

浪漫之爱(romantic love):激情与亲密的结合。

替罪羊(scapegoating):把并非他(她)的过错归咎于相对无力的无辜者的过程。

脚本(scripts):我们从文化中潜移默化地学习到的社交行为方式。

自我概念(self-concept):我们对自己的思想、信念和人格特质的看法;我们如何看待自己。

自尊(self-esteem):人们对自我价值的评价,即人们对自己在美德、能力和正派方面达到何种程度的看法。

自证预言(self-fulfilling prophecy):(1)人们对另外一个人是什么样的人所持的预期;(2)这种预期会影响到人们对待此人的行为方式;(3)并会促使此人按人们最初对他预期相一致的方式去行为。

自我辩护(self-justification):为保持自尊而为自己的行为辩护的倾向。

性脚本(sexual scripts):规定在特定情况下一个人适当性行为的内隐规则,随性别、年龄、性取向、种族和同龄人群体而变化。

社会认知(social cognition):研究人们对社会世界的思考和对社会相关事件的决策。

社会认知学习理论(social cognitive learning theory):指人们通过认知过程(如对事件的感知)以及观察和模仿他人来学习行为的理论。

社会比较(social comparison):通过与他人比较来评价自己的能力、成就、态度和其他属性的过程。

社会影响(social influence):人们对他人的信念、情感和行为的影响。

社会学习(social learning):通过观察他人来学习社会行为的过程。

社会心理学(social psychology):研究人们的思想、感情和行为受他人真实的或暗示的存在影响的科学。

刻板印象(stereotype):把特征、动机或行为赋予一整群人;在我们头脑中塑造我们对一个人或一群人整体的形象。

刻板印象威胁(stereotype threat):少数群体的成员的一种经历,他们可能形成的对一种现存的(消极的)文化刻板印象的恐惧;这种恐惧已经被证明会影响智力表现。

坦率的谈话(straight talk):清楚地陈述一个人的感受和关切,而不指责、责备、评判或嘲笑另一个人。

睾丸素(testosterone):一种男性荷尔蒙,能影响攻击性。

桑纳托斯(thanatos):根据弗洛伊德的说法,这是一种促使人类走向死亡的本能驱力,会导致攻击性行为。

武器效应(weapons effect):与攻击有关的物体(枪或其他武器)的存在能够为攻击性反应提供提示。

英文注释

Chapter 1　What Is Social Psychology?

1. Clark, K., & Clark, M. (1947). Racial identification and preference in Negro children. In T. M. Newcomb & E. L. Hartley (Eds.), *Readings in social psychology* (pp. 169 – 178). New York: Holt.
2. Voigt, R., Camp, N., Prabhakaran, V., Hamilton, W., Hetey, R., Griffiths, C., Jurgens, D., Jurafsky, D., & Eberhardt, J. (2017). Language from police body camera footage shows racial disparities in officer respect. *PNAS* 114: 6521 – 6526.
3. Hawkins, S. A., & R. Hastie. (1990). Hindsight: Biased judgments of past events after the outcomes are known. *Psychological Bulletin* 107: 311 – 327.
4. Kang, C. (2016). Fake news onslaught targets pizzeria as nest of child-trafficking. *New York Times*, November 21.

Chapter 2　Social Cognition

1. Panati, C. (1987). *Extraordinary origins of everyday things*. New York: Harper & Row.
2. Suskind, P. (2001). *Perfume: The story of a murder*. New York: Vintage.
3. Golden, C. (2003). *Images of the woman reader in Victorian British and American fiction*. Gainesville, FL: University Press of Florida.
4. Nin, A. (1961). *Seduction of the minotaur*. Athens, OH: Swallow Press.
5. Bentham, J. (1876/1948). *A fragment on government and an introduction to the principles of morals and legislation*. Oxford: Blackwell. For a modern version of the felicific calculation, see Fishbein, M., & Ajzen, I. (1975). *Belief, attitude, intention, and behavior: An introduction to theory and research*. Reading, MA: Addison-Wesley.
6. Fiske, S. T., & Taylor, S. E. (1991). *Social cognition*. New York: McGraw-Hill; Kool, W., McGuire, J. T., Rosen, Z. B., & Botvinick, M. M. (2010). Decision making and the avoidance of cognitive demand. *Journal of Experimental Psychology*, 139,665.
7. Mani, A., Mullainathan, S., Shafir, E., & Zhao, J. (2013). Poverty impedes cognitive function. *Science*, 341,976 – 980.
8. Watson, J. B. (1930). *Behaviorism* (Revised edition). Chicago: University of Chicago Press.
9. Pinker, S. (2003). *The blank slate: The modern denial of human nature*. New York: Penguin.
10. Bloom, P. (2013). *Just babies: The origins of good and evil*. New York: Crown.
11. Barkow, J. H., Cosmides, L., & Tooby, J. (Eds.). (1995). *The adapted mind: Evolutionary psychology and the generation of culture*. New York: Oxford University Press; Zihlman, A. L., & Bolter, D. R. (2015). Body composition in Pan paniscus compared with Homo sapiens has implications for changes during human evolution. *Proceedings of the National Academy of Sciences*,

112,7466-7471.

12. Dunbar, R. M. (1992) Neocortex size as a constraint on group size in primates. *Journal of Human Evolution*, 22,469-493; Gonçalves, B., Perra, N., & Vespignani, A. (2011). Modeling users' activity on twitter networks: Validation of Dunbar's number. *PLoS One*, 6,e22656.
13. Gonçalves, B., Perra, N., & Vespignani, A. (2011). Modeling users' activity on twitter networks: Validation of Dunbar's number. *PLoS One*, 6,e22656.
14. Bickel, R., & Howley, C. (2000). The influence of scale on school performance. *Education Policy Analysis Archives*, 8,22; McRobbie, J. (2001). *Are small schools better?* San Francisco: Wested.
15. Medina, J. (2008). *Brain rules*. Seattle, WA: Pear Press.
16. Kenrick, D. (2013). *Sex, murder, and the meaning of life*. New York: Basic Books.
17. Pronin, E., Lin, D. Y., & Ross, L. (2002). The bias blind spot: Perceptions of bias in self versus others. *Personality and Social Psychology Bulletin*, 28,369-381; Banaji, M. R., & Greenwald, A. G. (2013). *Blindspot: Hidden biases of good people*. New York: Delacorte Press.
18. Bronowski, J. (1973). *The ascent of man*. Boston: Little, Brown.
19. Nickerson, R. S. (1998). Confirmation bias: A ubiquitous phenomenon in many guises. *Review of general psychology*, 2,175; Snyder, M., & Swann, W. B. (1978). Hypothesis-testing processes in social interaction. *Journal of Personality and Social Psychology*, 36,1202-1212.
20. Greenberg, J., Pyszczynski, T., & Solomon, S. (1982). The self-serving attributional bias: Beyond self-presentation. *Journal of Experimental Social Psychology*, 18, 56 - 67; Arkin, R. M., & Maruyama, G. M. (1979). Attribution, affect, and college exam performance. *Journal of Educational Psychology*, 71,85-93; Gilovich, T. (1983). Biased evaluation and persistence in gambling. *Journal of Personality and Social Psychology*, 44,1110-1126; Ross, M., & Sicoly, F. (1979). Egocentric biases in availability and attribution. *Journal of Personality and Social Psychology*, 37,322-336; Breckler, S. J., Pratkanis, A. R., & McCann, D. (1991). The representation of self in multidimensional cognitive space. *British Journal of Social Psychology*, 30,97-112; Johnston, W. A. (1967). Individual performance and self-evaluation in a simulated team. *Organization Behavior and Human Performance*, 2,309-328; Cunningham, J. D., Starr, P. A., & Kanouse, D. E. (1979). Self as actor, active observer, and passive observer: Implications for causal attribution. *Journal of Personality and Social Psychology*, 37,1146-1152.
21. Gilovich, T., Medvec, V. H., & Savitsky, K. (2000). The spotlight effect in social judgment: An egocentric bias in estimates of the salience of one's own actions and appearance. *Journal of Personality and Social Psychology*, 78,211-222.
22. Petty, R. E., & Brock, T. C. (1979). Effects of "Barnum" personality assessments on cognitive behavior. *Journal of Consulting and Clinical Psychology*, 47,201-203.
23. Baumeister, R. F., Bratslavsky, E., Finkenauer, C., & Vohs, K. D. (2001). Bad is stronger than good. *Review of General Psychology*, 5,323.
24. Luhmann, M., Hofmann, W., Eid, M., & Lucas, R. E. (2012). Subjective well-being and adaptation to life events: A meta-analysis. *Journal of Personality and Social Psychology*, 102,592-615.
25. Baumeister, R. F., Bratslavsky, E., Finkenauer, C., & Vohs, K. D. (2001). Bad is stronger than good. *Review of General Psychology*, 5,323.
26. Kahneman, D., & Tversky, A. (1992). Advances in prospect theory: Cumulative representation of uncertainty. *Journal of Risk and Uncertainty*, 5,297-323.
27. Fryer Jr, R. G., Levitt, S. D., List, J., & Sadoff, S. (2012). *Enhancing the efficacy of teacher incentives through loss aversion: A field experiment* (No. w18237). National Bureau of Economic Research.

28. Gonzales, M. H., Aronson, E., & Costanzo, M. (1988). Increasing the effectiveness of energy auditors: A field experiment. *Journal of Applied Social Psychology*, *18*, 1046–1066.
29. Two excellent treatments on the social psychology of happiness are: Haidt, J. (2006). *The happiness hypothesis: Finding modern truth in ancient wisdom*. New York: Basic Books; Lyubomirsky, S. (2008). *The how of happiness: A scientific approach to getting the life you want*. New York: Penguin.
30. Lyubomirsky, S., Dickerhoof, R., Boehm, J. K., & Sheldon, K. M. (2011). Becoming happier takes both a will and a proper way: An experimental longitudinal intervention to boost well-being. *Emotion*, *11*, 391.
31. Kahneman, D. (2011). *Thinking, fast and slow*. New York: Macmillan.
32. Ophir, E., Nass, C., & Wagner, A. D. (2009). Cognitive control in media multitaskers. *Proceedings of the National Academy of Sciences*, *106*, 15583–15587.
33. Haidt, J. (2012). *The righteous mind: Why good people are divided by politics and religion*. New York: Vintage.
34. Liu, J., Li, J., Feng, L., Li, L., Tian, J., & Lee, K. (2014). Seeing Jesus in toast: Neural and behavioral correlates of face pareidolia. *Cortex*, *53*, 60–77.
35. Heider, F., & Simmel, M. (1944). An experimental study of apparent behavior. *American Journal of Psychology*, *57*, 243–259.
36. Lieberman, M. D. (2013). *Social: Why our brains are wired to connect*. New York: Crown.
37. Hamilton, D. L., Katz, L. B., & Leirer, V. O. (1980). Cognitive representation of personality impressions: Organizational processes in first impression formation. *Journal of Personality and Social Psychology*, *39*, 1050.
38. Eisenberger, N. I. (2012). Broken hearts and broken bones: A neural perspective on the similarities between social and physical pain. *Current Directions in Psychological Science*, *21*, 42–47.
39. Eisenberger, N. I., Lieberman, M. D., & Williams, K. D. (2003). Does rejection hurt? An fMRI study of social exclusion. *Science*, *302*, 290–292; Eisenberger, N. I., & Lieberman, M. D. (2004); Eisenberger, N. I., Lieberman, M. D., & Williams, K. D. (2003). Why rejection hurts: A common neural alarm system for physical and social pain. *Trends in Cognitive Sciences*, *8*, 294–300.
40. Olson, K. (2015). *Wounded by school: Recapturing the joy in learning and standing up to old school culture*. New York: Teachers College Press.
41. Crisp, R. J., & Hewstone, M. (Eds.). (2007). *Multiple social categorization*. San Diego, CA: Elsevier Academic Press.
42. Tajfel, H. (1981). *Human groups and social categories*. Cambridge: Cambridge University Press.
43. Meissner, C. A., & Brigham, J. C. (2001). Thirty years of investigating the own-race bias in memory for faces: A meta-analytic review. *Psychology, Public Policy, and Law*, *7*, 3–35.
44. Tajfel, H., Billig, M. G., Bundy, R. P., & Flament, C. (1971). Social categorization and intergroup behaviour. *European Journal of Social Psychology*, *1*, 149–178.
45. Cohen, G. L. (2003). Party over policy: The dominating impact of group influence on political beliefs. *Journal of Personality and Social Psychology*, *85*, 808.
46. Hastorf, A. H., & Cantril, H. (1954). They saw a game; a case study. *Journal of Abnormal and Social Psychology*, *49*, 129.
47. Steven S., & Fernbach, P. (2017). *The knowledge illusion*. New York: Riverhead Books.
48. Rudkin, D., & Van Bavel, J. (2016). The roots of implicit bias. *New York Times*, December 9.
49. Rudkin, D. A., Rothmund, T., Twardawski, M., Thalla, N., & Van Bavel, J. J. (2016). Reflexive intergroup bias in third-party punishment. *Journal of Experimental Psychology:*

General, *145*, 1448–1459.

50. Fiske, S. T. (2009). *Social beings: Core motives in social psychology*. New York: John Wiley & Sons.
51. Baumeister, R. F., & Leary, M. R. (1995). The need to belong: Desire for interpersonal attachments as a fundamental human motivation. *Psychological Bulletin*, *117*, 497.
52. Casella, J., Ridgeway, J., & Shourd, S. (2016). *Hell is a very small place: Voices from solitary confinement*. New York: The New Press.
53. Haney, C. (2003). Mental health issues in long-term solitary and "supermax" confinement. *NCCD News*, *49*, 124–156.
54. Baumeister, R., & Tice, D. (2017). The social animal encounters social rejection: Cognitive, behavioral, emotional, and interpersonal effects of being excluded. In J. Aronson & E. Aronson (Eds.), *Readings about the social animal*, 12th edition. New York: Worth/Freeman.
55. Bastian, B., & Haslam, N. (2010). Excluded from humanity: The dehumanizing effects of social ostracism. *Journal of Experimental Social Psychology*, *46*, 107–113; Wesselmann, E. D., Grzybowski, M. R., Steakley-Freeman, D. M., DeSouza, E. R., Nezlek, J. B., & Williams, K. D. (2016). Social exclusion in everyday life. In *Social Exclusion* (pp. 3–23). New York: Springer International Publishing; Pickett, C. L., & Gardner, W. L. (2005). The social monitoring system: Enhanced sensitivity to social cues and information as an adaptive response to social exclusion and belonging need. In K. D. Williams, J. P. Forgas, & W. von Hippel (Eds.), *The social outcast: Ostracism, social exclusion, rejection, and bullying* (pp. 213–226). New York: Psychology Press; Bernstein, M. J., Young, S. G., Brown, C. M., Sacco, D. F., & Claypool, H. M. (2008). Adaptive responses to social exclusion: Social rejection improves detection of real and fake smiles. *Psychological Science*, *19*, 981–983.
56. Loersch, C., & Arbuckle, N. L. (2013). Unraveling the mystery of music: Music as an evolved group process. *Journal of Personality and Social Psychology*, *105*, 777.
57. de Berker, A. O., Rutledge, R. B., Mathys, C., Marshall, L., Cross, G. F., Dolan, R. J., & Bestmann, S. (2016). Computations of uncertainty mediate acute stress responses in humans. *Nature Communications*, *7*, 10996.
58. McEwen, B. S., & Gianaros, P. J. (2010). Central role of the brain in stress and adaptation: Links to socioeconomic status, health, and disease. *Annals of the New York Academy of Sciences*, *1186*, 190–222.
59. Leary, M. R., & Baumeister, R. F. (2000). The nature and function of self-esteem: Sociometer theory. *Advances in Experimental Social Psychology*, *32*, 1–62.
60. Peterson-Smith, K. (2015). Black lives matter: A new movement takes shape. *International Socialist Review*, 96.
61. Lerner, M. J. (1980). The belief in a just world. In *The belief in a just world* (pp. 9–30). New York: Springer US; Hafer, C. L., & Bègue, L. (2005). Experimental research on just-world theory: Problems, developments, and future challenges. *Psychological Bulletin*, *131*, 128.
62. Deci, E. L., & Ryan, R. M. (2000). The "what" and "why" of goal pursuits: Human needs and the self-determination of behavior. *Psychological Inquiry*, *11*, 227–268; Fiske, S. T. (2009). *Social beings: Core motives in social psychology*. New York: John Wiley & Sons.
63. Webber, D., & Kruglanski, A. W. (2017). The social psychological makings of a terrorist. *Current Opinion in Psychology*, *19*, 131–134; Kruglanski, A. W., Chen, X., Dechesne, M., Fishman, S., & Orehek, E. (2009). Fully committed: Suicide bombers' motivation and the quest for personal significance. *Political Psychology*, *30*, 331–357.
64. Heider, F. (2013). *The psychology of interpersonal relations*. New York: Psychology Press; Kelley, H. H. (1967). Attribution theory in social psychology. In D. Levine (Ed.), *Nebraska*

symposium on motivation (Vol. 15, pp. 192 – 241). Lincoln: University of Nebraska Press; Kelley, H. H. (1973). The process of causal attribution. *American Psychologist*, 28, 107 – 128; Interestingly, it has been argued that even scientists do not always think like scientists and instead fall prey to some of the biases described in this chapter. See Greenwald, A. G., Pratkanis, A. R., Leippe, M. R., & Baumgardner, M. H. (1986). Under what conditions does theory obstruct research progress? *Psychological Review*, 93, 216 – 229.

65. Gilbert, D. T., & Malone, P. S. (1995). The correspondence bias. *Psychological Bulletin*, 117, 21.
66. Ross, L., Amabile, T. M., & Steinmetz, J. L. (1977). Social roles, social control, and biases in social-perception processes. *Journal of Personality and Social Psychology*, 35, 485 – 494.
67. Buchanan, G. M., & Seligman, M. (2013). *Explanatory style*. New York: Routledge.
68. Rosenthal, R., & Jacobson, L. (1968). *Pygmalion in the classroom*. New York: Holt, Rinehart & Winston; Rosenthal, R. (2002). The Pygmalion effect and its mediating mechanisms. In J. Aronson (Ed.), *Improving academic achievement: Impact of psychological factors on education*. San Diego: Academic Press.
69. Jussim, L., & Harber, K. D. (2005). Teacher expectations and self-fulfilling prophecies: Knowns and unknowns, resolved and unresolved controversies. *Personality and Social Psychology Review*, 9, 131 – 155.
70. Simonson, I., & Tversky, A. (1992). Choice in context: Tradeoff contrast and extremeness aversion. *Journal of Marketing*, 29, 281; Gilbert, D. T. (2006). *Stumbling on happiness*. New York: Knopf.
71. Marsh, H. W., Kong, C.-K., & Hau, K.-T. (2000). Longitudinal multilevel models of the big-fish-little-pond effect on academic self-concept: Counterbalancing contrast and reflected glory effects in Hong Kong schools. *Journal of Personality and Social Psychology*, 78, 337 – 349.
72. Thornton, B., & Maurice, J. (1997). Physique contrast effect: Adverse impact of idealized body images for women. *Sex Roles*, 37, 433 – 439.
73. Shensa, A., Escobar-Viera, C. G., Sidani, J. E., Bowman, N. D., Marshal, M. P., & Primack, B. A. (2017). Problematic social media use and depressive symptoms among US young adults: A nationally-representative study. *Social Science & Medicine*, 182, 150 – 157.
74. Lyubomirsky, S. (2013). *The myths of happiness: What should make you happy, but doesn't, what shouldn't make you happy, but does*. New York: Penguin.
75. Dweck, C. S. (2006). *Mindset: The new psychology of success*. New York: Random House Incorporated.
76. Higgins, E. T., Rholes, W. S., & Jones, C. R. (1977). Category accessibility and impression formation. *Journal of Experimental Social Psychology*, 13, 141 – 154.
77. Graham, S., & Lowery, B. S. (2004). Priming unconscious racial stereotypes about adolescent offenders. *Law and Human Behavior*, 28, 483.
78. McCombs, M. E., & Shaw, D. L. (1972). The agenda-setting function of mass media. *Public Opinion Quarterly*, 36, 176 – 187; McCombs, M. (1994). News influence on our pictures of the world. In J. Bryant, & D. Zillmann (Eds.), *Media effects: Advances in theory and research* (pp. 1 – 16). Hillsdale, NJ: Erlbaum.
79. Cohen, B. (1963). *The press and foreign policy*. Princeton: Princeton University Press.
80. Asch, S. (1946). Forming impressions of personality. *Journal of Abnormal and Social Psychology*, 41, 258 – 290.
81. Jones, E. E., Rock, L., Shaver, K. G., Goethals, G. R., & Ward, L. M. (1968). Pattern of performance and ability attribution: An unexpected primacy effect. *Journal of Personality and Social Psychology*, 10, 317 – 340.

82. Aronson, J. M., & Jones, E. E. (1992). Inferring abilities after influencing performances. *Journal of Experimental Social Psychology*, 28, 277–299.
83. Tversky, A., & Kahneman, D. (1974). Judgment under uncertainty: Heuristics and biases. *Science*, 185, 1124–1131; Kahneman, D., & Tversky, A. (1973). On the psychology of prediction. *Psychological Review*, 80, 237–251.
84. Food and Agriculture Organization of the United Nations (1981). Which cereal for breakfast? *Consumer Reports*, 68–75.
85. Tversky, A., & Kahneman, D. (1973). Availability: A heuristic for judging frequency and probability. *Cognitive Psychology*, 5, 207–232; Signorielli, N., Gerbner, G., & Morgan, M. (1995). Violence on television: The Cultural Indicators Project. *Journal of Broadcasting and Electronic Media*, 39, 278–283.
86. Oppenheimer, D. M., & Frank, M. C. (2008). A rose in any other font would not smell as sweet: Effects of perceptual fluency on categorization. *Cognition*, 106, 1178–1194.
87. McGlone, M. S., & Tofighbakhsh, J. (2000). Birds of a feather flock conjointly (?): Rhyme as reason in aphorisms. *Psychological Science*, 11.5, 424–428.
88. Schwarz, N., & Clore, G. L. (1983). Mood, misattribution, and judgments of well-being: Informative and directive functions of affective states. *Journal of Personality and Social Psychology*, 45, 513.
89. Sinaceur, M., Heath, C., & Cole, S. (2005). Emotional and deliberative reactions to a public crisis: Mad cow disease in France. *Psychological Science*, 16, 247–254.
90. Pratkanis, A. R. (1989). The cognitive representation of attitudes. In A. R. Pratkanis, S. J. Breckler, & A. G. Greenwald (Eds.), *Attitude structure and function* (pp. 71–98). Hillsdale, NJ: Erlbaum.
91. Wilson, T. D., & Gilbert, D. T. (2003). Affective forecasting. *Advances in Experimental Social Psychology*, 35, 345–411; Gilbert, D. T. (2006). *Stumbling on happiness*. New York: Knopf.
92. Dunn, E. W., Wilson, T. D., & Gilbert, D. T. (2003). Location, location, location: The misprediction of satisfaction in housing lotteries. *Personality and Social Psychology Bulletin*, 29, 1421–1432.
93. Liberman, N., & Trope, Y. (1998). The role of feasibility and desirability considerations in near and distant future decisions: A test of temporal construal theory. *Journal of Personality and Social Psychology*, 75, 5.
94. Loftus, E. F., & Loftus, G. R. (1980). On the permanence of stored information in the human brain. *American Psychologist*, 35, 409–420; Loftus, E. F., & Palmer, J. C. (1974).
95. Loftus, E. F., & Palmer, J. C. (1974). Reconstruction of automobile destruction: An example of the interaction between language and memory. *Journal of Verbal Learning and Verbal Behavior*, 13, 585–589.
96. Loftus, E. F. (1977). Shifting human color memory. *Memory and Cognition*, 5, 696–699.
97. Markus, H. (1977). Self-schemata and processing information about the self. *Journal of Personality and Social Psychology*, 35, 63–78; Conway, M., & Ross, M. (1984). Getting what you want by revising what you had. *Journal of Personality and Social Psychology*, 47, 738.
98. Loftus, E. F. (1993). The reality of repressed memories. *American Psychologist*, 48, 518–537; Loftus, E. F., & Ketcham, K. (1994). *The myth of repressed memory: False memories and allegations of sexual abuse*. New York: St. Martin's Press.
99. Loftus, E. F., & Greenspan, R. L. (2017). If I'm certain, is it true? Accuracy and confidence in eyewitness memory. *Psychological Science in the Public Interest*, 18, 1–2.
100. Loftus, E. F., & Greenspan, R. L. (2017). If I'm certain, is it true? Accuracy and confidence in eyewitness memory. *Psychological Science in the Public Interest*, 18, 1–2.

Chapter 3   Self-Justification

1. Prasad, J. (1950). A comparative study of rumors and reports in earthquakes. *British Journal of Psychology*, *41*, 129–144.
2. Sinha, D. (1952). Behavior in a catastrophic situation: A psychological study of reports and rumours. *British Journal of Psychology*, *43*, 200–209.
3. Festinger, L. (1957). *A theory of cognitive dissonance*. Stanford, CA: Stanford University Press.
4. Fotuhi, O., Fong, G. T., Zanna, M P., Borland, R., Yong, H., & Cummings, K. M. (2013). Patterns of cognitive dissonance-reducing beliefs among smokers: A longitudinal analysis from the International Tobacco Control (ITC) Four Country Survey. *Tobacco Control: An International Journal*, *22*, 52–58.
5. Kassarjian, H., & Cohen, J. (1965). Cognitive dissonance and consumer behavior. *California Management Review*, *8*, 55–64.
6. Tagliacozzo, R. (1979). Smokers' self-categorization and the reduction of cognitive dissonance. *Addictive Behaviors*, *4*, 393–399.
7. Gibbons, F. X., Eggleston, T. J., & Benthin, A. C. (1997). Cognitive reactions to smoking relapse: The reciprocal relation between dissonance and self-esteem. *Journal of Personality and Social Psychology*, *72*, 184–195.
8. Goleman, D. (1982, January). Make-or-break resolutions. *Psychology Today*, 19.
9. Levin, M. (1997). Jury views CEO's "gummy bear" deposition. *Los Angeles Times*, July 18, D3.
10. Tavris, C., & Aronson, E. (2007/2015). *Mistakes were made (but not by me)*, Revised edition. New York: Harcourt.
11. Bruce, L. (1966). *How to talk dirty and influence people*. Chicago: Playboy Press, and New York: Pocket Books.
12. Trump, D. (2016). Said at a campaign rally in Iowa, 23 January.
13. Jones, E., & Kohler, R. (1959). The effects of plausibility on the learning of controversial statements. *Journal of Abnormal and Social Psychology*, *57*, 315–320.
14. Lord, C., Ross, L., & Lepper, M. (1979). Biased assimilation and attitude polarization: The effects of prior theories on subsequently considered evidence. *Journal of Personality and Social Psychology*, *37*, 2098–2109; Edwards, K., & Smith, E. (1996). A disconfirmation bias in the evaluation of arguments. *Journal of Personality and Social Psychology*, *71*, 5–24.
15. Haidt, J. (2012). *The righteous mind: Why good people are divided by politics and religion*. New York: Vintage; Cohen, G. L., Aronson, J., & Steele, C. M. (2000). When beliefs yield to evidence: Reducing biased evaluation by affirming the self. *Personality and Social Psychology Bulletin*, *26*, 1151–1164.
16. Ehrlich, D., Guttman, I., Schonbach, P., & Mills, J. (1957). Post-decision exposure to relevant information. *Journal of Abnormal and Social Psychology*, *57*, 98–102; Gilovich, T., Medvec, V. H., & Chen S. (1995). Commission, omission, and dissonance reduction: Coping with regret in the "Monty Hall" problem. *Personality and Social Psychology Bulletin*, *21*, 182–190.
17. Brehm, J. (1956). Postdecision changes in the desirability of alternatives. *Journal of Abnormal and Social Psychology*, *52*, 384–389.
18. Johnson, D. J., & Rusbult, C. E. (1989). Resisting temptation: Devaluation of alternative partners as a means of maintaining commitment in close relationships. *Journal of Personality and Social Psychology*, *57*, 967–980.
19. Simpson, J. A., Gangestad, S. W., & Lerma, M. (1990). Perception of physical attractiveness: Mechanisms involved in the maintenance of romantic relationships. *Journal of Personality and

Social Psychology, *59*, 1192 – 1201.
20. Gilbert, D. T. (2006). *Stumbling on happiness*. New York: Knopf.
21. Arad, A. (2013). Past decisions do affect future choices: An experimental demonstration. *Organizational Behavior and Human Decision Processes*, *121*, 267 – 277.
22. Egan, L. C., Santos, L. R., & Bloom, P. (2007). The origins of cognitive dissonance: Evidence from children and monkeys. *Psychological Science*, *18*, 978 – 983.
23. Harmon-Jones, E., Harmon-Jones, C., & Amodio, D. M. (2012). A neuro-scientific perspective on dissonance, guided by the action-based model. In B. Gawronski & F. Strack (Eds.), *Cognitive consistency: A fundamental principle in social cognition* (pp. 47 – 65). New York: Guilford Press.
24. Westen, D., Blagov P. S., Harenski, K., Kilts, C., & Hamann, S. (2006). Neural bases of motivated reasoning: An FMRI study of emotional constraints on partisan political judgment in the 2004 U. S. Presidential election. *Journal of Cognitive Neuroscience*, *18*, 1947 – 1958.
25. Kokkoris, M. D., & Kühnen, U. (2013). Choice and dissonance in a European cultural context: The case of Western and Eastern Europeans. *International Journal of Psychology*, *48*, 1260 – 1266.
26. Sakai, H. (1999). A multiplicative power-function model of cognitive dissonance: Toward an integrated theory of cognition, emotion, and behavior after Leon Festinger. In E. Harmon-Jones & J. S. Mills (Eds.), *Cognitive dissonance: Progress on a pivotal theory in social psychology*. Washington, D. C.: American Psychological Association.
27. Imada, T., & Kitayama, S. (2010). Social eyes and choice justification: Culture and dissonance revisited. *Social Cognition*, *28*, 589 – 608.
28. Knox, R., & Inkster, J. (1968) Postdecision dissonance at post time. *Journal of Personality and Social Psychology*, *8*, 319 323.
29. Gilbert, D. T., & Ebert, J. E. (2002). Decisions and revisions: The affective forecasting of changeable outcomes. *Journal of Personality and Social Psychology*, *82*, 503.
30. Cialdini, R., Cacioppo, J., Bassett, R., & Miller, J. (1978). Low-ball procedure for producing compliance: Commitment then cost. *Journal of Personality and Social Psychology*, *36*, 463 – 476.
31. Mills, J. (1958). Changes in moral attitudes following temptation. *Journal of Personality*, *26*, 517 – 531.
32. Freedman, J. L., & Fraser, S. C. (1966). Compliance without pressure: The foot-in-the-door technique. *Journal of Personality and Social Psychology*, *4*, 195.
33. Pliner, P., Hart, H., Kohl, J., & Saari, D. (1974). Compliance without pressure: Some further data on the foot-in-the-door technique. *Journal of Experimental Social Psychology*, *10*, 17 – 22.
34. Festinger, L., & Carlsmith, J. M. (1959). Cognitive consequences of forced compliance. *Journal of Abnormal and Social Psychology*, *58*, 203 – 210.
35. Cohen, A. R. (1962). An experiment on small rewards for discrepant compliance and attitude change. In J. W. Brehm & A. R. Cohen, *Explorations in cognitive dissonance* (pp. 73 – 78). New York: Wiley.
36. Zimbardo, P. (1969). *The cognitive control of motivation*. Glencoe, IL: Scott, Foresman.
37. Brehm, J. (1962). Motivational effects of cognitive dissonance. In *Nebraska Symposium on Motivation*, *1962* (pp. 51 – 77). Lincoln: University of Nebraska Press.
38. Zimbardo, P., Weisenberg, M., Firestone, I., & Levy, B. (1965). Communicator effectiveness in producing public conformity and private attitude change. *Journal of Personality*, *33*, 233 – 255.
39. Aronson, E., & Carlsmith, J. M. (1963). Effect of the severity of threat on the devaluation of forbidden behavior. *Journal of Abnormal and Social Psychology*, *66*, 584 – 588.
40. Freedman, J. (1965). Long-term behavioral effects of cognitive dissonance. *Journal of Experimental Social Psychology*, *1*, 145 – 155.

41. Bryan, C. J., Adams, G. S., & Monin, B. (2013). When cheating would make you a cheater: Implicating the self prevents unethical behavior. *Journal of Experimental Psychology: General*, *142*, 1001–1005.
42. Pitt, R. N. (2010). "Killing the messenger": Religious black gay men's neutralization of anti-gay religious messages. *Journal for the Scientific Study of Religion*, *49*, 56–72.
43. Aronson, E. (1968). Dissonance theory: Progress and problems. In R. P. Abelson, E. Aronson, W. J. McGuire, T. M. Newcomb, M. J. Rosenberg, & P. H. Tannenbaum (Eds.), *Theories of cognitive consistency: A sourcebook* (pp. 5–27). Chicago: Rand McNally; Aronson, E. (1969). The theory of cognitive dissonance: A current perspective. In L. Berkowitz (Ed.), *Advances in experimental social psychology* (Vol. 4, pp. 1–34). New York: Academic Press.
44. Murray, A. A., Wood, J. M., & Lilienfeld, S. O. (2012). Psychopathic personality traits and cognitive dissonance: Individual differences in attitude change. *Journal of Research in Personality*, *46*, 525–536.
45. Aronson, E., & Mettee, D., (1968). Dishonest behavior as a function of different levels of self-esteem. *Journal of Personality and Social Psychology*, *9*, 121–127.
46. Cohen, G. L., Garcia, J., Apfel, N., & Master, A. (2006). Reducing the racial achievement gap: A social-psychological intervention. *Science*, *313*, 1307–1310.
47. Kernis, M. H. (2001). Following the trail from narcissism to fragile self-esteem. *Psychological Inquiry*, *12*, 223–225.
48. Baumeister, R. F., Bushman, B. J., & Campbell, W. K. (2000). Self-esteem, narcissism, and aggression: Does violence result from low self-esteem or from threatened egotism? *Current Directions in Psychological Science*, *9*, 26–29.
49. Salmivalli, C., Kaukiainen, A., Kaistaniemi, L., & Lagerspetz, K. M. Self-evaluated self-esteem, peer-evaluated self-esteem, and defensive egotism as predictors of adolescents' participation in bullying situations. *Personality and Social Psychology Bulletin*, *25*, 1268–1278.
50. Aronson, E., & Mills, J. (1959). The effect of severity of initiation on liking for a group. *Journal of Abnormal and Social Psychology*, *59*, 177–181.
51. Gerard, H., & Mathewson, G. (1966). The effects of severity on initiation on liking for a group: A replication. *Journal of Experimental Social Psychology*, *2*, 278–287.
52. Aronson, E. (1969). The theory of cognitive dissonance: A current perspective. In L. Berkowitz (Ed.), *Advances in experimental social psychology* (Vol. 4, pp. 1–34). New York: Academic Press.
53. Sapolsky, R. (1993). *Why zebras don't get ulcers*. New York: Freeman.
54. Conway, M., & Ross, M. (1984). Getting what you want by revising what you had. *Journal of Personality and Social Psychology*, *47*, 738–748.
55. Michener, J. (1971). *Kent State: What happened and why*. New York: Random House.
56. Davis, K., & Jones, E. E. (1960). Changes in interpersonal perception as a means of reducing cognitive dissonance. *Journal of Abnormal and Social Psychology*, *61*, 402–410; Gibbons, F. X., & McCoy, S. B. (1991). Self-esteem, similarity, and reactions to active versus passive downward comparison. *Journal of Personality and Social Psychology*, *60*, 414–424.
57. Glass, D. (1964). Changes in liking as a means of reducing cognitive discrepancies between self-esteem and aggression. *Journal of Personality*, *32*, 531–549; Sorrentino, R., & Boutilier, R. (1974). Evaluation of a victim as a function of fate similarity/dissimilarity. *Journal of Experimental Social Psychology*, *10*, 84–93; Sorrentino, R., & Hardy, J. (1974). Religiousness and derogation of an innocent victim. *Journal of Personality*, *42*, 372–382.
58. Berscheid, E., Boyce, D., & Walster (Hatfield), E. (1968). Retaliation as a means of restoring equity. *Journal of Personality and Social Psychology*, *10*, 370–376.

59. Sturman, E. D. (2012). Dehumanizing just makes you feel better: The role of cognitive dissonance in dehumanization. *Journal of Social, Evolutionary, and Cultural Psychology*, 6, 527-531.
60. Jost, J. T., Kay, A. C., & Thorisdottir, H. (Eds.). (2009). *Social and psychological bases of ideology and system justification*. New York: Oxford University Press.
61. Harber, K. D., Podolski, P., & Williams, C. H. (2015). Emotional disclosure and victim blaming. *Emotion*, 15, 603-614.
62. Shaw, G. B. (1952). In D. Russel (Ed.), *Selected prose*. New York: Dodd, Mead.
63. Brehm, J. (1959). Increasing cognitive dissonance by a fait-accompli. *Journal of Abnormal and Social Psychology*, 58, 379.
64. Darley, J., & Berscheid, E. (1967). Increased liking as a result of the anticipation of personal contact. *Human Relations*, 20, 29-40.
65. Lehman, D., & Taylor, S. E. (1987). Date with an earthquake: Coping with a probable, unpredictable disaster. *Personality and Social Psychology Bulletin*, 13, 546-555.
66. Aronson, E. (1997). The giving away of psychology—and condoms. *APS Observer*, 10, 17-35.
67. Stone, J., Aronson, E., Crain, A. L., Winslow, M. P., & Fried, C. B. (1994). Inducing hypocrisy as a means of encouraging young adults to use condoms. *Personality and Social Psychology Bulletin*, 20, 116-128.
68. Aronson, E. (1998). Dissonance, hypocrisy, and the self-concept. In E. Harmon-Jones & J. S. Mills (Eds.), *Cognitive dissonance theory: Revival with revisions and controversies*. Washington, D. C.: American Psychological Association Books; Dickerson, C. A., Thibodeau, R., Aronson, E., & Miller, D. (1992). Using cognitive dissonance to encourage water conservation. *Journal of Applied Social Psychology*, 22, 841-854; Aronson, J., Fried, C. B., & Good, C. (2002). Reducing the effects of stereotype threat on African American college students by shaping theories of intelligence. *Journal of Experimental Social Psychology*, 38, 113-125.
69. Wiesel, E. (1969). *Night*. New York: Avon.
70. White, J. E. (1988). Bush's most valuable player. *Time*, November 14, 20-21.
71. McClellan, S. (2008). *What happened: Inside the Bush White House and Washington's culture of deception*. New York: Public Affairs.
72. Bush, G. (2010). *Decision points*. New York: Crown.
73. Rosenthal, A. (1988). Foes accuse Bush campaign of inflaming racial tension. *New York Times*, October 24, A1, B5.
74. Goodwin, D. K. (2005). *Team of rivals: The political genius of Abraham Lincoln*. New York: Simon & Schuster.
75. Risen, J. (2006). *State of war: The secret history of the C. I. A. and the Bush administration*. New York: Free Press.
76. Johnson, L. B. (1971). *The vantage point: Perspectives of the presidency 1963-69*. New York: Holt, Rinehart and Winston.

Chapter 4 Conformity

1. © 1933, 1961 by James Thurber. From "The day the dam broke" in *My life and hard times* (New York: Harper, 1933), pp. 41, 47. (Originally printed in the *New Yorker*.)
2. Schachter, S. (1951). Deviation, rejection, and communication. *Journal of Abnormal and Social Psychology*, 46, 190-207.
3. Kruglanski, A. W., & Webster, D. W. (1991). Group members' reaction to opinion deviates and conformists at varying degrees of proximity to decision deadline and of environmental noise.

Journal of Personality and Social Psychology, 61, 212 – 225.
4. Speer, A. (1970). *Inside the Third Reich: Memoirs*. (R. Winston & C. Winston, Trans.). New York: Macmillan.
5. (1975). John Dean interview. *Playboy*, January, 78.
6. Janis, I. L. (1971). Groupthink. *Psychology Today*, November, 43 – 46; Janis, I. L. (1984). Counteracting the adverse effects of concurrence-seeking in policy-planning groups. In H. Brandstatter, J. H. Davis, & G. Stocker-Kreichgauer (Eds.), *Group decision making*. New York: Academic Press; Kameda, T., & Sugimori, S. (1993). Psychological entrapment in group decision making: An assigned decision rule and a groupthink phenomenon. *Journal of Personality and Social Psychology*, 65, 282 – 292.
7. Heyes, C. (2016). Imitation: Not in our genes. *Current Biology*, 26, R412 – R414.
8. Meltzoff, A. N., & Moore, M. K. (1983). Newborn infants imitate adult facial gestures. *Child Development*, 54, 702 – 709.
9. Meltzoff, A. N., & Kuhl, P. K. (2016). Exploring the infant social brain: What's going on in there? *Zero to Three Journal*, 36, 1 – 9.
10. Chartrand, T. L., & Bargh, J. A. (1999). The chameleon effect: The perception-behavior link and social interaction. *Journal of Personality and Social Psychology*, 76, 893.
11. Lakin, J. L., Jefferis, V. E., Cheng, C. M., & Chartrand, T. L. (2003). The chameleon effect as social glue: Evidence for the evolutionary significance of nonconscious mimicry. *Journal of Nonverbal Behavior*, 27, 145 – 162.
12. Chartrand, T. L., & Bargh, J. A. (1999). The chameleon effect: The perception-behavior link and social interaction. *Journal of Personality and Social Psychology*, 76, 893.
13. Rist, D. (2013). *The chameleon effect*. Lulu.com; Berger, J. (2016). *Invisible influence: The hidden forces that shape behavior*. New York: Simon & Schuster.
14. https://www.theguardian.com/world/2007/may/02/hillaryclinton.uselections2008. Accessed August 14, 2017; Mills, C. (2015). http://www.washingtonexaminer.com/clintons-southern-strategy-hillary-fakes-accent-for-crowd/article/2574357. Accessed August 14, 2017; Clinton denied the charges of pandering, claiming that she unconsciously slips into the drawl and saying "Y'all," whenever in the South.
15. Stel, M., Blascovich, J., McCall, C., et al. (2010). Mimicking disliked others: Effects of a priori liking on the mimicry-liking link. *European Journal of Social Psychology*, 40, 867 – 880; Van Baaren, R., Janssen, L., Chartrand, T. L., & Dijksterhuis, A. (2009). Where is the love? The social aspects of mimicry. *Philosophical Transactions of the Royal Society of London, B: Biological Sciences*, 364, 2381 – 2389.
16. Haun, D. B., Rekers, Y., & Tomasello, M. (2014). Children conform to the behavior of peers; other great apes stick with what they know. *Psychological Science*, 25, 2160 – 2167.
17. Fein, S., Goethals, G. R., & Kugler, M. B. (2007). Social influence on political judgments: The case of presidential debates. *Political Psychology*, 28, 165 – 192.
18. Nisbett, R. E., & Wilson, T. D. (1977). Telling more than we can know: Verbal reports on mental processes. *Psychological Review*, 84, 231.
19. Sherif, M. (1937). An experimental approach to the study of attitudes. *Sociometry*, 1, 90 – 98; MacNeil, M. K., & Sherif, M. (1976). Norm change over subject generations as a function of arbitrariness of prescribed norms. *Journal of Personality and Social Psychology*, 34, 762.
20. Asch, S. (1951). Effects of group pressure upon the modification and distortion of judgment. In M. H. Guetzkow (Ed.), *Groups, leadership and men* (pp. 117 – 190). Pittsburgh: Carnegie; Asch, S. (1956). Studies of independence and conformity: A minority of one against a unanimous majority. *Psychological Monographs*, 70 (9, Whole No. 416).

21. Gitow, A., & Rothenberg, F. (Producers). (1997). *Dateline NBC: Follow the leader*. Distributed by NBC News. (August 10).
22. Bond, R., & Smith, P. (1996). Culture and conformity: A meta-analysis of studies using Asch's (1952, 1956) line judgment task. *Psychological Bulletin*, 119, 111–137.
23. Berns, G. S., Chappelow, J., Zink, C. F., Pagnoni, G., Martin-Skurski, M. E., & Richards, J. (2005). Neurobiological correlates of social conformity and independence during mental rotation. *Biological Psychiatry*, 58, 245–253.
24. Wu, H., Luo, Y., & Feng, C. (2016). Neural signatures of social conformity: A coordinate-based activation likelihood estimation meta-analysis of functional brain imaging studies. *Neuroscience & Biobehavioral Reviews*, 71, 101–111.
25. Eisenberger, N. I., & Lieberman, M. D. (2004). Why rejection hurts: A common neural alarm system for physical and social pain. *Trends in Cognitive Sciences*, 8, 294–300; Baumeister, R., & Tice, D. (2017). The social animal encounters social rejection: Cognitive, behavioral, emotional, and interpersonal effects of being excluded. In J. Aronson & E. Aronson (Eds.), *Readings about the social animal*, 12th edition. New York: Worth/Freeman; Twenge, J. M., Baumeister, R. F., Tice, D. M., & Stucke, T. S. (2001). If you can't join them, beat them: Effects of social exclusion on aggressive behavior. *Journal of Personality and Social Psychology*, 81, 1058–1069.
26. Festinger, L. (1954). A theory of social comparison processes. *Human Relations*, 7, 117–140.
27. Wolosin, R., Sherman, S., & Cann, A. (1975). Predictions of own and others' conformity. *Journal of Personality*, 43, 357–378.
28. Mullen, B., Cooper, C., & Driskell, J. E. (1990). Jaywalking as a function of model behavior. *Personality and Social Psychology Bulletin*, 16, 320–330.
29. Gladwell, M. (2000). *The tipping point*. New York: Little, Brown.
30. Surowiecki, J. (2005). *The wisdom of crowds: Why the many are smarter than the few and how collective wisdom shapes business, economies, societies, and nations*. New York: Random House; Hertwig, R. (2012). Tapping into the wisdom of the crowd—with confidence. *Science*, 336, 303–304.
31. Boyanowsky, E., Allen, V., Bragg, B., & Lepinski, J. (1981). Generalization of independence created by social support. *Psychological Record*, 31, 475–488.
32. Allen, V., & Levine, J. (1971). Social support and conformity: The role of independent assessment of reality. *Journal of Experimental Social Psychology*, 7, 48–58.
33. Deutsch, M., & Gerard, H. (1955). A study of normative and informational social influence upon individual judgment. *Journal of Abnormal and Social Psychology*, 51, 629–636.
34. Pennington, J., & Schlenker, B. R. (1999). Accountability for consequential decisions: Justifying ethical judgments to audiences. *Personality and Social Psychology Bulletin*, 25, 1067–1981.
35. Quinn, A., & Schlenker, B. R. (2002). Can accountability produce independence? Goals as determinants of the impact of accountability on conformity. *Personality and Social Psychology Bulletin*, 28, 472–483.
36. Arndt, J., Schimel, J., Greenberg, J., & Pyszczynski, T. (2002). The intrinsic self and defensiveness: Evidence that activating the intrinsic self reduces self-handicapping and conformity. *Personality and Social Psychology Bulletin*, 28, 671–683.
37. Mausner, B. (1954). The effects of prior reinforcement of the interaction of observed pairs. *Journal of Abnormal and Social Psychology*, 49, 65–68; Mausner, B. (1954). The effect on one's partner's success in a relevant task on the interaction of observed pairs. *Journal of Abnormal and Social Psychology*, 49, 557–560; Goldberg, S., & Lubin, A. (1958). Influence as a function of perceived judgment error. *Human Relations*, 11, 275–281; Wiesenthal, D., Endler, N.,

Coward, T., & Edwards, J. (1976). Reversibility of relative competence as a determinant of conformity across different perceptual tasks. *Representative Research in Social Psychology*, 7, 35 – 43.

38. Dittes, J., & Kelley, H. (1956). Effects of different conditions of acceptance upon conformity to group norms. *Journal of Abnormal and Social Psychology*, 53, 100 – 107.
39. Harris, J. R. (2011). *The nurture assumption: Why children turn out the way they do*. New York: Simon and Schuster.
40. Steinberg, L. (2007). Risk taking in adolescence. *Current Directions in Psychological Science*, 16, 55 – 59.
41. Steinberg, L. (2008). A social neuroscience perspective on adolescent risk-taking. *Developmental Review*, 28, 78 – 106; Botdorf, M., Rosenbaum, G. M., Patrianakos, J., Steinberg, L., & Chein, J. M. (2017). Adolescent risk-taking is predicted by individual differences in cognitive control over emotional, but not non-emotional, response conflict. *Cognition and Emotion*, 31, 972 – 979.
42. Kennedy, D. M. (2013). "Don't shoot." Guest lecture on youth violence. New York University.
43. Baird, A. A. (2008). Adolescent moral reasoning: The integration of emotion and cognition. *Moral Psychology*, 3, 323 – 342.
44. Gaither, S. E., Apfelbaum, E. P., Birnbaum, H. J., Babbitt, L. G., & Sommers, S. R. (2017). Mere membership in racially diverse groups reduces conformity. *Social Psychological and Personality Science*. DOI: 10.1177/1948550617708013.
45. Kindermann, T. A. (2007). Effects of naturally existing peer groups on changes in academic engagement in a cohort of sixth graders. *Child Development*, 78, 1186 – 1203; Kindermann, T. A., McCollam, T. L., & Gibson, E. (1996). Peer group influences on children's developing school motivation. In K. Wentzel & J. Juvonen (Eds.), *Social motivation: Understanding children's school adjustment* (pp. 279 – 312). Newbury Park, CA: Sage.
46. Newcomb, T. M. (1943). *Personality and social change: Attitude formation in a student community*. New York: Holt, Rinehart, & Winston.
47. Crandall, C. S. (1988). Social contagion of binge eating. *Journal of Personality and Social Psychology*, 55, 588 – 598; O'Connor, S. M., Burt, S. A., VanHuysse, J. L., & Klump, K. L. (2016). What drives the association between weight-conscious peer groups and disordered eating? Disentangling genetic and environmental selection from pure socialization effects. *Journal of Abnormal Psychology*, 125, 356 – 368.
48. Aronson, E., & O'Leary, M. (1982 – 1983). The relative effectiveness of models and prompts on energy conservation: A field experiment in a shower room. *Journal of Environmental Systems*, 12, 219 – 224.
49. Cialdini, R. B., Reno, R. R., & Kallgren, C. A. (1990). A focus theory of normative conduct: Recycling the concept of norms to reduce littering in public places. *Journal of Personality and Social Psychology*, 58, 1015 – 1029.
50. Reno, R., Cialdini, R., & Kallgren, C. A. (1993). The trans-situational influence of social norms. *Journal of Personality and Social Psychology*, 64, 104 – 112.
51. Keizer, K., Lindenberg, S., & Steg, L. (2008). The spreading of disorder. *Science*, 322, 1681 – 1685; Hinkle, J. C., & Yang, S. M. (2014). A new look into broken windows: What shapes individuals' perceptions of social disorder? *Journal of Criminal Justice*, 42, 26 – 35; Keuschnigg, M., & Wolbring, T. (2015). Disorder, social capital, and norm violation: Three field experiments on the broken windows thesis. *Rationality and Society*, 27, 96 – 126; Keizer, K., Lindenberg, S., & Steg, L. (2013). The importance of demonstratively restoring order. *PLoS One*, 8, e65137.

52. Wicherts, J. M., & Bakker, M. (2014). Broken windows, mediocre methods, and substandard statistics. *Group Processes & Intergroup Relations*, 17, 388–403; Wilson, J. Q., & Kelling, G. L. (1982). Broken windows. *Atlantic Monthly*, March, 29–38.
53. Goldstein, N. J., Cialdini, R. B., & Griskevicius, V. (2008). A room with a viewpoint: Using social norms to motivate environmental conservation in hotels. *Journal of Consumer Research*, 35, 472–482.
54. Cialdini, R. B. (2003). Crafting normative messages to protect the environment. *Current Directions in Psychological Science*, 12(4), 105–109.
55. Manning, R., Levine, M., & Collins, A. (2007). The Kitty Genovese murder and the social psychology of helping: The parable of the 38 witnesses. *American Psychologist*, 62, 555–562.
56. Pelonero, C. (2014). *Kitty Genovese: A true account of a public murder and its private consequences*. New York: Skyhorse Publishing.
57. Korte, C., & Kerr, N. (1975). Response to altruistic opportunities in urban and nonurban settings. *Journal of Social Psychology*, 95, 183–184; Rushton, J. P. (1978). Urban density and altruism: Helping strangers in a Canadian city, suburb, and small town. *Psychological Reports*, 43, 987–990.
58. Levine, R. V., Norenzayan, A., & Philbrick, K. (2001). Cross-cultural differences in helping strangers. *Journal of Cross-Cultural Psychology*, 32, 543–560.
59. Darley, J., & Latané, B. (1968). Bystander intervention in emergencies: Diffusion of responsibility. *Journal of Personality and Social Psychology*, 8, 377–383; Latané, B., & Darley, J. (1968). Group inhibition of bystander intervention in emergencies. *Journal of Personality and Social Psychology*, 10, 215–221; Latané, B., & Rodin, J. (1969). A lady in distress: Inhibiting effects of friends and strangers on bystander intervention. *Journal of Experimental Social Psychology*, 5, 189–202.
60. Latané, B., & Rodin, J. (1969). A lady in distress: Inhibiting effects of friends and strangers on bystander intervention. *Journal of Experimental Social Psychology*, 5, 189–202.
61. Darley, J., & Latané, B. (1968). Bystander intervention in emergencies: Diffusion of responsibility. *Journal of Personality and Social Psychology*, 8, 377–383.
62. Darley, J., & Batson, D. (1973). "From Jerusalem to Jericho": A study of situational and dispositional variables in helping behavior. *Journal of Personality and Social Psychology*, 27, 100–108.
63. Piliavin, I., Rodin, J., & Piliavin, J. (1969). Good samaritanism: An underground phenomenon? *Journal of Personality and Social Psychology*, 13, 289–299.
64. Fischer, P., Krueger, J. I., Greitemeyer, T., et al. (2011). The bystander-effect: A meta-analytic review on bystander intervention in dangerous and non-dangerous emergencies. *Psychological Bulletin*, 137, 517–537.
65. Gross, J. J. (1998). The emerging field of emotion regulation: An integrative review. *Review of General Psychology*, 2, 271–299; Gross, J. J., & John, O. P. (2003). Individual differences in two emotion regulation processes: Implications for affect, relationships, and wellbeing. *Journal of Personality and Social Psychology*, 85, 348–362.
66. Hochschild, A. R. (2003). *The managed heart: Commercialization of human feeling* (2nd edition). Berkeley, CA: University of California Press.
67. Jessor, R., Costa, F. M., Krueger, P. M., & Turbin, M. S. (2017). Problem drinking in college. In *Problem behavior theory and adolescent health* (pp. 123–138). Springer International Publishing; 2014 National Survey on Drug Use and Health (NSDUH). Table 6.88B—Alcohol Use in the Past Month among Persons Aged 18 to 22, by College Enrollment Status and Demographic Characteristics: Percentages, 2013 and 2014. https://www.samhsa.gov/data/sites/default/files/

NSDUH-DetTabs2013/NSDUH-DetTabs2013.htm#tab6.88b.
68. Miller, D. T., & Prentice, D. A. (2016). Changing norms to change behavior. *Annual Review of Psychology*, 67, 339–361.
69. Schroeder, C. M., & Prentice, D. A. (1998). Exposing pluralistic ignorance to reduce alcohol use among college students. *Journal of Applied Social Psychology*, 28, 2150–2180.
70. Kennedy, D. M., Kleiman, M. A., & Braga, A. A. (2017). Beyond deterrence. *Handbook of Crime Prevention and Community Safety*, 157.
71. Interrupting violence with the message "Don't Shoot"; Interview with David M. Kennedy." *Fresh Air*. November 11, 2011. Retrieved April 22, 2014; Kennedy, David M. (2011). *Don't shoot: One man, a street fellowship, and the end of violence in inner-city America*. New York: Bloomsbury.
72. Kelman, H. (1961). Processes of opinion change. *Public Opinion Quarterly*, 25, 57–78.
73. Cohen, G. L., & Prinstein, M. J. (2006). Peer contagion of aggression and health-risk behavior among adolescent males: An experimental investigation of effects on public conduct and private attitudes. *Child Development*, 77, 967–983.
74. Milgram, S. (1963). Behavioral study of obedience. *Journal of Abnormal and Social Psychology*, 67, 371–378.
75. Milgram, S. (1974). *Obedience to authority*. New York: Harper & Row; Elms, A. C., & Milgram, S. (1966). Personality characteristics associated with obedience and defiance toward authoritative command. *Journal of Experimental Research in Personality*, 1, 282–289.
76. Kilham, W., & Mann, L. (1974). Level of destructive obedience as a function of transmitter and executant roles in the Milgram obedience paradigm. *Journal of Personality and Social Psychology*, 29, 696–702; Shanab, M., & Yahya, K. (1977). A behavioral study of obedience in children. *Journal of Personality and Social Psychology*, 35, 530–536.
77. Meeus, W. H. J., & Raaijmakers, Q. A. W. (1995). Obedience in modern society: The Utrecht studies. *Journal of Social Issues*, 51(3), 155–175; A. G. Miller, B. E. Collins, & D. E. Brief. (1995). Perspectives on obedience to authority: The legacy of the Milgram experiments. *Journal of Social Issues*, 51(3), 1–19.
78. Burger, J. (2007). Milgram replication. ABC *20/20*. January 3; Burger, J. M. (2014). Situational features in Milgram's experiment that kept his participants shocking. *Journal of Social Issues*, 70, 489–500.
79. Democracy Now (2005). Abu Ghraib: Getting away with torture? Human rights watch calls for accountability into U. S. abuse of detainees. Retrieved January 2, 2010, from http://www.democracynow.org/2005/4/25/getting_away_with_torture_human_rights; Zimbardo, P. (2007). *The Lucifer effect*. New York: Random House.
80. Milgram, S. (1965). Some conditions of obedience and disobedience to authority. *Human Relations*, 18, 57–76; Milgram, S. (1974). *Obedience to authority: An experimental view*. New York: Harper & Row.
81. Meeus, W. H. J., & Raaijmakers, Q. A. W. (1995). Obedience in modern society: The Utrecht studies. *Journal of Social Issues*, 51, 155–176.
82. Vasquez Heilig, J., & Darling-Hammond, L. (2008). Accountability Texas-style: The progress and learning of urban minority students in a high-stakes testing context. *Educational Evaluation and Policy Analysis*, 30, 75–110.
83. Martin, R., & Hewstone, M. (2017). Minority influence. *Social Psychology: Revisiting the Classic Studies*, 93.
84. O'Connor, S. D. (2007). *The majesty of the law: Reflections of a Supreme Court justice*. New York: Random House.

Chapter 5 Mass Communication, Propaganda, and Persuasion

1. For example, see http://www.hopkinsmedicine.org/health/healthy_aging/healthy_body/is-there-really-any-benefit-to-multivitamins. Accessed August 13, 2017.
2. Smith, A. (2015). US smartphone use in 2015. *Pew Research Center*, 1; Tsetsi, E., & Rains, S. A. (2017). Smartphone internet access and use: Extending the digital divide and usage gap. *Mobile Media & Communication*, DOI: 10.1177/2050157917708329.
3. Hamm, M. P., Newton, A. S., Chisholm, A., Shulhan, J., Milne, A., Sundar, P., & Hartling, L. (2015). Prevalence and effect of cyberbullying on children and young people: A scoping review of social media studies. *JAMA Pediatrics*, 169, 770 – 777; Groves, C. L., & Anderson, C. A. (2017). Negative effects of video game play 49. *Handbook of Digital Games and Entertainment Technologies*, 1297; Benotsch, E. G., Snipes, D. J., Martin, A. M., & Bull, S. S. (2013). Sexting, substance use, and sexual risk behavior in young adults. *Journal of Adolescent Health*, 52, 307 – 313.
4. Oulasvirta, A., Rattenbury, T., Ma, L., & Raita, E. (2012). Habits make smartphone use pervasive. *Personal and Ubiquitous Computing*, 16, 105 – 114.
5. Alter, A. (2017). *Irresistible: The rise of addictive technology and the business of keeping us hooked*. New York: Penguin.
6. Seo, D. G., Park, Y., Kim, M. K., & Park, J. (2016). Mobile phone dependency and its impacts on adolescents' social and academic behaviors. *Computers in Human Behavior*, 63, 282 – 292.
7. Centers for Disease Control and Prevention (2016). *Youth Risk Behavior Surveillance-United States, 2015. Morbidity and Mortality Weekly Report*, 65. Atlanta, GA: Centers for Disease Control and Prevention.
8. Thornton, B., Faires, A., Robbins, M., & Rollins, E. (2014). The mere presence of a cell phone may be distracting implications for attention and task performance. *Social Psychology*, 45, 479 – 488.
9. Przybylski, A. K., & Weinstein, N. (2013). Can you connect with me now? How the presence of mobile communication technology influences face-to-face conversation quality. *Journal of Social and Personal Relationships*, 30, 237 – 246.
10. Misra, S., Cheng, L., Genevie, J., & Yuan, M. (2016). The iPhone effect: The quality of in-person social interactions in the presence of mobile devices. *Environment and Behavior*, 48, 275 – 298.
11. https://techcrunch.com/2017/03/03/u-s-consumers-now-spend-5-hours-per-day-on-mobile-devices/. Accessed August 14, 2017; https://hackernoon.com/how-much-time-do-people-spend-on-their-mobile-phones-in-2017-e5f90a0b10a6. Accessed August 14, 2017.
12. Uhls, Y. T., Michikyan, M., Morris, J., Garcia, D., Small, G. W., Zgourou, E., & Greenfield, P. M. (2014). Five days at outdoor education camp without screens improves preteen skills with nonverbal emotion cues. *Computers in Human Behavior*, 39, 387 – 392.
13. Green, C. S., & Bavelier, D. (2012). Learning, attentional control, and action video games. *Current Biology*, 22, R197 – R206.
14. Twenge, J. M. (2013). Does online social media lead to social connection or social disconnection? *Journal of College and Character*, 14, 11 – 20; Halpern, D., Valenzuela, S., & Katz, J. E. (2016). "Selfie-ists" or "Narci-selfiers"?: A cross-lagged panel analysis of selfie taking and narcissism. *Personality and Individual Differences*, 97, 98 – 101.
15. Jackson, M. (2008). *Distracted: The erosion of attention and the coming dark age*. New York:

Prometheus Books; Carr, N. (2011). *The shallows: What the Internet is doing to our brains*. New York: W. W. Norton.

16. For an excellent list of scientific references on the benefits of walking in nature on mental energy, creativity, stress reduction, memory, and other cognitive areas, see http://www.businessinsider.com/scientific-benefits-of-nature-outdoors-2016-4/#1-improved-short-term-memory-1. Accessed August 14, 2017.

17. Verduyn, P., Lee, D. S., Park, J., Shablack, H., Orvell, A., Bayer, J., & Kross, E. (2015). Passive Facebook usage undermines affective well-being: Experimental and longitudinal evidence. *Journal of Experimental Psychology: General*, 144, 480.

18. Johnson, R. N. (1996). Bad news revisited: The portrayal of violence, conflict, and suffering on television news. *Peace and Conflict: Journal of Peace Psychology*, 2, 201–216.

19. Pollock, J. (2017). *Crime and criminal justice in America*. New York: Taylor & Francis.

20. Piccalo, G. (2001). *Los Angeles Times*. September 26.

21. Nowicki, Dan. The Arizona Republic retrieved from: https://www.usatoday.com/story/news/nation/2013/03/17/iraq-war-10-years-later/1993431/. Accessed August 14, 2017.

22. Gilbert, G. M. (1947). *Nuremberg diary* (pp. 278–279). New York: Farrar, Straus and Company.

23. (1982). *St. Petersburg Times*. October 21; (1982). *The Tennessean*. October 31.

24. (1982). *Newsbank*, 19, October, 1.

25. Phillips, D. P., & Carstensen, L. L. (1986). Clustering of teenage suicides after television news stories about suicide. *New England Journal of Medicine*, 315, 685–689; Phillips, D. P., Lesyna, K., & Paight, D. J. (1992). Suicide and the media. In R. W. Maris, A. L. Berman, J. T. Maltsberger, & R. I. Yufit (Eds.), *Assessment and prediction of suicide* (pp. 499–519). New York: Guilford Press.

26. Ma-Kellams, C., Baek, J. H., & Or, F. (2016). Suicide contagion in response to widely publicized celebrity deaths: The roles of depressed affect, death-thought accessibility, and attitudes. *Psychology of Popular Media Culture*, DOI: 10.1037/ppm0000115.

27. Jobes, D. A., Berman, A. L., O'Carroll, P. W., Eastgard, S., & Knickmeyer, S. (1996). The Kurt Cobain suicide crisis: Perspectives from research, public health, and the news media. *Suicide and Life Threatening Behavior*, 26, 260–269.

28. Jenkin, G., Madhvani, N., Signal, L., & Bowers, S. (2014). A systematic review of persuasive marketing techniques to promote food to children on television. *Obesity Reviews*, 15, 281–293.

29. Lyle, J., & Hoffman, H. (1971). Explorations in patterns of television viewing by preschool-age children. In J. P. Murray, E. A. Robinson, & G. A. Comstock (Eds.), *Television and social behavior* (Vol. 4, pp. 257–344). Rockville, MD: National Institutes of Health; Unnikrishnan, N., & Bajpai, S. (1996). *The impact of television advertising on children*. New Delhi: Sage.

30. Kunkel, D., & Roberts, D. (1991). Young minds and marketplace values: Issues in children's television advertising. *Journal of Social Issues*, 47, 57–72.

31. Borzekowski, D. L., & Robinson, T. N. (2001). The 30-second effect: An experiment revealing the impact of television commercials on food preferences of preschoolers. *Journal of the American Dietetic Association*, 101, 42–46.

32. Kunkel, D., & Roberts, D. (1991). Young minds and marketplace values: Issues in children's television advertising. *Journal of Social Issues*, 47, 57–72.

33. Levine, R. (2003). *The power of persuasion: How we're bought and sold*. New York: John Wiley & Sons.

34. Zajonc, R. (1968). The attitudinal effects of mere exposure. *Journal of Personality and Social Psychology*, Monograph Supplement, 9, 1–27.

35. Bornstein, R. F. (1989) Exposure and affect: Overview and meta-analysis of research, 1968 – 1987. *Psychological Bulletin*, *106*, 265 – 289.
36. Nuttin, J. (1985). Narcissism beyond Gestalt and awareness: The name letter effect. *European Journal of Social Psychology*, *15*, 353 – 361; Keller, B., & Gierl, H. (2017). Can advertisers benefit from the name-letter-and birthday-number effect? In *Advances in Advertising Research VIII* (pp. 31 – 44). New York: Springer Fachmedien Wiesbaden.
37. Brady, N., Campbell, M., & Flaherty, M. (2004). My left brain and me: A dissociation in the perception of self and others. *Neuropsychologia*, *42*, 1156 – 1161.
38. McGuire, W. J. (1986). The myth of massive media impact: Savagings and salvagings. *Public Communication and Behavior*, *1*, 173 – 257.
39. Grush, J., McKeough, K., & Ahlering, R. (1978). Extrapolating laboratory exposure research to actual political elections. *Journal of Personality and Social Psychology*, *36*, 257 – 270; Grush, J. E. (1980). Impact of candidate expenditures, regionality, and prior outcomes on the 1976 presidential primaries. *Journal of Personality and Social Psychology*, *38*, 337 – 347.
40. Pfau, M., Diedrich, T., Larson, K. M., & Van Winkle, K. M. (1995). Influence of communication modalities on voters' perceptions of candidates during presidential primary campaigns. *Journal of Communication*, *45*, 122 – 133; Soley, L. C., Craig, R. L., & Cherif, S. (1988). Promotional expenditures in congressional elections: Turnout, political action committees and asymmetry effects. *Journal of Advertising*, *17*, 36 – 44; Kaid, L. L. (2004). Political advertising. *Handbook of Political Communication Research*, 155 – 202.
41. White, J. E. (1988). Bush's most valuable player. *Time*, November 14, 20 – 21.
42. Rosenthal, A. (1988). Foes accuse Bush campaign of inflaming racial tension. *New York Times*, October 24, A1, B5; Pandora's box (1988). *The New Republic*, October, 4, 45.
43. Tolchin, M. (1988). Study says 53,000 get prison furloughs in''87, and few did harm. *New York Times*, October 12, A23.
44. Pratkanis, A. R., & Aronson, E. (1992). *The age of propaganda: The everyday use and abuse of persuasion*. New York: W. H. Freeman.
45. Pratkanis, A. R. (1993). Propaganda and persuasion in the 1992 U. S. presidential election: What are the implications for a democracy? *Current World Leaders*, *36*, 341 – 361.
46. Pariser, E. (2011). *The filter bubble: How the new personalized web is changing what we read and how we think*. New York: Penguin.
47. Newseum (2017). State of the first amendment. Freedom Forum.
48. CNN. (2016). That Trump quote calling Republicans "the dumbest group of voters"? Fake! http://www.cnn.com/2016/11/10/politics/trump-quote-facebook-trnd/index.html. Accessed August 14, 2017; *New York Magazine*. (2017). "The Fake Donald Trump Quote That Just Won't Die." http://nymag.com/selectall/2016/11/the-fake-donald-trump-quote-that-just-wont-die.html. Accessed August 14, 2017.
49. Petty, R. E., & Cacciopo, J. T. (1986). The elaboration likelihood model of persuasion. In L. Berkowitz (Ed.) *Advances in experimental social psychology* (pp. 123 – 205). Hillsdale, NJ: Erlbaum; Petty, R. E., Heesacker, M., & Hughes, J. N. (1997). The elaboration likelihood model: Implications for the practice of school psychology. *Journal of School Psychology*, *35*, 107 – 136; Chaiken, S., Wood, W., & Eagly, A. H. (1996). Principles of persuasion. In E. T. Higgins, & A. W. Kruglanski (Eds.), *Social psychology: Handbook of basic principles* (pp. 702 – 742). New York: Guilford Press.
50. McGlone, M. S., & Tofighbakhsh, J. (2000). Birds of a feather flock conjointly (?): Rhyme as reason in aphorisms. *Psychological Science*, *11*, 424 – 428; McGlone, M. S., & Tofighbakhsh, J. (1999). The Keats heuristic: Rhyme as reason in aphorism interpretation. *Poetics*, *26*, 235 – 244.

51. Luntz, F. (2007). *Words that work*. New York: Hyperion.
52. See, for example, LiveScience (2012). https://www.livescience.com/36367-pink-slime-bad-health-beef.html. Accessed August 14, 2017.
53. Eagly, A. H., & Chaiken, S. (1993). *The psychology of attitudes*. Fort Worth, TX: Harcourt, Brace, & Jovanovich.
54. Aristotle. (1954). Rhetoric. In W. Roberts (Trans.), *Aristotle, rhetoric and poetics* (p. 25). New York: Modern Library.
55. Hovland, C., & Weiss, W. (1951). The influence of source credibility on communication effectiveness. *Public Opinion Quarterly*, 15, 635–650.
56. Aronson, E., & Golden, B. (1962). The effect of relevant and irrelevant aspects of communicator credibility on opinion change. *Journal of Personality*, 30, 135–146.
57. Walster (Hatfield), E., & Festinger, L. (1962). The effectiveness of "overheard" persuasive communications. *Journal of Abnormal and Social Psychology*, 65, 395–402.
58. Mills, J., & Aronson, E. (1965). Opinion change as a function of communicator's attractiveness and desire to influence. *Journal of Personality and Social Psychology*, 1, 173–177.
59. Eagly, A., & Chaiken, S. (1975). An attribution analysis of the effect of communicator characteristics on opinion change: The case of communicator attractiveness. *Journal of Personality and Social Psychology*, 32, 136–144; Eagly, A. H., Ashmore, R. D., Makhijani, M. G., & Longo, L. C. (1991). What is beautiful is good, but....: A meta-analytic review of research on the physical attractiveness stereotype. *Psychological Bulletin*, 110, 109–128.
60. (1987). *Santa Cruz Sentinel*, January 13, p. A8.
61. Walster (Hatfield), E., & Festinger, L. (1962). The effectiveness of "overheard" persuasive communications. *Journal of Abnormal and Social Psychology*, 65, 395–402.
62. Eckel, C. C., & Wilson, R. K. (2004). Is trust a risky decision? *Journal of Economic Behavior & Organization*, 55, 447–465.
63. Mills, J., & Aronson, E. (1965). Opinion change as a function of communicator's attractiveness and desire to influence. *Journal of Personality and Social Psychology*, 1, 173–177; Eagly, A., & Chaiken, S. (1975). An attribution analysis of the effect of communicator characteristics on opinion change: The case of communicator attractiveness. *Journal of Personality and Social Psychology*, 32, 136–144; Eagly, A. H., Ashmore, R. D., Makhijani, M. G., & Longo, L. C. (1991). What is beautiful is good, but. ...: A meta-analytic review of research on the physical attractiveness stereotype. *Psychological Bulletin*, 110, 109–128.
64. Hartmann, G. (1936). A field experience on the comparative effectiveness of "emotional" and "rational" political leaflets in determining election results. *Journal of Abnormal and Social Psychology*, 31, 336–352.
65. Leventhal, H. (1970). Findings and theory in the study of fear communications. In L. Berkowitz (Ed.), *Advances in experimental social psychology* (Vol. 5, pp. 119–186). New York: Academic Press; Leventhal, H., Meyer, D., & Nerenz, D. (1980). The common sense representation of illness danger. In S. Rachman (Ed.), *Contributions to medical psychology* (Vol. 2), New York: Pergamon Press; Cameron, L. D., & Leventhal, H. (1995). Vulnerability beliefs, symptom experiences, and the processing of health threat information: A self-regulatory perspective. *Journal of Applied Social Psychology*, 25, 1859–1883.
66. Chapman University. (2016). https://blogs.chapman.edu/wilkinson/2016/10/11/americas-top-fears-2016/. Accessed August 14, 2017.
67. Gilbert, D. (2006). If only gay sex caused global warming. *Los Angeles Times*, July 2.
68. McGlone, M. S., Bell, R. A., Zaitchik, S. T., & McGlynn III, J. (2013). Don't let the flu catch you: Agency assignment in printed educational materials about the H1N1 influenza virus. *Journal*

of Health Communication, 18, 740 – 756; McGlone, M. S., Stephens, K. K., Rodriguez, S. A., & Fernandez, M. E. (2017). Persuasive texts for prompting action: Agency assignment in HPV vaccination reminders. Vaccine, 5, 4295 – 4297.

69. Haidt, J. (2003). The moral emotions. *Handbook of Affective Sciences*, 11, 852 – 870.
70. Brady, W. J., Wills, J. A., Jost, J. T., Tucker, J. A., & Van Bavel, J. J. (2017). Emotion shapes the diffusion of moralized content in social networks. *Proceedings of the National Academy of Sciences*, 114, 7313 – 7318.
71. Lakoff, G. (2016). *Moral politics: How liberals and conservatives think* (3rd edition). Chicago: University of Chicago Press.
72. Hibbert, S., Smith, A., Davies, A., & Ireland, F. (2007). Guilt appeals: Persuasion knowledge and charitable giving. *Psychology & Marketing*, 24, 723 – 742; Carlsmith, J. M., & Gross, A. E. (1969). Some effects of guilt on compliance. *Journal of Personality and Social Psychology*, 11, 232.
73. Schnall, S., Roper, J., & Fessler, D. M. (2010). Elevation leads to altruistic behavior. *Psychological Science*, 21, 315 – 320; Algoe, S. B., & Haidt, J. (2009). Witnessing excellence in action: The "other-praising" emotions of elevation, gratitude, and admiration. *Journal of Positive Psychology*, 4, 105 – 127; Franklin Waddell, T., Bailey, E., & Davis, S. E. (2017). Does elevation reduce viewers' enjoyment of media violence? Testing the intervention potential of inspiring media. *Journal of Media Psychology*, 1, 1 – 7.
74. Grant, A. (2014). *Give and take: Why helping others drives our success*. New York: Penguin.
75. Nisbett, R., Borgida, E., Crandall, R., & Reed, H. (1976). Popular induction: Information is not always informative. In J. S. Carroll & J. W. Payne (Eds.), *Cognition and social behavior* (pp. 227 – 236). Hillsdale, NJ: Erlbaum; Nisbett, R., & Ross, L. (1980). *Human inference: Strategies and shortcomings of social judgment*. Englewood Cliffs, NJ: Prentice-Hall; Hamill, R., DeCamp Wilson, T., & Nisbett, R. (1980). Insensitivity to sample bias: Generalizing from atypical cases. *Journal of Personality and Social Psychology*, 39, 578 – 589.
76. Aronson, E., Gonzales, M. H., & Costanzo, M. (1988). Increasing the effectiveness of energy auditors: A field experiment. *Journal of Applied Social Psychology*, 18, 1049 – 1066.
77. McClure, T., & Spence, R. (2006). *Don't mess with Texas: The story behind the legend*. Austin, TX: Idea City Press.
78. Bryan, C. J., Walton, G. M., Rogers, T., & Dweck, C. S. (2011). Motivating voter turnout by invoking the self. *Proceedings of the National Academy of Sciences*, 108, 12653 – 12656.
79. Bryan, C. J. (2018). You are what you do: Implicating the self to influence behavior. In J. Aronson & E. Aronson (Eds.), *Readings about the social animal* (12th edition). New York: Worth.
80. Hovland, C., Lumsdain, A., & Sheffield, F. (1949). *Experiments on mass communications*. Princeton, NJ: Princeton University Press.
81. Zimbardo, P. (1960). Involvement and communication discrepancy as determinants of opinion conformity. *Journal of Abnormal and Social Psychology*, 60, 86 – 94.
82. Whittaker, J. O. (1963). Opinion change as a function of communication-attitude discrepancy. *Psychological Reports*, 13, 763 – 772.
83. Hovland, C., Harvey, O. J., & Sherif, M. (1957). Assimilation and contrast effects in reaction to communication and attitude change. *Journal of Abnormal and Social Psychology*, 55, 244 – 252.
84. Zellner, M. (1970). Self-esteem, reception, and influenceability. *Journal of Personality and Social Psychology*, 15, 87 – 93; Wood, W., & Stagner, B. (1994). Why are some people easier to influence than others? In S. Shavitt & T. Brock (Eds.), *Persuasion: Psychological insights and perspectives* (pp. 149 – 174). Boston: Allyn & Bacon.

85. Jost, J. T., Glaser, J., Kruglanski, A. W., & Sulloway, F. (2003). Political conservatism as motivated social cognition. *Psychological Bulletin*, 129, 339–375.
86. Graham, J., Haidt, J., & Nosek, B. A. (2009). Liberals and conservatives rely on different sets of moral foundations. *Journal of Personality and Social Psychology*, 96, 1029–1046; Jost, J. T., Nosek, B. A., & Gosling, S. D. (2008). Ideology: Its resurgence in social, personality, and political psychology. *Perspectives on Psychological Science*, 3, 126–136.
87. Haidt, J. (2012). *The righteous mind: Why good people are divided by politics and religion*. New York: Vintage/Random House.
88. Cialdini, R. (2016). *Pre-suasion*. New York: Simon & Schuster.
89. Janis, I. J., Kaye, D., & Kirschner, P. (1965). Facilitating effects of "eating-while-reading" on responsiveness to persuasive communication. *Journal of Personality and Social Psychology*, 1, 181–186.
90. Petty, R. E., Schumann, D. W., Richman, S. A., & Strathman, A. (1993). Positive mood and persuasion: Different roles for affect under high- and low-elaboration conditions. *Journal of Personality and Social Psychology*, 64, 5–20.
91. Cohen, G. T., Aronson, J., & Steele, C. (2000). When beliefs yield to evidence: Reducing biased evaluation by affirming the self. *Personality and Social Psychology Bulletin*, 26, 1151–1164.
92. Hass, R. G., & Grady, K. (1975). Temporal delay, type of forewarning, and resistance to influence. *Journal of Experimental Social Psychology*, 11, 459–469.
93. Freedman, J., & Sears, D. (1965). Warning, distraction, and resistance to influence. *Journal of Personality and Social Psychology*, 1, 262–266; Petty, R. E., & Cacioppo, J. T. (1979). Effects of forewarning of persuasive intent and involvement on cognitive responses and persuasion. *Personality and Social Psychology Bulletin*, 5, 173–176; Chen, H. C., Reardon, R., Rea, C., & Moore, D. J. (1992). Forewarning of content and involvement: Consequences for persuasion and resistance to persuasion. *Journal of Experimental Social Psychology*, 28, 523–541.
94. Brehm, J. (1966). *A theory of psychological reactance*. New York: Academic Press.
95. Pennebaker, J. W., & Sanders, D. Y. (1976). American graffiti: Effects of authority and reactance arousal. *Personality and Social Psychology Bulletin*, 2, 264–267.
96. Erceg-Hurn, D. M., & Steed, L. G. (2011). Does exposure to cigarette health warnings elicit psychological reactance in smokers? *Journal of Applied Social Psychology*, 41, 219–237; Miller, C. H., Lane, L. T., Deatrick, L. M., Young, A. M., & Potts, K. A. (2007). Psychological reactance and promotional health messages. *Human Communication Research*, 33, 219–240.
97. Heilman, M. (1976). Oppositional behavior as a function of influence attempt intensity and retaliation threat. *Journal of Personality and Social Psychology*, 33, 574–578.
98. McGuire, W. J. (1964). Inducing resistance to persuasion. In L. Berkowitz (Ed.), *Advances in experimental social psychology* (Vol. 1, pp. 192–229). New York: Academic Press; McGuire, W., & Papageorgis, D. (1961). The relative efficacy of various types of prior belief-defense in producing immunity against persuasion. *Journal of Abnormal and Social Psychology*, 62, 327–337.
99. Banas, J. A., & Miller, G. (2013). Inducing resistance to conspiracy theory propaganda: Testing inoculation and metainoculation strategies. *Human Communication Research*, 39, 184–207.
100. Barrett, L. F. (2017, July 16). When is speech violent? *New York Times*, Sunday Review, 9.

Chapter 6 Human Aggression

1. (1986). *Newsweek*, April 28, 22.

2. Mass Shooting Archive (2017). http://www.gunviolencearchive.org/reports/mass-shooting. Accessed August 16, 2017.
3. Freud, S. (1948). *Beyond the pleasure principle*. London: Hogarth Press and Institute of Psycho-Analysis.
4. Kuo, Z. Y. (1961). Genesis of the cat's response to the rat. In E. Aronson (Ed.), *Instinct* (p. 24). Princeton, NJ: Van Nostrand.
5. Eibl-Eibesfeldt, I. (1963). Aggressive behavior and ritualized fighting in animals. In J. H. Masserman (Ed.), *Science and psychoanalysis, Vol. VI. Violence and war*. New York: Grune & Stratton.
6. Watts, D., Muller, M., Amsler, S., Mbabazi, G., & Mitani, J. C. (2006). Lethal intergroup aggression by chimpanzees in the Kibale National Park, Uganda. *American Journal of Primatology*, 68, 161–180; Watts, D., & Mitani, J. C. (2001). Boundary patrols and intergroup encounters in wild chimpanzees. *Behaviour*, 138, 299–327.
7. De Waal, F. B. M. (1996). *Good natured: The origins of right and wrong in humans and other animals*. Cambridge, MA: Harvard University Press; Parish, A. R., & de Waal, F. B. M. (2000). The other "closest living relative": How bonobos (Pan paniscus) challenge traditional assumptions about females, dominance, intra- and intersexual interactions, and hominid evolution. *Annals of the New York Academy of Sciences*, 907, 97–113.
8. Hare, B. (2017). Survival of the friendliest: Homo sapiens evolved via selection for prosociality. *Annual review of psychology*, 68, 155–186; Muller, M. N., & Mitani, J. C. (2005). Conflict and cooperation in wild chimpanzees. *Advances in the Study of Behavior*, 35, 275–331.
9. Bergeron, N., & Schneider, B. H. (2005). Explaining cross-national differences in peer-directed aggression: A quantitative synthesis. *Aggressive Behavior*, 31, 116–137.
10. Baron, R. A., & Richardson, D. R. (1994). *Human aggression* (2nd edition). New York: Plenum.
11. Hunt, G. T. (1940). *The wars of the Iroquois*. Madison: The University of Wisconsin Press.
12. Pinker, S. (2011). *The better angels of our nature*. New York: Penguin; Pinker, S. (2016). Has the decline of violence reversed since *The Better Angels of Our Nature* was written? https://stevenpinker.com/files/pinker/files/has_the_decline_of_violence_reversed_since_the_better_angels_of_our_nature_was_written.pdf. Accessed August 16, 2017.
13. Nisbett, R. E. (1993). Violence and U. S. regional culture. *American Psychologist*, 48, 441–449.
14. Cohen, D., Nisbett, R., Bowdle, B. F., & Schwarz, N. (1996) Insult, aggression, and the Southern culture of honor: An "experimental ethnography." *Journal of Personality and Social Psychology*, 70, 945–960.
15. Cohen, D., & Nisbett, R. E. (1994). Self-protection and the culture of honor: Explaining Southern violence. *Personality and Social Psychology Bulletin*, 20, 551–567.
16. Cohen, D., & Nisbett, R. E. (1997). Field experiments examining the culture of honor: The role of institutions in perpetuating norms about violence. *Personality and Social Psychology Bulletin*, 23, 1188–1199.
17. Brown, R. P., Osterman, L. L., & Barnes, C. D. (2009). School violence and the culture of honor. *Psychological Science*, 20, 1400–1405.
18. Vandello, J. A., & Cohen, D. (1999). Patterns of individualism and collectivism across the United States. *Journal of Personality and Social Psychology*, 77, 279–292; Vandello, J. A., Cohen, D., & Ransom, S. (2008). U. S. Southern and Northern differences in perceptions of norms about aggression: Mechanisms for the perpetuation of a culture of honor. *Journal of Cross-Cultural Psychology*, 39, 162–177.

19. Bosson, J. K., & Vandello, J. A. (2011). Precarious manhood and its links to action and aggression. *Current Directions in Psychological Science*, 20, 82–86.
20. Gilmore, D. D. (1990). *Manhood in the making: Cultural concepts of masculinity*. New Haven, CT: Yale University Press; Kimmel, M. (2012). *The gendered society* (5th edition). New York: Oxford University Press.
21. Archer, J. (2004). Sex differences in aggression in real-world settings: A meta-analytic review. *Review of General Psychology*, 8, 291.
22. Archer, D., & McDaniel, P. (1995). Violence and gender: Differences and similarities across societies. In R. B. Ruback & N. A. Weiner (Eds.), *Interpersonal violent behaviors: Social and cultural aspects* (pp. 63–88). New York: Springer.
23. Dabbs, J. M., Carr, T. S., Frady, R. L., & Riad, J. K. (1995). Testosterone, crime, and misbehavior among 692 male prison inmates. *Personality and Individual Differences*, 7, 269–275.
24. Dabbs, J. M., Jr., Hargrove, M. F., & Heusel, C. (1996). Testosterone differences among college fraternities: Well-behaved vs. rambunctious. *Personality and Individual Differences*, 20, 157–161.
25. Archer, J., & Carré, J. M. (2016). Testosterone and aggression. *Aggression and Violence: A Social Psychological Perspective*, 90.
26. Sapolsky, R. A. (2017). *Behave: The biology of humans at our best and worst*. London: Bodley Head. Quotes on pages 100 and 101.
27. Breiding, M. J., Chen J., & Black, M. C. (2014). *Intimate partner violence in the United States—2010*. Atlanta: National Center for Injury Prevention and Control, Centers for Disease Control and Prevention.
28. Testa, M., Hoffman, J. H., & Leonard, K. E. (2011). Female intimate partner violence perpetration: Stability and predictors of mutual and nonmutual aggression across the first year of college. *Aggressive Behavior*, 37, 362–373.
29. Straus, M. (2011). Gender symmetry and mutuality in perpetration of clinical-level partner violence: Empirical evidence and implications for prevention and treatment. *Aggression and Violent Behavior*, 16, 279–288.
30. Langhinrichsen-Rohling, J., Misra, T. A., Selwyn, C., & Rohling, M. L. (2012). Rates of bidirectional versus unidirectional intimate partner violence across samples, sexual orientations, and race/ethnicities: A comprehensive review. *Partner Abuse*, 3, 199–230.
31. Archer, J. (2004). Sex differences in aggression in real-world settings: A meta-analytic review. *Review of General Psychology*, 8, 291–322; Levy, B. (2008). *Women and violence*. Berkeley, CA: Seal Press.
32. Bettencourt, B. A., & Miller, N. (1996). Gender differences in aggression as a function of provocation: A meta-analysis. *Psychological Bulletin*, 119, 422–447.
33. Eisenstat, S. A., & Bancroft, L. (1999). Domestic violence. *New England Journal of Medicine*, 341, 886–892.
34. Archer, D., & McDaniel, P. (1995). Violence and gender: Differences and similarities across societies. In R. B. Ruback & N. A. Weiner (Eds.), *Interpersonal violent behaviors: Social and cultural aspects* (pp. 63–88). New York: Springer.
35. Harris, M. G. (2004). Cholas, Mexican-American girls, and gangs. *Sex Roles*, 30, 289–301.
36. O'Rourke, L. (2008). Behind the woman behind the bomb. *New York Times*, August 2.
37. Crick, N. R., Casas, J. F., & Mosher, M. (1997). Relational and overt aggression in preschool. *Developmental Psychology*, 33, 579–587.
38. Murray-Close, D., Nelson, D. A., Ostrov, J. M., Casas, J. F., & Crick, N. R. (2016). Relational aggression: A developmental psychopathology perspective. *Developmental Psychopathology*.

39. Ostrov, J. M., Woods, K. E., Jansen Yeh, E. A., Casas, J. F., & Crick, N. R. (2004). An observational study of delivered and received aggression, gender, and social-psychological adjustment in preschool. *Early Childhood Research Quarterly*, *19*, 355–371.
40. Rivers I., Chesney T., & Coyne I. (2011). Cyberbullying. In: C. P. Monks & I. Coyne (Eds.), *Bullying in different contexts* (pp. 211–230). Cambridge: Cambridge University Press.
41. Palfrey, J., boyd, d. [sic], & Sacco, D. (2010). Enhancing child safety and online technologies. The Berkman Center for Internet & Society at Harvard University. Durham, NC: Carolina Academic Press. http://www.cap-press.com/pdf/1997.pdf. Accessed August 16, 2017.
42. Freud, S. (1959). Why war? (Letter to Albert Einstein, 1932). In E. Jones (Ed.), *Collected papers* (Vol. 5., p. 282). New York: Basic Books.
43. Menninger, W. (1948). Recreation and mental health. *Recreation*, *42*, 340–346.
44. Bushman, B. (2002). Does venting anger feed or extinguish the flame? Catharsis, rumination, distraction, anger and aggressive responding. *Personality and Social Psychology Bulletin*, *28*, 724–731.
45. Patterson, A. H. (1974). Hostility catharsis: A naturalistic quasi-experiment. *Proceedings of the Division of Personality and Society Psychology*, *1*, 195–197.
46. Geen, R. (1981). Spectator moods at an aggressive sports event. *Journal of Social Psychology*, *3*, 217–227.
47. Glass, D. (1964). Changes in liking as a means of reducing cognitive discrepancies between self-esteem and aggression. *Journal of Personality*, *32*, 531–549.
48. Bushman, B. J., Baumeister, R. F., & Phillips, C. M. (2001). Do people aggress to improve their mood? Catharsis beliefs, affect regulation opportunity, and aggressive responding. *Journal of Personality and Social Psychology*, *81*, 17; Bushman, B. J., & Whitaker, J. L. (2010). Like a magnet: Catharsis beliefs attract angry people to violent video games. *Psychological Science*, *21*, 790–792; Bushman, B. J., Baumeister, R. F., & Stack, A. D. (1999). Catharsis, aggression, and persuasive influence: Self-fulfilling or self defeating prophecies? *Journal of Personality and Social Psychology*, *76*, 367–376.
49. Kahn, M. (1966). The physiology of catharsis. *Journal of Personality and Social Psychology*, *3*, 278–298.
50. Davis, K. E., & Jones, E. E. (1960). Changes in interpersonal perception as a means of reducing cognitive dissonance. *Journal of Abnormal and Social Psychology*, *61*, 402–410.
51. Doob, A N., & Wood, L. (1972). Catharsis and aggression: The effects of annoyance and retaliation on aggressive behavior. *Journal of Personality and Social Psychology*, *22*, 156–162; Bushman, B. J., Bonacci, A. M., Pedersen, W. C., et al. (2005). Chewing on it can chew you up: Effects of rumination on triggered displaced aggression. *Journal of Personality and Social Psychology*, *88*, 969–983.
52. Shergill S. S., Bays P. M., Frith, C. D., & Wolpert, D. M. (2003). Two eyes for an eye: The neuroscience of force escalation. *Science*, *301*, 187.
53. Heinz, A., Kluge, U., Schouler-Ocak, M., & Beck, A. (2016). Alcohol and aggression. *European Psychiatry*, *33*, S21.
54. Caetano, R., Schafer, J., & Cunradi, C. B. (2017). Alcohol-related intimate partner violence among white, black, and Hispanic couples in the United States. *Domestic Violence: The Five Big Questions*.
55. Taylor, S. P., & Leonard, K. E. (1983). Alcohol and human physical aggression. In R. Geen & E. Donnerstein (Eds.), *Aggression: Theoretical and empirical reviews*. New York: Academic Press; Pedersen, W. C., Vasquez, E. A., Bartholow, B. D., Grosvenor, M., & Truong, A. (2014). Are you insulting me? Exposure to alcohol primes increases aggression following

ambiguous provocation. *Personality and Social Psychology Bulletin*, 40, 1037 – 1049.
56. Gable, P. A., Mechin, N. C., & Neal, L. B. (2016). Booze cues and attentional narrowing: Neural correlates of virtual alcohol myopia. *Psychology of Addictive Behaviors*, 30, 377 – 382.
57. Davis, D., & Loftus, E. (2003). What's good for the goose cooks the gander: Inconsistencies between the law and psychology of voluntary intoxication and sexual assault. *Handbook of Forensic Psychology* (pp. 997 – 1032). New York: Academic Press.
58. Marlatt, G. A., & Rohsenow, D. J. (1980). Cognitive processes in alcohol use: Expectancy and the balanced placebo design. In N. K. Mello (Ed.), *Advances in substance abuse* (Vol. 1). Greenwich, CT: JAI Press; Bègue, L., Subra, B., Arvers, P., Muller, D., Bricout, V., & Zorman, N. (2009). A message in a bottle: Extrapharmacological effects of alcohol on aggression. *Journal of Experimental Social Psychology*, 45, 137 – 142.
59. Hutchinson, R. R. (1983). The pain-aggression relationship and its expression in naturalistic settings. *Aggressive Behavior*, 9, 229 – 242.
60. Berkowitz, L. (1988). Frustrations, appraisals, and aversively stimulated aggression. *Aggressive Behavior*, 14, 3 – 11.
61. Stoff, D., & Cairns, R. (1996). *Aggression and violence: Genetic, neurobiological, and biosocial perspectives*. Mahwah, NJ: Erlbaum.
62. Bushman, B. J., DeWall, C. N., Pond, R. S., & Hanus, M. D. (2014). Low glucose relates to greater aggression in married couples. *Proceedings of the National Academy of Sciences*, 111, 6254 – 6257.
63. Carlsmith, J. M., & Anderson, C. A. (1979). Ambient temperature and the occurrence of collective violence: A new analysis. *Journal of Personality and Social Psychology*, 37, 337 – 344.
64. Anderson, C. A., Bushman, B. J., & Groom, R. W. (1997). Hot years and serious and deadly assault: Empirical tests of the heat hypothesis. *Journal of Personality and Social Psychology*, 73, 1213 – 1223.
65. Griffitt, W., & Veitch, R. (1971). Hot and crowded: Influences of population density and temperature on interpersonal affective behavior. *Journal of Personality and Social Psychology*, 17, 92 – 98; Anderson, C., Anderson, B., & Deuser, W. (1996). Examining an affective aggression framework: Weapon and temperature effects on aggressive thoughts, affect, and attitudes. *Personality and Social Psychology Bulletin*, 22, 366 – 376.
66. Reifman, A. S., Larrick, R., & Fein, S. (1991). Temper and temperature on the diamond: The heat-aggression relationship in major league baseball. *Personality and Social Psychology Bulletin*, 17, 580 – 585.
67. Kenrick, D. T., & MacFarlane, S. W. (1986). Ambient temperature and horn honking: A field study of the heat/aggression relationship. *Environment and Behavior*, 18, 179 – 191.
68. Hsiang, S. M., Burke, M., & Miguel, E. (2013). Quantifying the influence of climate on human conflict. *Science*, 341. DOI: 10.1126/science.1235367
69. Gladwell, M. (2015). Thresholds of violence: How school shootings catch on. *The New Yorker: Annals of Public Safety*.
70. Aronson, E. (2000). *Nobody left to hate: Teaching compassion after Columbine*. New York: Worth/Freeman.
71. Leary, M. R., Kowalski, R. M., Smith, L., & Phillips, S. (2003). Teasing, rejection, and violence: Case studies of the school shootings. *Aggressive Behavior*, 29, 202 – 214.
72. Twenge, J. M., Baumeister, R. F., Tice, D. M., & Stucke, T. S. If you can't join them, beat them: Effects of social exclusion on aggressive behavior. *Journal of Personality and Social Psychology*, 81, 1058 – 1069; Baumeister, R., & Tice, D. (2017). The social animal encounters social rejection: Cognitive, behavioral, emotional, and interpersonal effects of being excluded. In

J. Aronson & Aronson, E. (Eds.), *Readings about the social animal* (12th edition). New York: Worth/Freeman.

73. (1999). Quoted in *Time*, December 20.
74. Barker, R., Dembo, T., & Lewin, K. (1941). Frustration and aggression: An experiment with young children. *University of Iowa Studies in Child Welfare*, 18, 1-314.
75. Harris, M. (1974). Mediators between frustration and aggression in a field experiment. *Journal of Experimental and Social Psychology*, 10, 561-571.
76. Kulik, J., & Brown, R. (1979). Frustration, attribution of blame, and aggression. *Journal of Experimental and Social Psychology*, 15, 183-194.
77. Brosnan, S. F., and de Waal, F. B. M. (2014, Oct. 17). Evolution of responses to (un)fairness. *Science*, 346, 1251776-1-7.
78. DeCelles, K. A., & Norton, M. I. (2016). Physical and situational inequality on airplanes predicts air rage. *Proceedings of the National Academy of Sciences*, 113, 5588-5591.
79. Payne, K. (2017). *The broken ladder: How inequality affects the way we think, live, and die*. New York: Penguin.
80. de Tocqueville, A. (1981). *Democracy in America*. Westminster, MD: Random House.
81. Mallick, S., & McCandless, B. (1966). A study of catharsis of aggression. *Journal of Personality and Social Psychology*, 4, 591-596.
82. Johnson, T. E., & Rule, B. G. (1986). Mitigating circumstances information, censure, and aggression. *Journal of Personality and Social Psychology*, 50, 537-542.
83. Gill, M. J., & Cerce, S. C. (2017). He never willed to have the will he has: Historicist narratives, "civilized" blame, and the need to distinguish two notions of free will. *Journal of Personality and Social Psychology*, 112, 361-382.
84. Berkowitz, L. (1965). Some aspects of observed aggression. *Journal of Personality and Social Psychology*, 2, 359-369.
85. Berkowitz, L., & LePage, A. (1967). Weapons as aggression-eliciting stimuli. *Journal of Personality and Social Psychology*, 7, 202-207.
86. Benjamin, A. J., & Bushman, B. J. (2017). The weapons effect. *Current Opinion in Psychology*, 19, 93-97.
87. Bushman, B. J., Kerwin, T., Whitlock, T., & Weisenberger, J. M. (2017). The weapons effect on wheels: Motorists drive more aggressively when there is a gun in the vehicle. *Journal of Experimental Social Psychology*, 73, 82-85.
88. Berkowitz, L. (2016). Research on automatically elicited aggression. In R. J. Sternberg, S. T. Fiske, & D. J. Foss (Eds.), *Scientists making a difference: One hundred eminent behavioral and brain scientists talk about their most important contributions* (p. 332). New York: Cambridge University Press; Zimring, F. E. (2017). Firearms and violence in American law. In *Bridging the gap: A report on scholarship and criminal justice reform* (Erik Luna, Ed.). UC Berkeley Public Law Research Paper No. 2939902.
89. Zimbardo, P. (1969). The human choice: Individuation, reason, and order versus deindividuation, impulse, and chaos. In W. Arnold & D. Levine (Eds.), *Nebraska Symposium on Motivation*, 17, 237-307.
90. Silvia, P. J., & Duval, T. S. (2001). Objective self-awareness theory: Recent progress and enduring problems. *Personality and Social Psychology Review*, 5, 230-241.
91. Mullen, B. (1986). Atrocity as a function of lynch mob composition: A self-attention perspective. *Personality and Social Psychology Bulletin*, 12, 187-197.
92. Postmes, T., & Spears, R. (1998). Deindividuation and antinormative behavior: A meta-analysis. *Psychological Bulletin*, 123, 238-259.

93. Bandura, A., Ross, D., & Ross, S. (1961). Transmission of aggression through imitation of aggressive models. *Journal of Abnormal and Social Psychology*, 63, 575–582.
94. Bushman, B. J., Jamieson, P. E., Weitz, I., & Romer, D. (2013). Gun violence trends in movies. *Pediatrics*, 132, 1014–1018.
95. Huesmann, L. R., Dubow, E. F., & Yang, G. (2013). Why it is hard to believe that media violence causes aggression. In K. E. Dill (Ed.), *The Oxford handbook of media psychology* (pp. 159–171). Oxford: Oxford University Press; Anderson, C. A., Berkowitz, L., Donnerstein, E., Huesmann, L. R., Johnson, J. D., Linz, D., Malamuth, N. M., & Wartella, E. (2003). The influence of media violence on youth. *Psychological Science in the Public Interest*, 4, 81–110.
96. Ferguson, Christopher J. (2007). The good, the bad and the ugly: A meta-analytic review of positive and negative effects of violent video games. *Psychiatric Quarterly*, 78, 309–316; Ferguson, C. (2009). Media violence effects: Confirmed truth or just another X-file? *Journal of Forensic Psychology Practice*, 9, 103–126; Sherry, J. L. (2001). The effects of violent video games on aggression: A meta-analysis. *Human Communication Research*, 27, 409–431.
97. Liebert, R. M., & Baron, R. A. (1972). Some immediate effects of televised violence on children's behavior. *Developmental Psychology*, 6, 469–475; Anderson, C. A., Berkowitz, L., Donnerstein, E., Huesmann, L. R., Johnson, J. D., Linz, D., Malamuth, N. M., & Wartella, E. (2003). The influence of media violence on youth. *Psychological Science in the Public Interest*, 4, 81–110.
98. Anderson, C. A., Shibuya, A., Ihori, N., Swing, E. L., Bushman, B. J., Sakamoto, A., Rothstein, H. R., & Saleem, M. (2010). Violent video game effects on aggression, empathy, and prosocial behavior in eastern and western countries: A meta-analytic review. *Psychological Bulletin*, 136, 151–173.
99. Greitemeyer, T., & Mügge, D. O. (2014). Video games do affect social outcomes: A meta-analytic review of the effects of violent and prosocial video game play. *Personality and Social Psychology Bulletin*, 40, 578–589.
100. Gentile, D. A., Coyne, S., & Walsh, D. A. (2011). Media violence, physical aggression, and relational aggression in school age children: A short-term longitudinal study. *Aggressive Behavior*, 37, 193–206.
101. Crescioni, A. W., & Baumeister, R. F. (2009). Alone and aggressive: Social exclusion impairs self-control and empathy and increases hostile cognition and aggression. In M. Harris (Ed.), *Bullying, rejection, and peer victimization: A social cognitive neuroscience perspective* (pp. 251–258). New York: Springer; Ferguson, C. J., & Kilburn, J. (2010). Much ado about nothing: The misestimation and overinterpretation of violent video game effects in eastern and western nations: Comment on Anderson et al. *Psychological Bulletin*, 136, 174–178.
102. Ferguson, C. J. (2013). Violent video games and the Supreme Court: Lessons for the scientific community in the wake of *Brown v. Entertainment Merchants Association*. *American Psychologist*, 68, 57–74; Ferguson, C. J. (2014). A way forward for video game violence research. *American Psychologist*, 69, 307–309.
103. Josephson, W. D. (1987). Television violence and children's aggression: Testing the priming, social script, and disinhibition prediction. *Journal of Personality and Social Psychology*, 53, 882–890.
104. Anderson, C. A., & Dill, K. E. (2000). Video games and aggressive thoughts, feelings, and behavior in the laboratory and in life. *Journal of Personality and Social Psychology*, 78, 772–790.
105. Cline, V. B., Croft, R. G., & Courrier, S. (1973). Desensitization of children to television violence. *Journal of Personality and Social Psychology*, 27, 360–365.

106. Bushman, B. J., & Anderson, C. A. (2009). Comfortably numb: Desensitizing effects of violent media on helping others. *Psychological Science*, 20, 273–277.
107. Greitemeyer, T. (2014). Playing violent video games increases intergroup bias. *Personality and Social Psychology Bulletin*, 40, 70–78.
108. Gentile, D. A., & Gentile, J. R. (2008). Violent video games as exemplary teachers: A conceptual analysis. *Journal of Youth and Adolescence*, 9, 127–141.
109. Jamieson, P. E., & Romer, D. (2014). Violence in popular U. S. prime time TV dramas and the cultivation of fear: A time series analysis. *Media and Communication*, 2, 31–41.
110. Anderson, C. A., Berkowitz, L., Donnerstein, E., Huesmann, L. R., Johnson, J. D., Linz, D., Malamuth, N. M., & Wartella, E. (2003). The influence of media violence on youth. *Psychological Science in the Public Interest*, 4.
111. King, M., & Woollett, E. (1997). Sexually assaulted males: 115 men consulting a counseling service. *Archives of Sexual Behavior*, 26, 579–588; Stemple, L., & Meyer, I. H. (2014). The sexual victimization of men in America: New data challenge old assumptions. *American Journal of Public Health*, 104, e19–e26.
112. Malamuth, N. M., Hald, G., & Koss, M. (2012). Pornography, individual differences in risk and men's acceptance of violence against women in a representative sample. *Sex Roles*, 66, 427–439.
113. Laumann, E. O, & Gagnon, J. H. (1995). A sociological perspective on sexual action. In R. G. Parker & J. H. Gagnon (Eds.), *Conceiving sexuality: Approaches to sex research in a postmodern world*. New York: Routledge.
114. Hust, S. J. T., Marett, E. G., Ren, C., Adams, P. M., Willoughby, J. F., Lei, M., Ran, W., & Norman, C. (2014). Establishing and adhering to sexual consent: The association between reading magazines and college students' sexual consent negotiation. *Journal of Sex Research*, 51, 280–290; La France, B. H., Henningsen, D. D., Oates, A., & Shaw, C. M. (2009). Social-sexual interactions? Meta-analyses of sex differences in perceptions of flirtatiousness, seductiveness, and promiscuousness. *Communication Monographs*, 76, 263–285.
115. Davis, D., & Loftus, E. F. (2003). What's good for the goose cooks the gander: Inconsistencies between the law and psychology of voluntary intoxication and sexual assault. In W. T. O'Donohue & E. Levensky (Eds.), *Handbook of forensic psychology* (pp. 997–1032). New York, Elsevier Academic Press.
116. Villalobos, J G., Davis, D., & Leo, R. A. (2015). His story, her story: Sexual miscommunication, motivated remembering, and intoxication as pathways to honest false testimony regarding sexual consent. In R. Burnett (Ed.), *Vilified: Wrongful allegations of person abuse*. Oxford: Oxford University Press.
117. Clark, K. (1971). The pathos of power: A psychological perspective. *American Psychologist*, 26, 1047–1057.
118. King, R. S., Mauer, M., & Young, M. C. (2005). *Incarceration and crime: A complex relationship*. Washington, DC: The Sentencing Project.
119. Eichmann, C. (1966). *The impact of the Gideon decision on crime and sentencing in Florida*. Tallahassee, FL: Division of Corrections Publications.
120. DPIC. (2017). https://deathpenaltyinfo.org/deterrence-states-without-death-penalty-have-had-consistently-lower-murder-rates. Accessed August 16, 2017; King, R. S., Mauer, M., & Young, M. C. (2005). *Incarceration and crime: A complex relationship*. Washington, DC: The Sentencing Project.
121. Durrant, J., & Ensom, R. (2012). Physical punishment of children: Lessons from 20 years of research. *Canadian Medical Association Journal*, 184, 1373–1377.

122. Aronson, E., & Carlsmith, J. M. (1963). The effect of severity of threat on the devaluation of forbidden behavior. *Journal of Abnormal and Social Psychology*, 66, 584–588; Freedman, J. (1965). Long-term behavioral effects of cognitive dissonance. *Journal of Experimental and Social Psychology*, 1, 145–155.
123. Olweus, D. (1991). Bully/victim problems among school children: Basic facts and effects of a school-based intervention program. In D. Pepler & K. Rubin (Eds.), *The development and treatment of childhood aggression* (pp. 411–448). Hillsdale, NJ: Erlbaum; Olweus, D., & Limber, S. P. (2010). Bullying in school: Evaluation and dissemination of the Olweus Bullying Prevention Program. *American Journal of Orthopsychiatry*, 80, 124–134; Ttofi, M. M., & Farrington, D. P. (2011). Effectiveness of school-based programs to reduce bullying: A systematic and meta-analytic review. *Journal of Experimental Criminology*, 7, 27–56.
124. Bandura, A., Ross, D., & Ross, S. (1963). Imitation of film-mediated aggressive models. *Journal of Abnormal and Social Psychology*, 66, 3–11.
125. Brown, P., & Elliot, R. (1965). Control of aggression in a nursery school class. *Journal of Experimental Child Psychology*, 2, 103–107.
126. Davitz, J. (1952). The effects of previous training on post-frustration behavior. *Journal of Abnormal and Social Psychology*, 47, 309–315.
127. Baron, R. A., & Kepner, C. R. (1970). Model's behavior and attraction toward the model as determinants of adult aggressive behavior. *Journal of Personality and Social Psychology*, 14, 335–344.
128. Baron, R. A. (1976). The reduction of human aggression: A field study of the influence of incompatible reactions. *Journal of Applied Social Psychology*, 6, 260–274.
129. Feshbach, N., & Feshbach, S. (1969). The relationship between empathy and aggression in two age groups. *Developmental Psychology*, 1, 102–107.
130. Feshbach, N. (1989). Empathy training and prosocial behavior. In J. Groebel & R. A. Hinde (Eds.), *Aggression and war: Their biological and social bases* (pp. 101–111). New York: Cambridge University Press; Feshbach, N. D., & Feshbach, S. (2009). Empathy and education. In J. Decety & W. Ickes (Eds.), *The social neuroscience of empathy* (pp. 85–97). Cambridge, MA: MIT Press.
131. Hammock, G. S., & Richardson, D. R. (1992). Aggression as one response to conflict. *Journal of Applied Social Psychology*, 22, 298–311.
132. Obuchi, K., Ohno, T., & Mukai, H. (1993) Empathy and aggression: Effects of self-disclosure and fearful appeal. *Journal of Social Psychology*, 133, 243–253.
133. Aknin, L. B., Barrington-Leigh, C. P., Dunn, E. W., Helliwell, J. F., Burns, J., Biswas-Diener, R., Kemeza, I., Nyende, P., Ashton-James, C. E., & Norton, M. I. (2013). Prosocial spending and well-being: Cross-cultural evidence for a psychological universal. *Journal of Personality and Social Psychology*, 104, 635–652; Dunn, E. W., Aknin, L. B., & Norton, M. I. (2008). Spending money on others promotes happiness. *Science*, 319, 1687–1688.
134. Jazaieri, H., Lee, I. A., McGonigal, K., Jinpa, T., Doty, J. R., Gross, J. J., & Goldin, P. R. (2016). A wandering mind is a less caring mind: Daily experience sampling during compassion meditation training. *Journal of Positive Psychology*, 11, 37–50; Mrazek, M. D., Phillips, D. T., Franklin, M. S., Broadway, J. M., & Schooler, J. W. (2013). Young and restless: Validation of the Mind-Wandering Questionnaire (MWQ) reveals disruptive impact of mind-wandering for youth. *Frontiers in Psychology*, 4, 560; Killingsworth, M. A., & Gilbert, D. T. (2010). A wandering mind is an unhappy mind. *Science*, 330, 932–932.
135. Milani, A., Nikmanesh, Z., & Farnam, A. (2013). Effectiveness of mindfulness-based cognitive therapy (MBCT) in reducing aggression of individuals at the juvenile correction and

rehabilitation center. *International Journal of High Risk Behaviors & Addiction*, 2, 126 – 131; Long, E. C., & Christian, M. S. (2015). Mindfulness buffers retaliatory responses to injustice: A regulatory approach. *Journal of Applied Psychology*, 100, 1409 – 1422; Fix, R. L., & Fix, S. T. (2013). The effects of mindfulness-based treatments for aggression: A critical review. *Aggression and Violent Behavior*, 18, 219 – 227.

136. Nidich, S. I., Rainforth, M. V., Haaga, D. A., Hagelin, J., Salerno, J. W., Travis, F., Tanner, M., Gaylord-King, C., Grosswald, S., & Schneider, R. H. (2009). A randomized controlled trial on effects of the Transcendental Meditation program on blood pressure, psychological distress, and coping in young adults. *American Journal of Hypertension*, 22, 1326 – 1331.

137. Sedlmeier, P., Eberth, J., Schwarz, M., Zimmermann, D., Haarig, F., Jaeger, S., & Kunze, S. (2012). The psychological effects of meditation: A meta-analysis. *Psychological Bulletin*, 138, 1139.

138. Lorenz, K. (1966). *On aggression* (M. Wilson, Trans.). New York: Harcourt, Brace & World.

139. Montagu, A. (1950). *On being human*. New York: Hawthorne Books.

140. Kropotkin, P. (1902). *Mutual aid*. New York: Doubleday.

141. Hölldobler, B., & Wilson, E. O. (2009). *The superorganism: The beauty, elegance, and strangeness of insect societies*. W. W. Norton & Company.

142. Mason, L. E. (2017). The significance of Dewey's democracy and education for 21st-century education. *Education and Culture*, 33, 41 – 57.

143. Eiseley, L. (1946). *The immense journey*. New York: Random House.

Chapter 7 Prejudice

1. Williams, J. (2011). *Thurgood Marshall: American revolutionary*. New York: Three Rivers Press.

2. American National Election Studies (2016). National survey results. http://www.electionstudies.org. Accessed August 24, 2017.

3. Liptak, A. (2013). Supreme Court invalidates key part of voting rights act. *New York Times*, June 25. http://www.nytimes.com/2013/06/26/us/supreme-court-ruling.html? mcubz = 0. _ Accessed August 24, 2017.

4. Parrillo, V. N., & Donoghue, C. (2013). The national social distance study: Ten years later. In *Sociological Forum*, 28, 597 – 614.

5. Stephens-Davidowitz, S. (2014). The data of hate. *New York Times*, July 12.

6. Gerges, F. A. (2014). ISIS and the third wave of Jihadism. *Current History*, 113, 339; Chetcrian, V. (2015). ISIS and the killing fields of the Middle East. *Survival*, 57, 105 – 118.

7. Obama on the N-Word: WTF Podcast with Marc Maron #613. June 22, 2015.

8. Trump, D. (2015). Republican debate: Analysis and highlights. *New York Times*, August 6. https://www.nytimes.com/live/republican-debate-election.../trump-on-political-correctness/? Accessed August 24, 2017.

9. Wang, A. (2017). Airbnb host who stranded guest because of race ordered to take class in Asian American studies. *Washington Post*, July 14. https://www.washingtonpost.com/news/business/wp/2017/07/14/airbnb-host-who-stranded-guest-because-of-race-ordered-to-take-class-in-asian-american-studies/? utm_term = .50278a1198b8. Accessed August 24, 2017.

10. Stolberg, S. G., & Dickerson, C. (2017). Hangman's noose, symbol of racial animus, keeps cropping up. *New York Times*, July 5. https://www.nytimes.com/2017/07/05/us/nooses-hate-crimes-philadelphia-mint.html? emc = eta1. Accessed August 24, 2017.

11. Wang, A. B. (2017). "Final act of bravery": Men who were fatally stabbed trying to stop anti-Muslim rants identified. *Washington Post*, May 27. https://www.washingtonpost.com/news/post-nation/wp/2017/05/27/man-fatally-stabs-2-on-portland-ore-train-after-they-interrupted-his-anti-muslim-rants-police-say/?utm_term=.01835f7c26c9. Accessed August 24, 2017.
12. Cikara, M., & Van Bavel, J. J. (2014). The neuroscience of intergroup relations: An integrative review. *Perspectives on Psychological Science*, 9, 245-274.
13. Anzures, G., Quinn, P. C., Pascalis, O., Slater, A. M., Tanaka, J. W., & Lee, K. (2013). Developmental origins of the other-race effect. *Current Directions in Psychological Science*, 22, 173-178.
14. Lippmann, W. (1922) *Public opinion*. New York: MacMillan Co.
15. Bodenhausen, G. V. (1990). Stereotypes as judgmental heuristics: Evidence of circadian variations in discrimination. *Psychological Science*, 1, 319-322.
16. Jussim, L. (2017). Accuracy, bias, self-fulfilling prophecies, and scientific self-correction. *Behavioral and Brain Sciences*, 40, e18; Jussim, L., Crawford, J. T., & Rubinstein, R. S. (2015). Stereotype (in) accuracy in perceptions of groups and individuals. *Current Directions in Psychological Science*, 24, 490-497.
17. Jussim, L., Crawford, J. T., Anglin, S. M., Chambers, J. R., Stevens, S. T., & Cohen, F. (2016). Stereotype accuracy: One of the largest and most replicable effects in all of social psychology. In T. Nelson (Ed.), *Handbook of prejudice, stereotyping, and discrimination*, 2nd edition (pp. 31-63). New York: Psychology Press.
18. Nisbett, R. E., Aronson, J., Blair, C., Dickens, W., Flynn, J., Halpern, D. F., & Turkheimer, E. (2012). Intelligence: New findings and theoretical developments. *American Psychologist*, 67, 130-159.
19. Feagin, J. R. (2017). *Myth of the model minority: Asian Americans facing racism*. New York: Routledge.
20. Fiske, S. T., & Neuberg, S. L. (1990). A continuum of impression formation, from category-based to individuating processes: Influences of information and motivation on attention and interpretation. *Advances in Experimental Social Psychology*, 23, 1-74.
21. Stone, J., Perry, W., & Darley, J. M. (1997). "White men can't jump": Evidence for the perceptual confirmation of racial stereotypes following a basketball game. *Basic and Applied Social Psychology*, 19, 291-306.
22. Duncan, B. (1976). Differential social perception and attribution of intergroup violence: Testing the lower limits of stereotyping of blacks. *Journal of Personality and Social Psychology*, 34, 590-598.
23. Kite, M. E., Deaux, K., & Haines, E. L. (2008). Gender stereotypes. In F. L. Denmark & M. A. Paludi (Eds.), *Psychology of women: A handbook of issues and theories*, 2nd edition (pp. 205-236). Westport, CT: Praeger Publishers.
24. Haines, E. L., Deaux, K., & Lofaro, N. (2016). The times they are a-changing... or are they not? A comparison of gender stereotypes, 1983-2014. *Psychology of Women Quarterly*, 40, 353-363.
25. Fine, C. (2010). *Delusions of gender: How our minds, society, and neurosexism create difference*. New York: W. W. Norton.
26. Mehl, M. R., Vazire, S., Ramírez-Esparza, N., Slatcher, R. B., & Pennebaker, J. W. (2007). Are women really more talkative than men? *Science*, 317, 82.
27. Glick, P., & Fiske, S. T. (2001). An ambivalent alliance: Hostile and benevolent sexism as complementary justifications for gender inequality. *American Psychologist*, 56, 109; Becker, J. C., & Wright, S. C. (2011). Yet another dark side of chivalry: Benevolent sexism undermines

and hostile sexism motivates collective action for social change. *Journal of Personality and Social Psychology*, 101, 62-77.

28. Christopher, A. N., & Wojda, M. R. (2008). Social dominance orientation, right-wing authoritarianism, sexism, and prejudice toward women in the workforce. *Psychology of Women Quarterly*, 32, 65-73.

29. Jung, K., Shavitt, S., Viswanathan, M., & Hilbe, J. M. (2014). Female hurricanes are deadlier than male hurricanes. *Proceedings of the National Academy of Sciences*, 111, 8782-8787.

30. Allport, G. W. (1954/1979). *The nature of prejudice*. New York: Basic Books.

31. Holmes, O. W. (1831). The autocrat of the breakfast table. *New-England Magazine*, 1, 431.

32. Cohen, F., Jussim, L., Harber, K. D., & Bhasin, G. (2009). Modern anti-Semitism and anti-Israeli attitudes. *Journal of Personality and Social Psychology*, 97, 290-306.

33. Crandall, C. S., Bahns, A. J., Warner, R., & Schaller, M. (2011). Stereotypes as justifications of prejudice. *Personality and Social Psychology Bulletin*, 37, 1488-1498.

34. Harris, L. T., & Fiske, S. T. (2006). Dehumanizing the lowest of the low: Neuroimaging responses to extreme out-groups. *Psychological Science*, 17, 847-853.

35. Stanley, D., Phelps, E., & Banaji, M. (2008). The neural basis of implicit attitudes. *Current Directions in Psychological Science*, 17, 164-170.

36. Phelps, E. A., O'Connor, K. J., Cunningham, W. A., Funayama, E. S., Gatenby, J. C., Gore, J. C., & Banaji, M. R. (2000). Performance on indirect measures of race evaluation predicts amygdala activation. *Journal of Cognitive Neuroscience*, 12, 729-738.

37. Wheeler, M. E., & Fiske, S. T. (2005). Controlling racial prejudice: Social-cognitive goals affect amygdala and stereotype activation. *Psychological Science*, 16, 56-63.

38. Flegal, K. M., Kruszon-Moran, D., Carroll, M. D., Fryar, C. D., & Ogden, C. L. (2016). Trends in obesity among adults in the United States, 2005 to 2014. *Journal of the American Medical Association*, 315, 2284-2291.

39. Miller Jr., D. P., Spangler, J. G., Vitolins, M. Z., Davis, M. S. W., Ip, E. H., Marion, G. S., & Crandall, S. J. (2013). Are medical students aware of their anti-obesity bias? *Academic Medicine*, 88, 978-982; Lydecker, J. A., O'Brien, E., & Grilo, C. (2017). Parents' implicit and explicit attitudes towards childhood obesity. *Journal of Adolescent Health*, 60, S11-S12; Randall, J. G., Zimmer, C. U., O'Brien, K. R., Trump-Steele, R. C., Villado, A. J., & Hebl, M. R. (2017). Weight discrimination in helping behavior. *Revue Européenne de Psychologie Appliquée/European Review of Applied Psychology*, 67, 125-137.

40. Centers for Disease Control (2016). Lesbian, gay, bisexual, and transgender health. https://www.cdc.gov/lgbthealth/youth.htm. Accessed August 24, 2017.

41. U. S. Department of Education, Office of Civil Rights. (2016). 2013-2014 civil rights data collection: Key data highlights on equity and opportunity gaps in our nation's public schools. http://www2.ed.gov/about/offices/list/ocr/docs/crdc-2013-14.html. Accessed August 24, 2017.

42. Skiba, R. J., Michael R., Nardo A., & Peterson R. (2002). The color of discipline: Sources of racial and gender disproportionality in school punishment. *The Urban Review*, 34, 317-342; Skiba, R. J., Arredondo, M. I., Gray, C., & Rausch, M. K. (2016). What do we know about discipline disparities? New and emerging research. In R. J. Skiba & K. Mediratta (Eds.), *Inequality in school discipline* (pp. 21-38). New York: Palgrave Macmillan US; Rausch, M. K., & Skiba, R. J. (2017). The need for systemic interventions. In E. C. Lopez, S. G. Nahari, & S. L. Proctor (Eds.), *Handbook of multicultural school psychology: An interdisciplinary perspective*, 2nd edition. NY: Routledge; Okonofua, J. A., Walton, G. M., & Eberhardt, J. A. (2016). A vicious cycle: A social-psychological account of extreme racial disparities in school discipline. *Perspectives on Psychological Science*, 11, 381-398.

43. Gilliam, W. S., Maupin, A. N., Reyes, C. R., Accavitti, M., & Shic, F. (2016). Do early educators' implicit biases regarding sex and race relate to behavior expectations and recommendations of preschool expulsions and suspensions? Research Study Brief. Yale University, Yale Child Study Center. New Haven, CT.
44. Bjerk, D. (2017). Mandatory minimums and the sentencing of federal drug crimes. *Journal of Legal Studies*, *46*, 93–128.
45. Mitchell, O., & Caudy, M. S. (2015). Examining racial disparities in drug arrests. *Justice Quarterly*, *32*, 288–313.
46. Alexander, M. (2012). *The new Jim Crow: Mass incarceration in the age of colorblindness*. New York: New Press.
47. Fryer Jr., R. G. (2016). *An empirical analysis of racial differences in police use of force* (No. w22399). National Bureau of Economic Research; Buehler, J. W. (2017). Racial/ethnic disparities in the use of lethal force by US Police, 2010–2014. *Journal Information*, *107*(2).
48. Lavergne, M., & Mullainathan, S. (2004). Are Emily and Greg more employable than Lakisha and Jamal? A field experiment on labor market discrimination. *American Economic Review*, *94*, 991–1013.
49. Pager, D. (2003). The mark of a criminal record. *American Journal of Sociology*, *108*, 937–975; Sugie, N. F. (2017). Criminal record questions, statistical discrimination, and equity in a "Ban the Box" era. *Criminology & Public Policy*, *16*, 167–175.
50. David, A., & Melanie, W. (2013). Wayward sons: The emerging gender gap in labor markets and education. http://www.thirdway.org/report/wayward-sons-the-emerging-gender-gap-in-labor-markets-and-education. Accessed August 24, 2016.
51. Joshi, A., Son J., & Roh, H. (2015). When can women close the gap? A meta-analytic test of sex differences in performance and rewards. *Academy of Management Journal*, *58*, 1516–1545.
52. Webber, K. L., & Canché, M. G. (2015). Not equal for all: Gender and race differences in salary for doctoral degree recipients. *Research on Higher Education*, *56*, 645–672.
53. Goldin, C., & Rouse, C. (2000). Orchestrating impartiality: The impact of "blind" auditions on female musicians. *American Economic Review*, *90*, 715–741.
54. Greenwald, A. G., McGhee, D. E., & Schwartz, J. L. K. (1998). Measuring individual differences in implicit cognition: The Implicit Association Test. *Journal of Personality and Social Psychology*, *74*, 1464–1480.
55. Nosek, B. A., Greenwald, A. G., & Banaji, M. R. (2007). The Implicit Association Test at 7: A methodological and conceptual review. In J. A. Bargh (Ed.), *Social psychology and the unconscious*. New York: Psychology Press; Miller Jr., D. P., Spangler, J. G., Vitolins, M. Z., Davis, S. W., Ip, E. H., et al. (2013). Are medical students aware of their anti-obesity bias? *Academic Medicine*, *88*, 978–982.
56. Banaji, M. R., & Greenwald, A. G. (2013). *Blindspot: Hidden biases of good people*. New York: Delacorte.
57. Kinoshita, S., & Peek-O'Leary, M. (2005). Does the compatibility effect in the race Implicit Association Test reflect familiarity or affect? *Psychonomic Bulletin & Review*, *12*, 442–452; Rothermund, K., & Wentura, D. (2004). Underlying processes in the Implicit Association Test: Dissociating salience from associations. *Journal of Experimental Psychology: General*, *133*, 139–165.
58. Arkes, H., & Tetlock, P. (2004). Attributions of implicit prejudice, or "Would Jesse Jackson 'fail' the Implicit Association Test?" *Psychological Inquiry*, *15*, 257–278; Olson, M. A., & Fazio, R. H. (2004). Reducing the influence of extrapersonal associations on the implicit association test: Personalizing the IAT. *Journal of Personality and Social Psychology*, *86*,

653 – 667.
59. Stanley, D. A., Sokol-Hessner, P., Banaji, M. R., & Phelps, E. A. (2011). Implicit race attitudes predict trustworthiness judgments and economic trust decisions. *PNAS*, *108*, 7710 – 7715.
60. Cooper, L. A., Roter, D. L., Carson, K. A., Beach, M. C., Sabin, J. A., Greenwald, A. G., & Inui, T. S. (2012). The associations of clinicians' implicit attitudes about race with medical visit communication and patient ratings of interpersonal care. *American Journal of Public Health*, *102*, 979 – 987.
61. De Houwer, J., Teige-Mocigemba, S., Spruyt, A., & Moors, A. (2009). Implicit measures: A normative analysis and review. *Psychological Bulletin*, *135*, 347 – 368.
62. Hahn, A., Judd, C. M., Hirsh, H. K., & Blair, I. V. (2014). Awareness of implicit attitudes. *Journal of Experimental Psychology: General*, *143*, 1369 – 1392.
63. Dovidio, J. F., Gaertner, S. L., & Pearson, A. R. (2016). Racism among the well-intentioned: Bias without awareness. In A. G. Miller (Ed.), *The social psychology of good and evil*, 2nd edition. New York: Guilford Press.
64. Rogers, R. W., & Prentice-Dunn, S. (1981). Deindividuation and anger-mediated interracial aggression: Unmasking regressive racism. *Journal of Personality and Social Psychology*, *41*, 63 – 73.
65. Fein, S., & Spencer, S. J. (1997). Prejudice as self-image maintenance: Affirming the self through derogating others. *Journal of Personality and Social Psychology*, *73*, 31 – 44; Maass, A., Cadinu, M., Guarnieri, G., & Grasselli, A. (2003). Sexual harassment under social identity threat: The computer harassment paradigm. *Journal of Personality and Social Psychology*, *85*, 853 – 870; Meindl, J. R., & Lerner, M. J. (1985). Exacerbation of extreme responses to an out-group. *Journal of Personality and Social Psychology*, *47*, 71 – 84.
66. Crandall, C., & Eshelman, A. (2003). A justification-suppression model of the expression and experience of prejudice. *Psychological Bulletin*, *129*(3), 414 – 446.
67. Frey, D. L., & Gaertner, S. L. (1986). Helping and the avoidance of inappropriate interracial behavior: A strategy that perpetuates a nonprejudiced self-image. *Journal of Personality and Social Psychology*, *50*, 1035 – 1090.
68. King, E. B., Shapiro, J. R., Hebl, M. R., Singletary, S. L., & Turner, S. (2006). The stigma of obesity in customer service: A mechanism for remediation and bottom-line consequences of interpersonal discrimination. *Journal of Applied Psychology*, *91*, 579 – 593.
69. Quotes from Edwards and Crocker in Jacobs, P., & Landau, S. (1971). *To serve the devil* (Vol. 2, pp. 71 and 81). New York: Vintage Books.
70. Greeley, A., & Sheatsley, P. (1971). The acceptance of desegregation continues to advance. *Scientific American*, *225*, 13 – 19; Vanneman, R. D., & Pettigrew, T. F. (1972). Race and relative deprivation in the urban United States. *Race*, *13*, 461 – 486.
71. Sherif, M., Harvey, O. J., White, B. J., et al. (1961). *Intergroup conflict and cooperation: The Robbers Cave experiment*. Norman: University of Oklahoma Institute of Intergroup Relations.
72. Miller, N., & Bugelski, R. (1948). Minor studies in aggression: The influence of frustrations imposed by the in-group on attitudes expressed by the out-group. *Journal of Psychology*, *25*, 437 – 442.
73. Staub, E. (1996). Cultural-societal roots of violence: The examples of genocidal violence, and of contemporary youth violence in the United States. *American Psychologist*, *51*, 117 – 132.
74. Lowenthal, L., & Guterman, N. (1949). *Prophets of deceit: A study of the techniques of the American agitator*. New York: Harper and Brothers. Cited in G. Allport, *The nature of prejudice*. Reading, MA: Addison-Wesley.

75. Choma, B. L., & Hanoch, Y. (2017). Cognitive ability and authoritarianism: Understanding support for Trump and Clinton. *Personality and Individual Differences*, 106, 287-291.
76. Minard, R. D. (1952). Race relations in the Pocahontas coal field. *Journal of Social Issues*, 8, 29-44.
77. Watson, J. (1950). Some social and psychological situations related to change in attitude. *Human Relations*, 3, 15-56.
78. Kirkland, S. L., Greenberg, J., & Pyszczynski, T. (1987). Further evidence of the deleterious effects of overheard derogatory ethnic labels: Derogation beyond the target. *Personality and Social Psychology Bulletin*, 13, 216-227.
79. Eccles, J. S., Jacobs, J. E., & Harold, R. D. (1990). Gender role stereotypes, expectancy effects, and parents' socialization of gender differences. *Journal of Social Issues*, 46, 183-201.
80. Harber, K. D. (1998). Feedback to minorities: Evidence of a positive bias. *Journal of Personality and Social Psychology*, 74, 622-628; Harber, K. D. (2018). The positive feedback bias. In J. Aronson and E. Aronson (Eds.), *Readings about the social animal*, 12th edition. New York: Worth/Freeman.
81. Turner, M. E., & Pratkanis, A. R. (1994). Affirmative action as help: A review of recipient reactions to preferential selection and affirmative action. *Basic and Applied Social Psychology*, 15, 43-69.
82. Steele, C. M., & Aronson, J. (1995). Stereotype threat and the intellectual test performance of African Americans. *Journal of Personality and Social Psychology*, 69, 797-811.
83. Steele, C. M., Spencer, S. J., & Aronson, J. (2002). Contending with group image: The psychology of stereotype and social identity threat. *Advances in Experimental Social Psychology*, 34, 379-440.
84. Spencer, S. J., Steele, C. M., & Quinn, D. M. (1999). Stereotype threat and women's math performance. *Journal of Experimental Social Psychology*, 35, 4-28; Schmader, T., Johns, M., & Forbes, C. (2008). An integrated process model of stereotype threat effects on performance. *Psychological Review*, 115, 336-356; Nguyen, H. H., & Ryan, A. M. (2008). Does stereotype threat affect test performance of minorities and women? A meta-analysis of experimental evidence. *Journal of Applied Psychology*, 93, 1314-1334; Gonzales, P. M., Blanton, H., & Williams, K. J. (2002). The effects of stereotype threat and double-minority status on the test performance of Latino women. *Personality and Social Psychology Bulletin*, 28, 659-670; Chu, H., & Brown, C. S. (2017). Stereotype threat among Latino school age children. *International Journal of Social Science and Humanity*, 7, 278-281; Hess, T. M., Auman, C., Colcombe, S. J., & Rahhal, T. A. (2003). The impact of stereotype threat on age differences in memory performance. *The Journals of Gerontology Series B: Psychological Sciences and Social Sciences*, 58, 3-11; Spencer, S. J., Logel, C., & Davies, P. G. (2016). Stereotype threat. *Annual Review of Psychology*, 67, 415-437; Taylor, V. J., & Walton, G. M. (2011). Stereotype threat undermines academic learning. *Personality and Social Psychology Bulletin*, 37, 1055-1067.
85. Aronson, J., Lustina, M. J., Good, C., Keough, K., Steele, C. M., & Brown, J. (1999). When white men can't do math: Necessary and sufficient factors in stereotype threat. *Journal of Experimental Social Psychology*, 35, 29-46.
86. McGlone, M. S., & Aronson, J. (2006). Stereotype threat, identity salience, and spatial reasoning. *Journal of Applied Developmental Psychology*, 27, 486-493.
87. Herrmann, S. D., Adelman, R. M., Bodford, J. E., Graudejus, O., Okun, M. A., & Kwan, V. S. (2016). The effects of a female role model on academic performance and persistence of women in STEM courses. *Basic and Applied Social Psychology*, 38, 258-268; Stout, J. G., Dasgupta, N., Hunsinger, M., & McManus, M. A. (2011). STEMing the tide: Using ingroup experts to

inoculate women's self-concept in science, technology, engineering, and mathematics (STEM). *Journal of Personality and Social Psychology*, *100*, 255 – 270; Martens, A., Johns, M., Greenberg, J., & Schimel, J. (2006). Combating stereotype threat: The effect of self-affirmation on women's intellectual performance. *Journal of Experimental Social Psychology*, *42*, 236 – 243.

88. Good, C., Aronson, J., & Inzlicht, M. (2003). Improving adolescents' standardized test performance: An intervention to reduce the effects of stereotype threat. *Journal of Applied Developmental Psychology*, *24*, 645 – 662.

89. Walton, G. M., Cohen, G. L., Cwir, D., & Spencer, S. J. (2012). Mere belonging: the power of social connections. *Journal of Personality and Social Psychology*, *102*, 513 – 532; Walton, G. M., & Cohen, G. L. (2011). A brief social-belonging intervention improves academic and health outcomes of minority students. *Science*, *331*, 1447 – 1451.

90. Martens, A., Johns, M., Greenberg, J., & Schimel, J. (2006). Combating stereotype threat: The effect of self-affirmation on women's intellectual performance. *Journal of Experimental Social Psychology*, *42*, 236 – 243.

91. Cohen, G. L., Garcia, J., Purdie-Vaughns, V., Apfel, N., & Brzustoski, P. (2009). Recursive processes in self-affirmation: Intervening to close the minority achievement gap. *Science*, *324*, 400 – 403; Hanselman, P., Bruch, S. K., Gamoran, A., & Borman, G. D. (2014). Threat in context: School moderation of the impact of social identity threat on racial/ethnic achievement gaps. *Sociology of Education*, *87*, 106 – 124.

92. Lerner, M. J. (1980). *The belief in a just world: A fundamental delusion*. New York: Plenum.

93. Furnham, A., & Gunter, B. (1984). Just world beliefs and attitudes towards the poor. *British Journal of Social Psychology*, *23*, 265 – 269.

94. Paluck, E. L., & Green, D. P. (2009). Prejudice reduction: What works? A review and assessment of research and practice. *Annual Review of Psychology*, *60*, 339 – 367.

95. Deutsch, M., & Collins, M. E. (1951). *Interracial housing: A psychological evaluation of a social experiment*. Minneapolis: University of Minnesota Press; Wilner, D., Wallcley, R., & Cook, S. (1955). *Human relations in interracial housing*. Minneapolis: University of Minnesota Press.

96. Herek, G. M., & Capitanio, J. P. (1996). "Some of my best friends": Intergroup contact, concealable stigma, and heterosexuals' attitudes toward gay men and lesbians. *Personality and Social Psychology Bulletin*, *22*, 412 – 424; Pettigrew, Thomas T., & Tropp, Linda R. (2006). A meta-analytic test of intergroup contact theory. *Journal of Personality and Social Psychology*, *90*, 751 – 783; Wilner, Daniel, Walkley, Rosabelle, & Cook, Stuart (1955). *Human relations in interracial housing*. Minneapolis: University of Minnesota Press.

97. Van Laar, C., Levin, S., & Sidanius, J. (2008). Ingroup and outgroup contact: A longitudinal study of the effects of cross-ethnic friendships, dates, roommate relationships and participation in segregated organizations. In U. Wagner, L. R. Tropp, G. Finchilescu, & C. Tredoux (Eds.), *Improving intergroup relations: Building on the legacy of Thomas F. Pettigrew*. Malden: Blackwell.

98. Sidanius, J., Van Laar, C., Levin, S., & Sinclair, S. (2004). Ethnic enclaves and the dynamics of social identity on the college campus: The good, the bad, and the ugly. *Journal of Personality and Social Psychology*, *87*, 96 – 110.

99. Mendoza-Denton, R., & Page-Gould, E. (2008). Can crossgroup friendships influence minority students' well-being at historically white universities? *Psychological Science*, *19*, 933 – 993.

100. Saguy, T., Tausch, N., Dovidio, J. F., Pratto, F. & Singh, P. (2010). Tension and harmony in intergroup relations. In M. Mikulincer & P. Shaver (Eds.), *Understanding and reducing aggression, violence, and their consequences*. Washington, DC: American Psychological Association.

101. Stephan, W. G. (1978). School desegregation: An evaluation of predictions made in *Brown v. The Board of Education*. *Psychological Bulletin*, 85, 217 – 238; Stephan, W. G. (1985). Intergroup relations. In G. Lindzey & E. Aronson (Eds.), *Handbook of social psychology*, 3rd edition (pp. 599 – 658). New York: McGraw-Hill.
102. Sherif, M. (1958). Superordinate goals in the reduction of intergroup conflicts. *American Journal of Sociology*, 63, 349 – 356.
103. Deutsch, M. (1949). A theory of cooperation and competition. *Human Relations*, 2, 129 – 152; Deutsch, M. (1949). An experimental study of the effects of cooperation and competition upon group process. *Human Relations*, 2, 199 – 232
104. Keenan, P., & Carnevale, P. (1989). Positive effects of within-group competition on between-group negotiation. *Journal of Applied Social Psychology*, 19, 977 – 992.
105. Aronson, E., Stephan, C., Sikes, J., Blaney, N., & Snapp, M. (1978). *The jigsaw classroom*. Beverly Hills, CA: Sage; Aronson, E., & Osherow, N. (1980). Cooperation, prosocial behavior, and academic performance: Experiments in the desegregated classroom. In L. Bickman (Ed.), *Applied social psychology annual* (Vol. 1, pp. 163 – 196). Beverly Hills, CA: Sage; Aronson, E. (1992). Stateways can change folkways. In R. Baird & S. Rosenbaum (Eds.), *Bigotry, prejudice and hatred: Definitions, causes and solutions* (pp. 111 – 124). Buffalo, NY: Prometheus Books; Aronson, E., & Gonzalez, A. (1988). Desegregation, jigsaw and the Mexican-American experience. In P. Katz and D. Taylor (Eds.), *Eliminating racism*. New York: Plenum; Aronson, E., & Thibodeau, R. (1992). The jigsaw classroom: A cooperative strategy for reducing prejudice. In J. Lynch, C. Modgil, and S. Modgil (Eds.), *Cultural diversity in the schools*. London: Falmer Press; Aronson, E., & Patnoe, S. (2011). *Cooperation in the classroom: The jigsaw method*, 2nd edition. London, England: Pinter & Martin; Jigsaw Classroom. https://www.jigsaw.org. Accessed August 24, 2017.
106. Aronson, E., & Osherow, N. (1980). Cooperation, prosocial behavior, and academic performance: Experiments in the desegregated classroom. In L. Bickman (Ed.), *Applied social psychology annual* (Vol. 1, pp. 163 – 196). Beverly Hills, CA: Sage; Aronson, E. (2002). Building empathy, compassion, and achievement in the jigsaw classroom. In J. Aronson (Ed.), *Improving academic achievement: Impact of psychological factors on education* (pp. 209 – 225). San Diego, CA: Academic Press.
107. Juergen-Lohmann, J., Borsch, F., & Giesen, H. (2001). Cooperative learning at the university: An evaluation of jigsaw in classes of educational psychology/Kooperatives Lernen an der Hochschule. Evaluation des Gruppenpuzzles in Seminaren der Paedagogischen Psychologie. *Zeitschrift fuer Paedagogische Psychologie*, 15, 74 – 84; Perkins, D., & Saris, R. (2001). A "jigsaw classroom" technique for undergraduate statistics courses. *Teaching of Psychology*, 28, 111 – 113; Walker, I., & Crogan, M. (1998). Academic performance, prejudice, and the jigsaw classroom: New pieces to the puzzle. *Journal of Community & Applied Social Psychology*, 8, 381 – 393.
108. Desforges D. M., Lord, C. G., Ramsey, S. L., Mason, J. A., Van Leeuwen, M. D., West, S. C., & Lepper, M. R. (1991). Effects of structured cooperative contact on changing negative attitudes towards stigmatized social groups. *Journal of Personality and Social Psychology*, 60, 531 – 544.
109. Gaertner, S. L., Mann, J., Dovidio, J. F., Marrell, A., & Pomare, M. (1990). How does cooperation reduce intergroup bias? *Journal of Personality and Social Psychology*, 59, 692 – 704; Gaertner, S. L., & Dovidio, J. F. (2000). *Reducing intergroup bias: The common ingroup identity model*. Philadelphia, PA: Psychology Press.
110. Leippe, M. R., & Eisenstadt, D. (1994). Generalization of dissonance reduction: Decreasing

prejudice through induced compliance. *Journal of Personality and Social Psychology*, 67, 395 – 413.

111. Gaertner, S. L., Mann, J. A., Dovidio, J. F., Murrell, A. J., & Pomare, M. (1990). How does cooperation reduce intergroup bias? *Journal of Personality and Social Psychology*, 59, 692 – 704.

112. Bridgeman, D. (1981). Enhanced role-taking through cooperative interdependence: A field study. *Child Development*, 52, 1231 – 1238.

113. Aronson, E. (2000). *Nobody left to hate: Teaching compassion after Columbine*. New York: Henry Holt.

114. Slavin, R. (1996). Research on cooperative learning and achievement: What we know, what we need to know. *Contemporary Educational Psychology*, 21, 43 – 69; Qin, Z., Johnson, D. W., & Johnson, R. T. (1995). Cooperative versus competitive efforts and problem solving. *Review of Educational Research*, 65, 29 – 143; Deutsch, M. (1949). A theory of cooperation and competition. *Human Relations*, 2, 129 – 152; Deutsch, M. (1949). An experimental study of the effects of cooperation and competition upon group process. *Human Relations*, 2, 199 – 232.

115. Van Bavel, J. J., & Cunningham, W. A. (2009). Self-categorization with a novel mixed-race group moderates automatic social and racial biases. *Personality and Social Psychology Bulletin*, 35, 321 – 335.

116. Todd, A., Bodenhausen, G. V., Richeson, J. A., & Galinsky, A. D. (2011). Perspective taking combats automatic expressions of racial bias. *Journal of Personality and Social Psychology*, 100, 1027 – 1042.

117. McConahay, J. B. (1981). Reducing racial prejudice in desegregated schools. In W. D. Hawley (Ed.), *Elective school desegregation*. Beverly Hills, CA: Sage.

118. Shipler, D. K. (1997). *A country of strangers: Blacks and whites in America*. New York: Knopf.

Chapter 8　Liking, Loving, and Connecting

1. Kasper, S. (1992). *Annie Oakley*. Norman, OK: University of Oklahoma Press.
2. Ekman, P. (1982). *Emotion in the human face*, 2nd edition. New York: Cambridge University Press.
3. Baumeister, R. F., & Leary, M. R. (1995). The need to belong: Desire for interpersonal attachments as a fundamental human motivation. *Psychological Bulletin*, 117, 497 – 529.
4. Waldinger, R., quoted in Curtin, M., (2017). This 75-year Harvard study found the 1 secret to leading a fulfilling life. *Inc.*, February 27. https://www.inc.com/melanie-curtin/want-a-life-of-fulfillment-a-75-year-harvard-study-says-to-prioritize-this-one-t.html.
5. Uchino, B. N., Cacioppo, J. T., & Kiecolt-Glaser, J. K. (1996). The relationship between social support and physiological processes: A review with emphasis on underlying mechanisms and implications for health. *Psychological Bulletin*, 119, 488 – 531.
6. Cacioppo, J. T., & Hawkley, L. C. (2003). Social isolation and health, with an emphasis on underlying mechanisms. *Perspectives in Biology and Medicine*, 46, S39 – S52.
7. Cacioppo, J. T., Hawkley, L. C., & Thisted, R. A. (2010). Perceived social isolation makes me sad: 5-year cross-lagged analyses of loneliness and depressive symptomatology in the Chicago Health, Aging, and Social Relations Study. *Psychology and Aging*, 25, 453 – 463.
8. Klinenberg, E. (2013). *Going solo: The extraordinary rise and surprising appeal of living alone*. New York: Penguin.
9. DePaulo, B. M., & Morris, W. L. (2005). Singles in society and in science. *Psychological Inquiry*, 16, 57 – 83.

10. Quoted in Gregoire, C. (2013). The 75-year study that found the secrets to a fulfilling life. *Huffington Post*, August 23. http://www.huffingtonpost.com/2013/08/11/how-this-harvard-psycholo_n_3727229.html.
11. Carnegie, D. (1937/2010). *How to win friends and influence people*. New York: Simon and Schuster.
12. Remmers, H. H., & Radler, D. H. (1958). Teenage attitudes. *Scientific American*, 198, 25–29; Dawes, M., & Xie, H. (2014). The role of popularity goal in early adolescents' behaviors and popularity status. *Developmental Psychology*, 50, 489–497.
13. Lemann, T., & Solomon, R. (1952). Group characteristics as revealed in sociometric patterns and personality ratings. *Sociometry*, 15, 7–90.
14. Homans, G. (1961). *Social behavior: Its elementary forms*. New York: Harcourt, Brace and World.
15. Kelley, H. H., & Thibaut, J. W. (1978). *Interpersonal relations: A theory of interdependence*. John Wiley & Sons.
16. Festinger, L., Schachter, S., & Back, K. (1950). *Social pressures in informal groups: A study of human factors in housing*. New York: Harper.
17. Darley, J. M., & Berscheid, E. (1967). Increased liking as a result of the anticipation of personal contact. *Human Relations*, 20, 29–40.
18. Bossard, J. H. (1932). Residential propinquity as a factor in marriage selection. *American Journal of Sociology*, 38, 219–224.
19. Ansari, A., & Klinenberg, E. (2015). *Modern romance*. New York: Penguin.
20. Quoted in Ansari, A. (2015). *Modern romance*, New York: Penguin, p. 14.
21. Collisson, B., & Howell, J. L. (2014). The liking-similarity effect: Perceptions of similarity as a function of liking. *Journal of Social Psychology*, 154, 384–400; Aronson, E., & Worchel, S. (1966). Similarity versus liking as determinants of interpersonal attractiveness. *Psychometric Science*, 5, 157–158.
22. Tidwell, N. D., Eastwick, P. W., & Finkel, E. J. (2013), Perceived, not actual, similarity predicts initial attraction in a live romantic context: Evidence from the speed-dating paradigm. *Personal Relationships*, 20, 199–215.
23. Cialdini, R. B. (2004). The science of persuasion. *Scientific American Mind*, 14, 70–77.
24. Gehlbach, H., Brinkworth, M. E., King, A. M., Hsu, L. M., McIntyre, J., & Rogers, T. (2016). Creating birds of similar feathers: Leveraging similarity to improve teacher-student relationships and academic achievement. *Journal of Educational Psychology*, 108, 342–352.
25. Bales, R. (1958). Task roles and social roles in problem solving groups. In E. E. Maccoby, T. M. Newcomb, & E. L. Hartley (Eds.), *Readings in social psychology*, 3rd edition (pp. 437–447). New York: Holt.
26. Aronson, E., Willerman, B., & Floyd, J. (1966). The effect of a pratfall on increasing interpersonal attractiveness. *Psychonomic Science*, 4, 227–228.
27. Tesser, A., Millar, M., & Moore, J. (1988). Some affective consequences of social comparison and reflection processes: The pain and pleasure of being close. *Journal of Personality and Social Psychology*, 54, 49–61.
28. Cialdini, R. B., Borden, R. J., Thorne, A., Walker, M. R., Freeman, S., & Sloan, L. R. (1976). Basking in reflected glory: Three (football) field studies. *Journal of Personality and Social Psychology*, 34, 366–375.
29. Eastwick, P. W., Luchies, L. B., Finkel, E. J., & Hunt, L. L. (2014). The predictive validity of ideal partner preferences: A review and meta-analysis. *Psychological Bulletin*, 140, 623–665.
30. Todd, P. M., Penke, L., Fasolo, B., & Lenton, A. P. (2007). Different cognitive processes

underlie human mate choices and mate preferences. *Proceedings of the National Academy of Sciences*, *104*, 15011-15016.

31. Walster, E., Aronson, V., Abrahams, D., & Rottman, L. (1966). Importance of physical attractiveness in dating behavior. *Journal of Personality and Social Psychology*, *5*, 508-516.
32. White, G. (1980). Physical attractiveness and courtship progress. *Journal of Personality and Social Psychology*, *39*, 660-668.
33. Dion, K., Berscheid, E., & Walster (Hatfield), E. (1972). What is beautiful is good. *Journal of Personality and Social Psychology*, *24*, 285-290.
34. Fink, B., Neave, N., Manning, J. T., & Grammer, K. (2006). Facial symmetry and judgements of attractiveness, health and personality. *Personality and Individual Differences*, *41*, 491-499; Reber, R., Schwarz, N., & Winkielman, P. (2004). Processing fluency and aesthetic pleasure: Is beauty in the perceiver's processing experience? *Personality and Social Psychology Review*, *8*, 364-382.
35. Tan, A. S. (1979). TV beauty ads and role expectations of adolescent female viewers. *Journalism Quarterly*, *56*, 283-288.
36. Dion, K. (1972). Physical attractiveness and evaluations of children's transgressions. *Journal of Personality and Social Psychology*, *24*, 207-213.
37. Frieze, I. H., Olson, J. E., & Russell, J. (1991). Attractiveness and income for men and women in management. *Journal of Applied Social Psychology*, *21*, 1037-1039.
38. Sigall, H., & Aronson, E. (1969). Liking for an evaluator as a function of her physical attractiveness and nature of the evaluations. *Journal of Experimental and Social Psychology*, *5*, 93-100.
39. Snyder, M., Tanke, E. D., & Berscheid, E. (1977). Social perception and interpersonal behavior: On the self-fulfilling nature of social stereotypes. *Journal of Personality and Social Psychology*, *35*, 656-666.
40. Kniffin, K. M., & Wilson, D. S. (2004). The effect of nonphysical traits on the perception of physical attractiveness: Three naturalistic studies. *Evolution and Human Behavior*, *25*, 88-101.
41. Gross, A. E., & Crofton, C. (1977). What is good is beautiful. *Personality and Social Psychology Bulletin*, *3*, 262-265.
42. Freeman, J. (2011). Stereotypes and status symbols impact if a face is viewed as black or white. https://medicalxpress.com/news/2011-09-stereotypes-status-impact-viewed-black.html. Accessed September 3, 2017.
43. Curtis, R. C., & Miller, K. (1986). Believing another likes or dislikes you: Behaviors making the beliefs come true. *Journal of Personality and Social Psychology*, *51*, 284-290.
44. Walster (Hatfield), E. (1965). The effect of self-esteem on romantic liking. *Journal of Experimental and Social Psychology*, *1*, 184-197.
45. Kiesler, S. B., & Baral, R. L. (1970). The search for a romantic partner: The effects of self-esteem and physical attractiveness on romantic behavior. In K. J. Gergen & D. Marlowe (Eds.), *Personality and social behavior*. Reading, MA: Addison-Wesley.
46. Finkel, E. J., & Eastwick, P. W. (2009). Arbitrary social norms influence sex differences in romantic selectivity. *Psychological Science*, *20*, 1290-1295.
47. Schwartz, B. (2004). *The paradox of choice: Why less is more*. New York: Ecco.
48. Iyengar, S. S., & Lepper, M. R. (2000). When choice is demotivating: Can one desire too much of a good thing? *Journal of Personality and Social Psychology*, *79*, 995-1006.
49. Ansari, A. (2015). *Modern romance*. New York: Penguin.
50. Iyengar, S. S., Wells, R. E., & Schwartz, B. (2006). Doing better but feeling worse: Looking for the "best" job undermines satisfaction. *Psychological Science*, *17*, 143-150.

51. Ansari, A. (2015). *Modern romance*. New York: Penguin.
52. Amabile, T. M. (1983). Brilliant but cruel: Perceptions of negative evaluators. *Journal of Experimental Social Psychology*, 19, 146–156.
53. Swann, Jr., W. B. (1990). To be adored or to be known? The interplay of self-enhancement and self-verification. In R. M. Sorrentino & E. T. Higgins (Eds.), *Foundations of social behavior* (Vol. 2), pp. 408–448. New York: Guilford.
54. Lawrence, J. S., Crocker, J., & Blanton, H. (2011). Stigmatized and dominant cultural groups differentially interpret positive feedback. *Journal of Cross-Cultural Psychology*, 42, 165–169.
55. Jones, E. E. (1964) *Ingratiation*. New York: Appleton-Century-Crofts.
56. Brehm J., & Cole, A. (1966). Effect of a favor which reduces freedom. *Journal of Personality and Social Psychology*, 3, 420–426.
57. Bigelow, J. (Ed.). (1916). *The autobiography of Benjamin Franklin*. New York: G. P. Putnam's Sons.
58. Jecker, J., & Landy, D. (1969). Liking a person as a function of doing him a favor. *Human Relations*, 22, 371–378.
59. Aronson, E., & Linder, D. (1965). Gain and loss of esteem as determinants of interpersonal attractiveness. *Journal of Experimental and Social Psychology*, 1, 156–171; Gerard, H., & Greenbaum, C. W. (1962). Attitudes toward an agent of uncertainty reduction. *Journal of Personality*, 30, 485–495; Mettee, D., Taylor, S. E., & Friedman, H. (1973). Affect conversion and the gain-loss like effect. *Sociometry*, 36, 505–519; Aronson, E., & Mettee, D. (1974). Affective reactions to appraisal from others. In *Foundations of interpersonal attraction*. New York: Academic Press; Clore, G. L., Wiggins, N. H., & Itkin, S. (1975). Gain and loss in attraction: Attributions from nonverbal behavior. *Journal of Personality and Social Psychology*, 31, 706–712; Turcotte, S. J., & Leventhal, L. (1984). Gain-loss versus reinforcement-affect ordering of student ratings of teaching: Effect of rating instructions. *Journal of Educational Psychology*, 76, 782–791.
60. Aronson, E., & Linder, D. (1965). Gain and loss of esteem as determinants of interpersonal attractiveness. *Journal of Experimental and Social Psychology*, 1, 156–171.
61. Spinoza, B. de. (1910). The ethics. In A. Boyle (Trans.), *Spinoza's ethics and "De Intellectus Emendatione"* (pp. 232–233). New York: Dutton.
62. Mettee, D. R., Taylor, S. E., & Friedman, H. (1973). Affect conversion and the gain-loss like effect. *Sociometry*, 36, 505–519.
63. Mettee, D. R., & Aronson, E. (1974). Affective reactions to appraisal from others. In T. L. Huston (Ed.), *Foundations of interpersonal attraction* (pp. 235–283). New York: Academic Press.
64. Strauss, N. (2012). *The game: Penetrating the secret society of pickup artists*. New York: It Books.
65. Clark, M. S., & Mills, J. (1979). Interpersonal attraction in exchange and communal relationships. *Journal of Personality and Social Psychology*, 37, 12–24.
66. Walster, E., Walster, G. W., & Traupmann, J. (1979). Equity and premarital sex. In M. Cook & G. Wilson (Eds.), *Love and attraction*. New York: Pergamon Press.
67. Pillemer, J., Hatfield, E., & Sprecher, S. (2008). The importance of fairness and equity for the marital satisfaction of older women. *Journal of Women and Aging*, 20, 215–229.
68. Clark, M. S., Mills, J. R., & Corcoran, D. M. (1989). Keeping track of needs and inputs of friends and strangers. *Personality and Social Psychology Bulletin*, 15, 533–542.
69. Hatfield, E., & Rapson, R. L. (2008). Passionate love and sexual desire: Multidisciplinary perspectives. In J. P. Forgas & J. Fitness (Eds.), *Social relationships: Cognitive, affective, and*

motivational processes. New York: Psychology Press.

70. Baumeister, R. F., & Bratslavsky, E. (1999). Passion, intimacy, and time: Passionate love as a function of change in intimacy. *Personality and Social Psychology Review*, 3, 49 – 67.

71. Aron, A., Fisher, H., Mashek, D. J., Strong, G., Li, H., & Brown, L. L. (2005). Reward, motivation, and emotion systems associated with early-stage intense romantic love. *Journal of Neurophysiology*, 94, 327 – 337; Scheele, D., Willie, S., Kendrick, K. M., Stoffel-Wagner, B., Becker, B., Güntürkün, O., Maier, W., & Hurlemann, R. (2013). Oxytocin enhances brain reward system responses in men viewing the face of their female partner. *PNAS*, 110, 20308 – 20313.

72. Haidt, J. (2006). *The happiness hypothesis*. New York: Hachette.

73. Solomon, R. (1994). *About love*. Lanham, MD: Littlefield Adams.

74. Aron, A., Fisher, H. E., Strong, G., et al. (2008). Falling in love. In S. Sprecher, A. Wenzel, & J. Harvey (Eds.), *Handbook of relationship initiation*. New York: Psychology Press; Acevedo, B. P., & Aron, A. (2009). Does a long-term relationship kill romantic love? *Review of General Psychology*, 13, 59 – 65.

75. Epstein, R., Pandit, M., & Thakar, M. (2013). How love emerges in arranged marriages: Two cross-cultural studies. *Journal of Comparative Family Studies*, 44, 341 – 360.

76. Lee, S. W. S., & Schwarz, N. (2014). Framing love: When it hurts to think we were made for each other. *Journal of Experimental Social Psychology*, 54, 61 – 67.

77. Knee, C. R. (1998). Implicit theories of relationships: Assessment and prediction of romantic relationship initiation, coping, and longevity. *Journal of Personality and Social Psychology*, 74, 360 – 370; Knee, C. R., Nanayakkara, A., Vietor, N. A., Neighbors, C., & Patrick, H. (2001). Implicit theories of relationships: Who cares if romantic partners are less than ideal? *Personality and Social Psychology Bulletin*, 27, 808 – 819.

78. Shaver, P. R., & Hazan, C. (1993). Adult romantic attachment: Theory and evidence. In D. Perlman & W. H. Jones (Eds.), *Advances in personal relationships* (Vol. 4). London: Kingsley.

79. Mikulincer, M., & Shaver, P. R. (2007). *Attachment in adulthood: Structure, dynamics, and change*. New York: Guilford Press.

80. Dinero, R. E., Conger, R. D., Shaver, P. R., Widaman, K. F., & Larsen-Rife, D. (2008). Influence of family of origin and adult romantic partners on romantic attachment security. *Journal of Family Psychology*, 22, 622 – 632.

81. Feeney, B. C., & Cassidy, J. (2003). Reconstructive memory related to adolescent-parent conflict interactions. *Journal of Personality and Social Psychology*, 85, 945 – 955.

82. Fraley, R. C., Vicary, A. M., Brumbaugh, C. C., & Roisman, G. I. (2011). Patterns of stability in adult attachment: An empirical test of two models of continuity and change. *Journal of Personality and Social Psychology*, 101, 974 – 992; Gillath, O., Shaver, P. R., Baek, J.-M., & Chun, D. S. (2008). Genetic correlates of adult attachment style. *Personality and Social Psychology Bulletin*, 34, 1396 – 1405.

83. Sroufe, L. A. (2005). Attachment and development: A prospective, longitudinal study from birth to adulthood. *Attachment and Human Development*, 7, 349 – 367; Simpson, J. A., Collins, W. A., Salvatore, J. E., & Sung, S. (2014). The impact of early interpersonal experience on romantic relationship functioning in adulthood. In M. Mikulincer & P. R. Shaver (Eds.), *Mechanisms of social connections: From brain to group* (pp. 221 – 234). Washington, DC: American Psychological Association.

84. Reis, H. T., Clark, M. S., & Holmes, J. G. (2004). Perceived partner responsiveness as an organizing construct in the study of intimacy and closeness. In D. J. Mashek & A. Aron (Eds.), *Handbook of closeness and intimacy* (pp. 201 – 225). New York: Psychology Press; Downey, G.,

Freitas, A. L., Michaelis, B., & Khouri, H. (1998). The self-fulfilling prophecy in close relationships: Rejection sensitivity and rejection by romantic partners. *Journal of Personality and Social Psychology*, 75, 545–560.

85. Oriña, M. M., Collins, W. A., Simpson, J. A., Salvatore, J. E., Haydon, K. C., Kim, J. S. (2011). Developmental and dyadic perspectives on commitment in adult romantic relationships. *Psychological Science*, 22, 908–915; Simpson, J. A., Collins, W. A., & Salvatore, J. E. (2011). The impact of early interpersonal experience on adult romantic relationship functioning: Recent findings from the Minnesota Longitudinal Study of Risk and Adaptation. *Current Directions in Psychological Science*, 20, 355–359.

86. Finkel, E. J. (2017). *The all-or-nothing marriage*. New York: Dutton.

87. Arriaga, X. B., Kumashiro, M., Finkel, E. J., VanderDrift, L. E., & Luchies, L. B. (2014). Filling the void: Bolstering attachment security in committed relationships. *Social Psychological and Personality Science*, 5, 398–406.

88. Duck, S. (1995). Stratagems, spoils and a serpent's tooth: On the delights and dilemmas of personal relationships. In W. R. Cupach & B. H. Spitzberg (Eds.), *The dark side of interpersonal communication*. Hillsdale, NJ: LEA.

89. Harvey, O. J. (1962). Personality factors in resolution of conceptual incongruities. *Sociometry*, 25, 336–352.

90. Schopenhauer, A. (1851). *Parerga and Paralipomena* (Vol. 2, Chapter XXXI). Translation: E. F. J. Payne. Oxford: Oxford University Press.

91. Clark, M. S., & Lemay, E. P. (2010). Close relationships. In S. T. Fiske, D. T. Gilbert, and G. Lindzey (Eds.), *Handbook of social psychology*, 5th edition (pp. 898–940). New York: Wiley.

92. Murray, S. L., Holmes, J. G., & Collins, N. L. (2006). Optimizing assurance: The risk regulation system in relationships. *Psychological Bulletin*, 132, 641–666.

93. Finkel, E. (2017). *The all or nothing marriage*. New York: Dutton.

94. Aron, A., Melinat, E., Aron, E. N., Vallone, R. D., & Bator, R. J. (1997). The experimental generation of interpersonal closeness: A procedure and some preliminary findings. *Personality and Social Psychology Bulletin*, 23, 363–377.

95. Swann, Jr., W. B. (1990). To be adored or to be known? The interplay of self-enhancement and self-verification. In R. M. Sorrentino & E. T. Higgins (Eds.), *Foundations of social behavior*, Vol. 2 (pp. 408–448). New York: Guilford; Swann, Jr., W. B., De La Ronde, C., & Hixon, J. G. (1994). Authenticity and positivity strivings in marriage and courtship. *Journal of Personality and Social Psychology*, 66, 857–869; Swann, Jr., W. B., & Pelham, B. (2002). Who wants out when the going gets good? Psychological investment and preference for self-verifying college roommates. *Self and Identity*, 1, 219–233.

96. Gable, S. L., Gonzaga, G. C., & Strachman, A. (2006). Will you be there for me when things go right? Supportive responses to positive event disclosures. *Journal of Personality and Social Psychology*, 91, 904–917.

97. Harvey, J. H., Weber, A. L., & Orbuch, T. L. (1990). *Interpersonal accounts: A social psychological perspective*. Oxford: Blackwell.

98. Gottman, J. (2012). *Why marriages succeed or fail*. New York: Simon & Schuster.

99. Gottman, J. S. (Ed.) (2004). *The Marriage Clinic Casebook*. New York: W. W. Norton.

100. Fincham, F. D., & Bradbury, T. N. (1993). Marital satisfaction, depression, and attributions: A longitudinal analysis. *Journal of Personality and Social Psychology*, 64, 442–452; Karney, B., & Bradbury, T. N. (2000). Attributions in marriage: State or trait? A growth curve analysis. *Journal of Personality and Social Psychology*, 78, 295–309.

101. Finkel (2017), Ibid.

Chapter 9 Social Psychology as a Science

1. Kunen, J. S. (1995, July 10). Teaching prisoners a lesson. *New Yorker*, pp. 34-39.
2. Feynman, R. (1993, December 21). The best mind since Einstein. http://www.pbs.org/wgbh/nova/education/programs/2019_bestmind.html. Accessed November 28, 2017.
3. P. Semonov (1997). Personal communication.
4. Nisbett & Wilson; also Gilovich, T., & Ross, L. (2015). *The wisest one in the room: How you can benefit from social psychology's most powerful insights*. New York: Free Press.
5. Aronson, E., Willerman, B., & Floyd, J. (1966). The effect of a pratfall on increasing interpersonal attractiveness. *Psychonomic Science*, 4, 227-228.
6. Aronson, E., & Mills, J. (1959). The effect of severity of initiation on liking for a group. *Journal of Abnormal and Social Psychology*, 59, 177-181.
7. Liebert, R., & Baron, R. (1972). Some immediate effects of televised violence on children's behavior. *Developmental Psychology*, 6, 469-475.
8. Aronson, E., & Carlsmith, J. M. (1969). Experimentation in social psychology. In G. Lindzey & E. Aronson (Eds.), *Handbook of social psychology*, 2nd edition (Vol. 2, pp. 1-79). Reading, MA: Addison-Wesley; Aronson, E., Brewer, M., & Carlsmith, J. M. (1985). Experimentation in social psychology. In G. Lindzey & E. Aronson (Eds.), *Handbook of social psychology*, 3rd edition (Vol. 1, pp. 441-486). New York: Random House.
9. Milgram, S. (1963). Behavioral study of obedience. *Journal of Abnormal and Social Psychology*, 67, 371-378.
10. Aronson, E., Sigall, H., & Van Hoose, T. (1970). The cooperative subject: Myth or reality? *Journal of Experimental and Social Psychology*, 6, 1-10.
11. Asch, S. (1951). Effects of group pressure upon the modification and distortion of judgment. In M. H. Guetzkow (Ed.), *Groups, leadership, and men* (pp. 177-190). Pittsburgh: Carnegie; Asch, S. (1951). Studies of independence and conformity: I. A minority of one against a unanimous majority. *Psychological Monographs: General and Applied*, 70(9), 1-70.
12. Oostenbroek, J., Suddendorf, T., Nielsen, M., Redshaw, J., Kennedy-Constantini, S., Davis, J., Clark, S., & Slaughter, V. (2016). Comprehensive longitudinal study challenges the existence of neonatal imitation in humans. *Current Biology*, 26, 1334-1338.
13. Cohen, G. L., Garcia, J., Purdie-Vaughns, V., Apfel, N., & Brzustoski, P. (2009). Recursive processes in self-affirmation: Intervening to close the minority achievement gap. *Science*, 324, 400-403.
14. Borman, G. D., Grigg, J., & Hanselman, P. (2016). An effort to close achievement gaps at scale through self-affirmation. *Educational Evaluation and Policy Analysis*, 38, 21-24; Hanselman, P., Rozck, C. S., Grigg, J., & Borman, G. D. (2017). New evidence on self-affirmation effects and theorized sources of heterogeneity from large-scale replications. *Journal of Educational Psychology*, 109, 405.
15. Simmons, J. P., & Simonsohn, U. (2017). Power posing: P-curving the evidence. *Psychological Science*, 28, 687-693; Ranehill E., Dreber A., Johannesson M., Leiberg S., Sul S., & Weber R. A. (2015). Assessing the robustness of power posing: No effect on hormones and risk tolerance in a large sample of men and women. *Psychological Science*, 26, 653-656.
16. Van Bavel, J. J., Mende-Siedlecki, P., Brady, W. J., & Reinero, D. A. (2016, August 9). Contextual sensitivity helps explain the reproducibility gap between social and cognitive psychology. http://dx.doi.org/10.2139/ssrn.2820883. Accessed September 4, 2017.
17. Dawes, R., McTavish, J., & Shaklee, H. (1977). Behavior, communication, and assumptions about other people's behavior in a common dilemma situation. *Journal of Personality and Social*

Psychology, *35*, 1-11.
18. Aronson, E., & Mettee, D. (1968). Dishonest behavior as a function of differential levels of induced self-esteem. *Journal of Personality and Social Psychology*, *9*, 121-127.
19. Bickman, L., & Zarantonello, M. (1978). The effects of deception and level of obedience on subjects' ratings of the Milgram study. *Personality and Social Psychology Bulletin*, *4*, 81-85.
20. Milgram, S. (1964). Issues in the study of obedience: A reply to Baumrind. *American Psychologist*, *19*, 848-852.

英文人名索引*

A

Abrahams, Darcy, 176
Aknin, Lara, 246
Alexander, Michelle, 265
Allport, Gordon, 261, 262
Amabile, Teresa, 38, 321
Amin, Idi, 225
Anderson, Craig, 219, 233
Ansari, Aziz, 306, 319, 320, 331
Applewhite, Marshall Herff, 101
Archer, Dane, 208
Aristotle, 1, 173, 174, 176
Aronson, Elliot, 8, 369
Aronson, Joshua, 1, 3, 46, 47, 122, 149, 176, 185, 195, 199, 237, 258, 265, 282, 283
Arriaga, Ximena, 334
Asch, Solomon, 45, 117, 118, 119, 120, 121, 122, 123, 125, 128, 131, 364, 367, 369

B

Baird, Abigail, 128
Banaji, Mahzarin, 267, 269
Bandura, Albert, 229
Baral, Roberta, 317
Bargh, John, 114
Barker, Roger, 222
Barnum, P. T., 23
Baron, Robert, 244
Barrett, Lisa Feldman, 198
Batson, Daniel, 134
Baumeister, Roy, 24, 87, 220
Bentham, Jeremy, 15, 16

Berkowitz, Leonard, 218, 226, 227
Berns, Gregory, 120
Berscheid, Ellen, 94, 97, 313
Bickman, Leonard, 370
Bloom, Paul, 18
Bodenhausen, Galen, 257
Bogart, Humphrey, 69
Bond, Rod, 120
Bradbury, Thomas, 342
Bradford, John, 39
Brandeis, Louis, 199
Brehm, Jack, 67, 68, 74, 79, 96, 196
Bridgeman, Diane, 296
Brosnan, Sarah, 223
Brossard, James, 305
Brown, Paul, 243
Brown, Roger, 223
Bruce, Lenny, 63
Bryan, Christopher, 187
Burger, Jerry, 144, 148
Bush, George H. W., 165, 166, 306
Bush, George W., 104
Bushman, Brad, 87, 212, 213, 218, 233
Butler, Frank, 301, 303, 304, 310, 315, 347

C

Cacioppo, John, 169, 170
Campbell, Keith, 87
Camus, Albert, 60
Cantril, Hadley, 31
Carlsmith, J. Merrill, 77, 82, 84, 85, 190, 192, 219, 241, 362

---

* 索引中的页码,均为英文版页码,请按中文版边码检索。——编辑注

Carnegie, Dale, 303,304,320,321,322
Carnevale, Peter, 290
Castro, Fidel, 308
Chaiken, Shelly, 178
Chartrand, Tanya, 114
Christian, Jeremy Joseph, 254
Cialdini, Robert, 72,130,195
Cicero, 335
Clark, Margaret, 327,328
Clinton, Bill, 166
Clinton, Hillary, 115,166,169,179
Clooney, George, 306
Cobain, Kurt, 161
Cochran, Johnnie, 170
Cohen, Arthur R., 77
Cohen, Bernard, 45
Cohen, Dov, 207
Cohen, Geoffrey, 31,32,87,141,195,284
Collins, Mary Ellen, 287
Conway, Michael, 91
Corcoran, David, 328
Costanzo, Mark, 24
Craig, Jenny, 186
Crandall, Christian, 129,269
Crick, Nikki, 210
Crocker, Charles, 272
Crocker, Jennifer, 276
Cronkite, Walter, 168,201
Crystal, Billy, 212
Cunningham, William, 297
Curtis, Rebecca, 316

D

Dabbs, James, 208
Darby, Joseph, 150
Darley, John, 97,133,134,136
Darling-Hammond, Linda, 148
Darwin, Charles, 247
Davis, Deborah, 217,237,238
Davis, Keith, 93
Davitz, Joel, 243
Dawes, Robyn, 367,369
de Klerk, F.W., 299
De Niro, Robert, 212
de Tocqueville, Alexis, 225
de Waal, Frans, 223
Dean, John, 112

DeCelles, Katherine, 224
Dembo, Tamara, 222
Deutsch, Morton, 125,287,290
Dion, Karen, 311,312
Dittes, James, 127
Dollard, John, 272
Dubois, W.E.B., 284
Dukakis, Michael, 165,166,179
Dunbar, Robin, 19,146
Duncan, Birt, 259
Dweck, Carol, 43

E

Eagly, Alice, 178
Eastwick, Paul, 317
Eccles, Jacquelynne, 280
Eichmann, Adolf, 145
Eiseley, Loren, 249
Eisenberger, Naomi, 28
Eisenstadt, Donna, 295
Eliot, George, 35,306
Eliot, T.S., 192
Elliot, Rogers, 243
Elms, Alan, 144
Escobar, Pablo, 23
Eshleman, Amy, 269

F

Fein, Steven, 116,276
Fernbach, Philip, 32
Feshbach, Norma, 245
Feshbach, Seymour, 245
Festinger, Leon, 60,77,84,177
Feynman, Richard, 351
Fincham, Frank, 342
Finkel, Eli, 317,334
Fiske, Susan, 32,35,260
Flick, Mark, 259
Floyd, Joanne, 309
Franklin, Benjamin, 16,323
Fraser, Scott, 75
Freedman, Jonathan, 75,82,83,195,241
Freeman, Jon, 315
Freud, Sigmund, 203,212
Frey, David, 270

G

Gable, Shelley, 337,338
Gaertner, Samuel, 270,296
Geen, Russell, 213
Gelbach, Hunter, 307
Genovese, Kitty, 132,133
Gentile, Douglas, 233,234
Gentile, Ronald, 233,234
George III, King, 306
Gerard, Harold, 90,125
Ghraib, Abu, 150
Gibbons, Rick, 62
Gilbert, Daniel, 72,184
Gilovich, Thomas, 22
Ginsberg, Allen, 172,173
Ginsberg, Ruth Bader, 150
Gladwell, Malcolm, 124,268
Glass, David, 93
Glick, Peter, 260
Goering, Hermann, 160
Goff, Philip, 265
Golden, Burton, 174,176
Gonzales, Marti, 24
Goodwin, Doris Kearns, 105
Gottman, John, 338
Gottman, Julie, 339
Grant, Adam, 185
Greenwald, Anthony, 267,269
Griffitt, William, 219

H

Hahn, Adam, 268
Haidt, Jonathan, 26,329,330
Hamilton, David, 28
Hammock, Georgina, 245
Haney, Craig, 33
Harber, Kent, 95,280
Harmon-Jones, Eddie, 70
Harris, Eric, 220,221
Harris, Mary, 223
Hartmann, George, 180
Harvey, O.J., 189,192,335
Hastorf, Albert, 31
Hatfield, Elaine Walster. *See* Walster (Hatfield), Elaine
Haun, Daniel, 115
Hazan, Cindy, 332
Heider, Fritz, 27,37
Heilman, Madeline, 197
Heller, Joseph, 146
Higgins, Tory, 44
Hitler, Adolf, 112,113,160
Hobbes, Thomas, 203
Holmes, John, 336
Holmes, Oliver Wendell, Jr., 262
Horton, Willie, 165,166,170,180
Hovland, Carl, 173,174,189,192
Hussein, Saddam, 104
Hutton, E.F., 177

I

Inkster, James, 71
Iyengar, Sheena, 318

J

Jacobs, Janis, 280
Jacobson, Lenore, 41
James, LeBron, 175,178,252
James, William, 49
Janis, Irving, 113,120
Jecker, Jon, 323
Jenner, Bruce. *See* Jenner, Caitlin
Jenner, Caitlin, 175
Jobs, Steve, 55,155
Johnson, Dennis, 68
Johnson, Lyndon, 103,104,106,249
Jones, Carl, 44
Jones, Edward, 46,47,93,322
Jones, Jim, 10,101,102
Jost, John, 95,194
Jung, Kiju, 260
Jussim, Lee, 257

K

Kahn, Michael, 214
Kahneman, Daniel, 25
Keenan, Patricia, 290
Keizer, Kees, 131
Kelley, Harold, 37,127,304
Kennedy, David, 139
Kennedy, John F., 63, 64, 110, 308, 309, 352,353
Kepner, Richard, 244

Kiesler, Sara, 317
King, Eden, 270
Kirkland, Shari, 278
Klebold, Dylan, 220, 221
Klinenberg, Eric, 306
Knee, C. Raymond, 332
Knox, Robert, 71
Kropotkin, Peter, 248
Kruglanski, Arie, 36, 111
Kulik, James, 223
Kunen, James, 349, 350
Kuo, Zing Yang, 203, 204

L

Landy, David, 323
Latané, Bibb, 133, 134, 136
Lawrence, Jason, 321
Lazarsfeld, Paul, 286
Leary, Mark, 220
Lee, Harper, 228
Lee, Spike W. S., 331
Lehman, Darrin, 97
Leippe, Mike, 295
Lepper, Mark, 65
Lerner, Melvin, 285
Leventhal, Howard, 181, 182, 183
Levine, Robert, 133
Lewin, Kurt, 222
Lewontin, Richard, 199
Liberman, Nira, 52
Lieberman, Matthew, 28
Lincoln, Abraham, 105, 249
Linder, Darwyn, 325
Lippmann, Walter, 256
Locke, John, 17
Loftus, Elizabeth, 53, 54, 217, 238
Lombardi, Vince, 249
Lord, Charles, 65
Lorenz, Konrad, 247
Luntz, Frank, 171
Lyubomirsky, Sonja, 43

M

Mallick, Shabaz, 226
Mandela, Nelson, 299
Manilow, Barry, 22
Marlowe, Christopher, 277, 278
Marshall, Thurgood, 251, 252, 253
Martin, Trayvon, 4, 5
Mathewson, Grover, 90
McCain, Douglas, 3, 4
McCandless, Boyd, 226
McCauliffe, Christa, 113
McConahay, John, 298
McDaniel, Patricia, 208
McEwen, Bruce, 34
McGlone, Matthew, 171, 184, 283
McGuire, William, 197
McTavish, Jeanne, 367, 369
Meeus, Wim, 147
Mendoza-Denton, Rodolfo, 288
Menninger, William, 212
Mettee, David, 86, 369
Mikulincer, Mario, 332
Milgram, Stanley, 142, 143, 144, 145, 146, 147, 148, 149, 362, 364, 365, 369, 370, 371
Mill, John Stuart, 199
Miller, Dale, 139
Miller, Kim, 316
Mills, Judson, 74, 83, 84, 89, 90, 178, 327, 328, 353, 355, 356, 363
Mondale, Walter, 116
Monroe, Marilyn, 161
Montagu, Ashley, 247, 248
Morgan, James J., 62, 63
Morris, Philip, 62, 65
Mullen, Brian, 228
Murray, Charles, 199
Murray, Sandra, 336

N

Nin, Anaïs, 15
Nisbett, Richard, 206, 207
Nixon, Richard, 63, 112, 113
Norton, Michael, 224

O

Oakley, Annie, 301, 310, 315, 319, 347
Obama, Barack, 31, 253
Obuchi, Kenichi, 246
O'Connor, Sandra Day, 150
Olweus, Dan, 241
Oppenheimer, J. Robert, 173, 174

P

Page-Gould, Elizabeth, 288
Pager, Devah, 265
Pariser, Eli, 168
Parks, Rosa, 150
Patterson, Arthur, 213
Pennebaker, James, 260
Pettigrew, Thomas, 277
Petty, Richard, 169, 170
Phelps, Elizabeth, 262
Phelps, Michael, 2, 175
Phillips, David, 161
Piliavin, Irving, 136
Pinker, Steven, 206
Plato, 17
Pliner, Patricia, 76
Prasad, Jamuna, 59
Pratkanis, Anthony, 49, 119, 281
Prentice, Deborah, 139
Prince, Phoebe, 211
Prinstein, Michael, 141
Pulitzer, Joseph, 292, 293, 294

Q

Quinn, Andrew, 126

R

Raaijmakers, Quinten, 147
Reagan, Ronald, 49, 50, 116
Retton, Mary Lou, 175
Reynolds, Patrick, 177
Rholes, William, 44
Rice, Grantland, 249
Richards, Bob, 175
Richardson, Deborah, 245
Robbins, John, 177
Robinson, Tom, 228
Rodger, Elliot, 221
Rodin, Judith, 133
Rodriguez, Alex, 175
Romney, Mitt, 31
Rosenthal, Robert, 41
Ross, Lee, 38, 65
Ross, Michael, 91
Rousseau, Jean-Jacques, 203
Rudkin, Daniel, 32

Rusbult, Caryl, 68

S

Saddam Hussein, 104
Sakai, Haruki, 71
Salmivalli, Christina, 88
Sanna, Lawrence, 279
Sapolsky, Robert, 90, 209
Schachter, Stanley, 111, 113
Schindler, Oskar, 3
Schlenker, Barry, 126
Schopenhauer, Arthur, 336
Schwartz, Barry, 318, 320
Schwarz, Norbert, 331
Sears, David, 195
Semonov, Pavel, 351
Shakespeare, William, 277, 278
Shaklee, Harriet, 367, 369
Shaver, Phillip, 332
Shaw, George Bernard, 96
Sherif, Muzafer, 117, 118, 121, 189, 192, 273, 290, 292
Shipler, David, 298, 299
Sidanius, Jim, 288
Sigall, Harold, 313
Simmel, Marianne, 27
Simmons, Joseph, 367
Simonsohn, Uri, 367
Simpson, Jeffry, 68
Simpson, O.J., 170
Sinatra, Frank, 237
Sinha, Durganand, 59
Sloman, Steven, 32
Smith, Peter, 120
Snyder, Mark, 21, 313
Socrates, 157
Solomon, Robert, 330
Speer, Albert, 112
Spencer, Stephen, 276
Spinoza, Baruch de, 325
Steele, Claude, 195, 199, 282
Steinberg, Laurence, 127
Steinmetz, Julia, 38
Stephan, Walter, 289
Stone, Jeff, 259
Strauss, Neil, 326
Suh, Dyne, 254

Sumner, William Graham, 286, 298
Swann, William, 21
Swift, Jonathan, 42
Swim, Janet, 279
Switzer, Barry, 95

T
Tajfel, Henri, 29, 30
Tanke, Elizabeth Decker, 313
Taylor, Shelley, 97
Tesser, Abraham, 310
Thibaut, John, 304
Thornton, Bill, 156
Thurber, James, 109, 110, 111, 121
Todd, Andrew, 297, 298
Tolstoy, Leo, 323
Trope, Yaacov, 52
Trump, Donald, 64, 166, 169, 179, 254
Turner, Judith, 190, 192
Turner, Marlene, 281
Twenge, Jean, 220
Tyson, Neil deGrasse, 284

U
Uhls, Yalda, 157

V
Valliant, George, 303

Van Bavel, Jay, 32, 297
Vasquez-Heilig, Julian, 148
Veitch, Roberta, 219

W
Waldinger, Robert, 302
Walster (Hatfield), Elaine, 176, 177, 311, 316
Warren, Earl, 285
Watson, Jeanne, 277
Watson, John, 18
Webster, Donna, 111
Weiss, Walter, 173, 174
Welch, Edgar, 2
Westen, Drew, 70
White, Gregory, 311
White, Ralph, 103
Whittaker, James, 189
Willerman, Ben, 309
Williams, Robin, 161
Winfrey, Oprah, 268
Woods, George, 4

Z
Zajonc, Robert, 164
Zarantonello, Matthew, 370
Zimbardo, Philip, 78, 79, 80, 189, 227, 228
Zimmerman, George, 5

英文主题索引 *

A

ABC News, persuasion, 171 - 172
Abu Ghraib prison, 145
abusive speech, 198 - 199
academic performance, stereotypes and, 282 - 283
acceptance
　of aggression/violence, 202
　　latitude of, 189
accountability, conformity and, 126
accurate, social motives, 34
The Accused, 95
action events, television, 159
adolescents. *See also* teenagers
　beauty, 312
advertisement, media, 163 - 164
advertising
　athletes in, 175
　attractiveness and, 164
　beauty and, 312
　to children, 162 - 163
　cognitive dissonance and, 67
　credibility and, 175
　decision-making and, 67
　elections and, 165
　persuasion in, 158
　truthfulness in, 163
affect heuristics, 49 - 50
affirmative action, 281
Affordable Care Act (ACA), persuasion, 171
African Americans
　academic performance and, 282 - 283

　credibility of, 175
　frustration in, 225
　implicit attitudes toward, 267
　noose, 254
　racial discrimination, 264
　self-esteem and, 87, 289
　self-justification and, 94 - 95
　in South Africa, 278 - 279
　stereotypes of, 4, 255 - 261
　voting and, 252
age, conformity, 127 - 128
aggression/violence, 201 - 249. *See also* cruelty
　acceptance of, 202
　act of, 202, 215
　　verbal, 213
　aggressive stimuli and, 227 - 228
　alcohol and, 216 - 217
　anonymity and, 227
　bonobo and, 204 - 205
　bystanders and, 132
　catharsis and, 211 - 216
　causes of, 216 - 225
　of chimpanzee, 204
　culture and, 205 - 208
　　close-knit, 205
　in cultures of honor, 206 - 207
　dance of ambiguity, 237 - 238
　definition of, 202
　deindividuation and, 228
　deprivation and, 224 - 225
　discomfort and, 218
　displaced, 274 - 275

* 索引中的页码,均为英文版原著页码,请按中文版边码检索。——编辑注

elements of, 235 – 239
escalation and, 214 – 216
exclusion and, 220 – 222, 227
expression of, 205
female, 209 – 210
frustration and, 222 – 225, 227, 243
gender and, 208 – 211
global warming and, 219 – 220
heat and, 218 – 219
in herding communities, 206
homicide, 202, 206
hope and, 225
hostility and, 214, 219
human, 206 – 207
hunger and, 218
instinct and, 203
of Iroquois people, 205
male, 206, 208, 210
    by testosterone, 208 – 209
mass communication and, 229 – 235
meditation and, 246 – 247
noble savage, 203
in nonhuman animals, 203 – 205
overkill and, 214 – 216
pain and, 218
personal responsibility and, 227 – 228
physical, 209 – 210
by playing video games, 231, 233 – 234
    violent, 234
prejudice and, 274 – 275
rape and, 236 – 239
reduction of, 239 – 247
    aggressive models, 242
    altruism and, 246
    empathy and, 244 – 246
    mindfulness and, 246 – 247
    nonaggressive models, 244
    punishment and, 239 – 242
    rewards and, 242 – 244
rejection and, 220 – 222
relational, 210 – 211
    gender difference in, 211
retaliation and, 214 – 216
scapegoating and, 274 – 275
self-justification and, 94 – 95
of sexual assault, 235 – 239
social exclusion and, 220 – 222

social learning and, 226 – 229
taunting and, 220 – 222
television, 159 – 160, 234
temperature and, 219 – 220
types, 231
aggressive action, 203
aggressive models, 242
aggressive stimulus, 227
    aggression/violence and, 227 – 228
    experiment on, 227
AIDS epidemic, cognitive dissonance, 99 – 100
alcohol, 190
    aggression/violence and, 216 – 217
Algeria, 201 – 202
altruism, aggression/violence and, 246
ambiguity
    attributions and, 279
    beauty and, 313
    conformity and, 120, 123, 130
    prejudice and, 279
American Cancer Society, 76
American Psychological Association, 239
amygdala
    conformity and, 122
    prejudice and, 262
anagrams, 46 – 47
Analyze This, 212 – 214
anger
    elections and, 166
    moral emotions and, 185
    persuasion and, 170
anonymity, aggression/violence and, 227
anti-Semitism. *See* Jews
aphorisms, persuasion with, 171
apologizing, cognitive dissonance, 105 – 106
Arapesh, 205
arguments
    careful scrutiny, 169 – 172
    communication, 176 – 177
    counterarguments, 197
    one-sided *vs.* two-sided, 187 – 188
Aristotle, 1, 173
Aronson-Mills experiment, 353 – 355
Aronson's first law, 8 – 9
art, science and, 351 – 352
Asians. *See also* Chinese; Japan
    stereotypes of, 258

aspirin, 163
astrology, 23
athletes, in advertising, 175
atomic bombs, 201
attachment
    secure, love, 332–334
    styles, 333–334
    theory of love, 333
attitudes, 154
    change, 76–78, 80, 107
    cheating and, 76–77
    conformity and, 142
    contact hypothesis and, 287–288
    dissonance and, 73, 101
    emotional appeals and, 183
    fear and, 183
    ideological belief systems and, 194
    implicit biases and, 267–268, 297
    vs. opinions, 153–154
attitudes (cont.)
    persuasion and, 153–154
    prejudice and, 271–272
    similarity in, 306–307
attraction, 304
    competence and, 309–310
    gain-loss theory and, 324–327
    interpersonal, 324
    secure person and, 316–317
    similarity and, 307
attractiveness. See also liking; love
    advertising and, 164
    competence, and physical, 308–309
    decision-making and, 67–68
    dissonance and, 70
    influence and, 178
    liking and, 303–305
    mass communication and, 178–179
    opinions and, 178–179
    persuasion and, 170
    physical, 310–314
    proximity and, 305
    punishment and, 82
    rewards and, 305
    similarity and, 178, 311
attributes, liking and, 307–315
attributional ambiguity, 280–281
attributions. See also fundamental attribution error

beauty and, 311
dispositional, 37, 342
explanatory style, 40
liking and, 307–315
love and, 346
situational, 37, 342
stereotypes and, 279–285
theory, 37
audience
    discrepancy, 188–193
    and listeners, 195
    mass communication and, 193–196
    mind, frame of, 194–196
    mood and mindset, 194–196
    personality and politics, 193–194
    persuasion and, 193–196
authenticity
    intimacy and, 338–347
    love and, 337–338
autobiographical memory, 53–54
auto-kinetic effect, 117
automatic processing, 25
availability heuristics, 48–49
A&W Root Beer, 164

B

Barnum Effect, 23
baseball game umpire, 125
bathing, 13–14
bathrooms, 121
Bay of Pigs fiasco, 308, 352
Beat Generation, 172
beauty
    adolescents and, 312
    advertising and, 312
    ambiguity and, 313
    attributions and, 311
    bias, 312
    children and, 312–313
    Disney movies and, 313
    experiments on, 313
    liking and, 310–315
    power, 313
    propaganda on, 312
    representativeness heuristic and, 48
    self-concept and, 43
    self-fulfilling prophecy with, 313–314

similarity of, 311
stereotypes of, 314
visual, 314
in women, 178
Behave: The Biology of Humans at Our Best and Worst (Sapolsky), 209
behavior
  of bystanders, 132–137
  with cigarette smoking, 183
  with compliance, 140
  conformity, 123–124
  craziness and, 8–11
  environment and, 131
  external justification for, 76–77
  fear and, 182
  human, 8–11
  immoral, 73–76, 86–88
  punishment and, 7
  rationality/irrationality of, 64–66
  self-esteem and, 86–88
  stereotypes and, 258
behavioral component, prejudice, 263–266
belching, conformity in, 123
beliefs
  cognitive dissonance and, 60–64
  counterarguments and, 197
  information and, 286
  internalization of, 141–142
  liking and, 316
  love, 337
  prejudice, 262, 270, 279
belonging
  conformity and, 121–124
  social motives, 33
benevolent sexism, 260
biases. *See also* prejudice; stereotypes
  beauty, 312
  blind spot, 21
  confirmation, 21–22
  fundamental attribution error, 38–39
  negativity, 23–25
  pro-beauty, 313
Bible, homosexuality and, 85
bigotry. *See* prejudice
binge eating, 129
Black Lives Matter movement, 35
blacks. *See* African Americans

blaming
  cruelty, 95–96
  victim
    Jews and, 284
    outgroups and, 285
    prejudice and, 284–285
    rape and, 284
    self-righteousness and, 284
Bobo doll, 229
bonobo, aggression/violence and, 204–205
Bosnia, 201
bovine spongiform encephalopathy, 50
boxing, 232
Boy Scout camp experiment, 273
boys. *See* children; gender
brain
  bias blind spot, 21
  confirmation bias, 21–22
  default mode network, 27
  egocentric bias, 22–23
  evolutionary view, 20
  fMRI, 28–29
  forms of processing, 25–26
  groups, 30–31
  negativity bias, 23–25
  neocortex, 19
brainwashing, 198
broken windows theory, 131
Brown v. Board of Education, 252
Buffalo Bill Wild West Show, 301
bullying
  internet and, 211
  self-esteem and, 87–88
bystanders
  aggression/violence and, 132
  apathy, 137
  behavior of, 132–137
  conformity and, 132–137
  diffusion of responsibility and, 134
  effect, 134
  environment and, 135
  murder and, 132
  scapegoating and, 274
  victims and, 132–137

C

Camelot, 308

camping, 135 – 137, 273
capital punishment, dissonance-reducing behavior and, 65
capitalism, 16
Cartoon Network, 162
Casablanca, 69
Catch 22 (Heller), 146 – 147
categorization
　ingroups, 30, 271, 274, 295, 297
　outgroups, 30, 32, 262, 274, 276, 285, 295 – 297
　social cognition, 256
　stereotypes and, 256
catharsis
　aggression/violence and, 211 – 216
　experiments on, 212 – 214
causal attributions, 37
cell phones, 154 – 155
　distraction, 155 – 156
central route to persuasion, 170 – 172
Challenger, 113
chamber pots, 13 – 14
chameleon effect, 114
Chicago poisonings, media contagion, 160 – 161
children
　advertising to, 162 – 163
　aggression in, 205, 211, 222, 224, 226, 229, 242 – 243, 245, 358 – 359
　beauty and, 312 – 313
　bloomers, 41
　comic books and, 157
　effectiveness of media appeals, 162 – 163
　equal-status contact by, 289
　frustration and, 222
　group, 128 – 129
　in jigsaw classrooms, 294 – 298
　prejudice and, 4, 174, 286 – 288, 295
　punishment, 80 – 83
　television and, 4, 163, 229, 231, 358 – 359
　violence and media, 229 – 232, 234 – 235, 240
chimpanzees, aggression/violence of, 204
Chinese
　scapegoating of, 274
　stereotypes of, 272
Christians, 276
cigarette smoking
　behavior with, 183

　cognitive dissonance and, 60 – 62
　experiments on, 197
　fear and, 181
civil rights movement, 267
climate change, 14
cloak of invisibility illusion, 23
coalition formation, 30 – 31
cognition. *See* social cognition
cognitive component, prejudice, 255 – 261
　categorization, 256
cognitive dissonance, 60 – 64, 241
　advertising and, 67
　AIDS and, 100 – 101
　apologizing, 105 – 106
　beliefs and, 60 – 64
　cheating, 73 – 74
　cigarette smoking and, 60 – 62
　condoms and conservation, 99 – 101
　cruelty, 91 – 96
　cults and, 101 – 102
　decision-making and, 66 – 71
　dissonance-reducing behavior, 64 – 66
　effort and, 88 – 91
　elections and, 63 – 64
　Festinger's original theory, 84 – 85
　fMRI and, 70
　inevitability and, 96 – 99
　Iraq invasion and, 104
　irrational behavior, 64 – 66
　Jonestown massacre, 101
　loyalty and obedience, 102
　motivation, 64
　necessity for, 106 – 107
　overkill and, 215
　potential dangers to reduce, 102 – 103
　practical applications of, 99 – 102
　punishment and, 80 – 83
　reduction, 64 – 66, 68 – 69, 191
　self-concept and, 84 – 88
　self-esteem and, 86
　smoking, 60 – 62
　unconscious and, 68 – 69
　universe, 69 – 71
　Vietnam war, 105
　in wars, 103 – 104
　WMDs, 104 – 105
　world stage, 102 – 105

cognitive misers, 16-17, 44, 54-55, 257
collectivist societies, conformity in, 120
Columbine High School shootings, 3, 220, 297
　rejection and, 220-222
comic books, social skills deficits, 157
commercials
　communication, 177
　media, 162-163
commitment
　conformity and, 125-126
　self-esteem and, 86-88
communal relationships, 327-328
communication. See also mass communication
　attractiveness, 178
　audience. See audience
　commercials, 177
　companionate love, 329-330
　credibility, 172-178
　dimensions, 179
　discrepancy, 188-193
　dissonance, 191
　effective argument, 176-177
　fear, 182
　feelings and, 344-347
　fluoridation illustration, 180-181
　identity, appeals to, 187
　immediacy in, 343-344
　intimacy and, 338-343
　judgment and, 344-347
　logical vs. emotional appeals, 179-184
　moral emotions, 185
　one-sided vs. two-sided arguments, 187-188
　Pravda, 173-174
　propaganda and education, 167-168
　quality of life, 175
　self-esteem, 182
　statistics vs. personal, 185-186
　threats, 183-184
　trust, 175-176, 178-179
companionate love, 329
competence
　attraction and, 309-310
　experiments on, 309
　fallibility and, 308-310
　liking and, 307-310
　pratfall effect, 309-310
competition
　education and, 272-273
　experiments on, 273
　hostility and, 290
　prejudice and, 271-273
　school integration and, 290
　survival of fittest and, 248-249
compliance. See also conformity
　effectiveness of, 140
　obedience and, 142-149
　punishment and, 140-142
　rewards and, 140-142
condoms, 99-101
confirmation bias, 21-22, 50, 53
conflict resolution, love and, 338
conformity, 109-151. See also compliance; nonconformists
　accountability and, 126
　age, 127-128
　ambiguity and, 123, 130
　American culture, 110
　amygdala and, 120
　attitude and, 140
　behavior, 123-124
　in belching, 123
　belonging and, 121-124
　biology of, 114-115
　bystanders and, 132-137
　in collectivist societies, 120
　commitment and, 125-126
　compliance, 140
　decision-making, 111-112
　definition of, 114
　deviance and, 110
　emotion and, 137-138
　experiments on, 111, 125-126, 364
　factors to increase or decrease, 124-129
　goodness/badness of, 110
　groups, 111, 128-129
　　pressure and, 117
　identification, 140-141
　in individualistic societies, 120
　individuality and, 110
　influences on, 115-117
　information and, 121-124
　internalization, 141-142
　levels of, 140-142
　minority positions, 150-151

mirror neurons, 115
motives for, 121-124
mutuality and, 135
NASA administrators, 113-114
obedience, 142-149
observation and, 123-124
pluralistic ignorance, 137-139
prejudice and, 277-279
prestige and prevalence of models, 124-125
roles, 111
self-deception and, 112
self-esteem and security, 126-127
Sherif's and Asch's classic experiments, 117-121
social
  norms, 129-132
  status and, 128
  trends and, 124
team players and, 110
tragedy with, 112
unanimity and, 125
in Watergate cover-up, 112
White House staffers, 112-113
Yosemite National Park, camping, 135-137
Conservation
  condoms and, 99-101
  water, 101
conservatism, 194
conservatives, uncertainty and, 194
constants in scientific research, 8
constructive feedback, 344
constructive predictions, 51-52
Consumer Reports, 48
contact hypothesis, prejudice, 287-289
contempt, married couples, 339
context, social judgment and, 41-47
contrast effects, social judgment and, 41-44
control
  vs. impact, 361
  laboratory experiment, 357
  social motives, 34-35
controlled processing, 25-26
conventional wisdom, scientific research and, 6
cooperation. See interdependence
coping styles, 98
copycat poisonings, 161
counterarguments, beliefs and, 197

A Country of Strangers (Shipler), 298
cover stories, 112
craziness, 8-11
credibility
  advertising and, 175
  of African Americans, 175
  communication, 172-178
    commercials, 177
    effective argument, 176-177
    Pravda, 173-174
    quality of life, 175
    trust, 175-176, 178-179
  discrepancy size and, 192-193
  experiments on, 174-175
  juvenile delinquency and, 174
credibility (*cont.*)
  in mass communication, 172-176
  of scientists, 145
Creutzfeldt-Jakob disease, 50
crime, fundamental attribution error and, 3
criticism
  contempt, 339
  defensiveness, 339
  hostile, 338
  liking and, 320
  love and, 336-337
  married couples, 338-339
  self-esteem and, 87-88
  stonewalling, 339
cruelty
  dehumanization, 94-95
  implications, 94
  justification of, 91-96, 322
  rightness and, 21
  self-esteem and, 93
  self-fulfilling prophecy and, 95
  self-justification and, 91-96
  victim blaming, 95-96
  Vietnam war, 92, 94
cults. *See also* Heaven's Gate
  cognitive dissonance and, 101-102
culture
  aggression/violence and, 205-208
  conformity, 110
  and dehumanization, 94
  dissonance, 70-71
  of honor, experiments on, 206-208

and male aggression, 210
and music, 33
prejudice and, 253, 271
rape culture, 238
self-justification and, 70–71, 276
sex and, 236, 238
Cyberbullying, 211

D

dating. *See* liking; romantic love/partners
death panels, 171
death tax, 171
debriefing
   procedures of Milgram experiments, 149
   session in experiment, 371
deception in experiments, 363–364, 367
decision-making
   accountability and, 126
   advertising and, 67
   attractiveness and, 67–68
   cognitive dissonance and, 66–71
   conformity, 111–112
   in democracies, 160
   groupthink and, 113
   heuristics and, 50–51
   immoral behavior and, 73–76
   by NASA, 113
   persuasion and, 170
   romantic partners and, 68
   self-justification and, 66–71
decoys, 42
default mode network, 27
defensiveness, married couples, 339
dehumanization, 94
deindividuation, 228
democracies, decision-making in, 160
democrats, 31
dependent variables in experiments, 355
deprivation
   aggression/violence and, 224–225
   relative, 224
descriptive norms, 129
desegregation. *See also* school integration
   diversity and, 298
   jigsaw method and, 299
desensitization, 24
Detroit riots, 225

deviance, 111
   conformity and, 110
deviant person, conformity, 111
diffusion of responsibility, 134
disagreement
   experiments on, 189
   opinions and, 189
discomfort, aggression/violence and, 218
discrepancy size
   credibility and, 192–193
   experiments on, 189–193
   mass communication and, 188–193
   persuasion and, 188–193
discrimination, 263–266. *See also* prejudice
   gender, 265–266
   racial and ethnic, 264–265
   weight, 263
Disney Channel, 162
Disney movies, beauty and, 312
displaced aggression, 274–275
   toward bystanders, 274
dispositional
   attributions, 37, 342
   view, 9
dispositionalism, 9
dissonance. *See* cognitive dissonance
distasteful speech, 198–199
distraction, media, 155–156
diversity
   desegregation and, 298
   prejudice and, 298–299
"Drive Carefully" sign, 75
drug abuse, marijuana and, 167

E

E. F. Hutton, 177
earthquakes, 97–98
economic competition, prejudice and, 271–273
education. *See also* school integration
   competition and, 272–273
   definition of, 167
   propaganda and, 167–169
effectiveness, communication, 176–177, 179
effort
   cognitive dissonance and, 88–91
   justification of, 88–91
egocentric bias, 22–23

elderly, stereotypes of, 268, 283
elections
　advertising and, 165
　anger and, 166
　cognitive dissonance and, 63–64
　sincerity in, 2
　television and, 165
embedded stereotype, 259
emotion
　appeals to, 179–184
　conformity and, 137–138
　mass communication and, 179–185
　women and, 282
　work, 137
emotional component, prejudice, 261–263
emotional contagion, mass communication and, 160–162
empathy
　aggression/violence and, 244–246
　building, 244–245
　experiments on, 245–246
　in groups, 296
　prejudice and, 296–298
employment
　prejudice in, 265
　women and, 281
energy conservation, cognitive misers and, 16
entertainment, television as, 158–159
entrapment, 75–76
environment
　behavior and, 131
　bystanders and, 135
epileptic seizure, experiments with, 134
Equal Pay Act, 266
Eros, 203
escalation, aggression/violence and, 214–216
estate tax, 171
ethics
　of experiments, 367–372
　Milgram experiment, 148–149
ethnic cleansing, 201
ethnic discrimination, prejudice, 264–265
ethnic stereotypes, 257–258
exchange relationships, 327–328
exclusion. See social exclusion
existentialism, 60
experimental method, 8

experiments
　on accountability, 126
　on aggressive stimulus, 227
　on altruism, 246
　Aronson-Mills, 353–355
　on beauty, 313
　in Boy Scout camp, 273
　on catharsis, 212–214
　on cigarette smoking, 197
　on communal relationships, 328
　on competence, 309
　on competition, 273
　on confirmation bias, 21–22
　on conformity, 111, 125–126, 364
　control vs. impact in, 361
　on credibility, 174–175
　on culture of honor, 206–208
　debriefing, 149, 371
　debt to participants, 372
　deception in, 363–365, 367
　dependent variables in, 355
　on disagreement, 189
　discrepancy size and, 189–193
　on dissonance-reducing behavior, 64–66
　on empathy, 245–246
　on employment and beauty, 313
　with epileptic seizure, 134
　ethical problems, 367–372
　ethics of, 367–372
　on favors, 323–324
　on frustration, 222–224
　on fundamental attribution error, 38
　on gain-loss theory, 324–325
　grasshopper, 79–80, 83
　independent variables in, 354–355
　initiation, 354, 359–360
　on inoculation effect, 197
experiments (cont.)
　on interdependence, 290
　on irrevocability, 71–72
　on juvenile delinquency, 189
　laboratory, 356
　on liking, 308–309
　on littering, 130–131
　Milgram. See Milgram experiment
　misuse of discoveries, 372–373
　on obedience, 147, 369–370

on obesity, 270
on overkill, 214
on praising, 321
on prejudice, 262-263, 269
purpose of, 355-357
on racial discrimination, 265
random assignment in, 357-360
realism in, 361-363
on rejection, 220-221
on relationship, 327-328
replication in, 365-367
on retaliation, 314-315
on self-esteem, 316
Sherif's and Asch's classic, 117-121
with Shock Generator, 143-144
on social dilemmas, 367-368
speculation and, 352-357
with speeches, 352-357
on speed-dating, 183-184
on stereotype, 259
  threat, 282-283
on temperature, 219
uncertainty and, 136
with woman in distress, 133
explanatory style, attributions, 40
external justification, 76, 79-83
  abundance of, 83-84
  for behavior, 76-77
  nature of, 79-80
  situational view and, 76
extroverts, 21-22
  stereotypes and, 282

F

fake news, 171. *See also* news
fallibility, competence and, 308-310
familiarity, media, 164-165
favors
  experiments on, 323-324
  liking and, 320-324
  rewards and, 322
  self-justification and, 322
  situations and, 322
fear
  attitudes and, 183
  behavior and, 182
  cigarette smoking and, 181
  of global warming, 99
  in mass communication, 181
  self-esteem and, 182
  self-justification and, 58-59
fear-arousing appeals, 183-184
feedback, constructive, 344
feelings, communication and, 344-348
Festinger's original theory, 84-85
flu virus, threats, 184
fluoridation, 180
fMRI. *See* functional magnetic resonance imaging (fMRI)
foot-in-the-door technique, 76
Freedonia, 123
fried grasshoppers, 79-80
frustration
  African Americans and, 225
  aggression/violence and, 222-225, 227, 243
  children and, 222
  deprivation and, 224
  experiments on, 222-224
  poverty and, 224
functional magnetic resonance imaging (fMRI), 28-29, 120
  Asch's classic experiments, 120
fundamental attribution error, 38-39

G

gain-loss theory
  attraction and, 324-327
  experiment on, 324-325
  liking and, 324-327
  as seduction technique, 326
galvanic skin responses, 79
gamblers, irrevocability and, 71
gambling game, self-esteem, 87
The Game (Strauss), 326
gays. *See* homosexuality
gender
  difference, aggression/violence and, 208-211
  prejudice and, 265-266
  stereotype, 259-260
Gideon v. Wainwright, 240
girls. *See* children; gender
global warming, 14, 183-184
  aggression/violence and, 219-220

cognitive dissonance and, 98-99
   fear-arousing appeals, 183
   fear of, 99
   threats, 184
good-old-Uncle-Harry-and-Aunt-Harriet
   phenomenon, 140-141
gossip, 26
government, bailouts by, 166
Grand Theft Auto, 230, 232
grasshopper experiment, 79-80, 83
"the greatest happiness for the greatest number,"
   16
groups
   conformity, 111, 128-129
   empathy in, 296
   ingroup bias, 271
   interdependence of, 290-291
   mind, 30-31
   outgroups, blaming the victim and, 285
   pressure
      conformity and, 114, 125, 128-129
      self-esteem and, 126-127
groupthink, 113, 120, 124, 128
growth mindset, 44
Gulliver's Travels (Swift), 42
"guns don't kill people, people do," 227
gut feelings, prejudice, 261-263

H

habitual mind-wandering, 247
halo effect, 50
hangry, 218
happiness
   calculation, 15-16
   "the greatest happiness for the greatest number," 16
The Happiness Hypothesis (Haidt), 329
harsh/severe punishment, 80, 82, 84
hatred
   love and, 325
   prejudice and, 261-263
headache-remedy business, 163
heat, aggression/violence and, 218-219
Heaven's Gate, 63, 101
heuristics, 47-51
   affect, 49-50
   availability, 48-49

conditions, 50-51
decision-making and, 50-51
representativeness, 47-48
hindsight bias, 7
Hiroshima bombing, 201
Holocaust, 201
homicide. *See* murder
homosexuality, 172-173
   Bible and, 85-86
   cognitive dissonance and, 76
hope, aggression/violence and, 225
hostile
   attribution bias, 234
   criticism of married couples, 338
   sexism, 260
hostility
   aggression/violence and, 214, 219
   competition and, 290
How to Win Friends and Influence People (Carnegie), 303
"Howl" (Ginsberg), 172
human
   aggression/violence, 206-207
   behavior, 8-11
   dispositional view, 9
   evolutionary view, 20
   nature, 247-249
   situational view, 10-11
   universals, 20
hunger, 79
   aggression/violence and, 218
Hurons, 205
hurricanes, 183
   fear-arousing appeals, 183
hypnosis, 57-58
hypocrisy, 100-101

I

"I lost 40 pounds on Jenny Craig," 186
IAT. *See* Implicit Association Test (IAT)
identification
   attitudes and, 140
   conformity, 140-141
   opinions and, 140
ignorance. *See* pluralistic ignorance, conformity
immediacy, in communication, 343
immoral behavior

decision-making and, 73-76
    self-esteem and, 86-88
Implicit Association Test (IAT), 267-269
implicit bias of prejudice, 267-269
    and behavior, 269-270
implicit theory of love, 330-332
An Inconvenient Truth, 183
independent variables in experiments, 354
individualistic societies, conformity in, 69
indoor plumbing, 13-14
Industrial Revolution, 69
inevitability
    cognitive dissonance and, 80-86
    deemphasizing, 97
    global warming, 98-99
    living situation, 98
    personality descriptions, 97
    self-justification and, 80-86
influence. *See also* social influence
    attractiveness and, 178
    by news, 161
infomercials, 43
information
    for behavior, 234
    beliefs and, 286
    conformity and, 121, 124
ingroup, 30
    bias, 30, 271, 297
    jigsaw technique, 295, 297
initiation experiment, 354, 359-360
injunctive norms, 129
inoculation effect, 197
insecure attachment, 333
insecurity, love and, 339-340
insufficient justification
    attitude change, 76-78
    external justification, 79-83
    grasshopper experiment, 83
    hunger and thirst, 78-79
    Mills experiment, 83-84
    punishment, 80-83
    self-persuasion, 78
interactions, meaningful, 19
interdependence
    diversity and, 298
    in education, 292-293
    empathy and, 244-246

experiments on, 290
prejudice reduction by, 290-298
internal justification, 76-77
internalization
    conformity, 141-142
    social influence and, 141
internet bullying, 211
interpersonal attraction, 324
intimacy, 141
    authenticity, communication and, 338-347
    love and, 336
iPad, distraction, 155
iPhone, 154
    distraction, 155-156
Iraq invasion
    self-justification and, 105
    television and, 160
irrational behavior, cognitive dissonance, 64-66
irrevocability, 71-76
    cheating, 73-74
    experiments on, 71-72
    lowballing, 72-73
    Mills experiment, 74-75
    photography, 72
    race track, 71
ISIS, 5-6
Italian Americans, 286

J

Japan
    dissonance in, 71
    scapegoating in, 274-275
jaywalking, 124
The Jew of Malta, 277-278
Jews
    prejudice against, 277, 287
    scapegoating of, 274
    stereotypes of, 261-262, 278
    victim blaming and, 284
jigsaw method, 292-298
Jonestown, Guyana, 101, 105
Jonestown massacre, cognitive dissonance, 101
judgments. *See* social judgment
justification. *See also* external justification; self-justification

of cruelty, 91–96, 322
of effort, 88–91
external, 76
insufficient, 76–84
internal, 76–77
juvenile delinquency, 174

K

Kent State University shootings, 92
    overkill and, 214–215
kitten, 203
Korean War, 201

L

laboratory experiment, 356
    control, 357
Latinos
    self-justification and, 94
    stereotypes and, 283
latitude of acceptance, 189
laundry detergent, 164
Lepchas, 205
lesbians, 253, 263, 288
Leviathan (Hobbes), 203
LGBTQ movement, 263
liberals, 31
liking, 301–347. *See also* romantic love/partners
    among problem-solving groups, 308
    attitude and, 307
    attraction and, 304
    attractiveness and, 303–305
    attributes and, 307–315
    beauty and, 310–315
    being liked, 315–318
    beliefs and, 316
    competence and, 308–310
    criticism and, 320–321
    distance and, 306
    experiment on, 308–309
    favors and, 320–324
    gain-loss theory and, 324–327
    paradox of choice and, 305, 318–320
    perfection and, 318
    personal attributes and, 307–315
    physical attractiveness and, 310–315
    praise and, 320–324

    proximity and, 305–306
    reason for, 303–304
    relationships and, 304–305
    reward and, 321–322
    self-fulfilling prophecy and, 313
    similarity and, 306–307
listeners, 195
littering, 130–131
living single, 303
logical appeals in persuasion, 179–184
"the long, hot summer of 1967," 219
loss aversion, 24
lottery, 87
love, 329–338. *See also* romantic love/partners
    attachment theory of, 333
    attribution process and, 346
    authenticity and, 337–338
    belief, 337
    communication and, 343–344
    companionate, 329
    compliments and, 335
    conflict resolution and, 338
    criticism and, 336–337
    definition of, 329–330
    feelings *vs.* judgments, 344–347
    and hatred, 325
    immediate feedback and, 343–344
    implicit theories, 330–332
    insecurity and, 339–340
    intimacy and, 336
    passionate, 329
    porcupine's dilemma, 334–338
    secure attachment and, 332–334
    similarity and, 306–307
    straight talk and, 342
lowballing, 72–73
Lucky Charms, 48
lynchings, 228

M

malaria, 183
marijuana
    drug abuse and, 167
    high school students and, 141
marriage, attributions in, 342–343
mass communication. *See also* advertising;

news; television
  aggression/violence and, 229-235
  attractiveness and, 178-179
  audience and, 193-196
  consensual statistical evidence vs. vivid personal example in, 92-93
  credibility in, 172-178
  discrepancy size and, 188-193
  effectiveness of, 162-167, 172-196
    audience characteristics and, 193-196
    communication content and, 179-193
    communication source and, 172-179
  effects, 232-235
  emotional
    appeals in, 179-184
    contagion and, 160-162
  fear in, 181
  information by, 160
  logical appeals in, 179-184
  nature of, 179-193
  one-sided vs. two sided arguments in, 187-188
  persuasion and, 153-199
  propaganda and, 153-199
  source of, 172-179
matter, social motives, 35
meaningful interactions, 19
media. *See also* television
  advertisement, 163-164
  American elections, 165-167
  commercials, 162-163
  contagion
    Chicago poisonings, 160-161
    suicides, 161-162
  distraction, 155-156
media. *See also* television (*cont.*)
  familiarity, 164-165
  persuasion. *See* persuasion
  political attack ads, 165-166
  prejudice, 286
  sensational events, 161-162
  social skills deficits, 156-158
  stereotyping, 259, 264, 287
  technology, 155
  versatility, 155
meditation, aggression/violence and, 246-247
memory
  autobiographical, 53-54
  coherence of, 54
  distortion of, 53, 91
  false memory, 54
  reconstructive, 52-53
The Merchant of Venice, 277-278
metaphors, 17-18
Mexican, 272
mild punishment, 81-82
Milgram experiment
  academic performance, 147-148
  authority figure, 145-146
  Dunbar's sensitivity, 146-147
  ethical problems, 148-149
  implications and limitations, 144-148
  Iraq war, 145
  Shock Generator, 142-144
Mills experiment, 74-75
mind, audience, 194-196
mind-wandering, 247
mindguards, 120-121
Minnesota Longitudinal Study of Risk and Adaptation, 333
minorities
  conformity position, 150-151
  model minority, 258
  prejudice and, 252, 271, 288
  students, 41, 280-281, 284, 289, 307, 366
mirror neurons, 115
mobs, 228
modal person, conformity, 111
monkeys, 122, 218, 223-224
mood, persuasion and, 195
moral emotions, communication, 185
Mortal Kombat and *Grand Theft Auto*, 230
motivation, conformity, 121-124
motives. *See* social motives
MSNBC, 162, 168
mundane realism, 362
murder
  aggression/violence and, 202, 206
  bystanders and, 132
  trial
    persuasion at, 170
    on television, 159
music, social motives, 33-34
mutual interdependence. *See* interdependence

mutuality, conformity and, 135

N

Nagasaki bombing, 201
naïve realism, 21
naïve scientists, 37
narcissism, self-esteem and, 88
NASA. *See* National Aeronautics and Space Administration (NASA)
National Aeronautics and Space Administration (NASA)
  conformity, 113-114
  decision-making by, 113
The Nature of Prejudice (Allport), 261
Nazis, 29,373
negative stereotype, 260,264,282-283
negativity bias, 23-25
negging, 326
neocortex, 19
The New Jim Crow: Mass Incarceration in the Age of Colorblindness (Alexander), 265
New York City, 136,265,306
New York Times (conformity), 132-133
news
  filtering process, 168
  persuasion and, 158-160
  propaganda, 168-169
  sanctions against, 120
  sensationalizing by, 161
  sources of information, 168
  24-hour, 162
Nickelodeon, 162-163
Nike, 175
"No Child Left Behind," 147
noble savage, 203
nonaggressive behavior, 241
nonaggressive models, 244
nonconformists, 158-160
noble savage, aggression/violence, 203
nonhuman animals, aggression/violence in, 203-205
nonintervention, conformity and, 133
normative, conformity, 121
norms. *See* social norms, conformity and
North Korea, 36,86,201,210
Northwestern Mutual Life Insurance Company, 164

nudity, 13

O

obedience
  compliance and, 142-149
  experiments on, 147,369-370
  Milgram experiment, 144-149
obesity
  experiments on, 270
  prejudice and, 270
objective policy, 31
observation, scientific method, 351
Ohio National Guard, 3,215
O.J.: Made in America, 170
100 Percent Natural Granola, 48
one-sided *vs.* two sided arguments, in mass communication, 187-188
online bullying, 211
opinions, 153-154
  on advertising truthfulness, 163
  attractiveness and, 178-179
  conformity and, 114,142,150
  freedom and, 197
  identification and, 140
  persuasion and, 158-160
  similarity in, 306-307
optimism with groupthink, 113
outgroups, blaming the victim and, 285
overkill
  dissonance and, 215
  experiments on, 214
  Kent State University shootings and, 92
  retaliation and, 214-216

P

pain
  aggression/violence and, 218
  social learning and, 226
paradox of choice, liking and, 305,318-320
passionate love, 329
patriotism, 160
The People v. O.J. Simpson: American Crime Story, 170
peripheral route to persuasion, 169-172
personal attributes, liking and, 307-315
personal responsibility, aggression/violence and, 227-228

personality tests, 9 – 10, 87, 311
personality traits, audience, 193 – 194
persuasion, 153, 158 – 162. *See also* propaganda
   action events, 159
   advertising and, 158
   Affordable Care Act, 171
   with aphorisms, 171
   attitude and, 153 – 154
   attractiveness and, 170
   audience and, 193 – 196
   central route to, 169 – 172
   centrally/peripherally, 170
   commercials, 162 – 163
   discrepancy size and, 188 – 193
   effectiveness of, 172
   emotional appeals in, 179 – 184
   fear and, 181
   logical appeals in, 179 – 184
   media contagion, 160 – 162
   mood and, 195
   at murder trial, 170
   news and, 158 – 159
   one-sided *vs.* two sided arguments in, 187 – 188
   peripheral route to, 169 – 172
   personality trait, 193
   relevance and, 169
   right words, choosing, 171
   statistical *vs.* personal example in, 185 – 186
   violent events, 159 – 160
phones. *See* cell phones
physical aggression, 209 – 210
physical attractiveness. *See* beauty
physical reality, uncertainty in, 121
plumbing, 13
pluralistic ignorance, conformity, 137 – 139
Polish Americans, 286
politics. *See also* Democrats; elections; liberals; Republicans
   audience, 194
   competition and, 271 – 273
   persuasion in, 171
   prejudice and, 271 – 273
pop-psych stereotype, 260
porcupine's dilemma, love, 334 – 338
positive stereotype, 258 – 260
poverty
   frustration and, 224
   fundamental attribution error and, 38 – 39
power of prediction, 7
praise
   liking and, 320 – 324
   ulterior motives and, 322
pratfall effect, 309 – 310
Pravda, 173 – 174
prediction. *See also* hindsight bias; self-fulfilling prophecy
   constructive, 51 – 52
   power of, 7
prejudice, 251 – 299
   aggression/violence and, 274 – 275
   ambiguity and, 279
   American, in the news, 254
   anti-fat, 270
   attributions, 279 – 285
      ambiguity, 280 – 281
   behavioral component, 263 – 266
   beliefs and, 262, 270, 279
   bigotry and, 255
   blame victims and, 284 – 285
   categorization and, 256
   causes of, 270 – 279
   children, 287
   cognitive component, 255 – 261
   competition and, 271 – 273
   conformity and, 277 – 279
   contact hypothesis, 287 – 289
   culture and, 271
   definition, 252, 255
   discrimination and, 263 – 266
      gender, 265 – 266
      racial and ethnic, 264 – 265
      weight, 263
   diversity and, 298 – 299
   economic competition, 271 – 273
   emotional component, 261 – 263
   empathy and, 296
   experiment on, 262 – 263, 269
   fundamental problem of, 261
   gut feelings of, 261 – 263
   hatreds and, 261 – 263
   hostility and, 290
   implicit biases, 267 – 269
      and behavior, 269 – 270

ingroups and, 270-271
Jews, 262
jigsaw classroom, 292-298
mental fatigue and, 269
overview, 252-255
politics and, 271-273
reduction through
  contact and familiarity, 285-289
  cooperation and interdependence, 290-298
scapegoat theory, 274-275
self-concept and, 276
self-esteem and, 276
self-fulfilling prophecy and, 281-282
self-image and, 276
sexism and, 260
social status and, 276
stereotypes and, 255-261, 279-285, 295
  threat, 282-284
unconscious, 266-270
  by IAT, 267-269
against women, 260-261
presidential elections. *See* elections
prestige and prevalence of models, conformity, 124-125
primacy effect, 45-47
priming, social judgments, 44-45
Princeton-Dartmouth football game, 31-32
prisoners, furloughs for, 166
pro-beauty bias, 313
Profiles in Courage (Kennedy), 110
propaganda
  on beauty, 312
  definition of, 167
  education and, 167-169
  mass communication and, 153-199
proximity
  liking and, 305-306
  marriage and, 305
psychopath, self-concept, 86
psychosis, 10
public housing, equal-status contact and, 287
punishment
  for aggression/violence, 239-242
  attractiveness and, 82
  behavior and, 7
  compliance and, 140-142
  identification and, 141
  insufficiency of, 80-83
    aggressiveness, 81
    grasshopper experiment, 83
    mild *vs.* severe, 80-84
    Mills experiment, 83-84
    threats of, 80-81

Q
quiz show, 38

R
R.J. Reynolds Tobacco Company, 177
race. *See also* African Americans; Asians; desegregation
  racial discrimination, 264-265
    African Americans, 264
    experiment on, 265
  racial slurs, 278
random assignment in experiment, 357-360
rape, 235-236, 238
rationality/irrationality, behavior, 64-66
rats, 48, 203-204
reactance theory, 196-197
realism
  experimental, 361-363
  mundane, 362
reassurance, 67
recidivism, 240
reconstructive memory, 52-53
reference groups, 128
rejection, 5
  aggression/violence and, 220-222
  Columbine High School shootings and, 220
  experiment on, 220-221
relational aggression, 210-211
  gender difference in, 211
relationship
  authentic, 337
  communal, 327-328
  exchange, 327-328
  experiment on, 327-328
  liking and, 304-305
relative deprivation, 224-225
relevance, persuasion and, 169
replication in experiment, 365-367
representativeness heuristic, 47-48

Republicans, 194
responsibility, aggression/violence and, 227 – 228
retaliation, aggression/violence and, 214 – 216
rewards
　aggression/violence and, 242 – 244
　attractiveness and, 305
　compliance and, 140 – 142
　favors and, 322
　identification and, 141
rightness
　cruelty and, 21
　internalization and, 141
　similarity and, 307
romantic love/partners, 329 – 330
　decision-making and, 105
Rwanda, 201

S

"saying is believing" paradigm, 77
scapegoating, 274
　aggression/violence and, 274 – 275
　of Chinese, 274
　of Jews, 274
　prejudice and, 274 – 275
　toward bystanders, 274
schemas
　social judgments, 44
　priming, 44 – 45
Schindler's List, 3,5
school integration, 286
　competition and, 290
　self-esteem and, 289
science. *See also* experiments
　art and, 351 – 352
　social psychology as, 349 – 373
scientific method, 350 – 352
scientists
　cigarette smoking and, 60
　credibility of, 172 – 178
　naïve, 37
secure attachment, love and, 332 – 334
security, conformity, 126 – 127
segregation. *See also* desegregation
　race and, 277
self-concept, 85 – 86
　beauty and, 310

self-deception, 63
　conformity and, 112
self-esteem, 86 – 88
　African Americans and, 87, 289
　cognitive dissonance and, 86
　commitment and, 86 – 88
　communication, 182
　conformity, 126
　criticism and, 87
　dissonance effects, 88
　experiments on, 316
　gambling game, 86 – 87
　high, 87 – 88
　persuasion and, 195
　prejudice and, 276
　psychopaths, 86
　of valedictorians, 43
self-fulfilling prophecy, 43, 313 – 314
　liking and, 43, 315
　prejudice and, 281 – 282
self-image. *See* self-concept
self-justification, 57 – 107
　African Americans and, 94 – 95
　aggression/violence and, 94 – 95
　attitude change, 76 – 78
　cognitive dissonance, 60 – 64
　cruelty and, 91 – 96
　culture and, 69
self-justification (*cont.*)
　decision-making and, 66 – 71
　discomfort and, 64 – 66
　external justification, 79 – 83
　favors and, 322
　fraternity, 88 – 89
　grasshopper experiment, 83
　hunger and thirst, 78 – 79
　inevitability and, 96 – 99
　irrevocability, 71 – 76
　justification of effort, 88 – 91
　Mills experiment, 83 – 84
　mistakes, learning from, 106 – 107
　punishment. *See* punishment, insufficiency of
　Vietnam war and, 105
self-persuasion, 372
self-righteousness, victim blaming and, 284
sensational events, media, 161 – 162

sensationalizing, by news, 161
September 11, 202
sexism, 260
sexual assault, aggression/violence and, 235 – 239
sexual scripts, 236 – 239
Shock Generator, 143
similarity
　attitude, 306 – 307
　attractiveness and, 311
　liking and, 306 – 307
　love and, 329
　rightness and, 307
situational attribution, 37, 342
situational view
　external justification and, 76
　stereotypes and, 283
sliders, 111
smartphone, 154 – 155
　distraction, 155 – 156
smoking. See cigarette smoking
social cognition, 13 – 55
　autobiographical memory, 53 – 54
　biases in, 36 – 41
　cognitive misers, 16 – 17
　context and, 41 – 47
　indoor plumbing, 13 – 14
　judgmental heuristics and, 47 – 51
　learning theory, 226, 229, 235, 246
　metaphors, 17 – 18
　principle of, 41
　reconstructive memory and, 51 – 52
　social judgment, 41 – 42
　stereotypes and, 44, 255 – 261
social cognitive learning theory, 226, 235
　deindividuation, 228
　power of imitation, 229
　weapons effect, 227
social comparison, 43
social exclusion
　aggression/violence and, 220 – 222, 227
　desegregation and, 299
　liking and, 316 – 317
social identity theory, 29
social influence, 5 – 6
　compliance and, 140
　conformity and, 123

identification and, 140
internalization and, 141
social judgment
　communication and, 344 – 347
　context and, 41 – 47
　contrast effects and, 41 – 44
　primacy effect and, 45 – 47
　priming and, 44 – 45
　reference points and, 42 – 44
　schemas, 44
social learning, 115
　and aggression/violence, 226 – 229
social motives
　accurate, 34
　belonging, 33
　matter, 35
　music, 33 – 34
　need for control, 34 – 35
　trust, 35 – 36
social norms, conformity and, 129 – 132
social psychology, 349 – 373
　art and science, 351 – 352
　behavior, human, 8 – 11
　defined, 5 – 8
　dispositional view, 9
　experimentation in, 360 – 365
　influence, 6
　ISIS, 5 – 6
　rejection, 5
　as science, 349 – 373
　speculation to experimentation, 352 – 357
social skills deficits, media, 156 – 158
social status
　conformity and, 120
　prejudice and, 276
　women and, 276
South Africa, 225
　prejudice in, 277
Soviet Union, 173
speed-dating, experiments on, 183 – 184
speed limits, appeals with, 183
spirit theory of disease, 14
spotlight effect, 22
"the squeaky wheel gets the grease," 120
status. See social status
stereotypes
　academic performance and, 282 – 283

accuracy of, 257
of African Americans, 4, 255-261
Asians and, 258
attributions and, 279-285
of beauty, 314
Chinese and, 272
dark side of, 258-259
definition, 256
embedded, 259
energy-saving function, 257
ethnic, 257-258
experiment on, 259
gender, 259-260, 280, 302
human nature for, 370
Jews and, 261, 278
Latinos and, 283
negative, 260, 264, 282-283
pop-psych, 260
positive, 258-260
prejudice and, 255-261
self-fulfilling prophecies, 281-282
schemas, 44
social status and, 276
threat, 282-284
women, 260
Stonewalling, married couples, 339
straight talk, 342
Sudan, 201-202
sufficient justification, 83
suggestive questioning, 53
suicide. *See also* Heaven's Gate
 by teenagers, 161
 television and, 161
survival of the fittest, competition and, 248
swine flu, 184
system justification, 95

T

task-specific self-esteem, 126-127
taunting, aggression/violence and, 220-222
technology, 155
 social skills deficits, 157-158
teenagers
 cigarette smoking by, 60
 suicide by, 161
 "Why Teenagers Should Not Be Allowed to Drive," 195

television. *See also* media
 action events, 159
 aggression and media violence, 229-235
 comedies, conformity, 115-117
 elections and, 165
 exposure, 164
 Iraq invasion and, 160
 suicide and, 161
 violence in, 165, 229-235, 358-359
 violent events, 159-160
testosterone, 90
tetanus shots, 183
Thanatos, 203
"These results may not apply to everyone," 186
"think-drink" effect, 217
threats, communication, 183-184
tipping points, 124
To Kill a Mockingbird (Lee), 228
trans-situational reward, 322
tribes, 30
trust
 communication, 175-176, 178-179
 social motives, 35-36
truthfulness
 in advertising, 163
 of memory, 53
Twin Towers destruction, media, 160
Tylenol poisonings, 160-162

U

Uganda, 225
ultimate attribution error, 279
unambiguous emergencies, conformity, 137
unanimity, conformity, 125
unconscious
 dissonance-reducing behavior and, 105-106
 prejudice, 266-270
 by IAT, 267-269
uninvolved bystanders. *See* bystanders
unions
 African Americans and, 273
 minorities and, 271-273
 women and, 271-273
United States, overwhelming in, 14

V

valedictorians, self-esteem of, 43

values, internalization of, 141
victims. *See also* blaming, victim
   bystanders and, 132-137
videogames, social skills deficits, 157
Vietnam war, 249
   cognitive dissonance and, 105
   demonstration about, 186
   Iraq invasion and, 104
irrevocability and, 71
violence. *See* aggression/violence
visual beauty, 314
vulnerabilities, 343

W

Waco, Texas, 101
War and Peace (Tolstoy), 323
water conservation, cognitive dissonance, 101
Watts riots, 225
wealth, liking and, 311
weapons effect, 227
weapons of mass destruction (WMDs), 104
weather stripping, 186
weight discrimination, prejudice, 263
weight reduction, cognitive dissonance and, 99
Western cultures, 9
white supremacists, 199, 255
wiretaps, 112-113
WMDs. *See* weapons of mass destruction (WMDs)
women
   affirmative action and, 281
   aggression/violence against, 234
   attributions in, 281
   beauty in, 178
   discrepancy, 192-193
   persuasion and, 372
   social status and, 276
   stereotype, 260, 281
   unions and, 271-273
World Trade Center attacks. *See* September 11

Y

Yoscmite, 135
"You Always Hurt the One You Love," 334
"Your Body Language Shapes Who You Are," 366